Finance

21 世纪高等学校
金融学系列教材

国际结算
理论、实务与案例

International Settlement

◆ 辛立秋 主编

◆ 孙芳 万祥荣 郑安安 吕双 副主编

人民邮电出版社
北京

图书在版编目（ＣＩＰ）数据

国际结算：理论、实务与案例 / 辛立秋主编. --
北京：人民邮电出版社，2017.1（2021.7重印）
21世纪高等学校金融学系列教材
ISBN 978-7-115-44241-3

Ⅰ．①国… Ⅱ．①辛… Ⅲ．①国际结算－高等学校－
教材 Ⅳ．①F830.73

中国版本图书馆CIP数据核字(2016)第289019号

内 容 提 要

　　本书以国际结算传统知识体系为基础，以"国际结算导论→国际结算工具→国际结算方式→国际结算单据→国际结算业务应用"为主脉络展开全书的知识体系。具体内容包括导论、票据、汇款、托收、信用证、银行保函、国际保理、福费廷、单据、进出口贸易融资、国际结算方式的综合运用、国际非贸易结算共十二章。在内容设计上，各章开篇有教学目的和要求、案例导读，在理论阐述之后设置了本章小结、基本概念、复习思考题、拓展阅读等内容，体现了理论性与实践性的结合。通过本书的学习，读者可以系统掌握国际结算基本理论，了解国际结算方式的应用及国际结算规则和惯例的最新变化。

　　本书既可作为高等院校教材，也可以作为银行、外贸等实际部门专业人员的参考读物。

◆ 主　　编　辛立秋

　　副主编　孙　芳　万祥荣　郑安安　吕　双

　　责任编辑　许金霞

　　责任印制　沈　蓉　彭志环

◆ 人民邮电出版社出版发行　　北京市丰台区成寿寺路11号
　　邮编 100164　电子邮件 315@ptpress.com.cn
　　网址 http://www.ptpress.com.cn
　　固安县铭成印刷有限公司印刷

◆ 开本：787×1092　1/16
　　印张：18.25　　　　　　　　2017年1月第1版
　　字数：472千字　　　　　　　2021年7月河北第5次印刷

定价：44.00 元
读者服务热线：(010)81055256　印装质量热线：(010)81055316
反盗版热线：(010)81055315

前 言 Preface

　　国际结算作为一种跨国经济行为，是一门研究商业银行跨国收付或转移资金业务的应用性学科。它可以提供集客户管理、融资创新、信用保证为一体的综合金融服务。作为银行的一项中间业务，国际结算具有投资少、风险小、收效快和回报高的特点，是商业银行业务竞争的焦点之一。近年来，随着与国际结算业务相关的国际贸易规则的修订与补充，国际结算业务产生了新的发展和变化。

　　本书以国际结算传统知识体系为基础，引入包括 INCOTERMS 2010、UCP600、ISBP681 和 URDG758 等在内的国际结算领域最新的国际惯例和规则，以国际结算的基本方式为主要内容，介绍国际结算中的汇票、本票、支票等金融工具，汇款、托收、信用证等结算方式，以及银行保函、备用信用证及国际保理基础知识等内容。

　　本书共十二章，以"国际结算导论→国际结算工具→国际结算方式→国际结算单据→国际结算业务应用"为主脉络展开全书的知识体系。国际结算导论模块重点介绍国际结算基础，主要对国际结算的基本概念、国际结算的演进、国际贸易术语、国际结算中的往来银行等进行介绍。国际结算工具模块主要对国际结算使用的信用工具（票据）进行系统的介绍，包括票据的性质、票据法、票据的种类、票据行为等。国际结算方式模块介绍传统的结算方式汇款、托收和信用证后，介绍了保函、备用信用证、保理等带有融资特性的结算方式。国际结算单据模块介绍了除金融单据外的商业单据、运输单据、保险单据及附属单据等。国际结算业务应用模块主要介绍国际贸易融资方式、非贸易结算及国际结算方式的选择等。此外，为加强对各章理论知识的理解与应用，每章后增设拓展阅读，选择与每章主要内容相关的国际结算案例供学习者阅读参考。

　　本书具有以下特点：

　　（1）实用性。国际结算是理论与实务紧密结合的课程，为了更好地提升教学效果，拓宽学生视野，本书在体例的设计上，针对每章内容，特别地增加了"拓展阅读"部分，引入相关案例，强化读者的应用能力。

（2）系统性。本书按照导论、结算工具、结算方式、结算单据、结算业务应用的结构比较全面系统地反映了国际结算的相关理论与业务操作。同时，本书在各章开篇明确了教学目的和要求，设置了案例导读，各章最后设置了本章小结、基本概念、复习思考题、拓展阅读等内容，内容体系完整，有利于学习者对知识的系统理解。

（3）新颖性。本书在编写过程中，及时更新实务中的新内容和最新修订的国际贸易惯例，如《跟单信用证统一惯例》（UCP600）、《国际商会跟单信用证项下银行间偿付统一规则》（URR725）、《国际商会见索即付保函统一规则 2010》（URDG758）、《国际贸易术语解释通则 2010》（INCOTERMS 2010）等。

本书由辛立秋负责拟定大纲、组织编写，并对全书进行总纂和定稿。各章分工如下：辛立秋负责第一章、第二章和第十一章的编写，万祥荣负责第三章、第四章和第六章的编写，郑安安负责第五章的编写，吕双负责第七章、第八章和第十二章的编写，孙芳负责第九章和第十章的编写。另外，王倩菲、王一博、刘婉秋、朱晨曦、张璐、苑莹参与了书稿的校对工作。

本书在编写过程中，借鉴了国内外专家学者的科研成果，吸取了其他教材的长处，在此一并表示真诚的谢意。本书的出版得到了人民邮电出版社的大力支持和帮助，在此深表感谢。

由于编者水平有限，书中的疏漏和不足在所难免，敬请各位专家和读者批评指正。

编者
2016 年 10 月

目录 Contents

【教学目的和要求】

- 掌握国际结算的概念、特点
- 了解国际结算的内容、基础与条件等
- 全面认识国际结算的价格术语

【案例导读】

某年7月中国上海的A公司从美国纽约的B公司进口价值5万美元的海产品，纽约的C公司从中国上海的D公司进口价值5万美元的纯棉餐布。这是涉及4个当事人的两笔不同的交易，按照传统的交易方式，要分别进行商品和现金的交易和清算。第一笔交易，商品从美国运到中国，中国A公司支付5万美元给美国B公司；第二笔交易商品从中国运往美国，美国C公司支付5万美元给中国D公司。如果采用国际结算的方式，运用汇票结算会如何？

第一节 | 国际结算概述

一、国际结算的定义

国际结算（international settlement）是指为清偿国际间债权债务关系或跨国转移资金而通过银行来完成的跨国（地区）货币收付活动。清偿国际间的债权债务关系以及跨国转移资金是国际结算的基本目的，跨国货币收付是国际结算的实现手段。

引起国际结算的原因很多，如国际贸易、提供或接受劳务、对外投资或利用外资、政府间的资金收付、旅游、赠款、出国留学等，它们都需通过银行来结算。

1. 有形贸易

有形贸易（visible trade）即商品的进出口贸易，进口商必须要从进口国支付货款给出口商，出口商也必须从进口商处得到应收货款。

2. 无形贸易

无形贸易（invisible trade）不仅包括服务贸易，还包括专利、版权等。一国的一个人或企业提供服务和技术给另一国的个人或企业，也必须得到支付，如运输、保险、旅游、通信、邮寄，等等。

3. 国际金融交易

国际金融交易（financial transaction）包括外汇市场交易、政府支持的出口信贷、国际银团贷款、国际债券市场交易等金融活动中涉及的资金结算。

4. 政府间支付

政府间支付（payments between governments）指由于政治、军事或经济原因一国政府对另一国政府的贷款、援助、赠与和提供救灾等的资金结算。

5. 其他

其他国际支付指海外汇款、教育费用、继承海外遗产等涉及的资金跨国结算。

由于国际结算业务涉及面很广，所以能否做好这项工作，不仅涉及银行自身的利益，而且直接关系到一国的对外关系。从微观上看，国际结算是银行的一项重要中间业务，与银行资产负债等信用业务不同的是，它并不使用自己的资金，而仅通过为客户提供服务的形式收取手续费，因此成本低、风险小，只要有足够的业务空间，就能稳定地获得丰厚的收入。不仅如此，开展国际结算业务对吸收存款、增加银行资金实力也能产生积极的影响。由于国际结算业务的增加必然带来结算存款的增加，而这部分存款的成本，比储蓄存款和企业存款的成本要低得多，因此国际结算业务一直被各银行视为竞争的热点。也正因如此，各银行在开展结算业务的同时，还为客户提供各种融资服务，帮助客户解决资金周转方面的困难。与国际结算相关的融资活动具有时间短、风险小、收效快的特点，符合银行资产流动性、安全性和盈利性的原则，所以对改善银行的资产质量有积极的作用。国际商业银行在其资产业务中对贸易融资的投入都是比较大的，也在一定程度上反映出贸易融资的地位和效应。从宏观上看，国际结算在一国对外经济发展过程中也占据重要的地位。通过国际结算，使国际间的货币收付及时实现，债权债务按期结清，资金流动得以顺利进行，这在促进一国与他国的经济、贸易、金融合作、交流和发展方面，发挥着积极的作用。

二、国际结算的种类

（一）按债权债务产生的原因分类

按债权债务产生的原因，国际结算可以分为国际贸易结算和国际非贸易结算。

1. 国际贸易结算

国际贸易结算是指以商品进出口为背景，即由有形贸易引起的国际结算。凡是国际间因贸易而产生的（包括有形贸易结算和服务贸易结算中的贸易从属费用结算）货币收付和债权债务的结算称为国际贸易结算。它是国际贸易的基础和国际结算的重要组成部分。

2. 国际非贸易结算

国际非贸易结算是指以货币结算国家间进出口贸易货款以外的债权和债务，即把由其他经济活动和政治、文化交流所引起的（包括服务贸易结算中的非贸易从属费用结算及其他）货币收付的结算称为国际非贸易结算。它是国际贸易结算的对称。

从贸易和非贸易交易金额的对比来看，后者目前要远远高于前者，特别是那些属金融交易的无贸易背景的各种交易已百倍于实物交易，但其交易量的巨大并不能取代贸易的重要地位，结算亦如此。从本学科的角度，国际贸易结算将是国际结算业务的重点，这是由贸易结算在整个国际结算中所处的特殊地位决定的。贸易结算是和商品的买卖连在一起的，存在着钱和物的对流，商品经济发展到今天，大部分的交易不可能还是一手交钱、一手交货地同时两讫，尤其是在金额大、货物数量多、运输时间长的国际贸易中。一般是卖方先发货，买方后付款，为了使结算安全、顺利，一般都要通过一些经营国外业务的银行，也就是外汇银行来进行。银行在帮助清算货款时，要使用信用证、保函、托收等支付方式，这样就使贸易结算比非贸易结算在操作上更为复杂，在内容上它几乎包括了国际结算的所有方式和手段。所以，掌握了贸易结算，非贸易结算的问题就不在话下了。

（二）按结算工具分类

按结算工具分为现金结算和非现金结算。

1. 现金结算

现金结算是指在商品交易、劳务供应等经济往来中直接使用现金进行应收应付结算的行为。在早期的国际贸易中，国与国之间的贸易以物物交换为主。易货交易给交易各方带来极大的不便。货币的产生结束了易货交易。一手交钱、一手交货的现金结算应运而生。钱货两讫的原始的现金结算存在着运送金银和现金很不安全、占用和积压资金、影响企业资金周转等问题。目前，我国现金结算主要用于单位和个人之间的款项收付，以及单位之间在转账结算起点金额以下的零星小额收付。

2. 非现金结算

非现金结算即转账结算，是指不使用现金，通过银行将款项从付款单位（或个人）的银行账户直接划拨到收款单位（或个人）的银行账户的货币资金结算方式。由于转账结算不动用现金，又称为划拨清算。我国目前的非现金结算以汇票、本票、支票为主体，增强了结算方式的灵活性、通用性和安全性。

（三）按付款方式分类

按付款方式分为现汇结算和记账结算。

1. 现汇结算

现汇结算由进出口双方通过银行汇兑，每笔交易单独结清。在国际贸易中，现汇结算通常采用的支付方式有两种：①属于商业信用的汇付、托收方式；②属于银行信用的信用证和银行保证书等方式。此外，还有政府信用和国际组织提供的信用等。其中，使用最多的是以"凭单付款"为基础的信用证支付方式。中国在对外贸易活动中，一般也多采用这种方式，有时结合交易对象、购销商品和市场习惯等不同情况，也适当灵活运用托收和汇付等其他方式。现汇结算使用的货币，一般根据不同商品、价格、支付条件和国际金融市场以及货币变动趋势等灵活运用，在每笔交易磋商时由双方议定，并在交易合同上注明。由于不同国家（或地区）实行不同的货币制度，国际贸易中在货币使用方面有三种不同的情况，即使用本国货币、使用对方国家货币和使用第三国货币。

2. 记账结算

记账结算是根据两国政府间签订的贸易支付协定，由双方国家银行或其他指定的银行相互开立"清算账户"进行的结算。记账结算使用的货币，根据不同情况，或使用对方国家货币，或使用第三国货币。这种账户有计算利息的，也有不计算利息的；有定期进行结算的，也有为保证贸易顺差一方的利益，规定在协定执行中双方账户所能保有的最高差额，即信用摆动额，当超过时，超额部分即需计收利息，或以可兑换货币或商品进行偿付。偿付的办法可以是经一方提出要求立即偿付，个别的也可以经双方商定，分期或延期偿付。

三、国际结算的特点

（一）国际结算是银行的一项中间业务

随着国际贸易的发展，传统的银货当面两讫的结算方式，已无法满足交易数量和交易金额巨大的国际货物贸易交割。同时，货物单据化的发展又大大方便银行介入国际结算，银行成为国际结算不可缺少的主体。国际结算业务是商业银行代客户清偿债权债务、收付款项的一种中间业务。它使商业银行承担较少风险并获取丰厚的利润，同时还带动银行资产、负债及表外业务的开展。

（二）国际结算与国际金融密切相关

国际结算与国际金融密切相关，在进行国际结算时经常涉及外汇转移及外汇票据流通、货币兑换与汇率、外汇进出入管制、外汇风险等问题，而这些都是国际金融实务的主要内容。

（三）国际结算以国际贸易为基础

国际结算以国际贸易的产生和发展为前提，国际贸易的发展促进了国际结算的发展，国际结算方式的发展也促进了国际贸易的发展。国际结算自产生之日起就以服务国际贸易为宗旨。

（四）国际结算比国内结算复杂

结算是一种货币收付行为。按区域可把结算划分为同城结算、异地结算和国际结算。因此，国际结算和国内结算从本质上看是相同的，都是通过一定的方式为买卖双方进行债权债务的结算以及其他的款项收受，只是在空间上有差别，而正是这种地理位置上的差别，使国际结算比国内结算在内容、方式、方法等方面更为复杂。

1. 使用的货币不同

在进行国内结算时，买卖双方只使用一种货币，即法定货币，因此不涉及汇率的变化，即使调整利率，对买卖双方的作用也是一样。但在国际结算中，由于各个国家使用的是不同的货币，需进行货币的兑换，在国际金融市场变化多端的情况下，汇率也在变动，便产生了风险。

2. 产生风险的原因不同

不论是国内结算还是国际结算，都存在风险，如信用风险，这是由一方当事人的信用出现问题而给另一方造成损害的可能性。在从事国际结算时，除了面临信用风险外，还有政治风险及前面提到的汇率风险。政治风险是一方当事人所在国的政策、法律发生变化而给另一方造成损害的可能性，如政府禁止某些商品的进口或出口，从而使已签订的合同无法履行等。而产生这些风险的原因又是极其复杂的，不仅包括政治、经济情况的变动，还有投机等因素，因此风险种类多、背景复杂。

3. 法律和习惯不同

一笔国际结算业务至少要涉及两个国家的不同当事人，因此要面临两种法律体系的冲突。仅以票据法来说，各国都制定了相应的票据法，法中的各种要求差别很大，如对票据金额的大小写，发现不一致时，意大利、瑞士等国认为以小写为准，而德、英、美则以大写为准。至于票据的签名与盖章哪种做法为有效，迄今各国仍争论不休，英国认为要手签才生效，而其他国家无明文规定，联合国制定的《国际流通票据公约（草案）》规定，签字包括盖章、标记、复制、针孔、制字或其他机械方法等。

国际结算中涉及许多国际惯例，这些惯例的约束力虽然有赖于当事人的自主选择，但基本上已被各国普遍遵守，所以和国内结算不同的是，必须了解和熟悉这些惯例并加以运用，否则将产生不必要的麻烦和纠纷。

4. 结算的环节和难度不同

一笔国际结算业务不仅涉及两个国家的当事人，而且要通过两个国家（或两个以上国家）的银行来划拨转账。因此，当事人多，任何一个经手人的疏忽都可能影响及时安全收汇。若由银行控制单据，则要涉及对单据的审核、交接及融资等，尤其是各国的语言不同，且对函电往来的不同文字、格式的要求各异，因此国际结算的技术性更高，和国内结算相比，不仅结算方式复杂，而且操作的难度也大。

四、国际结算的基本内容

（一）国际结算工具

国际结算工具是指国际结算中使用的信用工具或金融工具。信用工具也称金融工具，是以书面形式发行和流通，用以证明债权人权利和债务人义务的契约证书。

现代国际结算中使用的信用工具主要是票据。票据是具有一定格式、载明确定金额、到期由付款人对持票人或其指定人无条件支付一定款项的信用凭证。或者说票据是以无条件支付一定金额为目的的特定证券。国际结算中的信用工具主要包括汇票、本票和支票三种。国际结算工具或票据的主要功能是收付一定金额的货币。

（二）国际结算方式

国际结算方式是指国际间货币收付的途径、手段和渠道，它主要是解决资金（外汇）如何从进口地转移到出口地的问题。这是国际结算的最主要内容。

国际结算方式主要包括汇款、托收、信用证、银行保函、备用信用证、国际保理业务和包买票据业务等多种方式。其中前三种是基本的国际结算方式，也是最重要的国际结算方式；后几种为派生国际结算方式。信用证是使用最广泛的国际结算方式，全球国际贸易结算有 50%以上、我国国际贸易结算有大约 70%是采取这一方式进行的。近年来，随着国际贸易和国际结算方式的发展，信用证结算呈下降趋势。

（三）国际结算单据

国际结算单据简称为单据，它指的是国际结算中涉及的，以反映货物特征及说明交易情况的一系列证明文件或商业凭证。主要包括运输单据、保险单、商业发票等基本单据，以及众多的附属单据，如海关发票、领事发票、装箱单、重量单、原产地证、商检证明、出口许可证等。

国际结算的基本内容，如表 1-1 所示。

表 1-1　　　　　　　　　　　国际结算基本内容

国际结算工具	票据的性质与功能			
	票据权利与票据义务			
	票据法			
	票据的种类：汇票、本票、支票			
	票据行为			
国际结算方式	国际贸易结算方式	基本结算方式	贸易汇款	
			跟单托收	
			跟单信用证	
		附属结算方式	银行保函	
			国际保理业务	
			包买票据业务	
	非贸易结算方式	侨汇		
		外币兑换		
		买汇与光票托收		
		信用卡		
		光票信用证		

续表

商业单据	基本单据	商业发票
		运输单据
		保险单
	附属单据	海关发票
		领事发票
		装箱单
		重量单
		商检证书
		原产地证

五、国际结算的演进

（一）从现金结算发展到非现金结算

1. 现金结算

在公元前 6 世纪以前，不同国家的商人进行国际贸易都是通过易货方式来完成。要使易货贸易顺利实现，必须满足两个基本条件，一是交易双方需求必须相互一致；二是交易双方在时间上必须统一。因此，易货只能在双方需求和时间一致时才能完成。随着商品经济的发展，加入交换的商品和人越来越多，易货方式的缺陷给国际贸易带来极大不便。公元前 5 世纪，以黄金白银为代表的等价物出现，贸易用金银来支付，从而结束了易货贸易时代，开始有了初级阶段的现金结算。现金结算冲破了物物交换的局限性，因为货币作为商品交易的媒介，为人们普遍接受，使国际贸易能以比以前更高的效率进行。

2. 非现金结算

随着贸易的扩大，以运送白银黄金了结债权债务的方式，已不能适应贸易的需要。因运送白银黄金风险大、清点不便，既浪费时间又积压资金，于是商人们开始使用"字据"来代替白银黄金，这个"字据"就是票据的前身。13 世纪汇票的出现开启了非现金结算时代。国际结算的业务量越大，使用票据的优越性就越能显示出来，它不仅避免了风险，而且节省了时间和费用，从而促进了贸易的发展。

（二）从买卖双方直接支付到通过金融中介进行支付

如前文所述，最早的国际贸易结算是由买方直接将贵金属运输支付给卖方完成的。自从世界各国建立外汇银行后，支付渠道发生改变。尤其是汇票出现以后，票据成为主要的国际贸易结算工具，银行成为买卖双方进行贸易结算的中介。随着全球银行网络的建立和现代银行技术的发展，银行不仅能为客户提供简便快捷的资金支付与划拨方式，还能为客户提供融资与信贷服务。现在，银行已经成为现代国际结算的中心。

现代意义上的银行非常适合担任国际结算中介机构，其加入极大地促进了国际贸易和国际结算的发展。

（1）银行拥有高效率的资金转移网络。为了在国际范围内寻找盈利机会，一些大型商业银行纷纷在海外设立为数众多的分支机构；同时，为了国际结算的方便，这些银行还在全球范围内建立了广泛的代理关系，包括账户关系，这样货币的收付就变成了银行内部或账户行之间的资金划拨或账务转换，而一般不会发生实际的货币运行活动。从而使资金的转移效率得到极大的提高，既降低了成本，又节省了时间。

（2）银行有安全的保障系统。为保证货币的安全收付，银行之间形成了一套完善的用以识别真伪的印鉴、密押系统。通过这套保障系统，很容易辨别银行间往来凭证、函件的真假，银行和客户的利益都有了保障。

（3）银行资金雄厚、信用卓著。相对于工商企业而言，银行资金实力雄厚、信用等级较高，通常比较稳定和安全，是值得信任的。在贸易双方互不了解、互不信任的情况下，银行通过借出自己的信用而为双方或不被信任的一方作保，可以促进贸易活动的顺利进行。

（三）从使用简单贸易术语结算到复杂贸易术语的结算

在过去，国际贸易结算在非常简单的价格条件下进行，如货到付款、装船付款、订货付现、装船前付现等。在现代国际贸易中，随着国际运输业、计算机技术和互联网技术的发展，国际贸易支付方式受到与商品的交付和付款条件相联系的更复杂的价格条款的影响。在 2010 年最新版本的国际商会第 715 号出版物《国际贸易术语解释通则 2010》中对 11 条规则用两种不同的方式表述。

（四）从凭货付款到凭单付款

在 18 世纪的资本主义时期，贸易达到快速发展。在 19 世纪末，随着资本主义的进一步发展，商业、航运业、保险业就分化成为三个独立的行业，海运提单、保险单和其他商业单据相继出现。海运提单从普通的收据，转变成可以转让他人的物权凭证。保险单据也成了一种可转让文件。国际贸易结算从货物的买卖发展到单据的买卖。作为国际结算较受欢迎的方式，凭单付款取代凭货付款。

（五）互联网时代的结算

随着计算机技术的发展，买卖双方的结算和支付业务受各种各样的支付系统的影响，变得更加快捷、安全和方便。如今，互联网发展非常迅速，人们开始尝试在线上支付。这种新型的业务被称为网上银行。尽管存在很多问题，网络银行的前景仍然被看好。

第二节 国际结算的基础与条件

一、国际结算的支付体系

支付清算体系或系统（clearing system）又称金融体系支付系统（payment system），是由提供支付清算服务的中介机构，以及实现支付指令传送及自己清算的专业技术手段共同完成，用以实现债权债务清偿及自己专一的一种金融安排。

清算（clearing）是指不同银行之间因资金的代收、代付而引起的债权债务通过票据清算所或清算网络进行清偿的活动。其目的是通过两国银行在货币清偿地往来账户的增减变化来结清每笔国际结算业务。

国际结算与国际清算是紧密联系和不可分割的，结算是清算的前提，清算是结算的继续和完成。结算主要是指债权人和债务人通过银行清偿债权债务关系，清算是指银行之间通过清算网络来结算债权债务关系，而银行之间的债权债务关系又主要是由结算引起的。

在国际结算和清算中，一切货币的收付最终必须在该货币的清算中心进行结算。国际贸易和结算中，使用的主要是发达国家和地区的可兑换货币，如美元（USD）、欧元（EUR）、英镑（GBP）、日元（JPY）、加元（CAD）、港元（HKD）等。这些货币均有相应的清算中心，美元的清算中心在纽约，英镑的清算中心在伦敦，欧元的清算中心在法兰克福等地，日元的清算中心在东京。为了结算和清算的方便，从事国际业务的银行一般都要在主要货币的清算中心设立联行并在当地银行开立当地货币账户，以加入该货币清算网络。

（一）SWIFT

SWIFT（Society for Worldwide Interbank Financial Telecommunication）是环球银行金融电信协会的缩写。SWIFT 是一个国际银行间非营利国际合作组织，是世界最大的金融清算与通信组织，是国际金融和国际结算的主要网络。

SWIFT 的筹建是伴随着欧洲经济与政治一体化而进行的。1950 年欧洲支付同盟成立，1957 年 3 月，《罗马条约》的签订大大推动了欧洲经济一体化的进程，欧洲经济共同体（EEC）应运而生。此后，欧洲各国经济、贸易相互渗透，银行业迅猛发展，使各国银行深感传统的通信手段速度慢、不方便，难以适应银行业务国际化的需要。于是，经过 20 世纪 60 年代的酝酿规划，于 1973 年年初开始筹建，1977 年正式在比利时的布鲁塞尔成立了 SWIFT 机构。一个国际银行业专用的高速电讯系统从此应运而生。

SWIFT 由各个会员银行组成，入会银行应缴纳入会费，提供通信设备装置费和有关费用。开始，参加的会员银行只限于欧洲及北美地区的 240 多家银行，目前拥有 209 个国家的 9000 多家金融机构会员。

SWIFT 不以谋利为主要目的，而是为了向会员银行提供专门的通信服务。它每周 7 天、每天 24 小时连续运行，具有自动储存信息、自动加押或核押、以密码处理电文、自动将文件分类等多种功能。它对收发电讯规定了一整套标准化统一格式，使用统一的货币符号。

SWIFT 本身不包括结算和清算，只是通信网络，但很多银行都将本行电脑与 SWIFT 联机，这样很多业务都可由 SWIFT 和电脑自动处理了。

SWIFT 具有以下优点。

（1）直接、准确、快速、安全。SWIFT 对于其他结算方式中银行规定的模式做了简化，对用户而言结算变得直接方便。只要会员银行的 SWIFT 专用计算机及其终端设备都在正常运行，任何会员银行都可以在任何时候收发电信，一般发出后 1～2 分钟以内就会有收电行的反应。

过去，结算以信函或电报等方式来传递信息，因为按字数收费，使得用字的经济、节省尤为重要，同时会导致出现意思模糊的信息。SWIFT 是以电传来传递信息，收费以时间计算，使得用词节省不再那么重要。收发电信的双方为了保密和安全，还可以通过 SWIFT 自动编制和核对密押。

（2）使用统一的标准格式并具有严格的工作制度。以前，各国使用电传都有自己的格式，而且相互间在文字或翻译上时常产生误解甚至发生差错。SWIFT 对收发电文规定了一整套标准化统一格式。它为发报银行提供方便，对发出电文通信建立了一套电文输入、复核、证实等严格的工作制度，使用者可以随时获取所发电信情况的报告，而且有关的会员银行也可以随时向该机构索取它们所需要的电信往来记录。

此外，在往来电信中，规定使用国际标准化组织所制定的一套世界各国货币符号：美元（USD）、英镑（GBP）、人民币（CNY）等。

（3）分区域设置机构，较为严密、合理，同时采用现代化电脑设备与网络。SWIFT 除了在布鲁塞尔设总部外，在荷兰、美国和比利时分别设有操作中心，在会员银行所在国家和地区设有多个处理站，3 个操作中心与地区处理站之间有国际高速数据传输线路相连。会员银行通过当地的电讯部门连接地区处理站。每个操作中心和地区处理站都有现代化、高效能的计算机，数传通信处理及中央处理等设备。会员银行也都有计算机和若干终端设备，它们的计算机和终端设备由美国的"宝来电子计算机公司"负责维修、保养。

（4）多样化、大众化的服务。通过 SWIFT，会员银行之间可以非常便利地实现多种资金的调拨，汇款、外汇买卖、托收、信用证、对账等业务也都可以提供。

（二）CHIPS

CHIPS（Clearing House Interbank Payment System）是交换银行相互收付系统的缩写，始建于 1970 年，属于纽约清算所协会所有并由其经营的一个私营支付清算系统，主要由美国 12 家联邦储备银行和一系列数量众多的联系成员银行（associate member bank）组成，现有来自 40 多个国家的成员银行 150 多家，其中外国银行占 2/3，成员包括纽约清算所协会成员、国外银行在纽约的分支机构、纽约商业银行、美国银行在纽约的艾奇法公司，以及纽约州银行法规定的投资公司。中国银行也是 CHIPS 的成员之一。在清算时，联系成员银行必须通过某一家联邦储备银行来进行。

CHIPS 系统是一个大规模计算机网络，在每一个营业日，各个成员银行通过与 CHIPS 相连接的计算机终端接收、发出各种信息，并把相应的项目分别借记或贷记入自己客户的账户中。这样，发生在世界各地的使用美元结算的各种债权债务关系，就通过各地银行设在纽约的分支机构（联系成员银行）和 12 家联邦储备银行构成的 CHIPS 进行了转账，然后各家联系成员银行通过联邦储备银行相互之间进行最终清算。

其内容主要包括以下两个方面。

（1）提高结算效率，实现结算资金当日抵用。

（2）严格结算纪律，联储不垫付资金。

（三）CHAPS

CHAPS（Clearing House Automated Payment System）是英国伦敦银行自动收付系统的缩写。

伦敦是最早的国际金融中心，也是英镑的清算中心。英镑的清算原来主要依靠两个系统，一是"伦敦城内交换系统（town clearing）"，二是"普通交换系统（general clearing）"。伦敦城内交换系统是一个当天交换系统，它只清算以伦敦城内的银行为付款行和面额在 1 万英镑以上的票据。普通交换系统不是当天交换的系统，它办理以伦敦城内的交换银行为付款行、面额在 1 万英镑以下，以及伦敦城以外的票据交换。

随着银行收付业务的增加，票据交换的数量日益增多，"双重交换系统"的工作量增长迅速，成本上升。为了降低成本、提高效率、加速资金周转，在美国的 CHIPS 成立之后，英国的交换银行也自 1984 年年初起，设立并开始使用计算机来办理票据交换工作。于是，在原有的"双重交换系统"的基础上建立了一个新系统，即 CHAPS。

英国的 11 家清算银行加上英格兰银行共 12 家交换银行集中进行票据交换，其他商业银行则通过其往来的交换银行交换票据。非交换银行须在交换银行开立账户，以便划拨差额，而交换银行之间交换的最后差额则通过它们在英格兰银行的账户划拨。

参加这个系统的付款电报都使用统一格式，它的 8 个信息通道分别都有对出入的收付电报自动加押和核押的软件装置以及信息储存装置。除此而外，每一通道都有一个自动加数器，它可以把发给或来自其他通道的付款电报所涉及的金额根据不同的收款行（指其他交换银行）分别加以累计，以便每天营业结束时交换银行之间进行双边对账和结算，其差额通过它们在英格兰银行的账户划拨来结清。

CHAP 制定有 4 条基本规定：①该系统不设中央管理机构，各交换银行之间只在必要时才进行合作（指最低限度的合作）；②付款电传一旦发出并经通道认收后，即使以后被证实这一付款指令是错误的，发报行也要在当天向对方交换银行付款；③各交换银行在规定的营业时间内必须保证通道畅通，以便随时接收其他通道发来的电传；④各交换银行必须按一致通过的协议办事。

CHAPS 使用的计算机设备对所有的软件都有备份，一旦机器局部发生故障，备用软件就能自动接替工作。此外，即使整个通道失灵，每家交换银行都有另一条完整的通道可供使用。

CHAPS 以高度自动化的信息传递部分取代了依靠票据交换的方式，它使伦敦城以外、交换银行为付款人的 1 万英镑以上的交换，部分地实现了当天结算。

（四）TARGET

TARGET（Trans-European Automated Real-time Gross Settlement Express Transfer System）是欧洲间实时全额自动清算系统的缩写。

1995 年 5 月欧洲货币当局为保证欧元的启动及贯彻实施欧洲中央银行体系的单一货币政策，需要构建一个在任何情况下都保证在当天内进行大额资金收付的跨越欧洲各国的清算系统。为此，欧洲货币局在德国法兰克福建立了一个跨国界的欧元支付清算系统。TARGET 由 16 个国家的 RTGS 系统、欧洲中央银行的支付机构（EPM）和相互间连接系统（interlinking system）构成。互联系统将各国的 RTGS 系统与 EPM 相连，这样支付指令就能从一个系统传递到另一个系统。1999 年 1 月正式启用，它保证了欧元清算的及时、高效，对欧洲中央银行实施货币政策发挥重要作用。

因此，TARGET 系统的建立主要目的有两个，一是提供跨境的大额紧急支付，二是欧洲中央银行控制货币供应量的手段。TARGET 连接各国的 RTGS 系统，对有 RTGS 系统的非欧元国家，可将欧元作为外币进行交易。TARGET 是欧洲央行为欧盟扩张而设计，在加入欧盟前，可选择是否加盟TARGET，加入欧盟后，必须成为 TARGET 会员，新兴国家也许没有 RTGS 系统，但加入欧盟后，须成为 TARGET 会员。

TARGET 具有以下特点。

（1）采用 RTGS 模式，系统在整个营业日内连续、逐笔地处理支付指令，所有支付指令均是最终的和不可撤销的，从而大大降低了支付系统风险，但对参加清算银行的资金流动性具有较大的要求。

（2）由于资金可以实时、全额地从欧盟一国银行划拨到另一国银行，不必经过原有的货币汇兑程序，从而减少了资金的占用，提高了清算效率和安全系数，有助于欧洲中央银行货币政策的实施。

（3）欧洲中央银行对系统用户采取收费政策，用户业务量越大，收费标准越低，这一收费规则似乎对大银行更加有利。此外系统用户需在欧洲中央银行存有充足的资金或备有等值抵押品，资金规模要求较高；加之各国中央银行对利用该系统的本国用户不予补贴，故 TARGET 系统的清算成本高于其他传统清算系统。

（五）FEDWIRE

FEDWIRE（Federal Reserves Wire Transfer System）是美国联邦资金转账系统的缩写，是美国境

内美元收复系统，属于美联储所有，是美国金融基础设施的重要组成部分。FEDWIRE 资金转账主要用于银行间隔夜拆借、银行间结算业务、公司之间付款及证券交易结算等。

FEDWIRE 系统自 1914 年 11 月开始运行，1918 年起开始通过自己专用的摩尔斯电码通信网络提供支付服务，从每周结算逐渐发展到每日结算，联邦储备银行安装了一套专供其使用的电报系统来处理资金转账。20 世纪 20 年代，政府债券也开始用电报系统进行转让。直到 70 年代早期，美国国内资金、债券的转移仍然主要依赖于此电报系统。1970 年美国开始建立自动化的电子通信系统。

直到 1980 年，联储的成员银行使用 FEDWIRE 提供服务，收费标准仍未明确，成员行不缴纳或很少缴纳费用。但是，随着对储蓄机构监管的放松，以及 1980 年的货币控制法案的出台，FEDWIRE 服务收费被确定下来，并且非联储的成员银行业也允许使用该转账系统。为鼓励私营部门的竞争，法律规定 FEDWIRE 服务的收费必须反映提供此项服务的全部成本，以及因资金占用所带来的潜在成本和应有的盈利。

FEDWIRE 的功能齐全，它不仅提供资金调拨处理，还具有清算功能。因此 FEDWIRE 不仅提供大额资金支付功能，还使跨行转汇得以最终清算。此外，FEDWIRE 还提供金融信息服务。

二、国际结算的惯例与规则

国际贸易和结算国际惯例（international customs）是指在长期的国际贸易和结算实践中逐渐形成的一些通用的习惯做法和普遍规则。国际惯例的形成必须具备这样一些条件：经过长期反复的实践而形成；内容比较明确和规范；与现行法律没有冲突；不违背公共秩序和良好风俗；有赖国际认可等。

早在公元 13 世纪，地中海沿岸地区各商人团体为维护自身利益就开始总结实践中的习惯做法，制定贸易规则。到目前为止，国际经济贸易领域已有很多惯例规则，这些惯例规则已大多成为指导国际贸易和国际结算的行动准则。

目前，为各国对外贸易、运输、保险、银行、仲裁等各界人士所熟知的、有代表性的国际贸易和结算惯例主要有：《联合国国际货物销售合同公约》（United Nations Convention on Contracts for the International Sale of Goods）；《国际贸易术语解释通则》（International Rules for Interpretation of Trade Terms）；《托收统一规则》（Uniform Rules for Collection）；《跟单信用证统一惯例》（Uniform Customs and Practice for Documentary Credits）；《跟单信用证项下银行间偿付统一规则》（Uniform Rules for bank-to-bank Reimbursements under Documentary Credits）；《见索即付保函统一规则》（Uniform Rules for Demand Guarantee）；《合约保函统一规则》（Uniform Rules for Contract Guarantee）；《国际保理业务惯例规则》（International Factoring Customs）；《国际保理服务公约》（The Unidroit Convention on International Factoring）；《海牙规则》（Hague Rules）；《汉堡规则》（Hamburg Rules）；《国际铁路货物运送公约》（International Convention Concerning the Transport of Goods by Rail）；《国际铁路货物联运协定》（Agreement on International Railroad Through Transport of Goods）；《统一国际航空运输某些规则的公约》（Convention for the Unification of Certain Rules Relating to International Carriage by Air）；《联合运输单证统一规则》（Uniform Rules for a Combined Transport Documents）；《伦敦保险协会货物保险条款》（Institute Cargo Clauses，I. C. C.）；《约克·安特卫普规则》（York Antwerp Rules）；《联合国国际贸易法委员会仲裁规则》（UNCITRAL Arbitration Rules）；《承认和执行外国仲裁裁决的公约》（Convention on the Recognition and Enforcement of Foreign Arbitral Award）等。

国际惯例确定了一定时期内国际贸易方式和规则的相对稳定性，维护了当事人各方的权益；同时，运用国际惯例，有助于减少纠纷、降低交易成本；国际惯例的形成和发展还有助于在自由、公平、合理的基础上建立国际经济新秩序。

三、国际结算的货币和银行网络

（一）货币

在国际结算中使用的货币，必须是可兑换的货币，具体选择有 3 种：①出口国货币；②进口国货币；③第三国货币。只有使用了可兑换的货币，才能以持有的某一种货币的债权来抵付另一种货币的债务，尤其是西方主要工业国的货币，由于其现货、期货交易都很活跃，可为双方当事人提供更多的保值手段。

可兑换货币有软、硬之分，软币和硬币是相对而言的，从贸易商的角度看，进口最好用软币支付，出口则最好使用硬币收款。但使用何种货币是交易双方共同决定的，不能一厢情愿，所以选择货币除考虑汇率走势以外，还要结合商品的供求状况和价格及利率进行综合考虑，尤其是利率，因为软币的利率往往较高，硬币的利率通常较低。

为了准确而简易地表示各国货币的名称，便于开展国际贸易和金融业务及计算机通信，联合国贸发会议和欧洲经济委员会制定了国际通用的货币三字符代码。美元（USD）、德国马克（DEM）、日元（JPY）、瑞士法郎（CHF）、法国法郎（FRF）、意大利里拉（ITL）、荷兰盾（NLG）、比利时法郎（BEF）、丹麦克朗（DKK）、瑞典克朗（SEK）、挪威克朗（NOK）、奥地利先令（ATS）、港元（HKD）、加拿大元（CAD）、澳大利亚元（AUD）、新西兰元（NZD）、新加坡元（SGD）、欧元（EUR）、英镑（GBP）。

（二）银行网络

银行开展国际结算业务，必须有往来银行的合作，否则，国际结算就不能顺利进行。在国际结算业务中，每笔业务都至少要涉及两家以上的银行机构。根据与本行的关系，可将往来银行分为两种类型：联行和代理行。

1. 联行

（1）联行的含义

联行关系指一家商业银行内部的总行、分行及支行之间的关系中，分行之间的关系是联行的主体，既包括分行与支行之间的横向关系，也包括总行与下属分行、支行之间的纵向关系。其中分行间的关系是联行的主体。

一般来说，经营外汇和国际结算业务的商业银行都在海外设有分支机构。商业银行在国内外设置的分支机构一般有以下几种形式。

① 代表处（representative office）是商业银行设立的非营业性机构。它不能经营真正的银行业务，其主要职能是探询新的业务前景、寻找新的盈利机会、开辟当地信息新来源。

代表处是分支机构的最低级和最简单形式，它通常是设立更高形式机构的一种过渡形式。大多数国家或地区都规定外资银行要进入本国，必须首先设立代表处一段时间，如我国规定至少两年。

② 代理处（办事处、经理处）（agency office）是商业银行设立的能够转移资金和发放贷款，但不能在东道国吸收当地存款的金融机构。代理处是母行的一个组成部分，不具备法人资格，它是介

于代表处和分行之间的机构。代理处可以从事一系列非存款银行业务，如发放工商贷款、提供贸易融资、签发信用证、办理承兑、票据买卖和票据交换等业务。代理处由于不能吸收当地居民存款，所以其资金主要来源于总行和其他有关机构，或从东道国银行同业市场拆入。

③ 分行（branch）是商业银行设立的营业性机构，无论在法律上还是在业务上，它都是母行的有机组成部分。它不是独立的法律实体，没有独立的法人地位，它要同时受到总行所在国与东道国双方法律及规章的制约。其业务范围及经营政策要与总行保持完全一致，并且分行的业务活动限制以总行的资本、资产及负债为基础来衡量，与此相适应，总行对分行的活动负有完全的责任。一般来说，分行可以经营完全的银行业务，但不能经营非银行业务。

分行下设的营业机构即支行（subbranch），支行的地位类似于分行，只是它直接属分行管辖，规模比分行小，层次比分行低。

④ 子银行（附属银行）（subsidiary）是商业银行设立的间接营业机构，是在东道国登记注册而成立的公司性质的银行机构，在法律上是一个完全独立的经营实体，它对自身的债务仅以其注册资本为限负有限责任。

子银行是属总行拥有的合法注册公司，其股权的全部或大部分为总行所控制。子银行的经营范围较广，通常它能从事东道国国内银行所能经营的全部银行业务活动，在某些情况下，还能经营东道国银行不能经营的某些银行业务。子银行除可经营银行业务外，还可经营非银行业务，如证券、投资、信托、保险业务等。

⑤ 联营银行（affiliate）在法律地位、性质和经营特点上同子银行类似，其区别是在联营银行中，任何一家外国投资者拥有的股权都在50%以下，即拥有少数股权，其余股权可以为东道国所有，或由几家外国投资者共有。联营银行可以是两国或多国投资者合资所建的，也可以是外国投资者通过购买当地银行部分股权而形成的，其业务依注册规定或被参股银行的性质而定。联营银行的最大优势是可以集中两家或多家参股者的优势。

⑥ 银团银行（consortium bank）通常是由两个以上不同国籍的跨国银行共同投资注册而组成的公司性质的合营银行，任何一个投资者所持有的股份都不超过50%。作为一个法律实体，银团银行有自己的名称和特殊功能。它既接受母行委托的业务，也开展自己的活动。其业务范围一般包括：对超过母行能力或愿意发放的大额、长期贷款做出全球性辛迪加安排，承销公司证券，经营欧洲货币市场业务，安排国际间的企业合并和兼并，提供项目融资和公司财务咨询等。

与其他形式的银行相比，银团银行具有这样一些特点：组成银团银行的母行大多是世界著名的跨国银行；银团银行的注册地多为一些国际金融中心或离岸金融中心；它所经营的业务大多是单个银行不能或不愿经营的成本高、风险大、专业技术性强、规模和难度较大的业务；其业务对象主要是各国政府和跨国公司，很少向消费者经营小额零售业务。

在以上 6 种形式中，代表处、代理处和分行不是独立的法人，母行完全可以对其进行控制；子银行、联营银行、银团银行是独立的法人，母行只能根据控股的多少对其产生不同程度的影响，从严格意义上讲，它们不是完全的联行。从业务范围来看，代表处、代理处的业务有限，银团银行一般不经营小额零售业务，只有分支行、子银行、联营银行的经营范围较广。

（2）联行的种类

根据设立的地点不同，联行可分为国内联行和海外联行。

① 国内联行（domestic sister bank）是指设立在国内不同城市和地区的分、支行。国内联行往

来是国际结算中不可缺少的组成部分。例如，总行在国外开立了账户，分、支行办理国际结算时即可通过国内联行与总行办理资金的划拨；异地办理国际结算需要在国内异地划拨资金时，也可通过国内联行在分、支行之间办理。

② 海外联行（overseas sister bank）是指设置在海外的分、支行。设立海外联行的目的是为了开拓海外市场，方便国际结算，扩大银行业务范围。但设立海外联行必须具备一定条件：首先是拟设立联行的城市或地区要具备良好的自然地理、政治经济条件；其次是要看该地业务量的多寡，若业务量充足，其盈利足以维持分支机构的开支，则可设立分支机构，否则就无须设立分支机构。

中国银行曾是我国的外汇专业银行，在海外联行的设立方面要领先于其他银行一步，中国银行先后在伦敦、纽约、巴黎、东京、卢森堡、法兰克福、新加坡、巴拿马、多伦多、大阪等地设立分行和代表处，在港澳地区有中银集团。中国银行在海外设置的各类分支机构累计超过 580 家。

2. 代理行

在办理国际结算业务时，银行除了在国外设置分支机构外，还需要外国银行的业务合作与支持。因为一家或一国的银行不可能在发生债权债务关系的所有国家或地区都建立分支机构，这样做既无必要，也无可能。

以中国银行为例，虽然它已在海外设立了数百家分支机构，但这些分支机构的数目与中国银行所肩负的国际结算任务相比，还是不相适应的。于是，中国银行根据业务发展的需要，与外国银行广泛建立了代理关系。目前，中国银行已与世界上近 200 个国家和地区的 1 500 多家银行的 4 000 左右的总分支机构建立了代理关系。

（1）代理行及代理行关系的建立

代理关系是指两家不同国籍的银行通过相互委托办理业务而建立的往来关系，建立代理关系的银行互为代理行（correspondent bank or correspondents）。

代理关系即代理行关系，一般由双方银行的总行直接建立，分支行不能独立对外建立代理关系。

代理行之间要签订代理协议，其内容一般包括：双方银行名称、地址、代理范围、协议生效日期、代理期限、适用分支行等。

代理关系的建立一般要经过以下 3 个步骤。

① 考察了解对方银行的资信。代理行关系是建立在一定资信基础上的，因此，在建立代理关系前，应对对方银行的基本情况有所了解，以便决定是否同对方银行建立代理关系。

一般而言，银行只同那些资信良好、经营作风正派的海外银行建立代理关系。

② 签订代理协议并互换控制文件。如果双方银行同意相互建立代理关系，则应签订代理协议。代理协议一般包括双方银行名称、地址、代理范围、协议生效日期、代理期限、适用分支行等。

为使代理业务真实、准确、快捷、保密，代理行之间还要相互发送控制文件（control documents）。控制文件包括：

● 密押（test key）是银行之间事先约定的，在发送电报时，由发电行在电文中加注密码。密押具有很强的机密性，使用一段时间后，应予以更换。

● 印鉴（specimen signatures）是银行有权签字人的签字式样。银行之间的信函、凭证、票据等，经有权签字人签字后，寄至收件银行，由收件银行将签名与所留印鉴进行核对，如果相符，即可确认其真实性。代理行印鉴由总行互换，包括总行及所属建立了代理关系的分行的有权签字人的签字式样。

- 费率表（terms and conditions）是银行在办理代理业务时收费的依据。费率表一般由总行制定并对外发布，各分支行据此执行。对方银行委托我方银行办理业务，按照我方银行费率表收取费用；我方银行委托国外银行办理业务，则按对方银行费率表收费。费率表应定得适当、合理，过高会削弱我方竞争力，过低则影响经济效益。

③ 双方银行确认控制文件。收到对方银行发来的控制文件后，如无异议，即可确认，此后便照此执行。

（2）代理行的种类

代理行又可分为账户行和非账户行。

① 账户行（depository bank）是指代理行之间单方或双方相互在对方银行开立了账户的银行。账户行是在建立代理行关系的基础上，为了解决双方在结算过程中的收付而建立的特殊关系。账户行间的支付，大都通过开立的账户进行结算。

对账户行的要求。选择建立账户行，一般应是业务往来多、资金实力雄厚、支付能力强、经营作风好、信誉卓著、地理位置优越以及世界主要货币国家的银行。

具体而言，账户行应具备以下条件。

第一，该行必须是国际公认的大银行。根据英国《银行家》（Banker）杂志排名，应在前 1 000 家之内，且资信可靠、经营业绩好。

第二，该行能提供广泛、优质的业务合作，支付能力强，资金收付迅速，结算、清算效率高。

第三，账户行间业务往来密切、业务量达到一定规模，相互间关系良好。

第四，该行分支行较多，且在该行开户的其他银行也较多。

第五，该行所在国的货币为可自由兑换且国际通用。

第六，开户条件合适。

账户行必须首先是代理行，而代理行并不一定是账户行。

账户种类。账户行可以是单方开立账户，也可以是双方互开账户。单方开立账户指一方银行在对方银行开立的对方国家货币或第三国货币账户。双方互开账户指代理行双方相互在对方国家开立对方国家货币账户。根据开立性质不同可分为往户账、来户账及清算账户。往户账：指国内银行在国外同业开立的账户。例如，我国银行在美国纽约许多大银行开立美元账户。出口货款的收回采取请账户行贷记我账，进口货款的支付请账户行借记我账的方式结算。来户账：指外国银行将账户开在我国国内。例如，其他国家银行在我国开立外汇人民币账户。清算账户：指两国政府间为办理进出口贸易和其他经济往来所发生债权债务清算而开设的不必使用现汇的记账账户。

② 非账户行（non-depository correspondent）是指除账户行以外的其他代理银行，或者说是没有建立账户行关系的代理行。非账户行之间的货币收付需要通过第三家银行办理。

（三）国际结算往来银行的选择

虽然联行与代理行、账户行与非账户行都可办理国际结算的有关业务，但它们对己方银行的影响是不同的。

首先，在办理结算和外汇业务时，联行是最优选择。这是因为本行与联行是一个不可分割的整体，同在一个总行的领导下，不仅相互之间非常熟悉和了解，而且从根本上说是利益共享、风险共担的。因此海外联行开展有关业务，海外联行必然会尽最大努力去完成所委托的业务，保证服务质量，减少风险，而且能使"肥水不流外人田"，将业务留在本行系统。

尽管如此，但联行数量毕竟有限，因此在绝大多数没有联行的地区还得依靠代理行来进行。与建立联行关系相比，代理行关系的建立成本更低、更灵活、更普遍，在国际结算中具有相当重要的地位。

其次，在代理关系中，账户行的关系更密切、更方便。账户行选择的优先地位仅次于联行。与账户行之间的业务委托也十分方便，只要通过账务往来即可完成委托。在同一城市或地区有多个账户行的情况下，要选择资信最佳的银行办理业务。

在没有联行和账户行的少数地区，要开展业务只能委托非账户行的代理行。因为建立了代理关系的银行相互比较了解，只不过资金的收付不太方便，需要通过其他银行办理，手续复杂些，所需时间也要相对延长。

四、国际商会与国际贸易术语解释通则

1. 国际商会

国际商会是为世界商业服务的非政府间组织，是联合国等政府间组织的咨询机构。国际商会于1920年由美国发起成立，总部设在法国巴黎。国际商会的基本目的是：为开放的世界经济服务，坚信国际商业交流将导致更大的繁荣和国家间和平。

目前，国际商会由数万个具有国际影响的商业组织和企业组成，其会员已扩展到130多个国家，在59个国家成立了国家委员会或理事会，负责组织、协调国家范围内的商业活动。它与世界贸易组织、联合国、八国集团等国际组织有着广泛的合作关系。

ICC通过其下设的十几个专业委员会和数十个工作组，制定了许多国际商业领域的规则和惯例，例如，国际贸易术语、国际贸易结算规则等，这些规则和惯例为全世界广泛采用。国际商会的组织机构包括理事会、执行局、财政委员会、会长、副会长及所属各专业委员会、国家特派员等。国际商会下属的专业委员会及工作机构主要包括国际商业惯例委员会、银行技术和惯例委员会、国际仲裁委员会、国际商会仲裁院、国际商会国际商业法律和实务学会等。

国际商会主要职能有以下4个。

（1）在国际范围内代表商业界，特别是充当联合国和政府专门机构的商业发言人。

（2）促进建立在自由和公平竞争基础上的世界贸易和投资。

（3）协调统一贸易惯例，并为进出口方制定贸易术语和各种指南。

（4）为商业提供实际服务，包括设立解决国际商事纠纷的仲裁院，协调和管理货物临时免税进口的国际局、商业法律和实务学会，反海事诈骗的国际海事局，反假冒商标和假冒产品的反假冒情报局，为世界航运创造市场条件的海事合作中心，组织举办专业讨论会，出版发行种类广泛的出版物等。

国际商会把国际贸易术语的制定、解释、规范、普及作为自己的主要职能之一，它制定的《国际贸易术语解释通则》通行全世界，极大地促进了国际贸易的发展。

2. 国际贸易术语解释通则

《国际贸易术语解释通则》是国际商会为统一各种贸易术语的不同解释于1936年制定的，命名为《1936年国际贸易术语解释通则》（《INCOTERMS 1936》）。随后，为适应国际贸易实践发展的需要，国际商会先后于1953年、1967年、1976年、1980年、1990年及2000年进行过多次修订和补充。

2010 年，国际商会根据国际货物贸易的发展，对 2000 通则进行了修订，并于 2010 年 9 月 27 日公布《2010 年国际贸易术语解释通则》（INCOTERMS® 2010，2010 通则），2011 年 1 月 1 日开始全球实施。2010 通则较 2000 通则更准确标明各方承担货物运输风险和费用的责任条款，令船舶管理公司更易理解货物买卖双方支付各种收费时的角色，有助于避免现时经常出现的码头处理费（THC）纠纷。此外，2010 通则亦增加大量指导性贸易解释和图示，以及电子交易程序的适用方式。

虽然 2010 通则于 2011 年 1 月 1 日正式生效，但并非 2000 通则就自动作废。因为国际贸易惯例本身不是法律，对国际贸易当事人不产生必然的强制性约束力。国际贸易惯例在适用的时间效力上并不存在"新法取代旧法"的说法，即 2010 通则实施之后并非 2000 通则就自动废止，当事人在订立贸易合同时仍然可以选择适用 2000 通则甚至 1990 通则。

相对 2000 通则，2010 通则主要有以下变化。

（1）13 种贸易术语变为 11 种。

（2）贸易术语分类由四级变为两类。

（3）使用范围的扩大至国内贸易合同。

（4）电子通信方式被 2010 通则赋予完全等同的功效。

国际商会的《国际贸易术语解释通则》（*International Rules for the International Trade Terms*）已被国际社会广泛承认和接受，是国际贸易中最重要的惯例之一。

五、国际贸易术语

贸易术语（trade terms），也称价格术语、价格条件（price terms）或交货条件（delivery terms），是规定价格的构成及买卖双方各自应承担的责任、费用、风险以及确定货物所有权转移时限的专门用语，是国际贸易合同中商品单价必不可少的一个组成部分，它用 3 个英文字母作为代号来说明在一定价格基础上买卖双方所应承担的责任，并具体规定其权利和义务。

国际贸易术语的产生，很大程度上是由国际贸易的特殊性决定的。国际贸易双方处在两个不同的国家，其贸易习惯不同，有关法律的规定也不一样。另外，货物要经过很多的运输环节，买卖双方要办理各种手续及支付相应的费用，还可能发生一些意外的风险，所以买卖双方在接货、交货过程中，要解决许多问题。主要有：有关的费用由谁支付；货物在运输途中可能发生的灭失和损失等风险由何方承担；申请进出口许可证、办理装卸货和运输保险等手续的责任；如何交接货物；货物所有权转移的界限等。对于这些问题，可通过谈判来解决，但是，如果每笔交易都要对上述问题进行逐一的商谈，必然使磋商过程耗时长，并有可能贻误时机，影响顺利签约。于是，在长期的实践中，逐渐形成了各种贸易术语。在交易谈判中，只要一方提出某个贸易术语，就包括了上述的全部内容，非常明确。

不同的贸易术语，表示买卖双方在责任、费用与风险的承担上有所区别，如果卖方承担的责任多、支付的费用多，风险大，则商品的售价高；反之，则售价低。所以贸易术语直接影响到商品的价格及构成、人们常常将贸易术语称为价格术语的原因也在于此，由于贸易术语的引入，任何一个国际贸易价格都需要由 4 个要素来表示，即计价的货币名称、单价、计量单位和贸易术语，例如 USD100.00 per set FOB Dalian。

（一）贸易术语的作用

首先，贸易术语简化了买卖双方磋商的内容，节省了时间和费用，有利于国际贸易的成交。它用简短的术语规定买卖双方在交易中所承担的义务、费用和风险，以及购销价格、佣金等其他费用。如合同中，"FOB" 3 个字母的含义在国际商会的解释中竟有千字之多。若没有贸易术语，买卖合同的内容就会十分繁杂，一旦发生争议，要往返磋商，使交易的时间和费用大大增加，降低了效率。因此，贸易术语构成了合同的主干部力，它虽不能替代合同的全部，但却非常准确地表达了双方当事人之间权利、义务、责任等核心事项。

其次，贸易术语是其他各项交易条件的中心。贸易术语关联着合同中其他的贸易条件，其他交易条件都要以贸易术语作为衡量、计算的标准。比如，贸易术语就决定着出口部门在单证方面的义务和责任，以及保险费支付等特殊要求。因此，有关管理部门可从术语中查出对外贸易成交的价格构成、了解贸易合同的性质以及相应的权利和义务，也可以从术语的使用和选择上保护本国的航运业和保险业。

最后，贸易术语有利于国际贸易纠纷的解决。买卖双方一旦在合同中采用了某一贸易术语，则该术语的惯例对双方当事人就有法律约束力，因此贸易术语是解决各国法律、习惯分歧的一种补救方法。

（二）贸易术语的分类

在 2000 通则中将 13 种术语按术语缩写首字母分成 4 组，即 E 组、F 组、C 组以及 D 组。这种分类反映了卖方对于买方的责任程度。FCA 或者适用国内贸易的 EXW，利用交货的完成以及在尽可能早的时间把风险转移给买方从而赋予卖方最少的责任。相反地，D 组术语，或者说"实质性交货"语，利用交货的完成以及在尽可能晚的时间把风险转移给买方从而赋予卖方最多的责任。这种分类仍然很重要，尤其是在当事人对 2010 通则中的 11 种贸易术语做出选择时。

2010 通则将这 11 种术语分成了截然不同的两类。

第一类包括那些适用于任何运输方式，包括多式运输的 7 种术语。EXW、FCA、CPT、CIP、DAT、DAP 和 DDP 术语这类。这些术语可以用于没有海上运输的情形。但要谨记，这些术语能够用于船只作为运输的一部分的情形，只要在卖方交货点，或者货物运至买方的地点，或者两者兼备，风险转移。

第二类实际上包含了比较传统的只适用于海运或内河运输的 4 种术语。这类术语条件下，卖方交货点和货物运至买方的地点均是港口，所以"唯海运不可"就是这类术语标签。FAS、FOB、CFR、CIF 属于本类术语。最后 3 个术语删除了以越过船舷为交货标准而代之以将货物装运上船。这更贴切地反映了现代商业实际且避免了风险在臆想垂线上来回摇摆这一颇为陈旧的观念。

表 1-2　　　　　　　　　　　　　国际贸易术语名称

分类	术语代号	术语名称
适用于任一或多种运输方式	EXW	工厂交货（……指定地点）
	FCA	货交承运人（……指定地点）
	CPT	运费付至（……指定目的港）
	CIP	运费、保险费付至（……指定目的地）
	DAT	终点站交货（……指定目的港或目的地）
	DAP	地点交货（……指定目的地）
	DDP	完税交货（……指定目的地）

续表

分类	术语代号	术语名称
只适用于海运及内河运输	FAS	船边交货（……指定装运港）
	FOB	船上交货（……指定装运港）
	CFR	成本加运费（……指定目的港）
	CIF	成本、保险费加运费付至（……指定目的港）

1. EXW 工厂交货（……指定地点）

EXW（EX Works）指卖方在其所在地或其指定的地点[（强调生产制造场所）、工厂（制造场所）或仓库等]将货物交给买方处置时，即履行了交货义务。卖方不负责将货物装上任何运输工具，也不办理出口清关手续。

双方都应该尽可能明确地指定货物交付地点，因为此时（交付前的）费用与风险由卖方承担。买方必须承担在双方约定的地点或在指定地受领货物的全部费用和风险。

EXW 是卖方承担责任最小的术语。它应遵守以下使用规则。

（1）卖方没有义务为买方装载货物，即使在实际中由卖方装载货物可能更方便。若由卖方装载货物，相关风险和费用亦由买方承担。如果卖方在装载货物中处于优势地位，则使用由卖方承担装载费用与风险的 FCA 术语通常更合适。

（2）买方在与卖方使用 EXW 术语时应知晓，卖方仅在买方要求（更符合术语特质）办理出口手续时负有协助的义务，（但是），卖方并无义务主动（更强调最小义务，吸收进 2010 年本身的意义）办理出口清关手续。因此如果买方不能直接或间接地办理出口清关手续，建议买方不要使用 EXW 术语。

（3）买方承担向卖方提供关于货物出口之信息的有限义务。但是，卖方可能需要这些用作诸如纳税（申报税款）、报关等目的的信息。

EXW 与（当事人）所选择的运输模式无关，即便（当事人）选择多种运输模式，亦可适用该规则。本规则较适用于国内交易，对于国际交易，则应选 FCA "货交承运人（……指定地点）" 规则为佳。

2. FCA 货交承运人（……指定地点）

FCA（Free Carrier）是指卖方于其所在地或其他指定地点将货物交付给承运人或买方指定人。建议当事人最好尽可能清楚地明确说明指定交货的具体点，风险将在此点转移至买方。

买方必须自付费用订立从指定的地点发运货物的运输合同，并将有关承运人的名称、交货期和指定交货地点充分通知卖方。买方承担卖方将货交承运人后的一切费用和风险，并负责办理货物进口清关手续和从他国过境的一切海关手续。

FCA 要求卖方在需要时办理出口清关手续。但是，卖方没有办理进口清关手续的义务，也无须缴纳任何进口关税或者办理其他进口海关手续。

在需要办理海关手续时（在必要时／适当时），DAP 规则要求应有卖方办理货物的出口清关手续，但卖方没有义务办理货物的进口清关手续，支付任何进口税或者办理任何进口海关手续，如果当事人希望卖方办理货物的进口清关手续，支付任何进口税和办理任何进口海关手续，则应适用DDP 规则。

FCA 术语使用范围最广，它可适用于各种运输方式，但无论采取哪种运输方式，买卖双方各自承担的风险均以货交承运人为界限。

3. CPT 运费付至（……指定目的地）

CPT（Carriage Paid To）是指卖方在指定交货地向承运人或由其（买方）指定的其他人交货并且其（卖方）须与承运人订立运输合同，载明并实际承担将货物运送至指定目的地所产生的必要费用。

在 CPT、CIP、CFR、CIF 适用的情形下，卖方的交货义务在将货物交付承运人，而非货物到达指定目的地时，即告完全履行。

此规则有两个关键点，因为风险和成本在不同的地方发生转移。买卖双方当事人应在买卖合同中尽可能准确地确定以下两个点：发生转移至买方的交货地点；在其须订立的运输合同中载明的指定目的地。如果使用多个承运人将货物运至指定目的地，且买卖双方并未对具体交货地点有所约定，则合同默认风险自货物由卖方交给第一承运人时转移，卖方对这一交货地点的选取具有排除买方控制的绝对选择权。如果当事方希望风险转移推迟至稍后的地点发生（如某海港或机场），那么他们需要在买卖合同中明确约定这一点。

由于将货物运至指定目的地的费用由卖方承担，因而当事人应尽可能准确地确定目的地中的具体地点。且卖方须在运输合同中载明这一具体的交货地点。卖方基于其运输合同中在指定目的地卸货时，如果产生了相关费用，卖方无权向买方索要，除非双方有其他约定。

CPT 贸易术语要求卖方，在需要办理这些手续时，办理货物出口清关手续。但是，卖方没有义务办理货物进口清关手续、支付进口关税以及办理任何进口所需的任何海关手续。

4. CIP 运费、保险费付至（……指定目的地）

CIP（Carriage Insurance Paid to）是在约定的地方（如果该地在双方间达成一致）卖方向承运人或是卖方指定的另一个人发货，以及卖方必须签订合同和支付将货物运至目的地的运费。

卖方还必须订立保险合同以防买方货物在运输途中灭失或损坏风险。买方应注意到 CIP（运费和保险费付至指定目的地）术语只要求卖方投保最低限度的保险险别。如买方需要更多的保险保障，则需要与卖方明确地达成协议，或者自行做出额外的保险安排。

在 CPT、CIP、CFR 和 CIF 在这些术语下，当卖方将货物交付与承运人时而不是货物到达目的地时，卖方已经完成其交货义务。

由于风险和费用因地点之不同而转移，本规则有两个关键点。买卖双方最好在合同中尽可能精确地确认交货地点，风险转移至买方地，以及卖方必须订立运输合同所到达的指定目的地。若将货物运输至约定目的地用到若干承运人而买卖双方未就具体交货点达成一致，则默认为风险自货物于某一交货点被交付至第一承运人时转移，该交货点完全由卖方选择而买方无权控制。如果买卖双方希望风险在之后的某一阶段转移（如在一个海港或一个机场），则他们需要在其买卖合同中明确之。

将货物运输至具体交货地点的费用由卖方承担，因此双方最好尽可能明确在约定的目的地的具体交货地点。卖方最好签订与此次交易精确匹配的运输合同。如果卖方按照运输合同在指定的目的地卸货而支付费用，除非双方另有约定，卖方无权向买方追讨费用。

CIP 术语要求卖方在必要时办理货物出口清关手续。但是，卖方不承担办理货物进口清关手续、支付任何进口关税，或者履行任何进口报关手续的义务。

5. DAT 终点站交货（……指定目的港或目的地）

DAT（Delivered at Terminal）是指卖方在指定的目的港或目的地的指定的终点站卸货后将货物交给买方处置即完成交货。"终点站"包括任何地方，无论约定或者不约定，包括码头、仓库、集装箱堆场或公路、铁路或空运货站。卖方应承担将货物运至指定的目的地和卸货所产生的一切风险和费用。

建议当事人尽量明确地指定终点站，如果可能，（指定）在约定的目的港或目的地的终点站内的一个特定地点，因为（货物）到达这一地点的风险是由卖方承担，建议卖方签订一份与这样一种选择准确契合的运输合同。

此外，若当事人希望卖方承担从终点站到另一地点的运输及管理货物所产生的风险和费用，那么此时 DAP（目的地交货）或 DDP（完税后交货）规则应该被适用。

在必要的情况下，DAT 规则要求卖方办理货物出口清关手续。但是，卖方没有义务办理货物进口清关手续并支付任何进口税或办理任何进口报关手续。

6. DAP 目的地交货（……指定目的地）

DAP（Delivered at Place）是指卖方在指定的交货地点，将仍处于交货的运输工具上尚未卸下的货物交给买方处置即完成交货。卖方须承担货物运至指定目的地的一切风险。

DAP 是《国际贸易术语解释通则 2010》新添加的术语，取代了的 DAF（边境交货）、DES（目的港船上交货）和 DDU（未完税交货）3 个术语。

该规则的适用不考虑所选用的运输方式的种类，同时在选用的运输方式不止一种的情形下也能适用。

目的地交货的意思是：尽管卖方承担货物到达目的地前的风险，该规则仍建议双方将合意交货目的地指定尽量明确。建议卖方签订与该种选择恰好匹配的运输合同。如果卖方按照运输合同承受了货物在目的地的卸货费用，那么除非双方达成一致，卖方无权向买方追讨该笔费用。

在需要办理海关手续时（在必要时／适当时），DAP 规则要求应有卖方办理货物的出口清关手续，但卖方没有义务办理货物的进口清关手续，支付任何进口税或者办理任何进口海关手续，如果当事人希望卖方办理货物的进口清关手续，支付任何进口税和办理任何进口海关手续，则应适用 DDP 规则。

7. DDP 完税后交货（……指定目的地）

DDP（Delivered Duty Paid）是指卖方在指定的目的地，将货物交给买方处置，并办理进口清关手续，准备好将在交货运输工具上的货物卸下交与买方，完成交货。卖方承担将货物运至指定的目的地的一切风险和费用，并有义务办理出口清关手续与进口清关手续，对进出口活动负责，以及办理一切海关手续。

DDP 术语下卖方承担最大责任。因为到达指定地点过程中的费用和风险都由卖方承担，建议当事人尽可能明确地指定目的地。建议卖方在签订的运输合同中也正好符合上述选择的地点。如果卖方致使在目的地卸载货物的成本低于运输合同的约定，则卖方无权收回成本，当事人之间另有约定的除外。

如果卖方不能直接或间接地取得进口许可，不建议当事人使用 DDP 术语。

如果当事方希望买方承担进口的所有风险和费用，应使用 DAP 术语。

任何增值税或其他进口时需要支付的税项由卖方承担，合同另有约定的除外。

8. FAS 船边交货（……指定装运港）

FAS（Free Alongside Ship）是指卖方在指定装运港将货物交到买方指定的船边（如码头上或驳船上），即完成交货。从那时起，货物灭失或损坏的风险发生转移，并且由买方承担所有费用。

当事方应当尽可能明确地在指定装运港指定出装货地点，这是因为到这一地点的费用与风险由卖方承担，并且根据港口交付惯例这些费用及相关的手续费可能会发生变化。

卖方在船边交付货物或者获得已经交付装运的货物。这里所谓的"获得"迎合了链式销售，在商品贸易中十分普遍。

当货物通过集装箱运输时，卖方通常在终点站将货物交给承运人，而不是在船边。在这种情况下，船边交货规则不适用，而应当适用货交承运人规则。

船边交货规则要求卖方在需要时办理货物出口清关手续。但是，卖方没有任何义务办理货物进口清关、支付任何进口税或者办理任何进口海关手续。

FAS 术语仅适用于海运和内河运输。

9. FOB 船上交货（……指定装运港）

FOB（Free On Board）是指卖方在指定的装运港，将货物交至买方指定的船只上，或者指（中间销售商）设法获取这样交付的货物。一旦装船，买方将承担货物灭失或损坏造成的所有风险。

卖方被要求将货物交至船只上或者获得已经这样交付装运的货物。这里所谓的"获得"迎合了链式销售，在商品贸易中十分普遍。

FOB 不适用于货物在装船前移交给承运人的情形。例如，货物通过集装箱运输，并通常在目的地交付。在这些情形下，适用 FCA 的规则。

在适用 FOB 时，销售商负责办理货物出口清关手续。但销售商没有义务办理货物进口清关手续、缴纳进口关税或是办理任何进口报关手续。

10. CFR 成本加运费（……指定目的港）

CFR（Cost and Freight）是指卖方交付货物于船舶之上或采购已如此交付的货物，而货物损毁或灭失之风险从货物转移至船舶之上起转移，卖方应当承担并支付必要的成本加运费以使货物运送至目的港。

当使用 CPT、CIP、CFR 或 CIF 术语时，卖方在将货物交至已选定运输方式的运送者时，其义务即已履行，而非货物抵达目的地时方才履行。

本规则有两个关键点，因为风险转移地和运输成本的转移地是不同的。尽管合同中通常会确认一个目的港，却未必指定装运港，即风险转移给买方的地方。如果买方对装运港关乎买方的特殊利益（特别感兴趣），建议双方就此在合同中尽可能精确地加以确认。

建议双方对于目的港的问题尽可能准确确认，因为以此产生的成本加运费由卖方承担。订立与此项选择（目的港选择）精确相符的运输合同。如果因买方原因致使运输合同与卸货点基于目的港发生关系，那么除非双方达成一致，否则卖方无权从买方处收回这些费用。

成本加运费对于货物在装到船舶之上前即已交给（原为交付）承运人的情形可能不适用，例如通常在终点站（即抵达港、卸货点，区别于 port of destination）交付的集装箱货物。在这种情况下，宜使用 CPT 规则（如当事各方无意越过船舷交货）。

成本加运费原则要求卖方办理出口清关手续，若合适的话。但是，卖方无义务为货物办理进口清关、支付进口关税或者完成任何进口地海关的报关手续。

11. CIF 成本加保险费、运输费（……指定目的港）

CIF（Cost Insurance and Freight）是指卖方将货物装上船或指（中间销售商）设法获取这样交付的商品。货物灭失或损坏的风险在货物于装运港装船时转移向买方。卖方须自行订立运输合同，支付将货物装运至指定目的港所需的运费和保险费用。

卖方须订立货物在运输途中由买方承担的货物灭失或损坏风险的保险合同。买方须知晓在 CIF 规则下卖方有义务投保的险别仅是最低保险险别。如买方望得到更为充分的保险保障，则需与卖方明确地达成协议或者自行做出额外的保险安排。

当 CPT、CIP、CFR 或者 CIF 术语被适用时，卖方须在向承运方移交货物之时而非在货物抵达目的地时，履行已选择的术语相应规范的运输义务。

此规则因风险和费用分别于不同地点转移而具有两个关键点。合同惯常会指定相应的目的港，但可能不会进一步详细指明装运港，即风险向买方转移的地点。如买方对装运港尤为关注，那么合同双方最好在合同中尽可能精确地确定装运港。

当事人最好尽可能确定在约定的目的港内的交货地点，卖方承担至交货地点的费用。当事人应当在约定的目的地港口尽可能精准地检验，而由卖方承担检验费用。卖方应当签订确切适合的运输合同。如果卖方发生了运输合同之下的于指定目的港卸货费用，则卖方无须为买方支付该费用，除非当事人之间约定。

卖方必须将货物送至船上或者（由中间销售商）承接已经交付的货物并运送到目的地。除此之外，卖方必须签订一个运输合同或者提供这类的协议。这里的"提供"是为一系列的多项贸易过程（"连锁贸易"）服务，尤其在商品贸易中很普遍。

CIF 术语并不适用于货物在装上船以前就转交给承运人的情况，例如通常运到终点站交货的集装箱货物。在这样的情况下，应当适用 CIP 术语。

"成本、保险费加运费"术语要求卖方在适用的情况下办理货物出口清关手续。然而，卖方没有义务办理货物进口清关手续，缴纳任何进口关税或办理进口海关手续。

本章小结

- 国际结算是指为清偿国际间债权债务关系或跨国转移资金而通过银行来完成的跨国（地区）货币收付活动。
- 国际结算按债权债务产生的原因分为国际贸易结算和国际非贸易结算；按结算工具分为现金结算和非现金结算；按付款方式分为现汇结算和记账结算。
- 国际结算中的信用工具主要包括汇票、本票和支票 3 种。
- 国际结算方式主要包括汇款、托收、信用证、银行保函、备用信用证、国际保理业务和包买票据业务等多种方式。其中前 3 种是基本的国际结算方式，仍然是最重要的国际结算方式；后几种为派生国际结算方式。
- 国际结算经历了从现金结算发展到非现金结算、从买卖双方直接支付到通过金融中介进行支付、从使用简单贸易术语结算到复杂贸易术语的结算、从凭货付款到凭单付款、互联网时代的结算等演变过程。
- 国际结算的支付体系主要有 SWIFT、CHIPS、CHAPS、TARGET、FEDWIRE。
- 国际贸易术语分为两类：第一类，包括那些适用于任何运输方式，包括多式运输的 7 种术语，EXW、FCA、CPT、CIP、DAT、DAP 和 DDP 术语这类。第二类，实际上包含了比较传统的只适用于海运或内河运输的 4 种术语，FAS、FOB、CFR、CIF 属于本类术语。

基本概念

国际结算　国际贸易结算　国际非贸易结算　CHAPS　CHIPS　价格术语

复习思考题

1. 分析国际结算的特点。
2. 说明国际结算与国内结算的区别。
3. 分析国际结算的演变过程。
4. 如何选择国际结算的往来银行？
5. 简述国际贸易术语的分类及具体内容。

拓展阅读

案例 1-1　FOB 与 FCA 的选择

案例介绍：

我国某内陆出口公司于2000年2月向日本出口30吨甘草膏，每吨40箱，共1 200箱，每吨售价1 800美元，FOB新港，共54 000美元，即期信用证，装运期为2月25日之前，货物必须装集装箱。该出口公司在天津设有办事处，于是在2月上旬便将货物运到天津，由天津办事处负责钉箱装船，不料货物在天津存仓后的第2天，仓库午夜着火，抢救不及，1 200箱甘草膏全部被焚。办事处立即通知内地公司总部并要求尽快补发30吨。结果该出口公司因货源不济，导致无法按期装船。

问题：如何通过贸易术语的选择规避这样的风险？

案例分析：

这是一个贸易术语选择不当的案例。该出口公司所在地正处在铁路交通的干线上，外运公司在该市都有集装箱中转站，既可接受拼箱托运也可接受整箱托运。假如当初采用FCA（该市名称）对外成交，出口公司在当地将1 200箱交中转站或自装自集后将整箱（集装箱）交中转站，不仅风险转移给买方，而且当地承运人（即中转站）签发的货运单据即可在当地银行办理议付结汇。案例中该公司自担风险将货物运往天津，再集装箱出口，不仅加大了自身风险，而且推迟结汇。从此案例可以看出，贸易术语的正确选择是结算顺利完成的一个很重要因素。

案例 1-2　CIF 与 CIP 的选择

案例介绍：

2000年5月，美国某贸易公司（以下简称进口方）与我国江西某进出口公司（以下简称出口方）

签订合同购买一批日用瓷具，价格条件为CIF LOS ANGELES，支付条件为不可撤销的跟单信用证，出口方需要提供已装船提单等有效单证。出口方随后于宁波某运输公司（以下简称承运人）签订运输合同。8月初出口方将货物备妥，装上承运人派来的货车。途中由于驾驶员的过失发生了车祸，耽误了时间，错过了信用证规定的装船日期。得到发生车祸的通知后，我出口方即刻与进口方洽商要求将信用证的有效期和装船期延展半个月，并本着诚信原则告知进口方两箱瓷具可能受损。美国进口方回电称同意延期，但要求货价应降5%。我出口方回电据理力争，同意受震荡的两箱瓷具降价1%，但认为其与货物并未损坏，不能降价。但进口方坚持要求全部降价，最终我出口方还是做出让步，受震荡的两箱降价2.5%，其余降价1.5%，为此受到货价、利息等有关损失共计达15万美元。

事后，出口方作为托运人又向承运人就有关损失提出索赔。对此，承运人同意承担有关仓储费用和两箱震荡货物的损失，利息损失只赔50%，理由是自己只承担一部分责任，主要是由于出口方修改单证耽误时间。对于货价损失承运人不予理赔，认为这是由于出口方单方面与进口方的协定所致，与己无关。出口方却认为货物降价及利息损失的根本原因都在于承运人的过失，坚持要求其全部赔偿。3个月后经多方协商，承运人最终赔偿各方面损失共计5.5万美元，出口方实际损失9.5万美元。

思考问题：不同贸易术语对进出口双方的责任划分不同，如何选择适合自己的贸易术语？

案例分析：

在本案例中，国际贸易采用CIF术语订立贸易合同，在CIF术语下，出口方同时以托运人的身份与运输公司即承运人签订运输合同。但是，出口方仍要承担货物越过船舷前的一切风险和损失。尽管本案例中，承运人对因发生车祸导致的货物损失、延迟装船、仓储费用负责，但双方对由此导致的货架损失、利息损失的承担却无法达成协议，使得出口方利益受损。

其实，如果该笔交易能够采用CIP术语，则出口方能够避免这种损失。因为在使用CIP术语时，出口方风险与货物的实际控制权同步转移，责任可以及早减轻。CIF术语下，出口方是在装运港交货，买卖双方是以船舷为界划分风险，在货物越过船舷之前，不管货物处于何方的实际处置之下，卖方都要向买方承担货险等责任。

另外，此笔交易是内陆地区的出口交易，对此，CIP术语比CIF更加适合，使用CIP术语有利于内陆出口业务在当地交单结汇。CIP涉及的通常运输单据范围要大于CIF，因具体运输方式不同可以是上面提到的CIF使用单据，也可以是陆运运单、空运单、多式联运单据。承运人签发后，出口方即可据以结汇。这样，缩短了结汇和退税时间，提高了出口方的资金周转速度。

第二章 票据

【教学目的和要求】

- 了解票据的概念、性质和作用
- 了解汇票、本票、支票必备项目
- 重点掌握汇票、本票、支票的做法
- 掌握狭义票据行为
- 了解广义票据行为

【案例导读】

红博房地产有限责任公司从凯丽进出口公司购进2 000吨水泥，总价款50万元。水泥运抵后，红博房地产有限责任公司为凯丽进出口公司签发一张以红博房地产有限责任公司为出票人和付款人，以凯丽进出口公司为收款人的，3个月后到期的商业承兑汇票。

1个月后，凯丽进出口公司从龙胜有限责任公司购进一批木材，总价款45.5万元。凯丽进出口公司就把红博房地产有限责任公司开的汇票背书转让给龙胜有限责任公司，余下的4.5万元用支票方式支付完毕。

后来，红博房地产有限责任公司发现2 000吨水泥中有一半质量不合格，双方发生纠纷。汇票到期时，龙胜有限责任公司把汇票提交红博房地产有限责任公司要求付款，红博房地产有限责任公司拒绝付款，理由是凯丽进出口公司供给的水泥不合格，不同意付款。

问题：红博房地产有限责任公司是否可以拒绝付款？

第一节 票据概述

票据有广义和狭义之分。广义的票据是指商业上的权利单据（document of title），它作为某人的、不在他实际占有下的金钱或商品的所有权的证据。这种权利单据要正式书写负责交付货币或商品的人，还要书写有权索取货币或商品的人。前者是债务人，而后者是债权人，双方缔结一项简单合约，形成了对于金钱或货物权利的书面凭证，这种凭证形成了广义的票据。它的凭证的权利是可以转让的，因此票据具有可以流通转让的特性，故票据又是流通证券。

狭义的票据是指那些反映债权债务关系，以支付货币为目的，可以转让流通的单据，也称金融单据（money paper）、资金票据（financing documents）或流通票据（negotiable instrument），一般地，人们省去了"金融"或"资金"两字，就叫票据，很少称"资金单据"。本来票据范围是很广的，商业上的凭证都叫票据，如发票、海运提单、保险单。但人们现在谈起票据不是指这些广义上的票据，而只是指汇票、本票、支票这3种代表货币支付凭证。票据是现代经济生活中使用最普遍的一种有价凭证，也是国际结算业务中必不可少的结算工具，本章将对狭义票据做重点讲述。

一、票据的起源

票据是国际结算的主要工具，它是在长期国际贸易的实践中逐步演变发展起来的。在开始出现边境贸易时，是采取物物交换，即易货，这时，交易双方在商品种类、数量等方面的供求是很难达到一致的。随着货币的出现，特别是金属货币的广泛使用，商品交换开始以货币为媒介，采取现金结算的方式。现金结算显然便利了交易的进行，但漂洋过海运送黄金白银实在太不方便，而且风险大、费用多、积压资金，同时各国货币的含金量和成色也不同。于是，商人们开始用"字据"来代替黄金白银，即使用票据来结算，也叫非现金结算。随着科学技术、通信设备的进一步发展，国际结算开始计算机化，出现了国际性的清算系统。但目前，票据仍是国际结算的主要工具。

票据在我国很早就出现了，如唐朝的"飞钱"、宋代的"交子"，但这些票据仅在国内结算上起过一定的作用，未被用于对外结算。

从世界范围看，一般的说法是，票据是在中世纪商业活动中产生的，到资本主义时代全面盛行，但其起源可追溯到古希腊和古罗马时代。当时有一种"自笔证书"被认为是票据的雏形，这种证书的持有人在请求债务人偿付债务时必须提示证书，债务获得清偿后该证书退还给债务人，这种制度同现代票据的设权性和返还性是一致的。12世纪意大利商人所使用的由货币兑换商签发的兑换证书与现代的本票和汇票十分接近。到了资本主义时期，票据的应用日益普遍和不可缺少，有关票据制度也在这个过程中不断完善，逐步有了背书、承兑等制度。随着银行业的发展，又出现了专门由银行付款的支票。

二、票据的特性

票据是非现金结算工具，它能够代替货币使用，因为票据有如下特性。

1. 设权性（establishing rights）

所谓设权性，是指持票人的票据权利随票据的设立而产生，离开了票据，就不能证明其票据权利。而票据权利的产生必须做成票据，权利的转移要交付票据，权利的行使要提示票据。这里的票据权利是指付款请求权、追索权及转让票据权。

2. 要式性（requisite in form）

要式性即票据的做成，从形式上看记载必要项目必须齐全，各个必要项目必须符合规定，方可使票据产生法律效力。各国票据法对这些都做了详细的规定，使票据文义简单明了，根据文义解释票据，明确当事人的权责。

票据的要式性，有时可说成票据是书面形式要件，即指票据从书面形式上包含的必要条件符合票据法的规定，它就是有效的票据。它的权利义务全凭票据的文义来确定，不需要问票据基本关系的原因，这才有利于票据的转让流通，所以我们经常说票据是"要式不要因"。

3. 文义性（literal meaning）

文义即文字上的含义或其思想内容，指票据的效力是由文字的含义来决定的，债权人和债务人只受文义的约束，债权人不得以票据未记载的事项向债务人有所主张，债务人也不能用票据上未记载的事项对债权人有所抗辩。

4. 无因性（non-causative nature）

"因"是指产生票据权利义务关系的原因。无因性是指债权人持票行使票据权利时，可以不明示原因。例如，某出票人命令付款人向收款人付款，为什么出票人能下命令呢？肯定是有原因的，不会无缘无故地出票。总的来看，这个原因包括两方面的内容：一是出票人与付款人之间的资金关系，例如出票人在付款人处有存款或付款人愿意向出票人贷款，上面的例子即属这种情况；一是出票人与收款人、票据背书人与被背书人之间的对价关系，例如 A 开出以 B 为收款人的票据，B 又以背书的方式转让给 C，其原因可能是 A 买了 B 的货物，所以开立票据向 B 付款，而 B 之所以转让给了 C，可能因为他欠了 C 的债等。这种资金关系和对价关系即为票据的基础原因，可见，任何一张票据都有基础原因。但票据是否成立，当事人的权利义务并不受票据原因的影响，对受让人来说，无须调查票据背后的原因，只要要式齐全，他就能取得票据文义上载明的权利。这种特性称票据的无因性。

5. 流通转让性（negotiability）

一般的债权在转让时，必须经过债务人的同意，但票据可以经过背书或交付就可自由转让、流通，其权利的转让无须通知债务人，债务人不能以没接到通知为由拒绝承担义务。受让人在取得票据权利后，如遭拒付，有权对所有的当事人起诉，且正式持票人的票据权利不受前手权利缺陷的影响。

票据流通转让具有以下特点。

（1）票据权利通过交付或背书进行转让。

（2）票据转让不必通知。

（3）正当持票人的权利不受前手票据权利缺陷的影响。

（4）票据受让人获得全部票据权利，能以自己名义提出起诉。

6. 提示性（presentment）

票据上的债权人要求债务人付款时，必须向付款人提示票据，显示占有这张票据，要求付款。如果持票人不提示票据，付款人就没有履行付款的义务，因此票据法需要规定票据的提示期限，超过期限，付款人的责任即被解除。

7. 返还性（return-ability）

持票人收到款项后，应将票据交还付款人。当付款人是主债务人时，票据关系消灭；如是次债务人，付款后可向前手追索。如不交还，债务人可不付款。由于票据的返还性，所以它不能无限期流通，而是在到期日被付款后结束其流通。这也说明票据模仿货币的功能，仍有它自身的局限性，一经付款就不能流通了。

8. 可追索性（recourse）

合格票据遭到票据的付款人或者承兑人拒付时，正当持票人为维护其票据权利，有权通过法律程序，向所有票据债务人追索，要求取得票据权利。

9. 金钱性（money）

票据所表示的权利，是一种以金钱为给付标的物的债权，票据债务人只能支付货币，而不能用其他标的物支付。

上述的各种性质中，最重要的是流转性，它是票据的基本特性；其次是无因性和要式性，它们是为流转性服务的。受让人往往无从了解票据产生或转让的原因，但对票据是否符合法定要式却一目了然，因此要"式"不要"因"的目的，就在于能使票据的接受更加方便地进行，以保证票据流通的正常。

三、票据的功能

1. 结算功能

结算时必须使用一定的支付工具，而票据就是一种支付工具，利用它可以了结债权债务。在非现金结算的过程中，通常用作支付工具的可流通票据是汇票、本票和支票，其中在国际支付与现金结算中最广泛使用的是汇票。例如，债务人可向某银行购买一张银行汇票，再将它送交其债权人了结债务。

2. 信用功能

典型的可流通票据——汇票本身并无价值，汇票当事人如出票人、付款人和承兑人的资信为充当支付工具提供基础。正是由于这一原因，远期汇票甚至可在承兑后在货币市场上贴现。因此，汇票不仅可在债权人与债务人之间用作支付工具，而且还可在融资业务中充当信用工具。

票据的信用功能克服了金钱支付上的时间间隔，票据权利与一般债权的区别如表 2-1 所示。

表 2-1　　　　　　　　　　　　　票据权利与一般债权的区别

	票据权利	一般债权
表现形式	票据本身	不明确
清偿时间	非常明确	表面不确定
债权转让	流通转让	债务人同意
提前收回	转让与贴现	基本不能
要求方式	提示、追索	等待或催收
偿付方式	金钱	金钱、有价证券或物品
债务人责任	全部责任、连带责任	独立
保障程度	高	较低

3. 流通功能

作为一种可流通票据，单凭交付或通过背书和交付就可将它转让他人。其内含的一切权利和财产权可以从转让人自由转给受让人，只要受让人是善意地支付对价取得该票据。

一般来说，单凭交付就可做成完全转让，虽然转让人的背书常常是必要的。转让行为无须通知对票据负有责任的当事人。在做成完全转让时，票据所有权就从转让人完全地、合法地转给受让人。这意味着在必要时可以自己名义提出诉讼，因为他具有票据及其内含财产的全部权利。对价的善意受让人可以获得该票据的完全所有权，即使转让人的所有权有问题或他根本没有所有权。

广义的票据转让流通有以下 3 种形式。

（1）过户转让或通知转让

此种转让必须：

① 写出转让书的书面形式，表示转让意愿并由转让人签名。

② 在债务人那里登记过户或书面通知原债务人，它不因债权人更换而解除其债务。

③ 受让人获得权利要受转让人权利缺陷的影响。

④ 它是在 3 个当事人之间，即债权转让人、债权受让人以及原债务人之间完成转让行为。

采用过户转让的票据有股票、人寿保险单、政府债券、债券等，它们不是完全可流通的证券。

（2）交付转让

交付转让可以通过单纯交付或背书交付而转让票据，不必通知原债务人。

受让人取得他的全部权利，他可以用自己的名义对票据上的所有当事人起诉。但受让人获得的票据权利不优于前手，只是继承前手权利，要受到前手权利缺陷的影响。

采用交付转让的票据有提单（B/L）、仓单、栈单、写明"不可流通"字样的画线支票或即期银行汇票等。它们是准流通证券或半流通证券。

（3）流通转让

流通转让可以：

① 转让人经过单纯交付或背书交付票据给受让人，受让人善意地支付对价取得票据，不必通知原债务人。

② 受让人取得票据即取得票据全部权利，他可以用自己的名义对票据上的所有当事人起诉。

③ 受让人获得票据权利优于前手权利，即受让人的权利不受转让人权利缺陷的影响。

④ 它是在两个当事人即转让人和受让人之间的双边转让。

采用流通转让的票据有汇票、本票、支票、国库券、大额定期存单、不记名债券等，它们是完全可转让证券。

票据的流通转让性保护受让人的权利，受让人甚至可以得到让与人没有的权利。而交付转让与过户转让的受让人的权利，则都要受让与人权利缺陷的制约，受让人的权利不能优于让与人。

流通转让的原则使受让人能得到十足的票据文义载明的权利，这就使票据能被受让人接受，广为流通。

4. 融资功能

票据可以通过贴现来实现资金的融通和加速运转。这是票据的一种新的功能。随着金融业的发展，出现了融通票据，即票据持有人通过非贸易的方式取得商业汇票，并以该票据向银行申请贴现套取资金，实现融资目的。

5. 汇兑功能

随着商品经济的发展和市场范围的扩大，在异地贸易中直接携带或运送现金很不方便，还存在不同货币之间的兑换困难。在这种情况下，再通过在甲地将现金转化为票据，再到乙地将票据转化成现金或票据。通过票据的转移、汇兑，实现资金的转移，方便、快速、安全。

四、票据的当事人

1. 出票人

出票人（drawer）是签发票据并将票据交给收款人，从而创设票据权利的人。如果付款人以不承兑或不付款将票据退票，出票人将对该票据进行偿付。因贸易往来而成为票据持有人的任何当事人，在付款人做出退票行为后，对该票据出票人都有追索权。出票人对票据持有人负第一性责任。

2. 付款人

付款人（drawee）是指在票据上记载的，受出票人委托支付票据上款项的人。如票据是远期汇票，他就是以承兑和其后付款来承付汇票的当事人；如票据是见票即付的即期汇票，他就是以即期付款来承付汇票的当事人。不能强迫付款人承兑或支付汇票，因为付款人不能制止他并未欠其债的任何人向他开出汇票。在法院里向付款人提出诉讼只能是根据债务本身而不是根据未付的汇票。远期汇票的付款人只是在他承兑汇票以后才对汇票付款负责。

3. 收款人

收款人（payee）是从出票人处接受票据，并据以向付款人请求付款的人。如果远期汇票由于不承兑或即期汇票由于不付款而退票，收款人对出票人就有追索权而且有权向出票人要求付款。收款人是汇票的唯一债权人。

4. 承兑人

付款人如在汇票正面签名，同意向他开立的这张汇票上的书面支付命令，这表明他将在汇票到期日付款，这时付款人就成为承兑人（acceptor）。通过承兑，他做出保证将在汇票到期日付款。承兑人通常就是汇票的付款人。在付款人承兑了汇票以后，承兑人对汇票负第一性责任，而出票人则变为负第二性责任。

5. 背书人

背书人（endorser）是指在票据背面或粘贴单上记载一定事项，从而将票据转让给他人或将票据权利授予他人行使的人。背书人先是持票人，经过背书后负有担保票据权利实现的责任，是票据关系中的义务主体。他对其后手背书人，被背书人或任何后手持票人负有责任。他的责任同出票人一样，通过他的背书，他向其直接被背书人或后手被背书人保证，该票据到他背书时为止是有效的，同时他拥有该票据的有效所有权。他还保证在正当提示时，付款人会承兑或支付该汇票。如果出现这样的情况，即票据上的背书人不止一个时，他们按票据上列示的姓名次序分别承担责任，第一个背书人对第二个负责，第二个对第三个负责等。

6. 被背书人

被背书人（endorsee）是指经过背书人的背书转让行为而取得票据的人。他是背书人将票据转让给他的那个持票人。如果被背书人再将该票据背书给他人，那么根据具体情况，他就成为第二或第三背书人。

7. 参加承兑人

参加承兑人（acceptor for honor），当票据提示被拒绝承兑或无法获得承兑时，由一个第三者参加承兑汇票，签名于上，他就成为参加承兑人，也是汇票债务人。当汇票到期付款人拒不付款时，参加承兑人负责支付票款。

8. 保证人

保证人（guarantor），指在票据上记载一定事项，以担保某一票据义务人履行票据义务的人。保证人的责任与被保证人相同。

9. 持票人

持票人（holder）是依法实际持有票据的人，即收款人、被背书人或持票来人。必要时，他可以自己的名义对该票据提出诉讼。靠伪造或偷窃持有票据者并不是持票人而是非法持有人。

（1）付对价持票人

付对价持票人（holder for value）是已由他本人或他人付过对价而持有票据的那个当事人。如果持票人由于一项合约或由于涉及法律而对该票据有留置权，他被认为是对该票据有留置权金额的付对价持票人。

付对价持票人可以是正当持票人，也可以不是，但正当持票人一定是付对价持票人。

（2）正当持票人

正当持票人（holder in due course）是善意并付对价的票据受让人。正当持票人具有以下特征：①所得票据表面完整和正常；②票据没过期，未被告知曾被退票；③善意地而且付对价取得；④未被告知该票据有任何缺陷或转让人的所有权有问题而取得。正当持票人也称善意持票人，可向对该票据负有责任的所有当事人要求付款。应注意的是，收款人绝不可能是正当持票人。

例如，由 A 开出以 B 为付款人、付款给 C 的一张汇票已由 B 承兑并经 C 背书，其后 C 在街上将汇票丢失，被 D 捡去，D 又将它转让给 E，E 付对价。由于上述各项票据行为均无假冒情况，E 可以确定自己为正当持票人。因此，E 拥有该汇票的完全所有权。如该汇票被拒付，他可对 A、B、C 和 D 中任何一人或对他们全体提出诉讼。对 D 来说，他对这张可流通票据的所有权有问题，这可以忽视，只要 E 是善意地并付对价取得。其后，E 又将该汇票作为礼金送给 F。由于 F 并未付任何对价给 E 而取得汇票，他就不是正当持票人。但他有资格成为付对价持票人，因为其前手已对汇票付过对价。所以，如该汇票被拒付，F 也能对除 E 以外的其他当事人全体或其中任何一个提出诉讼。

再如，如果 A 开出一张 50 英镑支票，付给他的裁缝 B，支付缝制一套衣服的费用。然后，B 将支票背书后交给 C，支付其工资。C 又将支票背书后，作为生日礼金送给他妻子 D。其后，D 又将支票背书后，作为结婚礼金送给她侄女 E。尽管 E 未付对价取得支票，但她仍成为付对价持票人。如果支票被退票，她不能对 D 提出诉讼，因为她并未付过对价，她也不能对 C 提出诉讼。E 只能对 A 或 B 提出诉讼。

五、票据的法律系统

在国际结算、国内结算及社会经济活动中，票据发挥着重要作用。由于票据是一种具有自身特点的有价证券，其法律关系有一定的特殊性，必须用专门的立法加以规定。为了保障票据正常使用和流通，保护票据当事人的合法权益，促进商品发展，各国相继立法将票据及其流通规则法律化。

票据法是指规定票据制度以及票据当事人权利义务关系内容的法律规范的总称。票据法有广义和狭义之分。广义的票据法是指各种法律中有关票据的规范的总和，而狭义的票据法仅指名为"票据法"的法律及与之直接相关的法律。

（一）国际票据法系

最早出现的成文法或制定法形式的票据法是 1673 年法国路易十四时期的《陆上商事条例》中关于票据的规定。自此以后，各资本主义国家相继制定了各自的票据法。1847 年根据普鲁士邦票据法法案，德国制定了普通条例，经修改后形成了德意志帝国的票据法。英国于 1882 年在原有普通法判例的基础上制定了汇票法。1897 年纽约州首先公布《统一流通票据法》，后被其他各州所采用。由于各国法律文化的特点及政治、经济条件的差异，在 19 世纪末，逐渐形成了三大法系，即法国法系、德国法系和英国法系。

法国法系认为票据是代替现金运输的工具，因此对票据作为支付工具的作用规定得极为详细，而对票据的其他作用只做了简略的规定，并认为票据关系和票据基础关系不能分开，票据为要因证券，这给票据的流通带来许多不便。这种特点同制定票据法所处的历史条件是直接有关的，当时票据在经济生活中主要用于输送现金，其流通工具和信用工具的作用还未充分显示出来。法国法系在

19 世纪初曾一度风靡欧洲，希腊、比利时、意大利、西班牙和葡萄牙等都深受其影响。但随着时间的推移，由于其不能适应现代经济生活的需要，仿效法国法系的国家相继放弃固守的原则，向德国法系靠近。法国也于 1935 年仿照《日内瓦统一法》修订其票据法，并于 1936 年 2 月 1 日公布实施。

德国法系较法国法系进步，该法系认定票据是信用的媒介，强调票据的信用和流通作用；将票据关系与其基础关系完全分离，使票据成为无因证券，为票据设定了严格的法定格式。德国法系影响所及的国家有奥地利、日本、瑞士、匈牙利、丹麦、瑞典等。

英国法系又称英美法系，它在注重票据的信用和流通以及将票据关系与票据基础关系分离等方面，与德国法系相同，但在对票据形式的要求方面，则较德国法系简便、自由。仿照英美进行票据立法的国家有加拿大、印度、澳大利亚、新西兰等。

由于各国票据法分属三大不同法系，不但不同法系之间，而且同一法系中不同国家对票据的规定也不完全一致，这给票据在国际经贸中的流通和使用带来许多不便，因此有了统一票据法的倡议。1910 年和 1912 年，在德国、意大利两国政府的提议下，在海牙两度召开票据法统一会议，制定了统一票据规则。但海牙票据统一规则还未及得到各国政府的批准，就爆发了第一次世界大战，最终没能生效，票据法的统一运动也告一段落。

1930 年，在国际联盟的主持下，法国、德国、瑞士、瑞典、意大利、日本、拉美国家等 20 多个国家于瑞士的日内瓦召开了国际票据统一法会议，会议通过了《1930 年统一汇票、本票法公约》（Uniform Law for Bill of Exchange and Promissory Notes signed at Geneva，1930）及其他相关公约，次年又签订了《统一支票法公约》（Uniform Law for Cheques signed at Geneva，1930）。这两项法律是比较完善的票据立法，英、美两国虽然也参加了这次会议，但拒绝签字，未加入日内瓦统一票据法系即所谓大陆法系。原因是"不愿以新法破坏几经周折才实现的英联邦内及美国的票据法统一事业"，从而使世界票据法分成两大系，即以《日内瓦统一票据法》为代表的大陆法系和以《英国票据法》为基础的英美法系。

以《日内瓦统一票据法》为代表的欧洲大陆法系和以《英国票据法》为代表的英美法系的主要基本内容相同，但在以下几个方面存在分歧：（1）票据的分类不同。日内瓦统一票据法将汇票和本票视为一类，对支票视作另一类；英国票据法认为汇票是基本票据，由汇票当事人的身份不同从而派生出支票和本票，所以，英美票据法包括了汇票、本票和支票，美国法律规定的票据的范围更广，包括存单。（2）票据持票人的权利不同。英美法系，持票人分为对价持票人和正式持票人，并赋予了他们不同的权利。日内瓦票据法认为，只要票据上的背书是连贯的，持票人就是合法持票人，对票据拥有合法的权利。至于合法持票人是如何取得票据的，法律并未规定。（3）对伪造背书的处理不同。英美法系票据法认为，背书加签名才能将权利转让出手，假签名的背书根本无效，权利没有让出，以后诸人根本未取得权利，其签名均无效。日内瓦票据法则认为，伪造背书的风险由丧失票据的人承担，持票人只要取得的票据合乎要求，并没有同作案者勾结，而且又不知情，就不能要求其承担责任。（4）对票据要件的要求不同。英国票据法对汇票，支票和本票未规定形式要件，也不要求在票据上写明票据的名称，但给汇票下了定义，凡票据形式符合定义的，就是有效票据。日内瓦票据法则规定汇票形式要件，却其中任何一项，则汇票无效。

为清除两大法案的差别，联合国国际贸易法委员会在 1982 年 7 月的第 15 次会议上通过了《联合国国际汇票和国际本票公约草案》以及《联合国国际支票公约草案》，这两个草案是由联合国国际贸易法委员会成立的票据法工作小组十余年讨论和修改的结果。1987 年 2 月，票据法工作小组又对以上草案进行了审核，使这两个草案能尽可能地融合日内瓦法系和英美法系的各自长处，兼顾两大法系国家的不同利益要求和司法习惯。1988 年 12 月 9 日，联合国大会通过了这两个草案，并向各国开放批准，但尚未正式生效。

（二）我国票据法

我国的票据起源虽然很早，但发展缓慢，一切票据行为及票据争议都是以各地的习惯来处理。票据制度是商品经济的产物，是商品经济中不可缺少的经济制度和法律制度。我国关于票据的立法要远远落后于西方国家，直接原因是受票据发展的制约，根本原因是受社会经济发展的制约。

票据在我国的起源应该说是很早的，唐宪宗（公元 806—820 年）时期就在京城长安出现了"飞钱"、宋太祖开宝三年的（公元 970 年）"便钱"、宋真宗（公元 998 年）出现"交子"等原始的票据形态。商人们将现款交付本地的官署或富商，取得由其发给的票券，即可到异地相应的官署或富商那里凭票券兑取现款。"飞钱""便钱""交子"类似于现在的汇票、本票。明朝末年（公元 17 世纪），商人们在山西等商品经济较发达的地区设立了众多的"票号"（票庄），并在各地设立分号，从事汇兑及存放款业务，此后，"票号"逐步演变为"钱庄"。但这种早期的票据雏形并未发展成为近现代票据，也没有形成相应的票据法。

到了清末，以汇票、本票和支票为主体的西方票据制度开始传入我国，与此同时，票据法的制定也提上了日程。当时票据法是聘请国外学者起草的，仅包括汇票和本票两种。北洋政府于 1925 年修改时增加了对支票的规定，但都未正式通过和公布。国民党政府综合历次草案并加以修改后，于 1929 年 10 月正式颁布了票据法，内容包括汇票、本票和支票。

中华人民共和国成立后，废除了旧票据法（国民党政府仍在我国台湾地区施行 1929 年票据法，并于 1960 年、1973 年、1977 年及 1986 年多次修订该法）。在此后 30 余年的时间里，我国的票据使用一直处于只有支票，没有汇票和本票，且支票只能转账支付、不能流通转让的状态。在这种情况下，已没有必要制定专门的票据法。

进入 20 世纪 80 年代以后，为适应商品经济发展的需要，我国逐步恢复了票据的使用。1988 年，经国务院同意，中国人民银行制定了《银行结算办法》，规定可以使用汇票、本票和支票作为支付结算手段，以建立起以汇票、本票、支票和信用卡为核心的"三票一卡"新的银行结算制度。《银行结算办法》的制定及实施，标志着我国的结算制度开始从非票据结算向票据结算的全面转变。

为规范票据行为，保障票据活动各当事人的合法利益，增强票据的流通性和可接受性，充分发挥票据的经济性功能，20 世纪 90 年代初，我国正式成立了票据法起草小组，研究制定我国统一的票据法。1995 年我国正式颁布了《中华人民共和国票据法》（以下简称《票据法》）。我国的票据起源虽然很早，但发展缓慢，一切票据行为及票据争议都是以各地的习惯来处理。我国的第一部票据法是在 1929 年 10 月 30 日由国民党政府颁布实施的。新中国成立后，旧中国的票据法随所有旧法被废除。随计划经济的实施，在国内取消了汇票和本票，个人不得使用支票，汇票的使用仅限于国际贸易。在这种情况下，对票据的管理完全使用行政方法。十一届三中全会后，随着对内搞活、对外开放政策的实行，改革了金融体制，开放了商业信用，特别是 1989 年 4 月 1 日施行的新《银行结算办法》，银行汇票、商业汇票、银行本票、支票得到全面的推行，为了能对票据关系进行全面而系统的调整，《中华人民共和国票据法》终于在 1995 年 5 月 10 日在第八届人大常委会第十三次会议上被审议并通过，于 1996 年 1 月 1 日起实行。这是中国第一部真正规范的票据法，这标志着在经济生活中作用重大、涉及甚广的票据在我国步入了法制化的轨道。2004 年 8 月 28 日，第十届全国人民代表大会常务委员会第十一次会议决定对《中华人民共和国票据法》做出修改，删去第 75 条（关于本票出票人的资格规定）。

我国《票据法》从内容上看比较系统全面，共有 7 章 110 条；在适用范围上，既适用于国内票据，又适用于涉外票据——出票、背书、承兑、保证、付款等行为既发生在国内又发生在国外的票据；在形式上是汇票、本票和支票统一立法的方式。在很多方面综合了英美票据法系和大陆票据法系的有关规定。

第二节 | 汇票

根据英国票据法，汇票（exchange）是一人向另一人签发的，要求即期或定期或在可确定的将来时间对某人或某指定人或持票人支付一定金额的无条件书面支付命令。

我国《票据法》中的定义是：汇票是出票人签发的，委托付款人在见票时或者在指定日期无条件支付确定金额给收款人或者持票人的票据。

一、汇票的基本内容

对汇票的解释，各国相似，至于汇票的格式和内容，则略有差别。但归纳起来，有些汇票的项目是一般必备的，有些是绝对必备的，即少了一项，则构不成汇票。而且，国际结算中使用的票，是属国外汇票，多用英文，格式是横条式。其式样如表 2-2 所示。

表 2-2   汇票票样

ACCEPTED
12th April，2015
Payable at
  Midland Bank Ltd.
 London
     For
Bank of Europe，
London
Signed
	Exchange for GBP 5，000.00 Beijing，5th April，2015
	
	     At 90 days after sight pay to C Co.or order
	
	the sum of five thousand pounds
	
	To Bank of Europe，
	   London.
	                             For A Company
	                               Beijing
	                              <u>signature</u>

（一）汇票的主要记载项目

1. "汇票"字样

汇票上注明"汇票"字样（marking of "exchange"）的目的在于与其他票据例如本票、支票加以区别，以免混淆。如 Exchange for GBPl 250.00 或 Draft for USD18 320.00。《英国票据法》认为可以不写票据名称，从实际业务看，写出票据名称可给有关当事人不少方便。我国票据法和日内瓦统一法都要求在汇票的正面要标明其名称。

2. 无条件支付命令

无条件支付命令（an unconditional order for paying in writing）包含三层意思：

（1）汇票是支付命令，而不是请求，因此汇票上不能出现请求的字语，但不排斥用词的礼貌，"请付（Please pay to）"及"付"（Pay to）字样是一种命令，而不能用"would you please pay to"，这不是命令而只是请求。

（2）支付必须是无条件。不能把某一事情的发生或某一情况的出现作为付款的先决条件。但英国票据法允许使用"在某特殊事件发生之日或发生之后的固定期限"这样的条件，该事件肯定会发生，尽管时间不确定。如"××逝世之日付给我……"字样的汇票是有效的。一个人必然要死，这是一个肯定的将来事件，尽管不知道实际的日期，但汇票若是"在某人结婚后付款"就是无效的汇票。同样，写明"承兑后一定时期付款"的汇票也不是合法的汇票，因为将来付款人不一定会承兑，他可能拒绝承兑。

必须用英语的祈使句，以动词开头，作为命令式语句。例如：

"支付给 ABC 公司或其指定人金额为 1 000 美元"——汇票

"Pay to ABC Co.or order the sum of one thousand US dollars."——normal bill

支付命令必须是无条件的，凡是附带条件的支付命令违背了汇票定义，将使汇票无效。例如：

"如果 ABC 公司供应的货物符合合同，支付给它们金额 10 000 美元"——无效的汇票

"Pay to ABC Co.providing the goods they supply are complied with contract the sum of ten thousand US dollars."——invalid bill

使用一种特殊资金去支付的命令，仍是带有条件的支付命令（《英国票据法》第三条），故不能接受。例如：

"从我们的 1 号账户存款中支付给 ABC 公司金额为 1 000 美元"——不能接受

"Pay to ABC Co.out of the proceeds in our No.1 account the sum of one thousand US dollars."——unacceptable

"从我们的 2 号账户存款中支付给 ABC 公司 1 000 美元"——不是有效汇票

"Pay from our No.2 account to ABC Co.the sum of one thousand US dollars."——not valid bill

支付命令连接着付款人可以借记某账户的表示，则是无条件的，可以接受的。例如：

"支付给 ABC 银行或其指定人金额为 10 000 美元，并将此金额借记申请人账户开设在你行"——可以接受

"Pay to ABC Bank or order the sum of ten thousand US dollars and charge/debit same to applicant's account maintained with you."——acceptable

支付命令连接着发生汇票交易的陈述也是无条件的，可以接受的。例如：

"支付给 ABC 银行或其指定人金额为 10 000 美元。按照纽约 XYZ 银行于某年 8 月 15 日开立信用证第 12345 号开立这张汇票"——可以接受

"Pay to ABC Bank or order the sum of ten thousand US dollars. Drawn under L/C No. 12345 issued by XYZ Bank, New York dated on 15th August, 19——"——acceptable

汇票大写金额后面是否写上"对价已收"（for value received）都不影响汇票的有效性。

（3）必须是书面的，包括打字和印刷的，不能是口头的，也并非一定要用墨水，用铅笔同样有效，只不过铅笔易涂改而不加使用。对票据的最大与最小尺寸，票据法中，一般未做规定，但实务中都要求以合适的尺寸和不易涂改的方法做成。

3. 出票日期和地点

出票地点（place of issue）应该与出票人的地址相同，《英国票据法》认为汇票未注明出票地点也可成立，此时就以出票人的地址作为出票地点，或者汇票交付给收款人由收款人加列出票地点。国际汇票注明出票地点，就应按照出票地点的国家法律来确定必要项目是否齐全，汇票是否成立和

有效。各国采用行为地法律原则，即出票行为在某地发生，就以该地国家的法律为依据。

出票日期（date of issue）是指汇票签发的具体时间。列明"出票日期"可起到以下 3 个作用。

① 决定汇票的有效期。持票人如不在规定时间内要求票据权利，票据权利自动丧失。《日内瓦统一票据法》规定汇票有效期是从出票日起 1 年时间；我国《票据法》规定见票即付的汇票有效期为 2 年。

② 决定到期日。付款时间是出票日以后若干天（月）付款的汇票，就从出票日起算，决定到期日。

③ 决定出票人的行为能力。若出票时法人已宣告破产或清理，丧失行为能力，则汇票不能成立。

《日内瓦统一票据法》将出票日期作为绝对必要项目。但英国《票据法》却认为，即使没有出票日期，票据仍然成立。出票时未注明出票日期的，当汇票交付给收款人时，收款人必须补加出票日期，否则将被认为是必要项目不全的不符点。

出票日期的形式有两种写法：欧洲形式 DD/MM/YY 和美国形式 MM/DD/YY。

4．付款时间／付款期限

付款时间即付款到期日亦称付款日期（time of paymen/tenor），是付款人履行付款义务的日期。常见的付款期限可以分为两类：

（1）即期付款

即期付款（payable at sight/on demand/on presentation）指见票即付，在持票人向付款人提示汇票时，付款人应立即付款。例如：

① 票据上有"on demand""at sight""on presentation"字样

"At sight pay to the order of AB…"

"On demand pay AB only…"

"On presentation pay bearer…"

② 票据上没有注明付款时间

"Pay to the order of AB…"

（2）远期付款

定期付款或在可以确定的将来时间付款（payable at a determinable future time），俗称远期付款（payable at a future time）。远期付款的种类如下：

① 见票后若干天／月付款[payable at ××× days/× month（s）after sight]，例如：

"At 90 days after sight pay to the order of …"

"At six months after sight pay to the order of …"

见票后若干天／月付款汇票（time/usance/term bill）须由持票人向付款人提示要求承兑以便从承兑日起算，确定付款到期日，并明确承兑人的付款责任。

② 出票日后若干天／月付款[payable at a fixed time after date（issuing date）]，例如：

"30 days after date pay to the order of …"

"Three months after date pay to the order of …"

出票日后若干天／月付款汇票[bills payable at ×× days/× month（s）after date]必须由持票人向付款人提示要求承兑，以明确承兑人的付款责任。

③ 固定将来日期付款（payable on a fixed date），例如：

"On Sept.30，2015—pay to the order of …"

固定将来日期付款（bills payable on a fixed future date）。例如，固定在 6 月 30 日付款（on 30th June fixed pay to——）。此种汇票有时称为板期付款汇票，需要提示要求承兑，以明确承兑人的付款责任。

④ 特殊事件发生后的固定时间付款（Payable at a fixed time after the happening of a specified event），例如：

"At 60 days after bill of lading date pay to the order…"

"At 60 days after presentation of documents pay …"

"At three months after the death of XY pay to the order…"

汇票到期日的算法如下。a．期之末日付款：汇票到期日均为票载付款期限的最后一天。b．假日顺延：如遇非营业日（星期六或星期日）及节假日，则顺延。c．算尾算头，即不包括见票日或出票日，但包括付款日，例如，出票后 30 天付款，如果出票日是 1 月 13 日，则到期日就是 2 月 12 日。d．月为日历月：以月为单位时，无论大月小月，都按一个月计。月之同日为到期日，无同日即为月之末日：e．半月以 15 天计。f．月初为 1 日，月中为 15 日，月末为最后一天。

例如：（A）见票 / 出票日 / 说明日以后若干天付款（at ×× days after sight/date/stated date.）的到期日算法是："算尾不算头；若干天的最后一天是到期日，如遇假日顺延。"即不包括所述日期，按所述日期之次日作为起算日。例如"见票后 90 天"（at 90 days after sight），见票日即是承兑日，如为 4 月 15 日，则 4 月 15 日的开头一天不算，即所述日不做起算日。

4 月 16—30 日　　15 天　　于所述日之次日作为起算日

5 月　1—31 日　　31 天

6 月　1—30 日　　30 天
　　　　　　　　　76

7 月　1—14 日　　14　7 月 14 日末尾一天计算到期日是 90 天的最后一天
　　　　　　　　　90

此汇票到期日是 7 月 14 口，若 7 月 14 日适逢假日，则到期日顺延至 7 月 15 日。

（B）从说明日起若干天付款，如"从 4 月 15 日起 90 天"（at 90 days from 15th april），根据统一惯例解释"从"字意指包括所述日期，其到期日是 7 月 13 日。与"4 月 15 日以后 90 天"（at 90 days after 15th april）相比较，两者到期日相差一天，但在票据付款时间上最好少用或不用 from。

（C）见票 / 出票日 / 说明日以后若干月付款[at × month（s）after sight/date/stated date]的到期日算法是："应该付款之月的相应日期，如果没有相应日期则以该月最后一日为到期日。"例如："1 月 15 日以后 3 个月"[at 3 month（s）after 15th Jan.]的到期日为 4 月 15 日。"5 月 31 日以后 1 个月"（at 1 month after 31st may）的到期日为 6 月 30 日。"12 月 31 日以后 2 个月"[at 2 month（s）after 31st Dec.]的到期日为 2 月 28 日。

5．一定的金额

汇票的金额包括两部分，一是货币名称，二是金额。货币名称一般用缩写表示，要和信用证中使用的货币一致；金额一般保留两位小数。

一定的金额是指：①以金钱表示。票据上的权利必须以金钱即以货币表示，否则无效。②确定的金额。金额必须确定，或可以被计算出来，不能模棱两可。"确定"的含义是指不论是出票人、付款人还是持票人，任何人根据票据文义计算的结果都一样。如果金额是"about USD200"或"USD 200 or USD 100"。由于不是"一定金额"，因此无效。③大小写。汇票上表示的金额在"Exchange for –"处用阿拉伯数字写，在"The sum of-"处用大写文字，当两者出现不一致时，各国票据法都规定以大写为准。我国《票据法》在第 8 条中规定，金额要大小写同时记载，二者必须一致，否则票据无效。

6. 付款人名称和付款地点

付款人（drawee）也可称为受票人。它是接受命令的人，不是确定付款之人。因为它没有签字，不承担一定付款之责，它可拒付，也可以指定担当付款人付款。但我国习惯上按付款职能将其称为付款人。

付款人的名称地址（name of the payee and place of payment）必须写清楚，以便持票人向它提示要求承兑或付款。特别是付款人为银行，它在某城市有两家以上的分支机构时，如果只写城市名称，不写街道及门牌号码，就会使提示汇票遇到麻烦。

付款地涉及适用法律，在付款地发生的承兑付款等行为，都适用于付款地的法律。

7. 收款人名称

汇票的收款人（payee）是汇票上记名的债权人。汇票上"收款人"的记载，通常称为"抬头"，根据抬头的不同写法，确定汇票的可流通性或不可流通性。习惯上汇票只写收款人名称，不写其他地址。汇票抬头有以下 3 种写法。

（1）限制性抬头。此种汇票不得转让他人，仅限于付款给指定的收款人。实务中有以下 3 种做法。

仅付约翰·戴维斯。

Pay to John Davids only.

支付约翰·戴维斯，不可转让。

Pay to John Davids not transferable.

支付约翰·戴维斯，在汇票其他地方写有"不可转让"（Not ransferable）字样。

此种汇票不能流通转让，实务中使用不是很普遍。

（2）指示性抬头。此种汇票可以由收款人或其委托人、指定人（Order）提示汇票取款。指示性抬头汇票可以由收款人通过背书和交付转让给他人，由受让人以持票人身份取款。实务中有以下 3 种做法。

支付给 ABC 公司的指定人。

Pay to the order of ABC Co.

支付给 ABC 公司或其指定人。

Pay to ABC Co. or order.

支付给 ABC 公司：Pay to ABC Co. 这种抬头虽没有指定人字样，但相当于"支付给 ABC 公司或其指定人"看待，可背书转让。

英国人喜欢用第二种，原因是"or order"有防作弊作用。指示性抬头票据使用广泛。指示性抬头票据不是非转让不可。

（3）来人抬头。《英国票据法》允许来人作为收款人，《日内瓦统一票据法》不允许来人作为收款人。有些国家票据法规定：凡票据上未记载收款人者，视作来人抬头。但《英国票据法》和《日内瓦统一票据法》都认为"收款人"非注明不可。来人抬头有以下两种做法。

付给来人　　　　　　Pay to Bearer（持票人）

付给 A 或来人　　　　Pay to A or Bearer

"来人抬头"票据的债务人对"来人"即持有来人抬头票据的持票人负责。"来人抬头"的票据不需背书，只要交付就可转让票据权利，易被冒领，使用较少。

8. 出票人及其签名

票据法是根据某人在票据上的签字来确定他的票据责任的，不签字就不负责。出票人签字（signature of drawer）是承认了自己的债务，收款人因此有了债权，从而票据成为债权凭证。因此，汇票上没有出票人签字，票据则不成立。出票必须由出票人签字，如果签字是伪造的，或是未经授权的人签字，票据都不能成立。

在以上项目中，付款期限、付款地及出票地不是绝对必要记载的项目，汇票并不因未记载它们而无效，我国票据法及日内瓦统一法都是这样规定的。英国票据法除这几项外，认为出票日期及"汇票"字样也非必记载项目。这样，汇票只有五项必要记载项目了。

（二）汇票的其他记载事项

以上所讲的都是作为汇票主要的项目，但有时汇票上还载有其他的事项。有的将产生一定的票据效力，如利息条款、无追索权条款等；有的记载票据法并未禁止，加列上也不影响汇票的法律效力。

1. 担当付款人

出票人为了收付款方便，可以根据与付款人的约定，在汇票记明付款人之后再说明将由第三者执行付款。第三者就是担当付款人。如果出票人未记载担当付款人，付款人在承兑时可以加上担当付款人。票据上记有担当付款人时，持票人就应向担当付款人做付款提示。由于担当付款人只是推定的付款人，并非票据债务人，因此，持票人在请求承兑时，应向付款人（而不是向担当付款人）提示票据。

2. 预备付款人

汇票上可记载一付款当地的第三人为预备付款人，相当于汇票的第二付款人。在付款人拒绝承兑或拒绝付款时，持票人就可以向预备付款人请求承兑或付款。预备付款人做参加承兑后就成为票据的债务人，要负责到期付款。

3. 利息和利率

票据上可以记载收取利息的期限从某天到某天，还可记载适用的利率。

4. 汇率

汇票可以记载使用其他货币支付，并注明汇率，但这种记载应不与付款地法律相抵触。票据没有记明使用何种汇率，付款人一般根据付款人当地银行的卖出汇率来付款。

5. 付款货币

汇票金额若由外币表示，付款人可以支付本币，但若汇票明确记载应以何种外币支付，这种记载又不与当地法律抵触，就应以注明的货币付款。

6. 必须提示承兑及其限期

远期汇票，像出票远期和定日汇票，不一定都要提示承兑，在有"必须提示承兑"记载时，持票人就一定要做承兑提示。如果汇票上记载是"必须在某日前提示承兑"，或"必须在某日后提示承兑"，则还有提示限期。

7. 不得提示承兑

汇票上有这样的记载时，持票人不能做承兑提示。

8. 免做拒绝证书

载有此类文句的票据持有人，在拒付时无须做拒绝证书，追索时也不需出示拒绝证书（也不用免做拒付通知：持票人在汇票被拒付时，按规定制作的通知前手做偿还准备的书面文件）。

9. 免于追索

根据《英国票据法》，出票人和背书人可用此类文句来免除在票据被拒绝承兑或拒绝付款时受追索的责任。

根据《日内瓦统一票据法》，出票人只能免除担保承兑的责任，而不能免除担保付款责任，因此免除出票人担保付款责任的记载不生效力。

10. 付一不付二

商业汇票通常是两张一套，两张汇票面额和内容完全相同，具有同等法律效力。因债务只有一笔，因此每张必须有编号，各张要交叉注明全套张数，其中任何一张付款后，其余各张即不再付，意指不能重付。即第一张上说"付一不付二"，在第二张上记明"付二不付一"。

汇票上任意记载项目都有限定或免除责任的作用。

此外，汇票上还可以有"汇票编号"及"对价文句"，但这些记载对当事人责任无关。

总之，票据上的记载必须符合票据法的规定，不然，不是票据不成立（如付款有条件），就是记载不生效力（如背书的条件）。

二、汇票的分类

1. 根据汇票出票人身份的不同，分为银行汇票和商业汇票

（1）银行汇票（bank draft）是以银行为出票人、委托国外的分行或联行付款的汇票，出票人和付款人都是银行。进口商为偿付贷款，要向银行购买银行签发的汇票，自行寄交国外的出口商向付款银行领取款项，这种付款方式就是通常说的票汇（demand draft，D/D）。

（2）商业汇票（commercial draft or trade bill）以商号或商人为出票人，出口商输出货物后，即开出汇票。当付款方式采用托收时，可将汇票交给银行，委托银行代收票款，当采用信用证时，可将汇票卖给银行。

银行汇票与商业汇票有以下几点区别。①银行汇票的出票人是银行；而商业汇票的出票人是出口商。②银行汇票多用于顺汇；商业汇票多用于逆汇。③银行汇票的付款人是出票银行的海外分行或联行；而商业汇票的付款人是国外的进口商或信用证的开证银行。④银行汇票多为光票，不附货运单据；而商业汇票多是附货运单据的跟单汇票。

2. 根据承兑人身份的不同，分为商业承兑汇票和银行承兑汇票

（1）远期汇票的承兑人如果是进口商或其指定的个人，称为商业承兑汇票（commercial acceptance bill）。

（2）远期汇票的承兑人如果是银行，则为银行承兑汇票（banker's acceptance bill）。

前者建立在商业信用基础上，后者建立在银行信用基础上，所以银行承兑的汇票更易于被人接

受，也便于在市场上流通。

3. 根据汇票付款期限不同，分为即期汇票和远期汇票

（1）即期汇票（sight bill）是付款人在见票或提示时立即就要付款的汇票。

（2）远期汇票（time bill or usance bill）是在将来若干时日付款的汇票，包括见票后、出票后若干天及某个确定时期付款的汇票。

4. 根据是否附有货运单据，分为光票和跟单汇票

（1）未附有货运单据的汇票称光票（clean bill）。与既有人的信用又有物的保证的跟单汇票相比，它没有物的保证，完全凭出票人、背书人和付款人的信用。所以，光票一般不用于收取货款，而只用于运费、保险费、利息的收取。

（2）跟单汇票（documentary bill）是指附有货运单据，即海运提单的汇票。它的信用除依靠当事人的信用外，还有物资作为后盾。在国际贸易中被广泛地使用。

5. 根据使用的货币不同，分为本币汇票和外币汇票

（1）本币汇票（local currency bill），即汇票上的金额为本国货币。国外持有人持这种汇票时须经托收等才能收回票款。

（2）外币汇票（foreign currency bill），汇票上的金额为外国货币的汇票，称外币汇票。

6. 根据承兑与付款地是否相同，分为直接汇票和间接汇票

（1）直接汇票（direct bill），付款地和承兑地在同一地点的汇票叫直接汇票。国际贸易中的大部分均属于直接汇票。

（2）间接汇票（indirect bill），付款地和承兑地不在同一地点的汇票叫间接汇票。这种汇票在承兑时，付款人除签名并注上日期外，通常还要注明付款地（payable at...）。

7. 根据汇票的流通范围，分为国内汇票和国外汇票

（1）国内汇票（inland bill or domestic bill），只在国内流通，出票地和付款地都在同一国家之内。

（2）国外汇票（foreign bill），在两个国家以上流通，出票地和付款地不在一个国家，或者都在国外的汇票。

第三节　本票

根据《英国票据法》，本票（promissory note）是一人向另一人签发的，保证即期或定期或在可以确定的将来时间对某人或指定人或持票来人支付一定金额的无条件的书面承诺。

我国《票据法》中对本票的定义是：本票是出票人签发的，承诺自己在见票时无条件支付确定的金额给收款人或持票人的票据。

一、本票的基本要项

本票是票据的一种，具有票据的一切性质。其格式也是横条式，国际结算中的本票多用英文来写，本票的简单式样如表 2-3 所示。

表 2-3　　　　　　　　　　　　　　本票票样

```
Promissory Note for GBP 800.00              London，8ᵗʰ Sept.2015
        At 60 days after date we promise to pay
        Beijing Arts and Craft Corp. or order       the sum of
Eight hundred pounds

                                          For Bank of Europe，
                                                London.
                                               signature
```

作为本票需具备以下几点。

（1）标明"本票"的字样（the words "promissory note"）。

（2）无条件支付承诺（an unconditional promise to pay），这里的支付也是不能附加条件的，但不是汇票的"命令"，而是"承诺"。

（3）一定金额（a certain amount of money），要求同于汇票。

（4）出票人签字（name and signature of maker）。

（5）出票地点和日期（place and date of issuing）。若未写明出票地点的，出票人所在地即为出票地。

（6）付款期限（time of payment）。若是×× days after date，即出票后若干天里是到期日；有的直接指定了到期日，如 1999 年 6 月 3 日，则属于固定日期的本票；若没有表明期限，视为即期本票；若是×× days after sight，即见票后若干天付款。

（7）收款人或其指定人（name of the payee or his order）。

（8）付款地点（place of payment），未写明的则出票地为付款地。

我国票据法第 76 条规定，上述 8 个项目中，除付款期限、出票地点外，其余均为绝对必备项目。

二、本票的种类

1. 根据出票人不同，分为商业本票和银行本票

（1）商业本票指公司、企业或个人签发的本票。因其信用基础为商业信用，国际结算中使用范围渐趋缩小。只有一些大企业在出口方信贷业务中使用，且多为远期本票。

（2）银行本票指银行签发的本票。它通常被用于替代现金支付或进行现金转移。

银行本票多为即期本票，远期本票则严格限制其期限，如我国规定，本票自出票日起，付款期限最长不超过 2 个月。限制的原因：银行发行的见票即付、来人抬头的本票，其流动性与纸币相似，在很大程度上可以代替现金流通，各国往往对银行发行本票有一些限制。

根据我国《票据法》规定，本票仅指银行本票。

2. 根据付款期限，分为即期本票和远期本票

（1）即期本票（多以支付为目的），银行本票一般为即期本票。

（2）远期本票（多以融资为目的）。

3. 特殊本票

（1）银行券指金本位制下银行发行的纸币，持币人可随时将纸币兑换称金银货币。特点：定额、不记名、无利息、通过交付完成转让。

（2）国库券指财政部代表一国中央政府签发的本票。特点：定额、大额、不记名、折价发行、可流通和抵押。

三、本票和汇票的区别

1. 本当事人不同

本票有两个基本当事人，即制票人和收款人；汇票有三个基本当事人，即出票人、付款人、收款人。一般常说"制成"本票（to make a promissory note）；因此制成人（maker）就是制票人。我们还说"开出汇票"（to draw a bill of exchange），因此出票人就是 drawer。

2. 付款方式不同

本票的制票人自己出票自己付款，所以制票人向收款人承诺自己付款；它是承诺式的票据。汇票是出票人要求付款人无条件地支付给收款人的书面支付命令，付款人没有义务必须支付票款；除非他承兑了汇票，所以汇票是命令式或委托式的票据。任何时刻，本票的制票人都是绝对的主债务人，一旦拒付，持票人即可立即要求法院裁定，只要本票合格，法院就裁定制票人付款。

3. 名称的含义不同

本票（promissory note）英文直译为"承诺券"，它包含着一笔交易的结算。汇票（bill of exchange）英文直译为"汇兑票"，它包含着两笔交易的结算。

4. 承兑等项不同

本票不需提示要求承兑、参加承兑。而汇票必须要有这几项。

5. 拒绝证书的要求不同

国际本票遭到退票，无须做成。国际汇票遭到退票，必需做拒绝证书。

6. 债务人不同

本票的主债务人是制票人；汇票的主债务人，承兑前是出票人，承兑后是承兑人。

7. 制票人与收款人要求不同

本票不允许制票人与收款人做成相同的一个当事人，汇票允许出票人与收款人做成相同的一个当事人。

8. 出票不能有条件

本票出票人的责任如同汇票承兑人，然而承兑可以做成有条件的承兑，但本票出票却不能有条件。本票的付款承诺是绝对无条件的。

9. 本票只出一张

本票就像承兑过的汇票，汇票的付款人在汇票有一式几张时，对远期汇票只承兑一张（避免重复付款），因此，本票也只出一张。

第四节

支票

简单地说，支票（check）是以银行作为付款人的即期汇票。详细地说，支票是银行存款客户向他开立账户的银行签发的，授权该银行即期支付一定数目的货币给一个特定人或其指定人或来人的无条件书面支付命令。

我国《票据法》的定义：支票是出票人签发的，委托办理支票存款业务的银行或其他金融机构在见票时无条件支付确定的金额给收款人或持票人的票据。

因此，支票是银行存款户根据协议向银行签发的无条件支付命令。

支票票样如表 2-4 所示。

表 2-4 支票票样

31st Jan，2015 Payee Tianjin Economic &Development Corp. $405.00 652156	Cheque　　London，31st，Jan．，2015　No.652156 BANK OF EUROPE LONDON Pay to Tianjin Economic & Development Corp.＿＿＿＿or order the sum of four hundred　　　　　　　　　　　　　　　　　　　$405.00 and five pounds＿＿＿＿＿＿＿＿＿ For Sino-British Trading co.， London signature 652156　　60···2116　02211125　0000450000

一、支票的必备项目

作为支票应记载的项目有以下几点。

（1）"支票"字样（the word "check" clearly indicated）

（2）无条件支付命令（an unconditional order in writing）

（3）付款银行名称和地址（name and address of the paying bank）

（4）出票人名称和签字（name and signature of drawer）

（5）出票日期和地点（date and place of issue）

（6）写明"即期"字样（immediate）

如未写明的，仍视为见票即付。但实务中也有远期支票的做法，如出票人希望在一个星期以后再付款，他可在支票的出票日期一栏内填上一个星期以后的那个日子作为出票日期，并与收款人约定在一个星期以后再做付款提示。这种以将来日期为出票日的支票就叫远期支票。但《日内瓦统一票据法》不承认这种远期支票，支票只要一向银行提示，且其他内容合格，银行就立即付款，根本不管出票日期是否"已到"。英国票据法认为出票日期的倒签或推迟，并不影响票据的成立，但为了避免麻烦，一般不付出票日期未到的支票。

（7）一定金额（a sum certain in money）

（8）收款人或其指定人（name of the payee）

我国《票据法》第 85 条规定，支票绝对要记载的事项有 1、2、3、4、5 及 7。另外还规定，支票上的金额可以由出票人授权补记；支票上未记载收款人名称的，经出票人授权，也可补记。

二、支票主要当事人责任

1. 出票人责任

支票出票人必须对所签发支票担保付款。具体责任如下。

（1）必须在银行有足够存款；

（2）透支金额不超过银行允许的范围；

（3）不得开立空头支票；

（4）如付款行拒付，支票签发人应负偿还之责。

（5）支票提示期限过后，出票人仍应对持票人承担票据责任。

《日内瓦统一票据法》规定支票的提示期限：国内支票为出票日起 8 天；出票和付款不在同一国家的为 20 天；不同洲的为 70 天。如超过提示期限，支票过期作废，但出票人的责任并不因此消失，出票人应对持票人承担票据责任。

我国《票据法》规定，持票人对支票的出票人的权利，自出票日起 6 个月内仍有效。如过期仍不行使其权利，则票据权利自动消失。

2. 付款行的责任

付款行的责任是审查支票是否合格，特别是核对出票人签字的真实性。只有当支票上的出票人签字与支票开户人留在银行的印鉴相符时，付款行才能付款。如果错付，银行应承担责任。

此外，付款行在付款时还应要求持票人做收款背书。

3. 收款人的责任

支票收款人必须在有效期内提示支票，不然万一出票人因此受损，收款人应予赔偿。

例如，因为提示过期，付款银行倒闭，导致持票人受损，这种损失将由收款人赔偿。

三、支票的种类

1. 根据收款人抬头不同，分为记名支票和无记名支票

（1）记名支票指注明收款人姓名的支票。除非记名支票有限制转让的文字，否则，记名支票即为指示性抬头支票，可以背书转让。记名支票在取款时，必须由收款人签章并经付款行验明其真实性。

（2）无记名支票又称空白支票或来人支票。它是没有记明收款人的支票。任何人只要持有此种支票，即可向银行要求付款，且取款时不需要签章。银行对持票人获得支票是否合法不负责任。

根据抬头不同，支票也可以分成限制性抬头、指示性抬头和来人抬头。

2. 根据支票的支付方式不同，分为现金支票和转账支票

（1）现金支票指出票人签发的委托银行支付给收款人确定数额现金的票据。现金支票只能支取现金，不能转账。

（2）转账支票指出票人签发给收款人凭以办理转账结算，或委托银行支付给收款人确定金额的票据。转账支票只能用于转账，不得支取现金。

3. 根据支票付款是否有特殊限制或特殊保障，分为普通支票、划线支票和保付支票

（1）普通支票即非划线支票，没有两条平行线的支票或对付款无特殊限制或保障的一般支票。普通支票既可提取现金，又可通过往来银行代收转账。

（2）划线支票指出票人或持票人在普通支票上划有两条平行线的支票。划线支票的持票人只能委托银行收款，不能直接提现。划线支票可分普通划线和特殊划线。

普通划线支票是在平行线中不注明收款银行名称的支票，收款人可以通过任何一家银行代收转账，其形式如下。

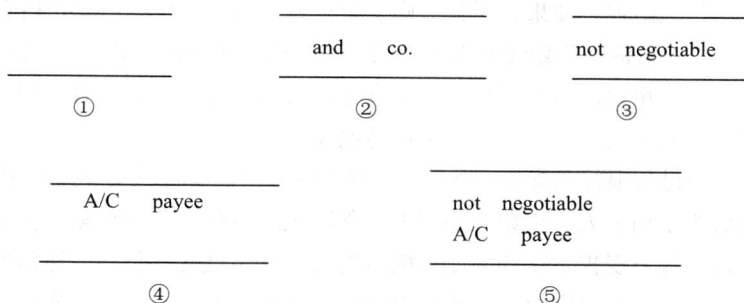

————————	————————	————————
	and co.	not negotiable
————————	————————	————————
①	②	③

————————	————————
A/C payee	not negotiable
	A/C payee
————————	————————
④	⑤

①是最普通的划线支票。②是在平行线中加上"和公司"字样，这是早期银行业遗传下来的，没有什么必要。③表明禁止流通转让，出票人只对收款人负责，但并不禁止一般转让，收款人仍可转让，不过被转让人的权利不优于他的前手，不能取得正式持票人的权利。④中的"A/C payee"（account payee）是对代收行的指示，指示它在票款收妥后入收款人账户，不能转让；实际上④是可以转让的，但被转让人找一家代收银行比较不易，因为根据横线上的指示，代收银行只能将款项收入收款人的账户。⑤中加列了"不可转让，入收款人账户"字样。

特殊划线支票是在平行线中具体写有收款银行名称的支票，即付款银行只能将票款划付给划线中指定的银行，而不能像一般划线那样只要付给银行就行，其形式如下。

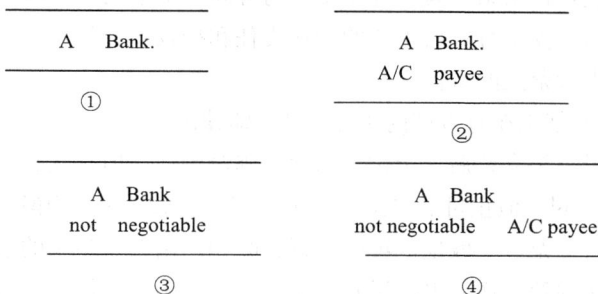

————————	————————
A Bank.	A Bank.
	A/C payee
————————	————————
①	②

————————	————————
A Bank	A Bank
not negotiable	not negotiable A/C payee
————————	————————
③	④

②和③中分别加列了"入收款人账户"及"不可流通"字样，而且这四种形式都规定只有 A 银行可以代收。横线内的银行名称只能有一个，若有两个以上，付款行可拒付。但若指定的两家银行为属相互委托关系，可以允许例外。

普通支票可以经划线而成为划线支票，一般划线支票可以经记载指定银行而成为特殊划线支票。但特殊划线支票不能恢复成一般划线支票，一般划线支票不能恢复成普通支票。

付款银行对划线支票和非划线支票所承担的责任是不同的。对划线支票，付款银行必须向真正的所有人付款或按划线的要求付款。例如，一持票人其实并不是支票的真正所有人，可能是窃来或拾到的，若是非划线支票，银行正式付款后并不负责，因为他不知道持票人的权利有缺陷；但若是划线支票，银行付款后要对真正的所有人进行赔偿，因为他付给的不是真正的所有人。

划线支票可以防止支票丢失或被偷窃而被冒领票款。因为记名支票如已划线，冒领者没有在银行开户，要找一个开户人帮他收取票款是很困难的，即使找到一个开户人要为冒领者代收票款，存在他的账户里也很容易追踪代收行，查出这个客户。真正所有人有权从冒领者或帮他获得票款的人那里讨还付款，真正所有人的这种权利从付款日起保留 6 年。冒领者把划线记名支票转让他人，收取对价，则必须伪造背书，但伪造背书的后手不能成为持票人，即使有人轻率地购买而接受了那张支票，受票行也不能付款给他。如果付了款，则受票行将要第二次付款给真正所有人。

窃贼偷到未加注"不可流通"划线的来人支票，如果他收取对价转让别人，因为转让不须背书，受让人若不知偷窃之事，可以成为正当持票人和真正所有人，原来真正所有人丧失其身份。倘若做成"不可流通划线"的来人支票，可以防止上述情况发生。

（3）保付支票是由付款银行在支票上加注"保付"的签章，以表明支票提示时付款行一定付款。保付后，付款行就成为主债务人，出票人和背书人都可免除责任，免予追索。持票人在任何时候都可提示要求付款，付款行不受提示期的限制有照付的义务。付款行保付后，通常票款从出票人账户转入专户，以备付款。对于保付支票，一般情况下不会退票，不会有止付的通知。

四、支票的止付

出票人的止付是指出票人向付款行发出书面通知，通知银行不再对该支票付款。

银行支付由其客户开立的、以银行作为受票行的支票的责任和授权，将在下列情况下终止。

（1）付款的取消或停止支付。

（2）客户死亡的通知。

在支票实务中，如果支票遗失或毁坏，出票人可以止付支票，作为一种安全措施。此外，出票人认为收款人不愿或不能执行出票人为其签发支票的合同，出票人也可以止付支票。

当出票人止付支票后，受票行兑付支票的一切责任和授权都会终止。但支票止付不能终止出票人或任何背书人对于正当持票人的责任。

《日内瓦统一票据法》禁止在有效期内止付支票，即使出票人死亡、破产也不受影响，这样规定是为了防止出票人在开了空头支票后又止付，以此来逃避责任，但是在有效期之后出票人可以止付时，《英国票据法》允许止付，但止付后出票人并不能解脱债务，在有确凿证据证明出票人已经死亡或破产时，银行有权止付支票。一般地，英国银行在收到出票人签字的书面通知后才会止付。如果是用电话通知的，则必须随后送交书面通知证实一下。我国《票据法》规定，失票人可以通知付款银行止付，也可以在法院提出诉讼或公示催告。

五、支票和汇票的比较

支票是汇票的一种，所以支票与汇票有许多共性。但支票要发挥其支付作用，它又具有许多不同于汇票的特殊性。

（1）支票的出票要具备一定的条件：支票的出票人必须是银行的存款户；要与存款银行订有使用支票的协议；必须使用存款银行统一印制的支票。因此出票人是银行客户，受票人是开户银行，支票是授权书。

（2）支票是支付工具，只有即期付款，没有承兑，也没有到期日的记载。汇票是支付和信用工具，它有即期、远期或板期几种期限，它有承兑行为，也可有到期日的记载。

（3）支票的主债务人是出票人。汇票的主债务人是承兑人。如在合理时间内未能正当提示要求付款，支票的背书人解除责任，但出票人不能解除责任。如遇延迟提示受到损失时，出票人只能解除受到损失的数额，而汇票的背书人和出票人均被解除责任。

（4）支票可以保证付款。为了避免出票人开出空头支票，保证支票提示时付款，《美国票据法》规定，受票行可应出票人或持票人的请求，在票面写上"保证"（CERTIFIED）字样并签字。这张支票就成了保付支票。保付银行的责任等于远期汇票受票行的承兑。

（5）支票的付款人仅为银行，而汇票的付款人可以是银行、企业或个人。

（6）划线支票的受票行要对真正所有人负责付款，而即期汇票，或未划线支票的受票行要对持票人负责付款。

（7）支票可以止付，汇票承兑后即不可撤销。

（8）支票只能开出一张，汇票可以开出一套。

第五节 票据行为

票据行为即票据法律行为，有广义和狭义之分。狭义票据行为是以行为人在票据上进行必要事项的记载、完成签名并予以交付为条件，以发生、转移或保障票据上的权利，负担票据上的债务为目的的要式法律行为。简言之，就是围绕票据所发生的，以确立、转移或保障票据权利义务关系为目的的法律行为。狭义票据行为是基于当事人的意思表示而发生的具有法律效力的行为，被称为票据的法律行为，简称为票据行为，包括出票、背书、承兑、保证、保付、参加承兑 6 种行为。其中"出票"是主票据行为（又叫基本票据行为、主票据行为），其他行为都是以出票所设立的票据为基础，因此称为附属票据行为。

广义票据行为指一切能够引起票据法律关系的发生、变更、消灭的各种行为。广义的票据行为除上述狭义的票据行为外，还要包括票据处理中有专门规定的行为，如提示、付款、参加付款、退票、行使追索权等行为。

狭义票据行为是票据行为的基础。

一、狭义票据行为应具备的条件

有效的狭义票据行为必须具备以下条件。

1. 行为人具备相应的票据能力

票据行为在本质上是一种民事行为，根据民事法律规定，行为人必须具备相应的民事行为能力。就票据行为而言，它要求行为人具备相应的票据能力，包括权利能力和行为能力。票据能力是票据成立的实质要件。

票据权利能力是指能够成为票据行为的主体，参加票据关系，享受票据权利与承担票据义务的资格。它是票据能力的静态表现。

票据行为能力是指具有票据权利能力的行为人，能够实际地以自己的行为取得票据上权利、承担票据上义务的能力。票据行为能力是票据能力的动态表现。

票据权利能力为进行有效的票据行为提供了可能性，票据行为能力则为其提供了现实性。

2. 必要的行为形式

票据行为是一种要式行为，其行为形式包括以下 3 方面内容。

（1）进行必要事项的记载。票据行为的有效成立，首先必须具备符合法律规定的票据记载。必备事项的范围及记载方式均由票据法规定，如票据金额的记载等。

（2）行为人完成签名。票据签名是各种票据行为共同的形式要件。票据签名既是票据行为人确定参加票据关系、承担票据债务的主观意志的体现，又是确认实际的票据行为人与票据上所载的票据行为人为同一人的客观标准。

票据签名通常可采用手书签名、盖章、签名盖章、记名盖章、法人签名等形式。手书签名是指由票据行为人自己本人亲手书写自己的姓名；盖章是票据签名的变通形式，指票据行为人加盖自己的印章；签名盖章是在进行手书签名的同时，再加盖印章的双重签名方式；记名盖章是由行为人以手书签名以外的其他方法表明行为人名称，如打印，然后加盖行为人印章的特殊签名方式；法人签名是指在法人代表签名或盖章的同时加盖该法人的印章。

（3）票据交付。票据交付是使票据行为最终能够有效成立的特殊形式要件，通过票据交付以实现票据占有的实际转移。

3. 有明确的意思表示

行为人要有以发生或转移票据上权利、负担票据上债务为目的的明确表示。如出票以发生票据权利为目的、背书以转移票据权利为目的、承兑以承担票据债务为目的。

二、狭义的票据行为

（一）出票

出票（issue）指出票人签发票据并将其交付给受款人的票据行为。出票包括两个环节，一个是写成汇票并在汇票上签字（to draw draft and to sign it）；另一个是将汇票交付收款人（to deliver a draft to the payee），这样就创设了汇票的债权，使收款人持有汇票就拥有债权。

交付（delivery）意指实际的或推定的所有权从一个人转移至另一个人的行为。汇票的出票、背书、承兑的票据行为在交付前都是不生效的和可以撤销的，只有将汇票交付给他人后，出票、背书、承兑行为才开始生效，并且是不可撤销的。

《英国票据法》规定，不论出票、背书或承兑，如无交付这一法律行为来最后完成，以上各种行为都是无效的。出票人出票后，对收款人或持票人担负汇票的及时承兑和付款，若付款人拒绝，持票人就有权向出票人行使追索权。对收款人来说，其取得汇票即成为持票人，取得汇票上的权利；对付款人来说，出票只是单方面的法律行为，付款人并不因此负有付款的义务。

（二）背书

背书（endorsement）指汇票的持有者在汇票背面注明转让的签名并交给被背书人的行为。背书包括两个动作，一个是在汇票背面签字，另一个是交付给被背书人，只有经过交付，才算完成背书行为，使其背书有效和不可撤销。

1. 背书的影响

对背书人的影响：失去票据及票据权利；向后手证明前手签名的真实性和票据的有效性；担保承兑和付款。

对被背书人的影响：享有全部票据权利。

对最终持票人的影响：前手越多越有保障。

2. 背书的种类

（1）空白背书（blank endorsement）又称不记名背书或略式背书，指仅在票据背面签名，而不记明谁是被背书人。

当汇票空白背书后，交付转让给一个不记名的受让人，他与来人抬头汇票的来人相同，可以不需背书，仅凭交付再行转让。但在实务中受让人继续转让的方式有以下两种：一是继续做无记名背书转让。可以直接交付转让或者继续做无记名背书转让。二是转成记名背书转让。在无记名背书票据上加上自己的名字后做记名背书转让，或者直接加上新的受让人名称转让。如没有自己的签名，就不承担票据责任，不被追索。

（2）特别背书（special endorsement）又称记名背书、正式背书或完全背书。其特点是背书内容完整、全面，包括被背书人或其指定人、背书人签字。例如：

Pay to the order of

B Co.，London

For A Co.，London

_____ Signature _____

被背书人 B 公司可用背书和交付方法继续转让汇票。从一系列的特别背书可以看出背书的连续性如下。

顺序 当事人名称	第一	第二	第三	第四	第五	
被背书人	B	C	D	E	F	最后被背书人是持票人
背书人	A（payee）	B	C	D	E	

（3）限制性背书（restrictive endorsement）是指"支付给被背书人"的指示带有限制性的词语。例如：

"仅付 A 银行"（Pay to A Bank only）；

"支付给 A 银行记入 XYZ 公司账户"（Pay to A Bank for account of XYZ co.）；

"支付给 A 银行不可转让"（Pay to A bank not transferable）；

"支付给 A 银行不可流通"（Pay to A bank not negotiable）；

"支付给 A 银行不得付给指定人"（Pay to A bank not to order）。

做成上述限制性背书的汇票，禁止被背书人把汇票再行流通或转让，他只能凭票取款。

对于限制性背书的受让人能否将票据再转让，各国票据法规定不同：《英国票据法》规定限制性背书的受让人无权再转让票据权利；《日内瓦统一票据法》和我国《票据法》规定，可以转让，但做限制性背书的背书人只对直接后手负责。

（4）托收背书

托收背书（endorsement for collection）是指记载有"委托收款"字样的背书。背书人背书的目的不是转让票据权利，而是委托被背书人代为行使票据权利，即代为收款。通常是在"Pay to the order of B Bank" 的前面或后面写上 "for collection" 字样。有时还可写出其他指示，例如：

For collection pay to the order of B Bank

Pay to the order of B Bank for collection only, prior indorsement guaranteed

Pay to the order of B Bank for deposit

Pay to the order of B Bank value in collection

托收背书不涉及票据所有权转让；托收背书人不对后手持票人承担责任。

托收背书通过授权被背书人代收票款，被背书人虽然持有汇票，但没有获得汇票的权利。因此，托收背书的被背书人不得再以背书转让票据权利。

（5）设定质押背书

设定质押背书（endorsement for pledge）是指记载有"质押"字样的背书。被背书人只有在依法实现其质押权时，才能行使票据权利。在其他情况下，票据的所有权都属于背书人，被背书人不得侵犯背书人的票据权利。

（6）其他背书

部分背书指只转让部分票据金额的背书。

分割背书指把票据金额分割给几个人的背书。我国《票据法》规定，此两种背书，背书内容和背书行为皆无效。

加注"不得追索"字样的免责背书。票据法一般允许这种背书，但其效力只限于背书人与直接被背书人之间，被背书人的后手不受此类背书影响。

免做拒绝证书或拒付通知书背书。

附有承兑提示要求的背书：只要与出票人记载的内容不矛盾，背书可以注明"必须提示承兑"及时间限制。

（三）承兑

承兑（acceptance）意指远期汇票的付款人，以其签名表示同意按照出票人命令而付款的票据行为。

付款人承兑汇票后成为承兑人，他的签名表明他已承诺付款责任，愿意按照承兑文义保证付款，他不得以出票人的签字是伪造的、背书人无行为能力等理由来否认汇票的效力。

承兑包括两个动作：第一写明"已承兑"（ACCEPTED）字样并签字；第二将已承兑汇票交付持票人。这样承兑就是有效的和不可撤销的。国际银行业务习惯上是由承兑行发出承兑通知书给持票人，用来代替交付已承兑汇票给持票人。见票后若干天付款的汇票，承兑日就是见票日。由此推算到期日，待到期日承兑行主动付款记入持票人账户。

承兑汇票意味着承兑人对于汇票付款做了进一步保证。当付款行承兑汇票后，按照《英国票据法》第53条文义，该汇票可以当作持票人要求支取汇票金额的领款单或过户转让书。故一般银行愿意贴现买进银行承兑的远期汇票。承兑人是汇票主债务人，出票人退居从债务人位置。

付款人是否承兑需要有考虑时间。《英国票据法》规定考虑时间在提示的次一个营业日营业时间终了之前。《日内瓦统一票据法》规定考虑时间可从第一次提示后之次日至第二次提示时为止。我国《票据法》对承兑日期的规定如下。

第一，定日付款或出票远期汇票，持票人应在汇票到期日前做承兑提示。

第二，见票后定期付款的汇票，持票人应在出票后1个月内做承兑提示。

第三，付款人应在收到提示承兑的汇票 3 日内承兑或拒绝承兑。

承兑有两种，即普通承兑和限制承兑。

1. 普通承兑

普通承兑（general acceptance）是承兑人对出票人的指示不加限制地同意确认，通常所称的承兑即指普通承兑。

2. 限制承兑

限制承兑（qualified acceptance）是指承兑时，用明白的措词改变汇票承兑后的效果。常见的限制承兑形式如下。

（1）带有条件的承兑

带有条件的承兑（conditional acceptance），即承兑人的付款依赖于承兑时所提条件的完成。

例如：

> ACCEPTED
>
> 1   June，2008
>
> Payable on delivery of
>
> Bills of Lading
>
> For ABC Bank Ltd.，London
>
> ____Signature____

（2）部分承兑

部分承兑（partial acceptance），仅是承兑和支付票面金额的一部分。

例如：票面金额为 GBP1 000.00。

> ACCEPTED
>
> 1   June，2008
>
> Payable for amount of
>
> GBP800.00 only
>
> For ABC Bank Ltd.，London
>
> ____Signature____

（3）限定地点承兑

限定地点承兑（local acceptance），即承兑仅在某一特定地点支付，亦即用文字明白表示汇票仅在那里（and there only）而不在别处支付。例如：

> ACCEPTED
>
> 5   June 2008
>
> Payable at the Hambros
>
> Bank and there only
>
> For ABC Bank Ltd.，London
>
> ____Signature____

（4）延长时间的承兑

延长时间的承兑（time qualified acceptance as to time）。例如，出票日后 3 个月付款的汇票，承兑时写明 6 个月付款。

ACCEPTED

5   June 200—

Payable at 6 months after date

For ABC Bank Ltd.，London

_____Signature_____

对限制性承兑有关票据法的规定：我国《票据法》规定，付款人承兑汇票，不得有条件。承兑附有条件的，视为拒绝承兑。但国外一些票据法规定，对于保留性承兑，持票人有权拒绝接受，也可以接受。如果持票人接受了保留性承兑，在付款人拒付的情况下，持票人不能向出票人或背书人追索。

（四）参加承兑

参加承兑（acceptance for honor）是汇票遭到拒绝承兑而退票时，非汇票债务人在得到持票人同意的情况下，参加承兑已遭拒绝承兑的汇票的一种票据行为。其目的是防止追索权的行使，维护出票人和背书人的信誉。参加承兑行为的人，称为参加承兑人。

参加承兑要征得持票人同意。

1. 参加承兑人资格

《日内瓦统一票据法》规定：除承兑人以外的任何人都可以，包括出票人、背书人、保证人、预备付款人等。《英国票据法》规定：票据债务以外的其他当事人。

2. 参加承兑时效

做成拒绝证书之日至追索前。

3. 参加承兑做法

在汇票正面记载被参加承兑人名称、参加承兑日期及参加承兑人签名。如没有记载参加承兑人是谁，则以出票人为被参加承兑人。

4. 有参加承兑时到期日算法

到期日从做成拒绝证书之日起算。

5. 参加承兑人责任

《日内瓦统一票据法》规定：必须在做参加承兑后的两个营业日内通知被参加承兑人，否则应赔偿被参加承兑人由此造成的损失。参加承兑人对被参加承兑的后手包括持票人负责。

6. 持票人得权利与义务

有权决定是否接受参加承兑。

参加承兑人应在汇票上面记载参加承兑的意旨，被参加承兑人姓名，参加承兑日期并签字。参加承兑记载形式如下。

Accepted for honour

Of_____

On_____

Signed by_____

（五）保证

保证（guarantee）是指非汇票债务人为票据债务人承担保证的行为。票据被保证以后，增强了票据付款信誉，促使票据易于转让流通，所以保证常被用作票据融通资金的手段。

保证人与被保证人所负的责任完全相同，为承兑人保证时，应负付款之责；为出票人、背书人保证时，应负担保承兑及担保付款之责。一般情况下都是对汇票金额全部付款加以保证，等于是为承兑人保证。

保证行为可在汇票上做出，或在粘贴单上做出，保证形式并不统一，常见形式如下。

Guarantee

For _____

signed by_____

dated on_____

仅在票面上签字，而签字人不是出票人和承兑人时，即构成保证行为。如未载明被保证人名称时，以付款人作为被保证人。按照银行实际做法，当付款人是被保证人时，保证人就直接承担汇票到期付款的责任。

做出保证行为时，保证人可向被保证人收取一定的押金或担保品，保证人在偿付票款后可以行使持票人的权利，即对承兑人、被保证人及其前手行使追索权。

我国《票据法》规定的票据保证仅适用于汇票和本票，支票既无保证也无保付；而《英国票据法》没有票据保证的规定。

（六）保付

保付（certified to pay）是指作为支票付款人的付款银行表明保证支付票款的行为。保付行为的完成包括两项内容：进行保付文句及保付日期的记载、完成签名；将支票交付持票人。

保付可以由支票的持票人请求付款银行进行，也可以由支票的签发人请求付款银行进行。在通常情况下，支票的签发人在出票后，应随即请求付款银行进行保付，然后将已保付的支票交付持票人。

保付行为的效力：支票中的保付如同汇票中的承兑，都是付款人表明保证支付票款意愿的行为。经过保付后的支票，付款银行要承担绝对的付款责任，不得以任何理由拒付。《美国统一商法典》中规定，付款行一经保付，其他债务人一概免责。即使持票人在支票过期后提示，保付银行仍要付款。《日本票据法》规定，保付银行只是在支票有效期内保证付款。《英国票据法》《日内瓦统一票据法》和我国《票据法》都没有支票保付的规定。

由于保付对付款银行来说，在资金安全性上有些不利，因而，实务中较少采用。

汇票、本票和支票可能涉及的票据行为并不完全相同：出票、背书、保证是 3 种票据都一定或可能发生的行为，除此以外，汇票还可能发生承兑、参加承兑行为，支票还可能发生保付行为。或者说，支票不可能发生承兑、参加承兑行为，本票不可能发生承兑、参加承兑、保付行为，汇票不可能发生保付行为。这种关系的归纳如表 2-5 所示。

表 2-5　　　　　　　　　　　　　　　票据行为适用表

行为性质	行为名称	适用票据		
		汇票	本票	支票
主票据行为	出票	√	√	√
附属票据行为	背书	√	√	√
	承兑	√		
	参加承兑	√		
	保证	√	√	√
	保付			√

三、其他票据行为

其他票据行为是除狭义票据行为以外的其他票据行为，主要包括提示、付款、拒付、追索等。

1. 提示

提示（presentment/presentation）是指持票人将汇票提交付款人要求承兑或要求付款的行为。票据是一种权利凭证，要实现权利，必须向付款人提示票据，以便要求实现票据权利。提示可以分为以下两种。

① 远期汇票向付款人提示要求承兑。

② 即期汇票或已承兑的远期汇票向付款人或承兑人提示要求付款。

由此表明即期汇票只需一次提示，把承兑和付款一次完成。远期汇票需两次提示，承兑和付款先后完成。

提示必须在规定的时限或规定地点办理，《英国票据法》对于即期汇票要求付款的提示期限和远期汇票要求承兑的提示期限规定为合理时间内为之，《日内瓦统一票据法》规定为 1 年。《英国票据法》规定对已承兑远期汇票的付款提示期限为在付款到期日提示，《日内瓦统一票据法》规定要在付款到期日或其后的两个营业日内提示，如未在规定时限提示，持票人即丧失对其前手的追索权。

持票人应在汇票载明的付款地点向付款人提示。如果汇票没有载明付款地点，则向付款人营业所提示；如果没有营业所，则到其住所提示。汇票上记载有担当付款人时，持票人应向担当付款人提示要求付款。由于票据上的付款人绝大多数是银行，还可以通过银行票据交换所提示票据。

2. 付款

票据的最终目的是凭以付款。付款（payment）是指即期票据或到期的远期票据的持票人向付款人提示票据时，付款人支付票款的行为。

持票人在到期日提示汇票，经付款人或承兑人正当付款以后，汇票即被解除责任。

正当付款的条件如下。

① 要被付款人或承兑人支付，而不是被出票人或背书人支付。

② 要在到期日那天或以后付款，而不能在到期日以前付款。

③ 要付款给持票人，意指汇票如被转让，前手背书必须连续和真实。《日内瓦统一票据法》只要求付款人鉴定背书连续。《英国票据法》还要求付款人认定背书必须真实，但对即期付给指定人，并以银行作为付款人的汇票，可以不负背书真伪之责。

④ 善意的付款，不知道持票人的权利有何缺陷，意指付款人按照专业惯例，尽了专业职责，利用专业信息都不知道持票人权利有何缺陷而付款者，即为善意付款。

付款人向持票人正当付款之后，汇票就被解除责任，不仅解除付款人的付款义务，而且解除了所有的票据债务人的债务。

3. 拒付

拒付（dishonor）又称退票，是指付款人在持票人按票据法规定做提示时，拒绝承兑或拒绝付款的行为。除了拒绝承兑和拒绝付款外，付款人避而不见、死亡，或宣告破产，以致付款事实上已不可能时，也称为拒付。

拒付的种类或原因包括：①到期日不获付款或到期日前不获承兑；②付款人明确表示拒付；③已做承兑或未做承兑的付款人破产、死亡或因违法终止业务；④做部分承兑或部分付款。

票据在合理时间内提示，遭到拒绝承兑时，或在到期日提示遭到拒绝付款时，对持票人立即产生追索权，他有权向背书人和出票人追索票款。

① 拒付通知

拒付通知（notice of dishonor）的目的是要票据债务人及早知道拒付，以便做好准备。《英国票据法》规定：持票人若不做成退票通知，并及时发出，即丧失其追索权。《日内瓦统一票据法》认为，退票通知仅是后手对于前手的义务，不及时通知退票并不丧失追索权。但如因未及时通知，造成前手遭受损失时，应负赔偿之责，其赔偿金额不超过汇票金额。

发出退票通知的第一种发送方法是持票人应在退票后一个营业日内，将退票事实通知前手背书人，前手应于接到通知后一个营业日内再通知他的前手背书人，一直通知到出票人。接到退票通知的每个背书人都有向其前手进行追索的权利。如持票人或背书人未在规定时间内，将退票通知送达前手背书人或出票人，则该持票人或背书人即对在接受通知的前手丧失追索权。但正当持票人的追索权不因遗漏通知而受到损害。

第二种发送方法是持票人将退票事实通知全体前手，如此则每个前手即无须继续向前手通知了。

② 拒绝证书

拒绝证书（certificate of dishonor）是证明持票人行使票据权利而遭拒绝的书面文件。持票人请求公证人做成拒绝证书时，应将汇票交出，由公正人持向付款人再做提示，仍遭拒付时，即由公正人按规定格式做成拒绝证书，连同汇票交还持票人，持票人凭拒绝证书及退回的汇票向前手背书人行使追索权。

如拒付地点没有法定公证人，拒绝证书可由当地知名人士（famous man）在两个见证人面前做成。在我国可请公证处做成拒绝证书。

持票人要求公证人做成拒绝证书所付的费用，在追索票款时一并向出票人算收。有时出票人为了免除此项费用，可在汇票上加注"放弃拒绝证书"字样，持票人不需做成拒绝证书，即可行使追索权。

《英国票据法》规定：外国汇票遇到付款人退票时持票人须在退票后一个营业日内做成拒绝证书。做成拒绝承兑证书后，无须再做提示要求付款和拒绝付款证书。

4. 追索

持票人依法行使追索权的行为就是追索（recourse）。追索权是指汇票遭到拒付，持票人对其前手背书人或出票人有请求其偿还汇票金额及费用的权利。

行使追索权的对象是背书人、出票人、承兑人以及其他债务人，因为他们要对持票人负连带的偿付责任。持票人是票据上的唯一债权人，他可向对汇票负责之任何当事人取得偿付，被迫付款之出票人得向承兑人取得偿付，被迫付款之背书人得向承兑人或出票人或其前手背书人取得偿付。追索的票款应包括：汇票金额、利息、做成退票通知、拒绝证书和其他必要的费用。

行使追索权的条件如下。

① 持有合格票据：票据记载合格；背书连续。

② 持票人尽责：持票人在规定时间内提示票据遭到拒绝，并在规定时间内做拒绝证书并发拒付通知。

③ 发生拒付。

办到这三条，才能保留和行使追索权。持票人或背书人必须在法定期限内行使其追索权，否则即行丧失。《英国票据法》规定，保留追索权的期限为 6 年。《日内瓦统一票据法》规定，持票人对前一背书人或出票人行使追索权的期限为 1 年，背书人对其前手背书人则为 6 个月。

5. 参加付款

参加付款（payment for honor）是指在因拒绝付款而退票，并已做成拒绝付款证书的情况下，非票据债务人可以参加支付汇票票款的行为。参加付款者要出具书面声明，表示愿意参加付款，说明被参加付款人的名称，并由公证人证明后，即成为参加付款人（payer for honor）。

参加付款与参加承兑的作用，同为防止持票人行使追索权，维护出票人、背书人的信誉，而且两者都可指定任意债务人作为被参加人。所不同的是参加付款人不需征得持票人的同意，任何人都可以作为参加付款人；而参加承兑须经持票人的同意；同时参加付款是在汇票遭拒绝付款时为之，而参加承兑则是在汇票遭拒绝承兑时为之。

参加付款后，参加付款人对于承兑人、被参加付款人及其前手取得持票人的权利，有向其请求偿还权。被参加付款人之后手，因参加付款而免除票据责任。

参加付款人未记载被参加付款人者，则出票人应视为被参加付款人。

参加承兑人在参加付款时，应以被参加承兑人作为被参加付款人。

由第三者作为参加付款人时，应将参加付款的事实在两个营业日内通知被参加付款人，如未通知而发生损失时，应负赔偿之责。

参加付款的金额应包括票面金额、利息和拒绝证书费用。付款时，参加付款人收回汇票和拒绝证书，然后向被参加付款人及其前手请求偿还。由于汇票遭到拒绝付款以后，再找参加付款人，事实上不容易，故参加付款行为极少发生。

当几个人同时参加付款，能免除最多债务人者有优先权。例如：

H 是持票人，汇票已被承兑，但后来因不获付款而遭退票，N 提出为 A 参加付款、M 为 D、L 为 F，即：

$$A \rightarrow B \rightarrow C \rightarrow D \rightarrow E \rightarrow F \rightarrow H$$

$$\qquad \uparrow \qquad\qquad \uparrow \qquad\quad \uparrow$$

$$\qquad N \qquad\qquad M \qquad\quad L$$

L 付款，后手无人，不能免除任何人的责任；M 付款，可免除 E、F 的责任；而 N 付款，后手都可免除，因此 N 有优先权。

6. 贴现

贴现（discount）是指远期汇票承兑后尚未到期，由银行或贴现公司从票面金额中扣减按照一定贴现率计算的贴现息后，将净款付给持票人，从而贴进票据的行为。

贴现行持贴进汇票直至到期日，提示给承兑人要求付款，承兑人支付票面金额，归还了贴现行的垫款，并使贴现行赚取了贴现息。所以贴现业务既是票据买卖业务，也是资金融通业务。

（1）贴现息

贴现息的计算是按照贴现天数，即指距到期日提早付款天数乘以贴现率。但因贴现率多是用年率表示，应将其折成日率，英镑按一年 365 天作为基本天数，美元、欧元则按 360 天作为基本天数，故其公式为：

$$贴现息 = 票面金额 \times 贴现天数 / 360（或 365） \times 贴现率$$

净款（net proceeds）又称汇票现值的计算。计算公式是：

净款=票面金额-贴现息

或　　　　　　　　净款=票面金额×[1-贴现天数／360（或365）×贴现率]

（2）汇票贴现的条件

只有身价较高的汇票才能贴现。汇票身价的高低取决于在汇票上签字人的信誉和地位。汇票的签字人有出票人和承兑人。

汇票身价鉴别方法：

① 出票人和承兑人的地位。出票人和承兑人必须是良好信誉的商号，具有好的资力。在出票人和承兑人两个名号中，更加重视承兑人的信誉。一般认为，作为承兑人，银行优于商号，大银行优于小银行。

② 重视汇票起源交易的出票条款。

贴现公司认为由于正常交易出售货物而出具的汇票是可靠的。因此，注明根据信用证出具的汇票是最好的汇票。

（3）汇票贴现费用

① 承兑费。伦敦银行对于远期汇票的承兑费按承兑期每月1‰计收，最少收2‰，即最少按60天承兑期收费。远期付款交易的承兑费一般由买方负担，但卖方开出远期汇票，要求承兑公司承兑后，请贴现公司贴现时，承兑费用与买卖交易无关，则由卖方负担。

② 印花税。英国对于3个月的远期国内汇票按2‰计收，6个月按4‰计收，外国汇票按国内汇票的50%计收。

③ 贴现率。伦敦贴现市场的贴现率由伦敦贴现市场公会决定，按年率计算。汇票出票人和承兑人名誉好，贴现率低，反之则高。贴现率一般低于银行对客户的放款利率。贴现率经常变动，每天在伦敦重要报纸公布。

（4）汇票的再贴现

① 再贴现的条件。只有银行承兑汇票才具备重贴现条件，商业承兑汇票不具备重贴现条件。

② 再贴现的银行。一般只有中央银行做重贴现业务。重贴现率比市场贴现率高，贴现公司只能贴现少量票据。重贴现率是金融市场的基准利率。

本章小结

- 票据具有设权性、要式性、文义性、无因性、流转性、提示性、返还性、可追索性及金钱性。
- 票据具有结算、信用、流通、融资和兑付的功能。
- 票据的主要当事人包括出票人、付款人、收款人，在票据流转过程中还可能涉及承兑人、背书人、被背书人、参加承兑人、保证人、持票人等。
- 世界票据法分成两大系，既以《日内瓦统一票据法》为代表的大陆法系和以《英国票据法》为基础的英美法系。
- 汇票是一人向另一人签发的，要求即期或定期或在可确定的将来时间对某人或某指定人或持票人支付一定金额的无条件书面支付命令。
- 本票是一人向另一人签发的，保证即期或定期或在可以确定的将来时间对某人或指定人或持票来人支付一定金额的无条件的书面承诺。

- 支票是以银行作为付款人的即期汇票。详细地说，支票是银行存款客户向他开立账户的银行签发的，授权该银行即期支付一定数目的货币给一个特定人或其指定人或来人的无条件书面支付命令。

- 票据行为有广义和狭义之分。狭义票据行为包括出票、背书、承兑、保证、保付、参加承兑6 种行为。其中"出票"是主票据行为，其他行为都是以出票所设立的票据为基础，因此称为附属票据行为。广义的票据行为除上述狭义的票据行为外，还要包括票据处理中有专门规定的行为，如提示、付款、参加付款、退票、行使追索权等行为。

基本概念

汇票　本票　支票　背书　承兑　对价持票人

复习思考题

1．解释说明票据的性质。

2．票据的功能有哪些？

3．比较汇票与本票。

4．举例说明承兑的种类。

5．汇票中的文句是否构成票据的无条件支付委托。

（1）PAY TO THE ORDER OF C COMPANY THE SUM OF USD TEN THOUSAND ONLY ON DELIVERY OF B/L NO.123.

（2）PAY TO C COMPANY　OR ORDER　PROVIDED　THE GOODS ARE COMPLIED WITH CONTRACT THE SUM OF USD TEN THOUS AND ONLY.

（3）PAY TO C COMPANY OR ORDER THE SUM OF USD TEN THOUSAND ONLY AND CHARGE/DEBIT SAME TO APPLICANT'S ACCOUNT MAINTAINED WITH YOU.

（4）PAY TO C COMPANY OR ORDER THE SUM OF USD TEN THOUSAND ONLYDRAWN UNDER L/C NO. XXX ISSUED BY XYZ BANK，TOKYO DATED ON JUN.27，2006.

（5）PAY TO C COMPANY OR OEDER THE SUM OF USD TEN THOUSAND ONLY.

6．判定以下汇票文句是否构成确定的金额。

（1）PAY TO THE ORDER OF C COMPANY THE SUM OF USD TEN THOUSAND ONLY PLUS INTEREST CALCULATED AT THE RATE OF 3% PER ANNUM FROM THE DATE HEREOF TO THE DATE OF PAYMENT.（支付 C 公司的指定来人 1 万美元加上利息，利息按年息 3%计算，计算时间从出票日起至付款日止。）

（2）PAY TO THE ORDER OF C COMPANY THE SUM OF USD TEN THOUSAND ONLY BY TEN EQUAL CONSECUTIVE MONTHLY INSTALLMENTS.（支付 C 公司的指定来人 1 万美元，连续 10 个月等额分期支付。）

（3）PAY TO THE ORDER OF C COMPANY THE SUM OF USDTEN THOUSANDONLY

CONVERTED INTO HKD AT CURRENT RATE OF EXCHANGE.（支付 C 公司的指定来人 1 万美元，可按当期汇率折算成港币支付。）

拓展阅读

案例 2-1　骗取银行承兑汇票案例

案例介绍：

某年10月，H省服装出口A公司与埃及B公司签订一份合同，金额约150万美元，采用即期信用证结算。但是，信用证规定A公司必须出具一份经中国第一流银行承兑的汇票且规定汇票的收款人是B公司，汇票金额为信用证金额的10%，付款期限为三个月，以此为质量保证金，信用证才开始生效。通知行M在通知信用证时，对该风险条款做了标注。由于该笔业务利润比较丰厚，并考虑到汇票付款时间晚于信用证收汇时间，A公司以从国外采购原材料为由向国内C银行提出了"承兑"要求。银行为避免风险，特与该公司办理了预贷款手续。

银行承兑汇票办妥后，A公司将汇票直接寄给了B公司。一个月后，公司生产的第一批货物装运后，及时向银行办理了交单。10天后，议付行收到了开证行的拒付通知，称信用证未生效，开证行可以不付款。

A公司回过神后，立即联系埃及B公司，但是联系不上。向中国驻埃及总领馆寻求帮助，得到的答复是该公司已宣告破产。两个月后，我国C银行收到了埃及D银行转来的银行承兑汇票，要求C银行付款。C银行为了保护自己的信用，只得付款，该损失最终由A公司承担。

后经银行查询，该进口商与开证行进行勾结，其目的是利用银行承兑汇票向其他银行贴现转卖，从中得利。而出口商因疏于业务管理和缺乏业务知识，没有对信用证条款的内容反复核查，从而导致巨大损失。

案例分析：

本案是利用骗取的汇票进行欺诈的典型案例。这也是比较常见的汇票欺诈方式之一。

国际结算中，骗取汇票后进行欺诈现象更加常见。在本案例中，诈骗分子以丰厚的利润为诱饵，骗取出口方的信任而获得汇票。

遇到具有风险条款的信用证和对外开立汇票时，出口企业必须慎重从事，多与银行进行协商与沟通，千万不要瞒骗银行。

案例 2-2　利用伪造旅行支票诈骗案

案例介绍：

某年10月20日，杭州市某娱乐公司财务人员到某银行杭州分行营业部要求兑付1张价值1 000美元的美国运通公司发行的旅行支票。该银行业务人员审核后发现，旅行支票与运通公司的票样相比较，支票的印刷粗糙，估计是彩色复印机所制；票面金额、徽标等没有凹凸感；复签底线也非由小字母组成，而是一条直线，估计是复印机无法分辨原票样的细微字母；票面在紫光灯光下泛白色，没有水印。经仔细查询审核，该行确认这些旅行支票为伪造票据，予以没收。经查，这张伪造的旅行支票是一个香港客户抵付给该娱乐公司的消费款。

案例分析：

本案例是利用伪造的旅行支票进行诈骗的。从该案的发生可以看出，境外不法分子常常利用内地银行办理外汇票据业务经验少的弱点，进行诈骗，对此必须警觉。

防范此类案件应注意：银行业务人员要加强对外汇票据业务的学习，掌握外汇票据的识别技术，辨真伪、明是非。要有高度的责任心和认真的态度，谨慎细致地处理每一笔业务，不能有半点马虎。要向企业宣传外汇票据知识，使企业能够掌握一般的外汇票据鉴别技术。遇有难以识别的外汇票据要通过银行进行查询，以免误收假票据而遭受损失。

尽管不法分子作案手法变幻莫测，假票据诈骗时有发生，但我们不能因噎废食，而应在进一步扩大票据应用范围的同时，通过学习、培训和案例教育不断提高识假、反假能力并借助高科技验票设备，切实提高银行防范假票据的能力，保护银行资金安全。

案例2-3　与支票相关的案例：美国最大的支票诈骗案

案例介绍：

美国联邦调查局官员经过缜密的调查，侦破了该国历史上最大一起通过偷取大公司和大机构的支票进行诈骗的案件。犯罪集团在近4年的时间里通过这一手段总共非法骗取了4亿多美元的资金，其每天的银行利息就将近50万美元。警方已经逮捕了10名嫌疑犯，其中一些骨干分子是尼日利亚人。

据联邦调查局掌握的证据，该犯罪集团的总部设在美国洛杉矶，他们主要利用联邦邮递员和一些善于偷盗的个人，偷取一些大公司和大机构的转账支票或空白支票，然后把这些支票改头换面，将里面的钱取出存入该集团在美国、印度尼西亚、塞内加尔、德国、英国等国以及中国香港等地的银行账户。这些账户都由该集团的骨干分子掌握。一些世界著名的公司或机构如加州大学、福克斯电视台、索尼图片社都曾遭到该集团的"毒手"。由于这些公司都是大公司，每天来往的支票很多，偶尔丢失一两张支票也不会引起注意，但等到他们发现自己的支票被人非法取走时，这些支票里的钱早已存入了别的银行账户，成了别人的钱。

美国联邦调查局早在4年前就发现有这样一个非法集团在活动，并调集多名有经验的调查人员成立专案组，还将这种行动命名为"支票行动"。无奈该犯罪集团的组织实在过于严密，调查人员在费尽千辛万苦之后，才于4年后将这一案子破获。根据警方的调查显示，在该组织内"上级"和"下级"之间往往都是单线联系，这样即使是集团内部的人都不知道其他人在干什么。该组织的一些成员甚至不知道组织内总共有多少人，彼此互不认识。这些都给破案造成了很大困难。

负责此案的联邦调查局官员里克·韦德特别强调，这是美国历史上最重大的支票诈骗案。此案涉及的金额巨大，警方一举捣毁这一犯罪集团，可说是为社会剪除了一个毒瘤。同时，警方还公布了两名犯罪嫌疑人的情况。其中一位被告名叫哈维·马歇尔，41岁，曾经当过邮递员。他被控仅在1996年中的几天内就作案3次，所得非法收入分别为1 300美元、2 170美元和41 000美元。另一位被告名叫詹姆斯·费尔，他被控仅在1997年8月和9月共偷取价值32.4万美元的支票。警方表示，除12日被捕的这些犯罪嫌疑人之外，该犯罪集团还有11名成员目前仍然在逃，警方正在加紧进行搜捕。

负责调查此案的联邦调查局官员韦德说，这个包括6名尼日利亚人在内的犯罪集团，是 "美国历史上最大的支票诈骗集团"。他还说：与其他犯罪组织不同的是，他们都是十分专业和老练的罪犯。他们不同于从邮件偷窃社会保险支票的青少年，他们非常清楚自己的行动，预先有策划，并建立一个组织以执行盗窃计划。

案例分析：

本案例是发生在美国的窃取支票进行诈骗的案例。支票是出票人签发的，委托银行或者其他金融机构见票时无条件支付一定金额给收款人或者持票人的票据。依不同的分类标准，可以将支票分为记名支票、无记名支票、指示支票、对己支票、指己支票、受付支票、普通支票、特殊支票等。通常将支票分为现金支票和转账支票。

支票欺诈是一个让银行非常头疼的问题，支票欺诈的手段可能多种多样，比如更改收款人的姓名，更改支票的金额，也可能是伪造签名或背书，或者是未经所有权人的授权，擅自签发支票，签发空头支票等。美国银行家协会1994年有一个统计，估计1993年美国共发生了130万起支票欺诈案件，平均每起的欺诈金额为1 000美元左右，给银行造成的损失达到8.15亿美元。美国联邦储备委员会的调查则显示，1995年有60%的商业银行、信贷储蓄协会因为支票欺诈受到损失，损失金额为6亿美元左右。

造成支票欺诈的原因很多，例如新的计算机设备和软件的使用，激光打印机、扫描仪和复印机的广泛使用，使得伪造支票更加容易，犯罪团体有组织地活动，银行之间竞争日趋激烈。以及银行内部制度不严，都在不同程度上促成支票欺诈的猖獗。此外，还有法律制度上的原因。为此，银行、监管机构及其他有关当事人纷纷从不同角度提出控制和预防支票欺诈的措施。

第三章 | 汇款

【教学目的和要求】

- 掌握汇款的概念、当事人、种类
- 了解汇款的程序、特点等
- 全面认识汇款的应用

【案例导读】

中国的甲银行发信汇通知书给纽约的乙银行，受益人是乙银行的客户。由于甲银行和乙银行间没有账户关系，甲银行就电报通知其境外账户行丙银行，将资金调拨给乙银行。请问甲采取的是什么汇款方式？

第一节 | 汇款概述

一、汇款定义

汇款（remittance）是银行（汇出行 remitting bank）应汇款人（remitter）的要求，以一定的方式将一定的款项通过其国外联行或代理行作为汇入行（paying bank），付给收款人（payee）或债权人的一种结算方式，也称汇付。

与银行的资金划拨相比较，汇款属于代客划拨的范畴。银行划拨所使用的凭证是银行转账单（bank transfer，B.T.），而汇款中所使用的凭证是支付授权书（payment order，P.O.）。

汇款属于顺汇方式，适用于贸易和非贸易结算。顺汇法又称汇付法，由债务人或付款人主动将款项交给银行，委托银行使用某种结算工具，交付一定金额给债权人或收款人的结算方法。其特点在于结算工具的传递与资金的运动方向一致，并且是从付款（债务）方传递到收款（债权）方，故曰顺汇。逆汇法又称出票法，由收款人或债权人以开出汇票的方式，委托银行向国外付款人或债务人索取一定金额的结算方式。其特点是结算工具传递方向与资金运动方向相反，故曰逆汇。逆汇在国际结算中是托收和信用证方式。

二、汇款的当事人

汇款的当事人有 4 个。

1. 汇款人

汇款人（remitter）是委托银行将款项汇付国外收款人的一方。在进出口业务中通常是买方。在国际贸易中，汇款人即债务人或进口商或委托人。其责任如下。

（1）填写汇款申请书。汇款申请书是汇款人与汇出行之间的契约，必须明确清楚，如有填制上的错漏所引起的后果，由汇款人自行承担。申请书中要标明收款人名称、地址、国别。如收款人在银行开有账户，则列明收款人名称、开户银行名称、地址、国别及账户的账号、汇付的货币及金额、使用哪种汇付的方式，以及必要的款项用途。

（2）提供所要汇出的金额并承担有关费用。即必须交付与汇付金额相一致并另计银行办理汇付所收费用的现金或有效的支款凭证。如以人民币汇出外币时，除了交付等值的人民币现金或支款凭证外，尚应提交按国家规定准许使用外汇的证明；如以他行支票汇付者，应待汇出行通过交换等途径收妥后才能办理汇出手续；如因货币不同而需套汇者，例如汇出款是英镑而汇款人要求在其美元存款户中支取美元后套成英镑汇出，其套汇损失由汇款人承担。凡是汇付申请书填制的错漏以及应交款项与外汇证明手续上的错漏、延误而引起的后果概由汇款人负责。

2. 收款人

收款人（payee or beneficiary）即汇款的接受者。在进出口业务中通常是卖方。

收款人通常是出口方或债权人，但也可以是汇款人本人。其权利是凭证取款。收款人在接到汇入行的通知或已入收款人账户的通知时，应该查明这笔款项确实应该属于他的款项，或者他作为债权人在收到这笔款项后，这笔债权已经全部或部分得到清偿。若对汇付内容不明，或汇付金额不够了结全部债权时，应及时向汇入行提出，由其转给汇出行向汇款人查询，待得到满意答复后再予以收款。如果银行确实完全按汇款人的汇付申请书办理了该笔汇付，款项已入收款人账户或收款人已根据汇付通知来行接受了这笔汇付且并未提出任何异议，这笔汇付对汇出行和汇入行的责任则已终结，汇款人与收款人之间的其他纠纷应另行解决。对有条件付款的汇入款，收款人有责任按条件办理交单或其他工作，只有在汇入行认为符合条件之后，才能得到这笔汇付。如对所附条件有异议，应向汇款人交涉。

3. 汇出行

汇出行（remitting bank）是指接受汇款人的委托为其办理汇出汇款业务的银行。汇出行有义务按照汇款人的指示，向其联行或代理行发出付款委托书，委托它们向付款人解付汇款。

汇出行的责任如下。

（1）对汇款人填写的汇付申请书的内容应仔细检查，如有将危及汇出汇付顺利解付的，应向汇款人指出，要求其补充、修正，在无法解决的情况下将申请书退给汇款人。

（2）自接受汇付申请书时起，汇款人与汇出行间的契约关系与效力就此成立，因此对申请书、准许使用外汇的证明、支款凭证以及现金应予验证，辨别真伪，他行支票则应收妥再汇。

（3）汇出行的 P.O.必须完全按照汇付申请书的内容与选定的汇付方式准确表达。汇出行有义务完全按照汇付申请书办理该笔汇出款，直至该笔汇出款有了结果为止。在顺利情况下，直到正确无误地将款项交付给收款人为止。倘若无法通知收款人或虽已通知但收款人迟迟不去领取汇付，或款项错付、延误甚至退汇，如果是由于汇款人的申请书上的问题而引起的后果，其责任在汇款人。如果是因汇出行的 P.O.与汇付申请书有差异而引起的问题，其责任就在汇出行。

（4）正确地选择汇付路线。以效率为准则，尽量拉直不迂回，必须迂回的也要选择环节最少的，并将必须迂回的情况向汇款人声明，必要时应在申请书上加注，争取由汇款人签字认可，以避免付款延误的责任。

（5）汇出款项应注意自身的资金安排，及时通知资金部门落实头寸，避免账户上无款可借，延误解付或负担不必要的透支利息。

4. 汇入行

汇入行（paying bank）是指受汇出行的委托，解付汇款的银行，即将款项交给收款人的银行，又叫付款行或解付行。汇入行通常是汇出行的联行或代理行。

汇入行通常是收款人所在地或出口方银行，它必须是汇出行的联行或代理行。其职责是证实汇出行委托付款指示的真实性，通知收款人取款并付款。汇入行必须严格按汇出行的支付授权书行事，否则后果由汇入行负责。

汇入行的责任如下。

（1）所有解付汇入款必须严格按照汇出行的 P.O.办理。如因擅自改变 P.O.内容而引起的任何后果，均由汇入行负责。若对 P.O.有疑惑，需联系汇出行以加押电确认后再办。

（2）坚持收妥解付的原则。在汇付头寸收妥的情况下，凡是 P.O.上规定按收款人户名账号直接收账者，经核实确在本行开有所列账户的，当即收账；凡是 P.O.上指定收款人名称、地址者，按地址进行通知，待收款人来领款时办理解付。

（3）凡因种种原因不能及时解付的汇入款，应及早通知汇出行并告知原因，并等待汇出行进一步指示后视情况办理。不能及时解付的原因一般有：收款人账号户名不符或地址不对而无法通知；虽已通知收款人却迟迟不见来领取；收款人因故表示拒收；头寸没有落实，等等。

（4）一般汇入款都是不附加条件的，即所谓的 clean payment，只是将汇入款的附言转告收款人；或汇出行有要求时，将汇付收据经收款人签章后寄回汇出行。但也有一种汇付是加列有条件付款的，例如"在收款人交出××号合同项下全套单据后才予付款"，对这样的汇入款的解付，汇入行负有审单责任。是否接办这类汇入款，汇入行必须慎重考虑以下几点。

① 如果汇入行考虑经济效益而接办这类汇入款，可以向收款人或汇出行加收一定比例的审单费。但审单费的收入与责任是成正比的，要权衡利弊损失。其存在的风险是：汇入行认为已符合条件而将款付讫，但汇出行或汇款人却认为所列条件并没有达到，要求汇入行追回已付款项。如能追回倒也罢了，如各执一词必将引起纠纷甚至诉讼。如果汇入行不愿意接办这类汇入款，应在收到汇入款时当即向汇出行表态，不得延误。

② 如果汇入行同意办理，则须严格依据合同审核收款人交来的单据。根据合同中的单据条款审核货名、型号、规格、单价条件、总值、交货时间，以及其他特别条款审查单据的内容、单据种类、份数（要求汇票时加审汇票），看是否单据与合同一致，是否单据与单据一致。只有在认为收款人所交单据已符合汇出行 P.O.上的付款条件时，才予付款。付款后将单据寄汇出行。

③ 如果审单后发现不符点，向收款人说明原委，暂不付款，同时将不符点一次性电传汇出行，由汇出行电洽汇款人，听候其对不符点的处理意见。待收到汇出行的答复后再视情况办理。如果对方表示对不符点可以接受，汇入行当可对收款人解付；如对方拒绝接受不符点，收款人又不能更改，只能再次将收款人不能更改的情况电告汇出行，并建议将汇入款退回汇出行。其间费用应向汇出行交涉，由汇款人负担。

上述的当事人中，有可能汇款人和收款人是同一个人。当汇款人要求汇出款项，而汇款人自己去取款时，即属这种情况。

汇款的当事人除上述四个外，可能还有一个，即第三家银行。如果汇入行和汇出行之间没有建立账户联系时，这个第三家银行就要参与进来，代替汇出行向汇入行付款及汇入行入账。

三、汇款的基本流程

汇款有不同的类型，其结算程序有所不同，以下是汇款结算的主要步骤。

汇款结算从进口商委托汇出行开始到出口商收到货款为止，需要经过以下基本环节。

（一）汇款人填写汇款申请书

无论是个人还是单位，在办理汇出汇款前必须向银行递交汇款申请书。它是汇出行和汇款人之间的一种书面契约，也是汇款人的委托指示。

汇款申请书主要包括以下内容：汇款种类的选择；收款人姓名、地址；开户行名称、地址、账户；汇款人姓名、地址；汇款金额及币别；汇款附言等。

（二）交纳汇款资金

汇款人在递交汇款申请书的同时，应向汇出行交纳所要汇出的外币资金以及汇款所需费用。银行不会垫付资金。

（三）汇出行缮制汇款凭证并发出

汇出行根据汇款人的要求，缮制各种汇款凭证，并分别做出处理。委托付款电报、电传由汇出行电讯部门加密押后发往汇入行；信汇委托书由汇出行有权签字人两人审核签字后，通过邮局或快递部门寄交汇入行；汇票一般直接交给汇款人，同时可向汇入行寄送票汇通知或票根。

在办理汇出汇款时，正确地选择汇入行至关重要，它是保证收款人及时收到汇款的有力措施。在选择汇入行时要充分利用国际结算的账户网络，减少中间环节。如果可能，最好是汇出行与汇入行之间有账户关系，并且汇入行又是收款人的账户行。

（四）汇出行向汇入行拨交头寸

汇出行在发出付款指令后，应及时向汇入行拨交头寸或偿付汇款，这是汇出行的责任，也是衡量其信誉高低的重要标志。头寸拨交一般有以下几种方法：账户行之间是直接转账，非账户行之间是通过直接或间接的共同账户行转账。

1. 账户行之间的直接转账

账户行之间的直接转账又分为以下两种情形。

（1）汇出行主动贷记（credit）汇入行账户。如果汇入行在汇出行开有账户，汇出行发出付款指令后，应主动将相应头寸贷记该账户，并向汇入行发送贷记报单。

（2）汇出行授权汇入行借记（be authorized to debit）汇出行账户。如果汇出行在汇入行开有账户，汇出行发出付款指令后，应授权汇入行借记其账户相应金额。汇入行在付款的同时，应向汇出行发送借记报单。

2. 非账户行之间的间接转账

间接转账的方式有以下两种。

（1）通过碰头行（intermediary bank）拨交头寸。如果汇出行和汇入行之间没有账户关系或没有所汇货币账户关系，头寸可通过双方的共同账户行即碰头行转账完成。

具体办法是，汇出行授权碰头行借记其账户，并指示其将相应资金贷记汇入行的账户（如图3-1所示）。

（2）通过账户行的共同账户行转账。如果汇出行和汇入行之间没有碰头行，则需要通过它们账户行的共同账户行（碰头行）来拨交头寸（如图3-2所示）。

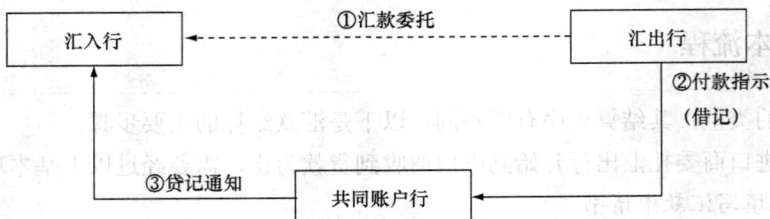

图 3-1　通过碰头行拨交头寸

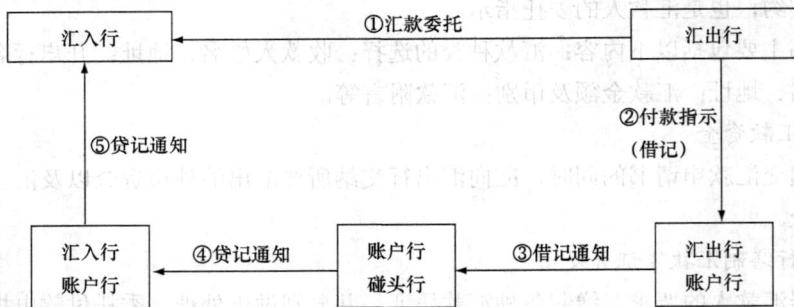

图 3-2　通过账户行的碰头行转移资金

这种拨交头寸的方法传递环节多、时间长、费用高，资金转移的效率较低。因此，要尽量避免采用这种方法偿付。

较理想的头寸拨交方法是直接转账和间接转账的第一种方法，这就要求汇出行在国外有足够的账户行，特别是要在世界各主要货币清算中心的大银行开立账户。

（五）汇入行审核付款指令

审核付款指令是汇入行履行付款责任的前提条件。审核付款指令就是要对付款电报、电传、信汇委托书和银行汇票等凭证进行审查。审查内容主要包括：

（1）密押或印鉴是否由电信部门或单证部门审核。只有经过核实才能证明其是真实凭证。

（2）是否是付款指示并由本行付款。只有是以本行为付款行的指令，本行才能付款。如果把不是付款指令的凭证、电报等误认为付款指令办理，就会发生错付或重付，给银行造成损失。反之，将付款凭证、电报误认为不是付款指令，则会耽误付款，使受益人利益和银行信誉受到损害。

（3）金额大小写是否相符。如果金额大小写不符，通常要尽快向汇出行查询，避免多付或少付。

（4）头寸条款是否交代清楚。在付款指令中，汇出行一般要注明头寸的偿付方式，汇入行在付款前必须先落实头寸的拨交方法。

（六）汇入行索偿头寸

及时索偿头寸是汇入行付款的保证。在一般情况下，只要付款指令审核符合要求，汇入行即可付款。但对于不熟悉或信誉较差的汇出行发来的付款指令，汇入行通常要在头寸收妥后付款。汇入行应尽量避免无故垫付款项，如果在付款后未能及时收到头寸，汇入行应尽快与汇出行联系索偿头寸，必要时还要追索利息损失。

（七）汇入行执行付款

在付款指令审核完毕和头寸落实的情况下，付款行可执行付款指令，向受益人付款。通常付款可以直接记入收款人在汇入行开立的账户，也可以按规定和客户要求支付现金。如果收款人在异地，汇入行有责任将款项转汇他行解付。

四、退汇

退汇是指汇款在解付前的撤销。电汇、信汇和票汇一经汇出后，由于各种原因，可以要求付款行（汇入行）将汇款退回。汇款退回或退汇又叫撤销支付（countermand payment）。

退汇的原因可能有：（1）因收款人账户名称、账户、地址不清晰等原因而无法解付汇入款超过三个月的，银行将主动退汇。（2）汇出行提出退汇的，若头寸已收妥，且汇款未解付，可办理退汇；若已经解付，由汇款人直接与收款人联系退汇事宜。（3）收款人拒收要求办理退汇，由收款人说明缘由，银行查实同意，退回原汇出行。

（一）汇款人提出退汇

退汇通常是由汇款人提出，如果汇款尚未解付，汇出行、汇入行一般应同意汇款人的退汇要求。退汇的办理程序如下。

（1）向汇出行递交退汇申请书。汇款人在要求退汇时应首先以书面形式向汇出行提出退汇申请，说明退汇理由。如果是票汇退汇，汇款人应将汇票背书后交回汇出行。

（2）汇出行审查退汇申请。在接到汇款人的退汇申请后，汇出行应对申请书进行审查，如果必要，还可要求汇款人提供担保书，保证承担汇出行因退回而可能受到的一切损失。在汇票遗失的情况下，通常要这么做。

（3）汇出行发出退汇通知。在确认退汇理由合理、取得汇款人的保证后，汇出行应立即通知汇入行停止付款，并要求其退回汇款时已拨交的头寸。

（4）汇入行退汇。接到退汇通知后，如果汇款尚未解付，汇入行应寄回汇款凭证及退汇通知，并退回汇款头寸。如果汇款已经解付，应将经收款人签署的汇款收条寄去，表示汇款已经解付，无法退回。

（5）汇出行退汇。在收到汇入行退回的头寸后，汇出行应将其退还给汇款人，并注销有关汇票。

如果在汇出行的退汇通知到达之前，汇入行已经解付汇款，那么汇入行不能向收款人追索，汇款人也不能要求退汇，只能由汇款人直接同收款人交涉，要求其退款。

（二）收款人退汇

在有些情况下，退汇也可以由收款人提出。收款人退汇比较简单、方便。在电汇、信汇时，只要他拒收汇款，通知汇入行，汇入行即可将汇款凭证退回，然后由汇出行通知汇款人前来办理退回；在票汇时，收款人退汇，只需将汇票寄回给汇款人即可。

如果过了一定期限，收款人仍不来取款，汇入行也可主动办理退汇。

第二节 | 汇款的种类

汇款人在汇款时，可采取 3 种不同的方法，主要是根据收款人对款项是否急需或汇款人所在国的情况以及金额的大小而定。

一、电汇

电汇（telegraphic transfer，T/T，cable transfer）是汇出行应汇款人的要求，用电报、电传或 SWIFT

委托付款行向收款人付款的方式。电汇速度快，凡金额较大或急需用款时，就用此方式。因为在途中的款项不能产生利息，要到汇款收到后才能生息，款项数额巨大时，在利率高的情况下，有可能是收款人要求用电汇以使资金早日入账。另一方面，汇款人为充分利用资金，要等到最后的时刻才使用电讯，使资金在账户上多保留一段时间。

电汇可以用电报，也可用电传、SWIFT。电报即通过邮局拍发，以字数计价。电传（teletypewriter exchange）是邮电部门应客户的要求而架设的专线，这样就节省了时间，不必再与邮电部门打交道，而在自己的办公室里就可与其他国家进行电报交换。它是利用电传机将电文变成信号，通过复杂的通信系统，送到被呼叫的对方的电传机上。电传有专线电传和国际电传。前者是与有关的联行设了专线，随时都可拍发，费用固定，不因多发而多付费用；后者不是设专线，可发往世界任何有电传的银行，费用按分钟分地区计算，但比电报费要低。而SWIFT比国际电传费用还要低，只需一次缴纳入会费约3万美元，分支机构可免费，其余安装费等只几千美元。以往（20世纪60年代以前），电汇多采用电报，由于加押电报是按字数计价的，不仅费用高，而且错漏多，所以使用信汇方式比较多。而现在汇款业务中大部分是电汇业务，和信汇及票汇相比，电汇的费用依然很高，但由于其速度快，使资金在途时间短，节约的在途资金利息足以弥补所支付的电信费用。

办理电汇业务时，汇款人需要向汇出行提交汇款申请资料，汇出行按申请书的指示，使用某种通信和操作系统（如SWIFT系统、电传、电报、汇票等）通知汇入行，汇入行按照收到的指示，办理向收款人的解付入账手续。电汇业务的流程如图3-3所示。

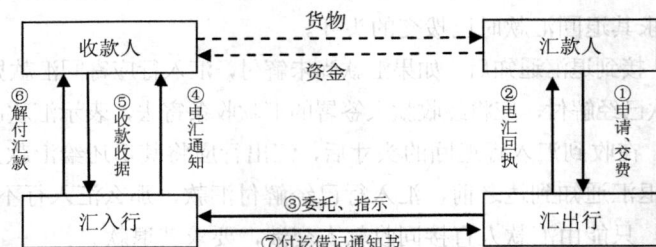

图3-3　电汇业务流程

（一）汇款人填写汇款申请书

汇款人申请和交款付费。当汇款人委托银行汇款时，要填具汇款申请书。申请书上列有汇款种类，收款人姓名、地址，汇款金额（货币名称、大小写）以及汇款的原因等项目，申请人要签名。当用电汇方式汇款时，应在"汇款种类"栏中划上"√"。由于汇出行和汇款人是一种委托关系，所以这个申请书实际就构成了汇出行和汇款人之间的合约。银行接受了申请后，就应按申请书上的指示执行，否则，银行就是违约。汇款金额如为汇出地的本国货币，汇款人就按汇款额加上应付的电讯费交给银行；汇款金额如为汇入国货币或第三国货币，汇出行一般按银行当天这种货币的电汇卖出汇率折算成本国货币加上电讯费后，由客户交付。如是账户行关系，则直接从账上扣除。

按照我国目前的外汇管理规定，汇款人需要向汇出行提交证明其交易真实性的商业单据和有效凭证，银行按照真实性和一致性原则审核无误后方可办理汇款手续。2006年，国家外汇管理局对国际收支申报系统进行了升级。将各家银行的汇出汇款申请书的格式予以统一，包括境外汇款申请书和境内汇款申请书。前者用于办理外汇资金的跨境支付、后者用于外汇资金的境内划拨。

境外汇款申请书主要内容包括汇款人填写和银行填写两部分。汇款人需要将汇款的基础信息填写完整、准确，包括汇款币种及金额、资金来源（现汇或者购汇）、账号（人民币或者外币账号）、汇款人名称及地址、组织机构代码或个人身份证件号码、收款人名称及地址、收款人开户银行、收款人账号、收款人国别、汇款费用的承担、交易附言及编码、合同号码、发票号码等信息。

同时，汇款人需要向汇出行说明是否为货物贸易项下交易，在"是否为进口核销项下付款"做出选择。如果有报关单的，必须如实填写报关单号、报关单经营单位等信息，银行需要通过中国电子口岸对每一笔报关单进行核对与核注后方可办理汇出手续。

银行将汇款人填写的信息与其提交的商业单据和有效凭证进行核对，无误后办理付汇手续，填写手续费、邮电费、使用的汇率等要素。

目前，境外汇款申请书为一式三联，分别为银行、汇款人和外汇局留存联。按照国家外汇管理局的要求，银行也可以根据实际情况，增加相应的联数，如会计凭证联等。因此，境外汇款申请书同时具有汇出汇款申请书、国际收支申报单、银行会计凭证等多种功能。境外汇款申请书模板如下。

境 外 汇 款 申 请 书
APPLICATION FOR FUNDS TRANSFERS (OVERSEAS)

致: TO:	THE BANK of TOKYO-MITSUBISHI, LTD		日期: DATE: 2009-06-06	

	☑电汇 T/T □票汇 D/D □信汇 M/T	发电等级 Priority	□普通 Normal ☑加急 Urgent	

申 报 号 码 BOP Reporting NO.				
20	银行业务编号 Bank Transac.ref.no.		收电行/付款行 Receiver/Drawn on	
32A	汇款币种及金额 Currency & Interbank Settlement Amount	[USD][30000]	金额大写 Amount in Words	USD THIRTY THOUSAND ONLY
其中	现汇金额 Amount in FX	[ ]	帐号 Account NO./Credit Card NO.	
	购汇金额 Amount of Purchase	[USD][30000]	帐号 Account NO./Credit Card NO.	6101000000561
	其他金额 Amount og Others		帐号 Account NO./Credit Card NO.	
50a	汇款人名称及地址 Remitter's Name & Address	RIQING EXPORT AND IMPORT COMPANY, P.O.BOX 1589, NAGOYA, JAPAN		
	☑对公 组织机构代码 Urut Code 100000056	□对私 个人身份证件号码 Individual ID No. □中国居民个人 Resident individual □中国非居民个人		
54/56a	收款银行之代理行 名称及地址 Correspondent of Beneficitry's Bank Name & Address			
57a	收款人开户银行 名称及地址 Beneticiary's Bank Name & Address	收款人开户银行在其代理行账号 Bene's Bank A/C NO. BANK OF CHINA, 170 People Avenue, Shanghai, China		
59a	收款人名称及地址 Beneticiary's Name & Address	收款人账号 Bene's A/C NO. 61010000005507 AIGE IMPORT & EXPORT COMPANY, ROOM 2501, JIAFA MANSION, BEIJING WEST ROAD, SHANGHAI		
70	汇款附言 Remittance Information	只限140个字位 Not Exceeding 140 Characters	71A 国内外费用承担 All Bank's Charges If Any Are To Be Borne By ☑汇款人 OUR □收款人 BEN □共同 SHA	

收款人常驻国家(地区)名称及代码 Resident Country/Region Name & Code CHINA 156		
请选择: □预付货款 Advance Payment □货到付款 Payment Against Delivery □退款 Refund □其他 Other 最迟滩运日期		

交易编码 BOP Transac Code	101010	相应币种及金额 Currency & Amount	[USD][30000]	交易附言 Transac.Remark	
是 否为进口核销项下付款	□是 □否	合同号		发票号	
外汇局批件/备案表号		报关单经营单位代码			
报关单号		报关单币种及总金额 [ ][ ]		本次核注金额	
报关单号		报关单币种及总金额		本次核注金额	

银行专用栏 For Bank Use Only		申 请 人 签 章 Applicant's Signature	银 行 签 章 Bank's Signature	
购汇汇率 Rate		请按照贵行背页所列条款代办以上汇款并进行申报 Please Effect The Upwards Remittance,Subject To The Conditions Overleaf:		
等值人民币 RMB Equivalent				
手续费 Commission				
电报费 Cable Charges				
合 计 Total Charges		申请人姓名 Name of Applicant	RIQING EXPORT AND IMPORT COMP	核准人签字 Authorized Person
支付费用方式 In Payment of the Remittance	□现金 by Cash □支票 by Check □账户 from Account	电话 Phone No.	81-3-932-3588	日期 Date
核 印 Sig. Ver.		经办 Maker		复核 Checker

填写前请仔细阅读各项背面条款及申报说明
Please read the conditions and instructions overleat before filling in this application

审核汇款申请时应注意的事项包括：

（1）申请办理汇出汇款业务，必须符合国家外汇管理的规定，才可向银行申请办理汇款手续。

（2）银行审核资金来源：汇款人可以使用人民币资金向银行申请购汇汇出，也可使用自有现汇资金办理原币支付，或者使用银行的国内外汇贷款、向境外借用的外债资金等办理支付手续。

（3）银行在办理汇出手续时，应按照"拉直汇款路线"的原则。妥善选择境外账户行和代理行办理转账手续，尽量减少中间行转汇的环节，降低汇款人和收款人的经营成本。

（二）汇出行审查

汇出行审查接受该笔业务，将申请书的第二联作为回执退还给汇款人。

（三）汇出行发出电汇委托书

汇出行发出加押电报或电传给汇入行，委托汇入行解付汇款给收款人。

电汇委托书的内容应包括：

①收款人姓名、地址或开户行名称、地址（电挂也可）；②货币名称、金额的大小写；③汇款人的名称和地址（可用电挂）；④附言（一般注明用途）；⑤头寸拨付的方法；⑥汇出行的密押；⑦发电日期及汇款编号。

以往汇出行还要发出电报证实书（cable confirmation），以证明电报已发。有时在汇入行未收到电报时，还可凭电报证实书办理解付。目前由于电讯发达，为避免繁杂的手续，已取消了电报证实书这种做法。

选择汇入行应遵循拉直付汇路线、减少中转环节、减轻费用负担、提高汇款效率、缩短解付周期的原则，同时考虑收款人所在地的政治、经济状况。选择的顺序是：（1）位于汇款货币清算中心的联行或账户代理行；（2）与汇出行有汇款货币账户关系的收款人开户行；（3）与收款人开户银行有汇款货币关系的代理行。

（四）汇入行缮制电汇通知书

汇入行收到电报或电传，核对密押无误后，缮制电汇通知书，通知收款人收款。汇入行收到汇出行的电报、电传后，首先核对密押，经核对无误后，加盖经办人的"押符"图章，SWIFT应是MT100格式。还要注意发电行名称、地点、发电日期及付款指示是否明确；收款人姓名和地址是否清楚；货币金额和名称有无不符。如无问题，可将电文即委托书的内容输入计算机终端机，打印"汇入汇款通知书"，通知收款人。

（五）收款人取款并签收

收款人收到电汇通知书后，应前往汇入行。实际业务中，由于银行与客户联系较多，都是以电话通知收款人，并直接记入收款人账户。而从理论上，电话与通知书是同时进行的。通知书附有收条，由收款人签收。如没有账户，个人收款人接到通知书后，应携带图章和其他证明身份的文件前往领款。

（六）汇入行解付汇款

汇入行核对有关凭证后解付汇款。如为付款地的货币，汇入行按汇款金额入收款人账户或交给收款人；若为汇出地或第三国货币，则依收款人账户情况或直接入账或转换后入账。

（七）汇入行通知汇款解付完毕

汇入行将付讫借记通知书寄给汇出行，通知它汇款解付完毕。资金从债务人流向债权人，完成一笔电汇汇款。

二、信汇

信汇（mail transfer，M/T）是汇出行应汇款人的要求，用航邮信函通知汇入行向收款人付款的方式。凡金额较小或需用不急的，用此种方式比较适合。

汇款人委托银行信汇时，同样要出具汇款申请书，只不过在"汇款种类"栏中要注明是信汇。

汇出行此时向汇入行发出的付款委托叫作"信汇委托书"（M/T advice）或"支付委托书"（payment order），委托书的内容主要包括下列项目：①收款人姓名、地址或其开户行的名称、地址及账户账号和户名；②货币金额大小写；③汇款人名称、地址；④汇款人附言；⑤头寸调拨的方法和起息日；⑥汇入行名称、地址；⑦编号和汇出日期；⑧汇出行签字。

信汇委托书一般一式多联，包括正副收条、通知书、传票等。

汇入行收到委托书后，首先要核对委托书上的签字，以证明所收到的指示的确是汇出行发出的，这可以通过同汇出行的授权签字样本上有权代表该行签字者的签字相核对来证实。还要注意委托书上有无"电报证实书"或"副本"字样，如有就必须在查明凭电报或副本付款的情况下方能凭以付款。若汇出行在汇入行开有账户，则账户上要有足够的资金，或在委托书上已注有合理的偿付指示。然后再通知收款人，或直接入其账户或让其携带证明身份的文件前来银行解款。

信汇不需发电，所以费用较电汇低廉，但收款时间较慢，需要一周左右的时间，大额资金的利息损失较为明显。从汇出行收进汇款人的款项，到汇入行解付的这段时间内，银行便可以利用这部分在途资金。

信汇业务流程与电汇基本相同，差别仅仅在于第三步，汇出行向汇入行邮寄信汇委托书，而不是采用电讯方式授权。

三、票汇

票汇（remittance by banker's demand draft，D/D）是汇出行应汇款人的申请，开立以其在付款地的联行或代理行为解付行的即期汇票交给汇款人，由汇款人寄送收款人或自带到付款地去凭票取款的汇款方式。票汇是银行采用即期汇票作为汇款工具时的汇款方式。

汇款人可以将汇票带到国外亲自取款，也可由汇款人将汇票寄给国外收款人由收款人去取。由于汇票是可以转让的，所以去凭票取款的很可能不是汇款上的收款人本人，而是其他的受让人。票汇的另一个特点是收款人可将汇票交给自己的往来银行托收票款，汇票上的付款行不是持票人的开户行时，这种情况大量发生。汇款人在交给银行的付款委托书中应表明是票汇以及收款人名称、地址、汇款金额及币别以及申请人的名称、地址等。汇款人应按当天挂牌汇率缴付现款和手续费。银行收到申请书后，首先审核申请书的内容，待收妥款项及手续费后，再签发汇票或支票。如票款金额不是以收款人所在国家货币表示的，通常在汇票上加注"payable at the current buying rate for demand draft on ××"等字样。汇出行在开出汇票的同时，向汇入行航邮寄送汇票通知书或票根，但目前银行多已取消这一做法。

汇入行收到汇出行发出的通知书或收款人持票前来兑现时，应查核下列各点：①若已收到通知书，应核对其上的内容是否与汇票上的相符；②汇票上的签章和汇入行预留的汇出行有权签字人的签章是否一样；③汇票是否曾涂改或损坏；④汇票是否未经止付；⑤是否在合理的时间内提示；⑥背书是否准确、连续。

上述各点无误后，即可付现或入账。

如汇票的付款人是所用货币的清算中心的银行，那么这张汇票就叫中心汇票。如一美元汇票的付款人是一家在纽约的银行，这张汇票就是中心汇票。一般银行多愿买中心汇票，因中心汇票的付款人是汇出行在那个地区的账户行，汇出行不必划拨资金，付款行见票就付，再将这张汇票寄给汇票所用货币的清算中心就可立即收款。票汇的业务流程如图3-4所示。

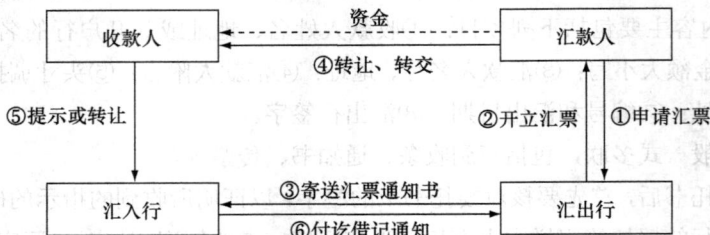

图3-4 票汇业务流程

四、电汇、信汇、票汇三种汇款方式的比较

电汇、信汇、票汇三种汇款方式业务流程基本相同，仅在于结算工具的使用和传递方式存在差异，因此在安全性、速度、费用等方面存在差异，如表3-1所示。

表3-1   三种汇款方式的比较

方式	优势	结算工具	安全性	费用	速度
电汇（T/T）	极为安全，款通过银行付给指定的收款人；汇款人可充分利用资金；减少资金在途的利息损失	使用电传或SWIFT，用密押正式真实性	使用银行间国际支付系统，减少中间环节，安全性高	使用现代通信手段费用较高，因不能占用客户资金而使用汇率较高	最快捷，可通过缩短资金在途利息抵补高费用
信汇（M/T）	银行可占用客户的资金	使用信汇委托书或支付授权书，用印鉴或签字证明真实性	使用邮政系统，可能在邮寄中延误或丢失，安全性不如电汇	费用较电汇较低，可占用客户的资金所适用汇率较低	在途时间长，较慢，使用少
票汇（D/D）	汇入行不必通知取款；背书后可流通转让；汇出行可占用客户的资金	使用即期汇票，用印鉴或签字证明真实性	汇票有丢失或损毁风险，转让易出现纠纷，挂失或止付手续复杂	费用较电汇较低，可占用客户的资金所适用汇率较低	灵活简便，使用量仅次于电汇

第三节
汇款的应用

一、汇款结算方式的特点

1. 以商业信用为基础，风险较大

汇款的结算基础是商业信用，卖方在发货后能否顺利收回货款，买方在预付货款后能否顺利收

到符合合同规定的货物都分别取决于对方，即买方或卖方的信誉。银行在汇款方式中处于简单受委托的地位，它只需按常规办理汇款业务即可，并且只对汇款的技术性问题负责，不对货物买卖和货款收付的风险承担任何责任。

2. 资金负担不平衡

如果是货到付款，则资金完全由出口商负担；如果是预付全部货款，则资金完全由进口商承担。并且在汇款结算过程中，进出口商无法从银行得到贸易融资。

3. 结算手续简单、迅速，费用低

汇款结算手续简单，费用低廉，结算灵活、迅速。尤其是电汇的速度快。如果贸易双方相互信任，汇款结算是十分理想的支付或结算方式。

从总体上讲，汇款结算是一种有利于进口商而不利于出口商的结算方式，因为当前的国际市场主要是买方市场，汇款结算一般是货到付款而不是预付货款，资金和风险都由卖方承担。

二、汇款结算的使用

使用汇款结算方式来结清买卖双方的债权债务，主要有预付货款、货到付款和交单付现三种类型。

（一）预付货款

预付货款（payment in advance）又称先结后出，是指进口商先将部分或全部货款通过银行汇交给出口商，出口商收到货款后，按买卖合同的约定时间将货物发运给进口商的一种汇款结算方式。随订单付现（cash with order，C.W.O）就是其中的一种典型方式，买方于发出订单时，或于买卖双方订立合同后即将部分或全部货款用汇付方式付给对方。如采用电汇，则被称为"前T/T"。预付货款是对进口商而言，对出口商来说则是预收货款。

预付货款对出口商是最有利的，他可以收款后再发货，从而掌握主动权，甚至收款后再购货发运，从而做一笔无本钱生意。而进口商则有钱货两空的风险，或资金长期被他人占用而损失利息。当然，为了降低风险，进口商也会采取相应的措施，如要求出口商提供银行保函等保证出口商按合同规定交货。

预付货款是建立在买卖双方签订的贸易合同基础上的，一般在下列情况下经常使用这几种方式。

（1）对于紧俏的买方急需的商品，进口商为了买卖成交，或不得不答应对方要求而预付货款，或作为竞争性手段，主动以此为优惠条件吸引对方成交。

（2）出口商是跨国公司的子公司、母公司或分公司，或出口商是信誉极好、极为可靠的大公司、大企业，或进出口双方是长期合作伙伴，关系十分密切，互相依赖。

（3）进口商信誉不佳，或出口商对进口商的资信不了解，为了避免承担风险，须先付款才发货，以此为条件，如果进口商不履行合同，出口商即可没收预付款。

（4）出口商资金匮乏，须先收货款才能购买原材料组织生产或购买商品转卖给进口商。

（5）在成套设备、大型机械、大型运输工具（如飞机、船舶等），或者在工程承包交易中，或者在专为进口商生产的特定商品交易中，出口商往往要求预付一定比例的预付货款作为订金（down payment），或采用分期付款方式，定金和分期支付的款项采用汇付。

（二）货到付款

货到付款（paying after arrival of the goods）是出口商先发货，进口商在货到后再付款的结算方式。此方式实际属于赊销交易（open account，O/A）或延期付款（deferred payment）结算。

显然，货到付款对进口商有利，对出口商不利。表现在资金占用和风险承担上，出口商先发货造成资金被占用并承担进口商不付款或不按时付足货款的风险，甚至是钱货两空。

货到付款在国际贸易中有售定和寄售两种：①售定。售定是指按照交易双方签订的合同，出口企业先发货，国外进口商收到货物后再将货款通过银行汇交出口企业。对于出口企业来说，售定的风险很大，除非是对对方信用状况十分了解，或者是销售鲜活商品，一般不宜采用售定方式。②寄售。出口商出运货物后，委托进口国商人按照双方商定的条件在当地市场代为销售，货物售出后被委托人将货款按规定扣除佣金后把款汇给出口商。由于价格的涨落、盈亏等风险，都由卖方负担，所以这种方式对出口商不利。若产品属于新产品，初次打入进口地，为开拓市场，采用这种方式较为适宜。有时，少量的剩余货物，或滞销产品，也以寄售方式进行。寄售的有关单据可通过银行转给进口方，也可自寄。但无论如何，公司发货后都要将寄售发票副本或出口明细单，列名参考价及估计的收汇期限交给银行，以便银行掌握情况，设立专户，款汇后，逐笔核销。

在我国的出口业务中，对某些鲜活商品，因运输途短，买方不能在货到前及时收到单据，影响到货物的交接，而这些货物的时间性较强，不能积压，且途中损耗大，货物的数量和品质难以确定，因此采用货到付款，我们习惯称为"先出后结"。

这种方法对买方有较大的好处，他可以先取得代表货物的装运单据或货物本身，然后付款，有利于资金周转。买方一般多愿意用此种方式做生意。对卖方来说，他能否收到货款，只能凭买方的信用，若买方不付款或拖延付款，卖方就会因货款落空或晚收款而受到损失。综上所述，可以发现，汇款这种结算方式的最大优点是手续简便，费用最少。因此，在双方互相信任或跨国公司的不同子公司之间，使用汇款是最理想的选择。但同时，这种结算方式风险大，对预付货款的买方和货到付款的卖方来说，不但资金负担重，而且收货和收款的顺利与否完全取决于对方的信用，若对方信用不好，很可能钱货两空。

（三）使用第三方支付平台付款

所谓第三方支付，就是一些和产品所在国家以及国外各大银行签约，并具备一定实力和信誉保障的第三方独立机构提供的交易支持平台。在通过第三方支付平台的交易中，买方选购商品后，使用第三方平台提供的账户进行货款支付，由第三方通知卖家货款到达、进行发货；买方检验物品后，就可以通知付款给卖家，第三方再将款项转至卖家账户。当然这个第三方必须具有一定的诚信度。

相对于传统的资金划拨交易方式，第三方支付可以比较有效地保障货物质量、交易诚信、退换要求等环节，在整个交易过程中都可以对交易双方进行约束和监督。在不需要面对面进行交易的电子商务形式中，第三方支付为保证交易成功提供了必要的支持。

三、汇款的风险及防范

在国际汇款业务中，进出口双方由于缺乏对另外一方的有效制约，与其他结算方式相比安全性最差，风险最大，所以对于其中存在的风险必须有充分的认识，从而加以防范。

（一）出口方面临的风险及防范

汇款方式下，出口商面临的风险有以下几种。

1. 信用风险

信用风险是指进口方在收到货物后，迟付或不付货款的风险。当今的国际市场是买方市场，出口方通常采用先发货，进口方收到货物后，再将货款通过汇款的方式汇交给出口方。这种结算方式相当于由出口方向进口方提供了信用和资金融通。进口方没有承担任何风险，而出口方则面临着进口方不付货款的风险。

2. 技术风险

技术风险是指由于汇出行设计汇款路线不合理或者因汇出行不能使解付行收到或及时收到内容完整准确的付款委托书而导致出口方承担迟收汇款的风险。其具体情况有两种。

第一，汇出行设计汇款路线不合理而造成迟收。汇出行在办理汇款业务时，可能不合理地设计汇款路线，或者选择的转汇行和解付行效率不高，或者设计的汇款路线不通畅、汇款路线没有拉直，造成汇款路线迂回曲折、错综复杂的局面，增加了不必要的中间环节，从而增加了汇款在途时间，也增加了出错机会，最终引致出口方迟收汇款。第二，汇出行不能使解付行收到或及时收到内容完整准确的付款委托书而导致迟收汇款。这主要有 3 种情况：解付行不能收到或不能及时收到付款委托书；汇出行发出的电汇或信汇委托书，由于其格式、内容有误而使解付行无法解付款项；汇出行张冠李戴，误发付款委托书，使转汇行、解付行无法及时收到付款委托书造成迟付。

3. 汇率风险

汇率风险是指由于汇率波动导致出口方收到的本币减少的风险。这是在出口方选择以外币作为交易的计价货币时存在的风险。

出口方可以采用以下措施来防范所面临的风险。

（1）进行国际交易前，要对进口方的资信进行调查，最好事先要求进口方开出由可靠银行出具的履约保函。

（2）出口方应尽量分批出运货物，降低风险。

（3）针对由于汇出行发出的信汇或电汇委托书有误而导致迟付这种情况，出口方应加强与进口方、转汇行和解付行的关系，及时查询，保证按时收汇。

（4）充分利用各种金融工具对冲汇率风险。

（二）进口方面临的风险与防范

汇款方式下，进口商面临的风险有以下几种。

1. 信用风险

进口方在国际汇款业务中面临的主要风险是指在采取预付货款（payment in advance）的情况下，进口方面临的对方不予发货或迟发货或对方以次充好的风险。

2. 汇率风险

在国际交易采用以外币计价的时候，进口方同样面临着汇率风险。

进口方可以采取以下防范措施。

（1）对出口方的资信进行调查。

（2）预付部分货款，以降低风险。

（3）要求出口方事先开出由银行出具的履约保函，万一日后对方不交货或迟交货或以次充好不合要求，即可依据银行保函索取赔偿。

（4）充分利用各种金融工具以规避汇率风险。

本章小结

- 汇款是指在订立商务合同后，进口商将货款交给进口地银行，要求银行通过一定的方式，委托在出口地的代理行或国外联行将款项交付给出口商的一种结算方式，也称汇付。
- 汇款的当事人包括汇款人、收款人、汇出行、汇入行。
- 电汇是汇出行应汇款人的要求，用电报、电传或 SWIFT 委托付款行向收款人付款的方式。信汇是汇出行应汇款人的要求，用航邮信函通知汇入行向收款人付款的方式。票汇是以银行的即期汇票作为汇款工具。
- 汇款结算方式的特点包括风险较大，资金负担不平衡，结算简单、迅速，费用低等。
- 出口方面临的风险主要包括信用风险、技术风险、汇率风险，进口方面主要面临信用风险和汇率风险。

基本概念

汇款　电汇　信汇　票汇　预付货款　货到付款

复习思考题

1．分析电汇、信汇、票汇的不同特点。
2．说明汇入行、汇出行责任的区别。
3．分析预付货款和货到付款不同的适用范围。
4．如何规避汇款的风险？

拓展阅读

案例 3-1　利用品质条款欺诈保证金预付款案

案例介绍：

2000年7月，内地A公司与香港B公司签订出售总重为6 000吨的模具的合同，FOB价格为400万美元。货物分5次供货，货物由买方提供图样生产，并经买方验收合格后方可接受。该合同有如下规定。

（1）品质条款规定：第一，模具表面应当光洁；第二，模具不得有砂眼、裂纹等其他铸造缺陷。

（2）合同签订后 10天内，卖方需要向买方预付6%的保证金，第一批货物交货后10天内可收回保证金。货物装运前，卖方应当通知买方前往产地抽样调查，签署质量合格证书后方可发货。

（3）双方不可单方面终止合同，否则由终止合同的一方承担全部经济损失。

但在卖方汇出24万美元后，按合同执行生产并要求买方验货时，买方迟迟不来验货反而要求当地商检部门代理验货。商检部门仔细审查合同后，建议立即停止生产，因为品质条款极为不确定，没有具体标准，极有可能引起纠纷。买方接到停产通知后，不仅不来验货，反而回函称卖方不能在合同规定期限内生产出符合合同的产品，属于单方面违约，保证金全数扣下，并保留追讨经济损失的权利。至此，卖方才知道这是一起利用品质条款，实为欺诈保证金的案件。

案例分析：

汇款使用灵活、方便，被广泛用于零星货款、尾款、保证金、佣金等款项的支付。正是因为灵活，也给了犯罪分子可乘之机，利用我国出口企业对进出口业务不很熟悉、不清楚规则，又急于开发市场的情况，故意在合同中设置比较诱人的条款和一些不合理之处，骗取我出口企业的保证金，然后以质量问题为由拒收货物，达到没收保证金的目的。预收保证金后，或逃之夭夭，不见踪影，或反咬一口。

因此，我对外履行合同应加强对合同的规范管理，一旦发现问题，应当多方合作，要修改合同，避免损失。

对于出口合同，质量保证金或佣金不应该同意预付。对于佣金，必须在出口商收妥货款后才能对外支付；对于质量保证金，出口商最好以保证书的形式来替代现金的支付，以避免外商以签订贸易合同为名而行欺诈佣金或保证金之实。

案例 3-2　海关特殊规定导致无法安全收汇案

案例介绍：

我国某出口商C公司与某国D公司签订了一批总值5万多美元的出口服装合同，付款方式为先电汇30%货款作为订金，剩余70%货款采用装运后10天内付款。我方收到订金后按期装运了货物。装运货物后，我方及时将全套单据的复印件传真给了客户。10多天后，客户来电称由于市场行情急剧下跌，要求我方降价40%才可以接受货物。我方不同意D公司的条件，决定将货物运回。我方联系船运公司后，被告知无法办妥货物转运，原因在于该国海关规定，退货必须征得原进口商的同意，否则无法退货。万般无奈之下，我方同意了D公司的要求才了结此案。

案例分析：

进口方当地的海关特殊规定是本案出口方遭受损失的重要原因。本案的焦点在于进口国的信用及进口商的信用。任何结算方式都会给出口商带来不同程度的潜在风险，必须采用相应的防范措施。首先，出口商在签订合同前后，应通过各种途径对进口商进行资信情况和经营作风方面的调查，尤其对初次成交的客户更应如此。其次，应事先了解进口国贸易管制、外汇管制和商业惯例等方面的有关法律法规（如海关特殊规定），以免落入客户精心设计的圈套。再次，该出口商品应为大路货，不然，一旦商品积压或退运，很难转售他人或做内销处理等。最后，业务人员在制单时应仔细认真，避免进口商因挑剔单据而拒收货物。

案例 3-3　T/T 汇款

案例介绍：

我国C公司2000年向美国A公司出口工艺品。C公司以前曾多次与A交往，业务关系良好。第一笔成交，客户坚持要以T/T付款，称这样节约费用，对双方有利。考虑双方长时间交往，还算了解，C公司就答应了客户的要求。在完成装货收到B/L后即给客户发传真，客户很快将货款USD11 000汇给我方，第一单非常顺利。

1个月后，客户要求再发货并仍以T/T付款，我方同意。3个月内连续4次发货总值FOB DALIAN USD 44 000，目的港为墨西哥。待4批货物全部出运以后，再向客户索款已为时过晚，客户以各种理由拖延，半年以后客户人去楼空。

案例分析：

本案例是一个以T/T方式付款的O/A结算，出口商本来就面临着很大的收款风险，加上出口商的失误，导致最后钱货两空。

出口商的具体失误如下：第一，对进口商并不了解，第一次交易就接受了O/A方式；第二，没有及时催收货款，连续发货4次以后才开始索款；第三，应急措施不及时，在进口商不付款的情况下没有进一步采取有效措施，如仲裁、起诉等。

案例 3-4　PayPal 支付

案例介绍：

第三方支付平台在欧美国家比较流行的是PayPal（www.paypal.com），PayPal（在中国大陆的品牌为贝宝）1998年12月由Peter Thiel及Max Levchin建立，总部在美国加利福尼亚州圣荷西市，作为eBay（www.ebay.com）旗下的一家公司，PayPal允许在使用电子邮件来标识身份的用户之间转移资金，避免了传统的邮寄支票或者汇付的方法。

在跨国贸易中，PayPal能够提供安全高效的一站式支付方案，集国际流行的信用卡、借记卡、电子支票等支付方式于一身，帮助买卖双方解决各种交易过程中的支付难题。PayPal账户被允许在190个国家和地区的用户间进行交易，可以用该账户接收包括美元、加元、欧元、英镑、澳元、日元等24种货币的付款，同时通过简单的添加国际信用卡，也可以使用该账户在支持PayPal的网站上消费。目前在跨国交易中超过90%的卖家和超过85%的买家认可并正在使用PayPal电子支付业务，但用这种支付方式转账时要收取一定数额的手续费。

案例分析：

通过PayPal支付一笔金额给出口商，可以分为以下几个步骤。

（1）只要有一个电子邮件地址，进口商就可以登录并开设PayPal账户，通过验证成为其用户，并提供信用卡或者相关银行资料，增加账户金额，将一定数额的款项从其开户时登记的账户（例如信用卡）转移至PayPal账户下。

（2）当进口商启动向出口商付款程序时，必须先进入PayPal账户，指定特定的汇出金额，并提供出口商的电子邮件账号给PayPal。

（3）接着PayPal向出口商发出电子邮件，通知其有等待领取或转账的款项。

（4）若出口商也是PayPal用户，其决定接收后，进口商所指定之款项即移转予出口商。

（5）若出口商没有PayPal账户，出口商得依PayPal电子邮件内容指示连线进入网页注册取得一个PayPal账户，出口商可以选择将取得的款项转换成支票寄到指定的处所、转入其个人的信用卡账户或者转入另一银行账户。

最后PayPal从进口商的角度考虑问题，若进口商有任何不满意都可以提出争议，则出口商无法拿到货款。因此PayPal支付也具有一定的风险。

汇付结算具有手续简单、费用低廉的优点。因此除了预付货款、货到付款、使用第三方支付平台付款外，汇付还应用于小额交易的货款、分期付款、定金以及货款尾数、佣金、运费、保险费、样品费等贸易从属费用的支付。另外，在非贸易结算的支付中，汇付方式也是最常见的。

第四章 托收

【教学目的和要求】

- 掌握托收的概念、种类、特点
- 了解托收的当事人、程序、风险控制
- 全面认识托收项下的资金融通

【案例导读】

某年2月，我国A公司与英国B公司签订出口合同，支付方式为D/P 120 Days After Sight。中国C银行将单据寄出后，直到8月尚未收到款项，遂应A公司要求指示英国D代收行退单，但到D代收行回电才得知单据已凭进口商B公司承兑放单，虽经多方努力，但进口商B公司以种种理由不付款，进出口商之间交涉无果。后中国C银行一再强调是英国D代收行错误放单造成出口商钱货损失，要求D代收行付款，D代收行对中国C银行的催收拒不答复。10月25日，D代收行告知中国C银行进口商已宣布破产，并随附法院破产通知书，致使出口商钱货两空。出口商如何防范此类风险发生？

第一节 托收概述

一、托收的含义

托收（collection）即委托收款，是指委托人（principal）或债权人（出口商）为向债务人收取款项，出具债权凭证（票据）委托银行代为收款的一种结算方式。

根据贸易合同规定，卖方在装货后为了向国外买方收取货款，按发票货值开出汇票，或随发票及其他货运单据，委托当地银行向买方所在地的有关银行要求买方按期按额付款。国际商会第 522 号出版物《托收统一规则》（URC522）第 2 条对托收的定义是：托收意指银行根据所收到的指示，处理金融单据或商业单据。其目的是取得付款和承兑，或者凭付款和承兑交付单据，或者按其他条款和条件交单。所谓金融单据（financial documents）是指汇票、本票、支票或其他用于取得付款的类似凭证；商业单据（commercial documents）是指发票、运输单据、物权单据或其他类似单据，或者一切不属于金融单据的其他单据。

托收的基本做法：由出口商根据发票金额开出以进口商为付款人的汇票，向出口地银行提出托收申请，委托出口地银行（托收行）通过它在进口地的代理行或往来银行代向进口人收取货款。

二、托收的当事人

采用托收方式结算时，出口商按贸易合同要求发货，备齐单据后即开立汇票，委托一家出口地银行将汇票与单据向进口商提示请求付款。出口地银行接受委托后，再委托一家进口地银行向进口商交单。进口商付款后，进口地银行就将货款汇给出口地银行，出口地银行收款后，再付给出口商。因此托收方式中的主要当事人有以下 4 个：委托人、托收行、代收行、付款人。

（一）委托人

委托人（principal）是指开出汇票委托银行办理托收业务的人，亦即债权人、受益人、出票人（beneficiary，payee，drawer）、卖方。其责任主要受两个合同的约束：一是要履行与进口商签订的贸易合同的责任，二是要履行与托收行签订的委托代理合同的责任。

委托人在托收过程中应该承担以下责任。

1. 明确指示

银行接受的托收指示源于委托人的托收申请书。银行只是按托收指示和 URC522 规定办理托收业务。所以委托人的托收指示应力求明确具体。例如，委托人应详细写明付款人或提示所在地的完整地址，如该地址不完整或不准确，代收行可尽力查明其确切地址，但对此不承担任何责任。代收行对因托收指示中提供的地址不完整或不准确所造成的延误不承担责任。

2. 及时指示

委托人在接到银行有关拒付或发生意外情况的通知时，应及时指示银行有关单据的处理办法。根据 URC522 第 26 条规定，若代收行发出拒付通知后 60 天内仍未收到此项指示，则代收行可将单据退回给托收行，由此而产生的一切损失由委托人自行负责。

3. 负担费用

委托人应负担受托银行办理托收的手续费和代垫的各项费用和开支，如仓租、保险费、通信费和做成拒绝证书等费用，除付款人支付的以外。即使委托人没有收到托收款项，委托人也应支付这些费用。URC522 第 11 条规定，银行为了执行委托人的指示而使用另一银行或其他银行的服务时，其费用和风险由委托人承担。而且代收行保留向托收行要求预付手续费及费用以支付其执行托收指示而产生的费用的权利，代收行在收到这些预付手续费及费用以前保留不执行指示的权利。即委托人可能要预付代收行为执行其安排交货的指示所应支付的大笔费用，如进口关税和运费。

（二）托收行

托收行（remitting bank）又称委托行，它一方面接受委托人的委托代收款项，另一方面又委托国外联行或代理行向债务人收款。托收行一般是委托人的开户行。

托收行在托收过程中应该承担以下责任。

1. 执行委托人的指示

托收行与委托人之间是委托代理关系，作为代理人，托收行必须按委托人的指示办事，具体体现为严格按照委托人的托收申请书缮制托收指示书。当然，若委托人的指示不完整不明确或难以照办，托收行可要求委托人修改托收申请书。例如，付款人或提示所在地的地址不详，托收行可要求委托人清楚载明完整地址。托收行将单据等寄给代收行时必须附上列明指示的"托收委托书"，因此对于托收行来说必须使"托收委托书"的内容与委托人的"托收申请书"的内容严格一致。

2. 核实单据

托收行必须核实所收到的单据种类、份数和托收申请书所列是否相符。至于单据内容与合同是否相符，银行对此没有审核义务。但在实务中，为了确保托收款项能顺利收回，托收行出于善意，也为了提高银行的竞争力，常常主动为出口商审单。托收审单的内容包括单据之间内容是否一致；单据是否符合习惯做法和要求；海运提单是否做成空白抬头和空白背书等。海运提单做成空白抬头和空白背书，加列付款人为被通知人，是为了在付款人拒付时货物的处理有通融的余地，如卖给新的买主，银行代为保管，卖给预备付款人等。如果是记名抬头和记名背书，当最终货物买主或提货人不是原进口商时，提货人不能合法地成为运输单据的收货人或持票人。航空运单、邮包收据等则必须有具体的收货人，以便运输，但为了避免收货后不付款，在征得代收行同意后，可以代收行为收货人。

3. 按惯例处理业务

凡是委托人在申请书中没有提出要求的方面，托收行应按惯例处理。如委托人未指定代收行，托收行可自行选择代收行。托收行向代收行寄送的托收单据应附有托收委托书，注明按 URC522 办理，并列明完整、明确的指示。

4. 承担过失损失

银行办理业务应谨慎从事，凡是应该做的而未做成或未做好，银行就有过失，应负过失责任。例如，托收行收到代收行发来的拒付通知后应立即通知委托人，未及时通知委托人并征求其指示，结果使货物未能及时处理而遭受损失，托收行就有过失责任。又如，托收行将单据寄给代收行寄错地址，属于托收行的过失。但对因寄送途中的延误、丢失、残缺以及翻译或解释上的错误所引起的后果，不承担义务和责任。

（三）代收行

代收行（collecting bank）是指接受托收行的委托向进口商收款的银行，可以是参与托收业务的除托收行外的任何银行，通常是托收行在进口商所在地的分支行或代理行。

代收行应该承担以下责任。

1. 对托收指示的处理

（1）代收行没有处理托收或执行托收指示或其后相关指示的义务。如代收行由于任何原因，决定不受理所收到的托收或相关指示，必须以电信方式或其他最快捷的方式通知托收行。如代收行同意代收，应按托收指示办理业务。如果托收指示不明确，代收行应征求托收行意见，不能擅自处理。若托收指示执行有困难，代收行可以不照办。例如，托收指示书要求代收行在货物到达后代为存仓，假如目的港仓库已满，难以租到仓位，代收行可以不执行这一指示。

（2）代收行仅依托收指示行事，将不从审核单据中获取托收指示。亦即，银行无义务从单据中寻找托收指示；任何托收单据中都不得载有托收指示，即便载有，银行也不予理会。例如，一笔托收业务的托收指示中未注明要求付款人应付利息，但托收票据中的汇票上却载有要求付款人支付有关利息的规定。对此，代收行对汇票上的该项规定将不予理会，即仅凭托收指示行事，而并不要求付款人支付利息。

除非托收指示中另有授权，银行对来自委托一方之外的任何一方的指示将不予理会。在有些国家和地区流行一种做法：托收单据由一家银行（如远东一家银行）寄往代收行，但该笔托收业务由另一家银行（如美国一家银行）监控，代收行收到的托收指示和询问也来自后者，即美国银行。这种做法给托收业务带来混乱。所以 URC522 首次明确规定，除非托收指示另有授权，且代收行／提示行也同意照办，否则代收行／提示行仅对寄发托收指示的一方负责，无义务执行、答复其他各方的指示或询问。但应指出，上述规定并不排除代收行执行经委托人适当授权的"需要时的代理"所发出的指示。

2. 对单据的处理

代收行处理单据的权责主要有以下几项。

（1）代制单据：有时托收行指示由代收行或付款人代制托收中未包括的单据。例如，委托人 / 托收行可能要求凭付款人出具的本票或信托收据交付商业单据。此时，如委托人 / 托收行收到该种单据后发现与其要求不符，则可能为时已晚，以至于无法再改正或替换单据，便指示代收行代制。有鉴于此，URC522 首次规定：当托收行指示由代收行或付款人缮制代收中未包括的单据（如汇票、本票、信托收据、承诺函或其他单据）时，托收行须提供此类单据的式样及用词，否则代收行对由其或付款人自行制作提供的任何此类单据的式样及用词不负责任。

（2）确认所收到的单据与托收指示书所列的是否一致。如果单据缺少或与托收指示书所列的不一致，应毫不迟延地用电讯或其他快捷方式通知托收行。在这方面，没有其他义务。代收行只按单据收到时的原样提示，可以按惯常或根据托收业务需要，做任何必要的背书、加盖橡皮印章或做其他识别标记或者符号，但对单据不加审核。URC522 第 12 条规定：银行对单据的有效性免责，即对单据的形式、完整性、准确性、真实性或法律效力，或对单据上规定的或附加的一般或特殊条件不负责；对单据所代表的货物的描述、数量、重量、质量、状况、包装、交货、价值或存在，或对货物的发货人、承运人、运输行、收货人或保险承保人或其他任何人的诚信、行为或失职、偿付能力、履行能力也不负责。这一规定也适用于托收行。之所以这样规定，是因为银行在托收业务中只是处于代办地位，银行不参加货物交易，不了解货物情况，也不具备货物交易的专门知识，所以对任何单据所代表之货物的准确性及单据出单人的资信等概不负责。

（3）对货物的处理

银行在托收业务中只处理单据，而与货物或买卖合同无关。银行既不是承运代理人，也不是仓库保管员，发货人若将货物直接运交代收行，或以代收行或其指定的人为收货人，必须事先征得代收行同意。如果事先没有征得代收行同意，代收行没有提货的义务，货物的风险及责任由发货人承担。对于跟单项下的货物（包括其存仓和保险），即使做了托收指示，代收行亦无义务采取任何行动。只有在代收行同意且在其同意的限度以内，银行才采取这样的行动。然而，倘若代收行为保护货物，不论是否得到指示就采取行动时，对于货物的处境、状况、受托保管及第三者的行动和疏漏不负责任。但代收行必须将所采取的行动立即通知托收行，所代垫的手续费和其他费用由托收委托方承担。有时代收行安排放货后，另一方可能声称货物错交，这样代收行安排放货所承担的风险已超过托收金额，由此引起的损失及开支也由托收委托方承担。

3. 无延误地付款

URC522 规定：除非另行协商同意，代收行必须将收到的款项付交托收行。

4. 通知代收情况

代收行应按托收指示书中规定的方式向托收行通知代收情况。如无明确的指示，代收行可自行选择通知方式，费用由托收行承担。代收行应无延误地向托收行寄交。

（1）承兑 / 付款通知：在付款通知中详列收妥的金额，扣减的手续费和支出或费用及处理款项的方法。

（2）拒绝付款或拒绝承兑通知：并说明拒付的理由。如果进口商收到代收通知书而不去银行验单，或验单后发现单据有误而拒绝付款或承兑的，或承兑后拿走单据提货，但到期不付款，都构成拒付。代收行确认进口商拒付后，根据托收指示书上的要求（如有此要求）办理拒绝证书，并无延误地对托收行做拒付通知。URC522 规定，代收行在发出此项通知 60 天以内仍未收到托收行有关单据处理方面指示，可将单据退回托收行而不负任何责任。

（四）付款人

付款人（Payer）是指进口商，是商务合同中的债务人，也称受票人。

托收指示书中应注明付款人采取行动（付款或承兑）的确切期限。如果付款人在规定期限内不采取行动，必须向提示行说明理由，否则便构成违约。但付款人有权按照贸易合同审核单据，如有不符合合同要求的，有权拒付。

托收方式中除了上述 4 个基本当事人之外，有时也可能出现以下几个其他当事人。

1. 提示行

提示行（presenting bank）是指向付款人提示提交单据的银行，也称交单行。一般情况下是由代收行充当。但是如果代收行与付款人无往来账户关系，但与付款人的往来银行有账户关系，代收行可以主动或根据付款人的请求，委托与代收行有账户关系的付款人的往来银行充当提示行。

2. 需要时的代理

如果付款人对代收行提示的汇票拒付（拒绝付款或拒绝承兑），当货物到达目的港后就可能会因无人照料而受损，为避免此种情况的发生，出口商可以在付款地事先指定一代理人，一旦发生拒付事件，由代理人代为料理货物存仓、投保、运回或转售等事宜。这一代理人称为"需要时的代理"（principal's representative in case of need）。一般出口商直接请代收行作为"需要时的代理"。

以上诸当事人中，委托人和托收银行的关系是委托代理关系，委托的内容、托收银行应负哪些责任和不负哪些责任是在申请书中说明的，凡未加说明的，银行将以常规来处理。

托收银行和代收银行也是委托代理关系，它们之间常有代理合同，规定双方代办的范围和一般的条款，例如偿付办法等。但具体涉及每笔业务，则要根据委托书来办理。在这里，它们：①对单据是否合格不负责任，即无审单的义务，特别是托收行，一般只看看单据的种类和份数是否与申请书中所列的一致就行了，对单据内容之间是否有矛盾、遗漏，承兑是否正确等一概不管。当然在实务中，对一些重要的方面也要检查一下，如提单是否是全套的，但这只属于银行提供的服务和协助，属道义上的，不是义务。②对于单据及其他通知函件在邮递途中的遗失或延误或电报、电传在传递中的错误、遗漏、延误等，也不负责。③对发生天灾、罢工、暴动等银行本身无法控制的情形，使银行营业中断造成损失的，不承担义务和责任。④对货物不负责，即对货物的损坏、霉烂、变质、被进口国没收等不负责任。⑤对付款人的拒付不负责。

至于委托人和付款人，则是纯粹的债权债务关系。

三、托收的国际惯例

处理托收业务的国际惯例主要指国际商会于 1996 年 1 月 1 日正式生效实施的《托收统一规则》。

1.《托收统一规则》的历史沿革

在国际结算中，各国银行在办理托收业务时，银行与委托人之间、托收行与代收行之间，往往由于当事人对权利、义务、责任的解释不同，或由于各自的传统习惯与做法不同，经常产生误解，从而引起争议和纠纷，甚至引发诉讼。为了避免矛盾，便于国际贸易和结算的发展，必须有一套统一的无歧义的惯例，因此，国际商会于 1958 年拟就一份《Uniform Rules for Collection of Commercial Paper》（商业单据托收统一规则），即国际商会第 192 号出版物，它为托收业务的形式和结构、程序和原则，以及统一的术语和定义奠定了规范的模式。1967 年，国际商会第 254 号出版物公布了这一规则，在国际上被普遍采用和遵守。

此后根据国际贸易的新的变化，以及托收单据在实践中既有商业性质，也有纯资金性质的情况，国际商会于1978年对该规则进行修订补充，并更名为《托收统一规则》（Uniform Rules for Collection），即国际商会第322号出版物，并于1979年正式生效。世界上大多数国家的银行都采用此规则，使之成为国际经贸中的惯例。

国际商会的最基本任务就是对国际贸易各个领域的惯例进行不断的评审，1993年3月，国际商会又一次修订了该规则，而后国际商会组织国际上的有关专家工作反复修改两年多，六易其稿完成修订本，即现行版本的《托收统一规则》（URC522），于1995年4月公布，并于1996年1月1日正式生效与实施。

2.《托收统一规则》的适用范围

只有在托收当事人，特别是银行之间事先约定的情况下，托收统一规则才适用。托收指示书中必须注明该托收按托收统一规则办理，并作出完全而又准确的指示。银行仅被允许根据托收指示书及此规则办理。如果托收指示书有与《托收统一规则》相抵触的地方，应该按托收指示书办理。因为《托收统一规则》是国际惯例，托收指示书才是确定有关当事人权利和义务的法律依据。所以只有在托收指示书中不清楚或不全面时，《托收统一规则》才能被参照使用，发挥其对当事人的约束力。如果《托收统一规则》中的条款，与一国、一州的有关法律或法规相抵触之时，也以该国、该州的法律法规为准。所以，出口商采取托收方式时，在正确使用《托收统一规则》的同时，还应谨慎从事。

3.《托收统一规则》项下的直接托收

所谓直接托收（direct collection）是委托人将从托收行获取载有银行预先编号的托收表格（collection form）作为托收指示的基础，直接将托收单据及已填妥的托收表格寄给代收行，同时将已填妥的托收表格的副本送交托收行，告知托收行他已将单据直接寄给代收行，并载明以下事项。

（1）该笔托收适用于URC522规定。

（2）代收行将直接托收项下由委托人直接寄送的单据视同由托收行寄出的单据，即直接托收视同完全由寄单行处理的正常托收业务。

直接托收项下，由于委托人将托收单据自代收行，由此加速了日常文书工作进度。国际商会第550号出版物《URC522评注》（1995年10月版）明确指出，URC522适用于直接托收。

第二节 托收的种类与流程

一、托收的种类

托收的分类主要根据是否向附带商业单据来划分，可分为光票托收和跟单托收两类。

（一）光票托收

光票托收（clean collection）是指仅凭金融单据而不附带商业单据的托收，又被称为资金单据托收、金融单据托收、票据托收，或非货运单据托收。

其中，金融单据是指汇票、本票、支票、付款收据及其他类似的单据；商业单据是指代表物权的货运单据。凡仅有金融单据而无货运单据或所附单据为非货运单据的托收都属于光票托收。由于没有代表物权凭证的运输单据，因此光票托收不涉及货权的转移或货物的处理，银行根据票据的付款条件收款，其业务处理比较简单。当出口商发货后，即开立汇票（光票）或连同发票等，委托银行向进口商收取货款。支票托收也属于光票托收的范畴，但由于各国间做法差异甚大，所以 URC522 没有就此另订有关条文。在欧洲一些国家之间的贸易，货物到达目的地的时间常早于单据到达的时间，这样就给进口商及时办理报关、提货等手续带来不便，还可能带来额外的费用支出。为了避免这种麻烦，这些国家之间的贸易多使用的不是代表货物所有权的货运单据，如空运运单、铁路运单、汽车运单、邮局收据等，这些货运单据不能背书转让，提货时也不以单据为条件，这就导致了大量采用光票托收的方式。也有些出口商在发货后，直接将汇票等寄给进口商，由进口商通过银行以汇付方式将货款汇给出口商。由于光票托收对出口商风险很大，出口商只有在确信进口商能遵守买卖合同和及时付款的条件下才能这样做，所以我国贸易界一般不提倡在收取贸易货款中使用这种方法。长期以来，我国贸易界采用光票托收一般只用于收取出口货款的尾数、样品费、佣金、代垫费用、其他贸易小额费用、进口索赔款以及非贸易等各个项目的收款。

（二）跟单托收

跟单托收（documentary collection）是指委托人开立汇票并附带货运单据委托银行向付款人收款的方式。

近年来，欧洲一些国家为减轻印花税的负担，对即期托收业务，可不使用汇票，委托银行收款时仅提供货运单据。但在远期业务中，汇票一般不能免除。因此，跟单托收中最实质的单据乃是运输单据。

简单地说，就是这样的一个过程：一个出口商为了向国外买方收取货款并能贷记其在往来银行的账户，可委托其银行代为处理这些业务。他可将全套单据交给他委托的银行并给银行相应的托收指示，委托银行再委托其在买方所在国的分行或代理行要求进口商付款。

银行受出口商的委托，通过其国外分行或代理行向进口商收取货款，这是银行的出口托收业务；银行受出口地银行的委托向进口商收取货款属银行的进口代收业务。

跟单托收中单据是非常重要的，根据向进口商交单条件的不同，跟单托收分为付款交单和承兑交单两种。

1. 付款交单

付款交单（documents against payment，D/P）指代收行在付款人付款后再向其交付货运单据，即交单以付款为前提条件。

按付款时间的不同，付款交单分为即期 D/P 和远期 D/P 两种情形。

（1）即期付款交单

即期付款交单（documents against payment at sight，D/P at sight）简称 D/P 即期，是指出口商发货后，开具即期汇票连同商业单据，通过银行向进口商提示，进口商见票后立即付款，进口商在付清货款后向银行领取商业单据。即期付款交单可以有也可没有汇票。在没有汇票时，发票上的金额即是托收的金额。采用这种方式，当代收行收到所有有关单据审核无误后，应立即向付款人提示，付款人见票后须马上付款，付清后方能赎单。

采用即期付款交单，原则上第一次提示单据时就要付款。按国际惯例，给进口商赎单的时间为

24 小时，以便进口商能在第一次提示单据后的下一个工作日内办理付款。但在实际业务中，进口商为减少风险，往往坚持货物到达后才予以付款，甚至有些国家法令规定，对 D/P 即期一律要等到货物到达后才能付款。

（2）远期付款交单

远期付款交单（documents against payment at … days after sight）简称 D/P 远期，指委托人或出口商开具远期汇票连同商业单据，通过托收行一并寄代收行，代收行收到指示后，向进口商提示，进口商审单后立即签字承兑，代收行收回汇票并掌控货运单据，待汇票到期时再向进口商提示付款，在收到货款后将单据交给进口商。

采用这种方式时，卖方须开具远期汇票，代收行到汇票和货运单据后向付款人提示，付款人审核无误签字承兑，汇票到期时再付款赎单。

由于付款后才交出货运单据，若汇票遭拒付，出口方对货物仍有所有权，所以风险较小，有利于出口方。

在付款交单中经常发生两个问题：一是对"见票"的理解。国外商人往往认为托收是出口商给予进口商的一种商业信用，目的在于使进口商不必长时期地垫付资金，因此不论即期和远期，见票应在货到以后，即货到见票。这种解释对出口商是非常不利的，也缺少理论上的根据。因为从票据法的角度看，at sight、on demand、on presentation 是"即期"的同义语，分别含有"付款人见到汇票时""应持票人的要求后"和"一经提示"之意，所以什么时候提示，取决于持票人，付款人无权决定持票人应在什么时候提示汇票，这本来没有什么好争辩的，但有些国家强调要按它们的当地要求，货物到达目的地后再见票，银行在货到以前不能向付款人提示，以拖延付款时间。这个"习惯"甚至成为合同中的一个条款。如果经了解进口地确有货到见票的习惯，倒不如把途中的运输时间匡算在内，改为出票后若干天付款。二是远期付款交单问题。远期付款交单是先承兑后付款，其目的是给付款人准备资金的时间，但由于承兑后又不交付单据，作用不大，故欧洲大陆国家的不少银行至今仍声称不做远期付款交单，有的则按即期处理；而拉美国家的银行，则把远期付款交单按承兑交单处理。因为出口商同意远期付款交单，本是给予进口商的资金融通的一种方式，如果付款期限长，运输期限短，货到以后进口商因为没有付款不能提货，也没法出售（使用）货物，虽然期限长，但进口商并没有什么好处。他虽可以用担保提货，但已失去了他原来要求的期限较长的本意。所以，实务中使用即期付款交单的多。国际商会在《托收统一规则》中，对这种情况做了规定，即当托收为付款交单时，不应含远期付款的汇票。这样就可避免远期付款交单时，受票人在货物抵港后无法提货而不得不支付保险费、仓储费，而用提货担保又会使代收行承担付款人不付款赎单、货物又被提走的风险。同时还规定，"如托收包括一张远期付款的汇票，托收委托书上注明是付款交单，单据只能在付款后放行，而代收行将不对由于交单延误而产生的任何后果负责"。

2. 承兑交单

承兑交单（documents against acceptance，D/A）是指出口商的交单是以进口商在汇票上承兑为条件。即出口商在装运货物后出具远期汇票，连同商业单据，通过银行向进口商提示，进口商承兑汇票后，代收行即将商业单据交给进口商，在汇票到期时，方履行付款义务。

出口商对这种方式，一般采取慎重态度。

在承兑交单下，只使用远期汇票，付款期限通常为 30～180 天。这种方式对买方是十分有利的，因为他只需承兑就能得到货权凭证去提货，不必先行垫款或筹资，如期限在180天，即可以做无本生意，就是可在货物销售后以货款来清偿汇票之款。但卖方的风险相对大一些，买方提货后若拒付，则钱货两空。虽然卖方可凭买方的承兑汇票起诉，但在国外诉讼，费时费钱，而且有时付款人已倒闭破产无力偿付，所以收效不大。因此对资信不好或不了解的客户一般不宜采用此方式。

对出口商来说，即期付款交单最好，其次是远期付款交单，再次是承兑交单。

二、跟单托收的流程

跟单托收的业务流程如图4-1所示。

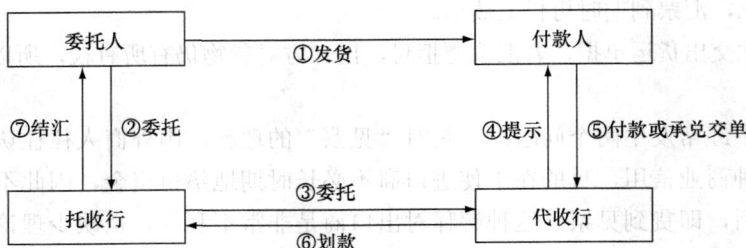

图4-1 跟单托收的业务流程

（一）委托人将单据交托收行，委托银行收款

出口商在要求银行办理跟单托收时，应给托收行完整明确的指示，以便托收行按出口商的指示提供正确的服务。具体的指示反映在出口商填具的出口指示中（以前称申请书）。因此，卖方按双方签订的合同发货并取得货运单据后，应将汇票、单据及托收申请书一同提交托收行，这是首要的步骤。托收委托书样本，如图4-2所示。托收指示主要项目有以下几项。

（1）远期汇票附有单据时，应明确交单的条件，是付款交单还是承兑交单。如无具体指示，代收行一律按付款交单处理。

（2）票款收妥后的汇交办法。

（3）付款人拒付时，是否和应在何种情况下做成拒绝证书，或采取其他能代替拒绝证书的办法，例如有的用航邮或电传通知托收行即可。

（4）银行办理托收所收取的费用由委托人还是付款人支付，或者是由双方共同负担，即谁的地方发生的费用由谁来负担，是否可免除。

（5）一旦发生违约和延期付款时，需要时代理的全称和详细地址以及其确切的权限。因需要时代理的权限有大有小，可以是仅仅关心情况的进展，也可以是有权提取和处理货物。

（6）代收行应采取何种措施来保护货物，特别是在发生拒付和拒绝承兑时，是否要求代收行把货物存仓、投保火险以及偷窃、雨淋损坏方面的险种。这也是有说道的，假如出口商在申请书中要求银行在货物到达目的港时代为办理存仓，若目的港仓库拥挤，无法存入仓库，或者因货物性质特殊，仓库拒收，代收行可以不执行这一命令，但应及时通知托收行转告委托人另做指示。

（7）付款交单方式下是否准许付款人按比例分次付款、分次提货，以便利进口商的资金周转。

（8）逾期付款是否可以加收罚息；提前付款是否可以给予贴息。

托收指示中有的还有一项是银行的免责条款。出票人在签具申请书时就表示了对该项条款的同意。这是国际商会在托收统一规则中规定的。

中国建设银行
China Construction Bank

出口托收委托书

致：中国建设银行股份有限公司_____行：

兹随附下列出口托收单据一套，请按国际商会《托收统一规则》（第 522 号出版物）办理托收业务

代收行（若空白，由贵行选择）：	委托人：
付款人：	托收金额：USD1,000,000.00

发票号码：						核销单编号：						
单据	汇票	发票	海运提单	空运提单	保险单	装箱单	产地证	G.S.P FORM A	检验/分析证	受益人证 明	装船通知	
份数												

委托事项：请依照下列标有"×"的内容

☒ 请贵行要求代收行：　□付款交单（D/P）　□承兑交单（D/A）　DAYS　□

□ 上述托收款项收妥后：
　　□请结汇划至开户行：_____ 账号：_____
　　□请原币划至开户行：_____ 账号：_____

□请贵行对上述单据办理出口托收贷款，出口托收贷款金额_____，比例为托收金额的_____%。
　　□愿与贵行签订本笔使用的出口托收项下《出口托收贷款合同》。
　　□请支用我公司与贵行签订的编号为_____字第____号《贸易融资额度合同》项下的出口托收贷款额度。

　　请贵行将出口托收贷款款项：
　　□结汇划至开户行：_____ 账号：_____
　　□原币划至开户行：_____ 账号：_____

□贵行费用由我公司承担。

□贵行费用由付款人承担　□可放弃　□不可放弃

□请贵行通知我公司汇票到期日。

□若付款人拒绝付款/承兑，请立即通知我公司并说明原因。

□寄单方式：□DHL　□EMS　□快邮　□航邮　□

□其他：

公司公章
　　　　年　　月　　日

公司联系人：	联系电话：

银行签收人：	签收日期：
银行复审记录：	

图 4-2　出口托收委托书

（二）托收行审查，制作托收委托书寄给代收行

1. 审查托收指示和单据

托收行接到委托人提交的托收指示和单据后，首先应审查托收指示中所记载的条款是否明确，

项目是否齐全，然后要对所附的单据进行审核。根据托收统一规则，托收行只是处于代理人的地位，对货物并无权益可言，只要核实所收到的单据与申请书上所列的相符即可。但银行具有道义上的义务提请客户注意单据上的差错及单据之间的矛盾之处，这是银行为客户提供良好服务所必需的，所以银行要对单据进行审核，以提出哪些能引起延误货物清关、发生滞期费或者造成付款长期延误等。但这与信用证业务项下的审单在程度上是不同的。托收行在审单时，也应遵循单单一致的原则，并以商业发票为中心来进行尤其是以下几点应是重点审核的。

① 汇票的开立是否正确。

② 有关单据的背书是否正确。

③ 是否提交了全套正本提单。

④ 当提单的收货人是代收行或代收行的指定人时，托收行应提醒委托人由于代收行不肯提货而有可能引起的损失，或因交货而发生的费用和损失均由委托人自己承担，银行不承担任何费用和开支。银行同意办理后，应将申请书的一联作为回执退给委托人。

2. 选择合适的代收行

代收行可由委托人在托收指示中指定，如不指定，托收行有权自行决定，一般都是托收行在付款地的联行、代理行或账户行。若委托人所指定的代收行资信不详，托收行可选择对方同城所在地的代理行、联行作为代收行。

3. 填制托收委托书并寄给代收行

托收行对托收指示及所附单据审核无误后，按出口商托收指示的内容，缮制对代收行的托收委托书。内容与托收指示差不多。委托书中的付款人名称须详细、准确，以便代收行顺利进行提示，并要说明收妥款项时应如何汇交托收行，一般是根据托收行与代收行是否开立账户以不同的方式办理。

若双方有账户关系，可要求代收行贷记我账或授权我借记代收行的账户，文字可这样：Upon collection，please authorize us to debit your account by airmail/cable quoting our Ref. NO…或Upon collection，please credit the proceeds to our account with you under airmail/cable advice to us quoting our Ref. No…

若双方没有账户关系，可请代收行将款汇交我海外联行或其他账户行收账：Upon collection，please remit the proceeds by airmail/cable to－for credit our account with them under airmail/cable advice to us quoting our per. No…

《托收统一规则》规定，委托书上虽有"代收行的费用由付款人负责"的批注，但代收行在付款人拒付时费用仍可在货款中扣除，除非表明不能放弃，所以委托书上要表示这一点：…such charges or/and expense may not be wavied.

另外，允许分批付款、分批提货及逾期罚款和提前贴息也均应在委托书中说明：Merchandise may be partial released against partial payment；及please collect delay interest at current rate prevailing at your location in case of delay in taking up document，Discount at the rate of …p. a is allowed On payment effected before the due date of the draft. 同时要注明各种单据的份数，最后由托收行的有权签字人签字。

以上工作应在接受委托的一个工作日，最迟不超过两个工作日内办完。委托书都是多联，其中两联附正副单据，分两次寄给代收行。

（三）代收行审查托收委托书并向付款人提示

代收行收到托收行寄来的托收委托书后，应核对所附单据与委托书上所列的名称和份数是否相符，所列项目和指示是否明确，能否办理，交款条件是 D/A 还是 D/P。审核无误后，编号登记并做成代收通知书，然后向付款人提示。

（四）付款人付款

1. 即期 D/P

按国际上的做法，银行将汇票连同代收通知书交给付款人，即进行提示，要求立即付款，付款人付清汇票金额及其他费用，代收行即可将全套单据及付讫汇票交给付款人凭以提货。若付款人不付或要求修改付款方式、延期、减价等时，代收行无权强行要求付款，但可要求进口商说明理由并及时告知托收行。

2. 远期 D/A

同即期 D/P 一样，将汇票连同通知书交给付款人，要求承兑。承兑时要在汇票的正面加盖"承兑"章，注明承兑日期及到期日并签字。付款人承兑后即可取得单据去提货。汇票退给代收行，以便到期日向付款人提示付款。代收行还应将承兑日期通知给托收行。进口商即付款人在承兑前可要求验看单据，若不符合要求可拒绝承兑，代收行在得到理由后告知托收行。委托人要求做拒绝证书的，应办理这方面的手续，其费用由委托人负担。

3. 远期 D/P

若有汇票，先要求付款人承兑，但要在到期日后才能领单提货。

代收行在付款人付款时应注意以下几点。

① 所收的货币必须是托收单据上的货币。

② 除非托收行特别授权，否则不能接受部分付款，应在托收款全部付清后才能交付单据。

③ 如托收指示中含有加收利息的指示，但汇票上未记载利息条款，代收行可不收利息而交单，除非托收指示中表明不能放弃利息，如汇票上载明了利息条款，则应视利息是托收款的构成部分。

④ 如托收指示中含有一切费用由付款人负担条款而付款人拒付时，代收行可免收费用，而把应收的费用在收妥的托收款内扣除，除非托收指示中明确了不能放弃。

（五）代收行向托收行发收妥通知

代收行收讫票款及费用后，应按托收行的指示的手续费交托收行。扣除代收行的手续费交托收行。

（六）托收行收到收妥通知后，应告知委托人即出口商，并将款项记入委托人的账户

银行在办理托收时，托收行和代收行还要分别注意以下几个问题。

（1）托收行在将托收委托书和跟单汇票寄交代收行后，应有回单即一联通知书寄来，以告知是否收妥。对超过 10 天以上的未收款项，或只有付款通知而实际过期款未到的，应向代收行查询，并记录在案，以积累资料。

（2）托收行对来自代收行的各种通知，如拒付、拒绝承兑、改变交单条件或其他要求的，应及时（一个工作日内）通知委托人，由委托人决定采取必要的措施，若代收行发出拒付或拒绝承兑通知后 60 天未接到托收行的进一步指示，可以退单。因此，托收行和委托人要配合，及时处理。

（3）如付款人提出拒付或拒绝承兑等，代收行应要求付款人提出具体理由，并及时将情况通知托收行。如需做成拒绝证书的，应督促付款人办理。对延付、减价、改变支付条件等超越委托书条件的，要在托收行同意后才能办理。

（4）如货物运输单据提前到达，代收行可按托收行的指示办理存仓、保险，并通知托收行。也可不执行这方面的指示。对货物的处理代收行一般不负责任。

（5）代收行根据托收行的指示或自行决定同意进口商凭信托收据提货。信托收据（trust receipt）是客户向银行提供的一种书面担保。说明物权归银行所有，客户以受托人的身份代办提货。这是银行为进口商提供的融资便利，因为付款人是在款未付清时提了货。这种收据既是将货物抵押于银行的确认，也是客户为取得单据而出具的一种保证，客户保证如下。

① 以银行名义办理货物存仓，或

② 以银行名义办理货物的加工并将货物归还仓库存仓，或

③ 安排出售货物，并在约定的时期将收入付给银行，不做任何扣除。

银行之所以给予这种便利，是因为上述方式能使银行在客户一旦清理或破产时保有抵押品。付款人出售货物后以货款还代收行，换回信托收据。

第三节　托收结算的风险控制

一、托收方式的特点

1. 比汇款结算方式安全

与汇款结算相比，付款及交单方式的变化，使得托收中进出口双方的安全性均有提高。出口商可通过控制货权单据来控制货物，以交付货权单据代表交货，而交单又以进口商付款或承兑为条件，因此出口商一般不会受到"银货两空"的损失，比货到付款和赊销安全。对进口商来说只要付了款或进行了承兑，即可得到货权单据，从而得到货物，比预付货款安全。因此，无论是对进口商还是对出口商，跟单托收比汇款都要安全。

2. 结算基础仍是商业信用

尽管跟单托收中进出口双方的安全性均有提高，但他们仍面临着一定风险。出口商能否按期收回货款，完全取决于进口商的资信，如果进口商不付款、不承兑、承兑后破产、无力支付，或故意拖延支付，则出口商就收不到货款，或不可能按期收到货款。当然进口商也面临着一定风险，即他付款或承兑后，凭单提取的货物可能与单据、合同不符。

之所以存在以上风险，是因为跟单托收的信用基础仍是商业信用，进出口双方能否取得合同规定的货款或按期收到规定货物分别取决于对方的资信。托收中的银行只是一般的代理人，他们对托收过程中遇到的一切风险、费用和意外事故等不承担任何责任。

3. 资金负担仍不平衡但可融资

托收的资金负担仍不平衡，但比汇款结算有所改善并可融资。托收结算方式中，出口商的资金负担较重，在进口商付款之前，货物的资金占用主要由出口商来承担，进口商基本不负担资金。但是出口商有货权单据，他可以通过出口押汇从银行融通资金，因而可在一定程度上减轻资金负担的压力。不仅出口商可以从银行融资，而且进口商也可以通过信托收据和担保提货向银行融资。

4. 比汇款的手续稍多、费用稍高，属于逆汇

托收与汇款结算都属于简单、迅速的结算方式。但比汇款流程稍复杂，手续稍多一点，费用稍

高一些。但与信用证结算相比，结算程序简便、成本费用较低。托收结算工具的传递方向与资金流动方向相反，因此属于逆汇。

从以上特点可以看出，跟单托收也是一种相对有利于进口商而不利于出口商的结算方式。

二、跟单托收的风险及其防范

对于各有关银行而言，在托收业务中只是提供中介服务，并未做出非收妥不可或非付款不可的保证。但是在托收业务中提供融资服务时，就有可能面临进出口商的信用风险。

（一）跟单托收中出口商的风险及其防范

1. 出口商面临的风险

托收属于商业信用，出口商发货后能否按期收回货款，主要取决于进口商的资信。相对于进口商而言，出口商面临的风险更大。

（1）来自进口商的信用风险。一是发货后进口地货价下跌或销售情况不好，进口商可能挑剔单据或借故毁约、拒付；二是进口商破产或倒闭而无力支付货款，或承兑交单提货后倒闭丧失偿还能力。

（2）来自进口国的风险。货物到达进口国时，因政治或经济原因，进口商尚未领到进口许可证，或尚未申请到进口所需的外汇，或海关法规变化，以致货物到达进口地后无法进口，或不能付款。

（3）来自代收行的资信风险。代收行收到货款后，不及时将货款划拨给托收行，一旦倒闭，出口商无法收回货款。或代收行与进口商相互勾结，提货后不付款，使出口商蒙受损失。

（4）来自汇率变动的风险。如用外汇结算，还会遭受由于汇率波动所产生的汇率风险。

2. 出口商风险的防范

从出口商角度而言，为了防范托收方式的风险，减少坏账损失，出口商在选用托收作为收汇方式时，应注意以下几个方面。

（1）加强对进口商资信的调查。采用托收方式是出口商出于对进口商的信任，带有对进口商融资的性质，因此在做出口托收时，出口商应事先详细调查进口商的资信。出口商一般只在进口商资信较好时才使用托收方式结算。

（2）掌握好授信额度。在采用托收方式时，出口商应根据进口商的资信状况为其确定一个授信额度，并将托收金额控制在该额度内。

（3）掌握好交单条件。出口商应注意交单条件的确定，如果可能的话，尽量采用即期付款交单方式。如果一定要采用远期付款交单和承兑交单，应对期限加以限制，付款期限不宜过长，一般掌握在不超过从出口地到进口地的运输时间。尽量避免使用承兑交单。

（4）选择好价格条款。根据交货方式不同，国际商会在 2010 年出版的《国际贸易术语解释通则》中介绍了 11 种价格术语，交货方式可分为实际交付和象征性交付。象征性交付是指出口商不是直接将货物交给进口商，而是只要将货物交承运人托运并向进口商出示货权单据，后者就必须付款。采用这种交货方式时，出口商交货与进口商付款（收货）不同时发生，转移货权以单据为媒介，CIF、CFR 就是这类交货条件，采用这类交易条件时，一般宜于采用托收方式。因此，最适合采用跟单托收的价格术语就是 CIF。

（5）了解进口国家的有关规定及法律和惯例。出口商应了解进口国家的有关贸易法令、外汇管理条例等，如进口许可证、外汇支付限制等方面的内容。如果进口国贸易、金融管制严格，也会影响出口商收款。URC522第11条指出，一方委托另一方提供服务时，应受外国法律和惯例规定的义务和责任的约束，并对受托方承担该项义务和责任赔偿之责。即出口商必须受进口国的法律和惯例的约束。例如，北欧和拉丁美洲的许多国家往往有"货到地头死"的习惯，货进公仓后60天内无人提取即允许公开拍卖，因此出口商应掌握好发货时间，使之不至于在付款日前过早到达进口国。

（6）事先找好代理人。在跟单托收业务中，如果发生拒付，出口商可以指定一个在货物目的港的人办理存仓、保险、转售或运回等事宜，这个人称为需要时的代理人，他可以是与出口商关系较好的客户，也可以是代收行。代理人的名称和权限须在托收委托书中列明。

（7）注意办理保险。在采用托收方式时，出口商应争取以CIF价格条件成交，由出口商办理货物运输保险，万一货物在运输途中出险，可以从保险公司得到赔偿。

（8）注意选择代收行。代收行的选择也有助于货款的促收。一般遵循托收行的联行、账户行、一般代理行的优选原则。

（9）认真履行贸易合同。出口商认真履行贸易合同，让进口商无可挑剔也有利于顺利收回货款。因此，出口商所交货物必须与合同规定一致，单据之间也要与合同一致。

（二）跟单托收中进口商的风险及其防范

1. 进口商面临的风险

跟单托收中，进口商面临的风险主要是付款提货后发现货物是次货或假货。此时，退货已经不可能了，只能通过跨国诉讼要求赔偿。

2. 进口商风险的防范

（1）慎重选择贸易伙伴。必须事先对出口商的资信、经营作风有深入全面的了解。

（2）对进口货物的销售趋势和市价趋势要进行预测和了解。从订立贸易合同起到收到货物至这一周期可能会很长，这一期间国内市场形势的变化直接影响进口商的收益。如果货物价格下跌，可能会使进口商预期利润全部消失，甚至于亏本。

（3）严格审单。单据与合同、单据与单据必须严格一致才能接受单据。

（4）订立贸易合同时视对方的资信、财力，以及进口货物的市场销售预测形势而选择对己有利的交单条件和价格条件。尽可能争取FOB价格成交。

（三）托收中银行的风险防范

从银行角度而言，托收方式的风险防范应着重于以下几个方面。

（1）严格按照委托人的托收申请书各项要求办理。如果办不到，即立即无延误地向前手或委托人提出，再根据委托人的书面答复重新考虑。不能自作主张，擅自改变委托人的委托要求，否则后果自负。对于特别批注条款更应小心谨慎，看清看懂，不能想当然。

（2）虽然在托收业务项下银行并无付款承诺，但银行可能由于自身工作的疏忽、迟误，甚至执行不当，而造成损失和责任。因此，在办理托收业务时，必须争取时效，加强复核及业务全过程的监管。

（3）托收项下的融资对银行的风险最大，而且要比信用证项下的打包放款、出口押汇等融资风险大得多，银行在做这类业务时应格外小心谨慎。关于提供融资时应注意的风险防范事项，前面在托收项下的融资问题中已有叙述。再次强调，作为托收行，只有对出口商的资信情况了解清楚并认为满意时，才为其提供出口托收的融资便利。作为代收行，要根据进口商的资信决定是否接受其提交的信托收据，在借出单据后，应加强对货物存仓、保险、出售、收款，直到赎回信托收据的一系列的监控手段，绝不能放任自流，以免造成货、款两空的后果。

本章小结

- 托收是委托收款的简称。托收是指债权人为向债务人收取款项，出具债权凭证（票据）委托银行代为收款的一种结算方式。根据贸易合同规定，卖方在装货后为了向国外买方收取货款，按发票货值开出汇票，或随发票及其他货运单据，委托当地银行向买方所在地的有关银行要求买方按期按额付款。

- 托收分为光票托收和跟单托收。光票托收是指不附带商业单据的金融单据的托收。跟单托收是指委托人开立汇票并附带货运单据委托银行向付款人收款的方式。

- 跟单托收根据向进口商交单条件的不同，跟单托收分为付款交单和承兑交单两种。

- 托收方式的特点包括出口商收款风险较大，出口商资金负担较重，结算简单、迅速，费用较低等。

基本概念

托收　跟单托收　光票托收　付款交单　承兑交单

复习思考题

1. 分析跟单托收的特点。
2. 比较托收与汇付的区别。
3. 为什么在实务中使用即期付款交单的较多呢？
4. 作为出口商如何应对托收方式带来的风险？

拓展阅读

案例 4-1　D/P AT SIGHT 的风险防范分析案例

案例介绍：

2004年5月，D公司开始与一美商开展贸易活动，并在6月成交一笔生意。美商进口一个20英尺货柜的台面板，条款为L/C AT SIGHT。现在美商对该期货物质量反映良好，并发函预订另一20英尺货柜的台面板，条件为D/P　AT　SIGHT，原因是做D/P比做L/C省钱。D公司因历来没做过D/P　AT

SIGHT，怕有风险。那么，有哪些预防措施可以防患于未然？

案例分析：

（1）D/P AT SIGHT与L/C AT SIGHT相比，缺少了银行信用的重要保证，银行虽参与其间，但只是提供服务，并无非收妥货款不可的保证，这对委托人（出口商）而言，是致命的弱点。因此，在D/P AT SIGHT结算方式中，付款人的信誉是最重要的，只有对付款人进行充分调查，认定付款人信誉可靠的基础上，才能以D/P AT SIGHT结算。在结算过程中委托人还应注意以下几个问题。

① 与买方签订合同时，对于结算方式、单据名称、详细分类及份数、托收费用由谁负责等条款必须清楚注明。

② 在委托银行办理托收时，未经银行事先同意，货物不能直接发至银行，也不做成以银行为收货人的记名提单。根据《托收统一规则》（《URC522》），倘若货物直接发至银行，或者做成以银行为收货人的记名提单，然后由银行凭以付款或承兑或其他条件，将货物交给付款人，而没有事先征得该银行的同意，则银行没有提货的义务，货物的风险和责任由发货人承担。

③ 委托人到银行办理托收时，在托收申请书上必须清楚地表明付款人名称、地址，开户行名称、地址，尽可能详细，避免出现代收行找不到付款人的现象。

④ 委托人可以在托收委托书上标明如遇拒付时应采取的必要措施，例如要求做成拒绝证书、货物抵港时要求代收行办理存仓保险等工作。如果国外银行声明不办理，那么当委托人遭拒付时，代收行就应设法代办，并将办妥结果告知托收行。

（2）考虑与其他支付方式相结合。由于进口商的信誉可能有问题，货物到达目的地后他不去银行赎单，趁机要求降价或因为市场变化，拒收货物，那么，出口商就要在当地贱卖或将货物退运回来。在本案例中，进口商出现拒收货物的可能性很小，因为台面板是一个通用产品，市场变化应该不会起伏很大，因此案例的最大风险是进口商可能要求降价。当然，这种分析是基于遇到不良商人的情况。

如果要增加出口保险系数，就只能同其他支付方式相结合，如可以要求客人先以T/T方式部分预付货款，余额做D/P，这样一来，既可以节省银行费用，又可以降低风险。因为，要市场不出现剧烈变动，客人一般不会宁可损失预付款而不去银行赎单的。

（3）在细节上加强把握。

① 选择较有信誉的客户。

② 在出提单时一定要出以"TO SHIPPER'S ORDER"或"TO ORDER"为抬头的提单。

③ 千万不要在市价走低时采用。

④ 考虑在以CIF或CIP成交时，投保"卖方出口收汇险"，增加风险防范手段。

⑤ 采用非CIF或CIP成交时，最好不要采用D/P AT SIGHT结算，而改为装运前T/T结算。

案例4-2　承兑交单（D/A）项下产生的拖欠

案例介绍：

1999年春交会，广东某进出口公司（以下称广东公司）与埃及HUSSEIN公司建立了业务关系，HUSSEIN公司向广东公司订购了近3万美元的货物，双方同意以信用证方式结算。初次合作较为愉快，广东公司及时地收回货款。之后，HUSSEIN公司继续向广东订购货物，货物总值达26万美元。这次，HUSSEIN公司提出了D/A 60天的付款方式，要求广东接受。广东公司急于开发市场，接受了HUSSEIN公司的付款要求。货物发出后，广东公司及时议付单据，HUSSEIN公司承兑了汇票并接受了货物。可是汇票到期之日，该公司拒绝付款。广东公司自行催收一年后，HUSSEIN公司以货物质量问题，不符合当地市场需求，货物仍未售出等为由，坚决拒付货款。

广东公司在货权完全丧失的情况下，委托东方国际保理中心（以下简称东方中心）向埃及HUSSEIN公司追讨。开始，该公司的态度极为强硬。坚持说货物尚未卖出，不能付款。为了把损失降到最低点，东方中心向他们提出退单、退货的要求。在强大的追讨压力下，该公司承认，他们早已售完广东公司的货物，并把货款用到了其他生意上。由于该笔生意的失败，加上公司的经营及管理不善，导致该公司亏损严重，已近关门倒闭的边缘，根本无法偿还广东公司的欠款。经过进一步的调查，东方中心发现这家公司还有一些库存商品，可以变卖。最后，广东公司追回了4万美元。

案例分析：

这个案例给我们如下启示。

① 中东市场需求大，对买方来说，固然是一件好事。不过，卖方应对买方的销售能力、商业信誉、偿还意愿和偿还能力有全面的了解，切不可为了满足客户的不合理需求而盲目发货。

② 中东市场环境复杂，贸易纠纷多。如果货值较高，全额采用D/A支付方式，卖方的风险太高。最好按一定百分比采用预付款、L/C和跟单托收等相结合的支付方式，降低卖方的风险，减少可能发生的损失。

③ 拖欠发生后，一定要采取有效措施及时进行催收。否则，对方的经营状况一旦发生恶化，欠款便很难收回。

④ 承兑交单（D/A）下产生的风险和损失不亚于赊销方式，我国进出口企业应慎重采用承兑交单支付方式。

案例4-3 部分付款交单导致的结算纠纷

案例介绍：

2007年4月，浙江某公司委托当地A银行通过新西兰B银行向新西兰C进口公司托收货款。B银行收到单据后向新西兰C进口公司提示，要求其按托收金额USD 205 020.00付款。同年12月，付款人通知B银行，该公司已将USD 165 020.00直接汇给出票人，授权B银行将剩余的货款USD 40 000.00通过A银行付给出票人。付款人在支付了余款后，B银行遂将单据交给了付款人。

2007年5月，浙江某公司致函B银行称，这种做法严重伤害了该公司的正当权益，违背了国际惯例及URC522准则。

案例分析：

国际商会URC522第19条第6款规定："跟单托收时，部分付款只有在托收指示特别授权时才被接受。然而，除非另有指示，提示行只有在全部款项收讫时才能把单据交予受票人。"本案例中，托收指示没有授权指示行（代收行）可部分付款交单，提示行也没有征得委托人的同意，而是根据付款人的授权执行部分付款交单，这种做法是错误的。

案例 4-4　不同地区对托收认识不同而引发的风险

案例介绍：

2009年5月，我国A公司同南美客商B公司签订合同，由A公司向B公司出口货物一批，双方商定采用跟单托收结算方式了结贸易项下款项的结算。我方的托收行是A银行，南美代收行是B银行，具体付款方式是D/P 90天。但是到了规定的付款日，对方毫无付款的动静。A银行而后得知，全部单据已由B公司承兑汇票后，由当地代收行B银行放单给B公司。

于是A公司在A银行的配合下，聘请了当地较有声望的律师对代收行B银行，因其将D/P远期作为D/A方式承兑放单的责任，向法院提出起诉。当地法院以惯例为依据，主动请求我方撤诉，以调解方式解决该案例。经过双方多次谈判，该案终以双方互相让步而得以妥善解决。

案例分析：

在这一案例中托收统一规则URC522与南美习惯做法是有抵触的。据URC522第7条a款：托收不应含有凭付款交付商业单据指示的远期汇票；b款：如果托收含有远期付款的汇票，托收指示书应注明商业单据是凭承兑交付款人（D/A）还是凭付款交付款人（D/P）如果无此项注明，商业单据仅能凭付款交单，代收行对因迟交单据产生的任何后果不负责任；c款：如果托收含有远期付款汇票，且托收指示书注明凭付款交付商业单据，则单据只能凭付款交付，代收行对于因任何迟交单据引起的后果不负任何责任。

但从南美的习惯做法看，南美客商认为，托收方式既然是一种对进口商有利的结算方式，就应体现其优越性。D/P远期本意是出口商给进口商的资金融通。而现在的情况是货到南美后，若按D/P远期的做法，进口商既不能提货，又要承担因货压港而产生的滞迟费。若进口商想避免此种情况的发生，则必须提早付款从而提早提货，那么这D/P远期还有什么意义？故南美的做法是所有的D/P远期均视作D/A对待。在此情况下，B银行在B公司承兑后放单给B公司的做法也就顺理成章了。

此案给我们的启示是：在处理跟单托收业务时，原则上我们应严格遵守URC522。托收行在其托收指示中应明确表明按URC522办理，这样若遇有当地习惯做法与URC522有抵触时，可按URC522办理。

当然在具体操作时，也应尊重当地的习惯做法。将来凡货运南美地区的托收业务，可采用D/P即期或D/A的付款方式，避免使用D/P远期，以免引起不必要的纠纷。倘若非用D/P远期不可，则远期的掌握应该从起运地到目的地运输所耗费的时间为准。

【教学目的和要求】

- 掌握信用证的概念、特点
- 了解信用证的功能、产生与发展条件等
- 全面认识跟单信用证的业务流程
- 了解信用证的种类

【案例导读】

2010年，我国A公司与马来西亚B公司达成总金额10万美元的仪表出口合同，运输方式为空运，贸易条件为"CPT Kuala Lumpur as per Incoterms 2000"，采用信用证结算。合同签订后，B公司按期开来信用证，A公司按时空运货物并办理了信用证项下的交单议付的手续。国内银行将有关单据寄到开证行后不久却收到了开证行的拒付通知书，理由是"AWB not showing the Tel No. and fax No. of consignee"。A公司通知国内议付行立即向开证行申明该不符点不成立，要求对方按UCP600及时履行付款义务。但开证行置之不理，并将全套单据退回议付行。A公司立即联系空运承运人要求其扣留货物，但其在吉隆坡的货运代理告知该批货物已被收货人提走。最终，出口方不得不同意对方提出的降价30%的要求作为最后付款的条件。结合案例分析空运方式下信用证风险有哪些？

第一节 信用证概述

信用证支付方式是随着国际贸易的发展、银行参与国际贸易结算的过程中逐步形成的。国际贸易中，交易双方往往难以充分了解对方的资信情况，因而双方都存在风险。因此，进出口双方都需要一个第三者充当中间人和担保人，为双方的商业信用进行保证，信用证中银行的介入就承担起了这一角色，用银行信用代替了商业信用，促进了国际贸易的发展，信用证也成为一种在国际贸易中经常使用、提高贸易双方信任度的一种结算方式。对出口方而言，安全收汇有保障；对进口商而言，由于货款的支付以取得符合信用证规定的货运单据为条件，避免了预付货款的风险。因此信用证支付方式在很大程度上解决了进、出口双方在付款和交货问题上的矛盾。它已成为国际贸易中的一种主要付款方式。

一、信用证的概念

根据国际商会ICC第600号出版物《跟单信用证统一惯例》(《UCP600》)第2条规定："信用证指一项不可撤销的约定，不论其名称或描述如何，该项约定构成开证行对相符单据交付予以承付的确定承诺。承付是指：

（1）如果信用证为即期付款信用证，则即期付款。

（2）如果信用证为延期付款信用证，则承诺延期付款并在承诺到期日付款。

（3）如果信用证为承兑信用证，则承兑受益人开出的汇票并在汇票到期日付款。

规定中还指出：开证行是指应申请人要求或者代表自己开出信用证的银行。申请人是指要求开立信用证的一方。受益人是指接受信用证并享受其利益的一方。相符交单是指与信用证条款、本惯例的相关适用条款以及国际标准银行实务一致的交单。

简单地说，跟单信用证是银行的一种有条件的支付承诺。

更详细地说，跟单信用证是银行（开证行）应买方（开证申请人）请求并按照买方指示，向卖方（受益人）开出的，在规定的时限内，凭规定的单据，支付（即付款或者是承兑或议付汇票）一定货币金额的书面承诺。或者也可以这样说，银行的跟单信用证是银行（开证行）应客户（信用证申请人）的请求并按照客户的指示开出的信用凭证或证明书，写明开证行凭交来的规定单据（这些单据表明装运的是买方与卖方之间签订销售合约的货物并符合信用证条款），支付一定金额给第三方（受益人）的书面承诺。

二、信用证的性质

根据《UCP600》的相关规定，可以归纳信用证的 3 个重要特征或性质。

1. 信用证是一种银行信用，开证行承担第一性的付款责任

《UCP600》第 7 条 a 款明确规定："只要规定的单据提交给指定银行或开证行，并且构成相符交单，则开证行必须承付。"b 款规定："开证行自开立信用证之时起即不可撤销地承担承付责任。"

在信用证结算方式下，不是由付款人，而是由开证行负第一性的付款责任。就买卖关系来看，进口商应承担付款责任，但使用了信用证后，银行就代进口商承担了付款责任。出口商只要按信用证的要求提交了合格的单据、开证行就必须付款，即使进口商倒闭破产，开证行的责任也不能免除，且这种付款责任是第一性的，并不是进口商不能付款时才由开证行来付，而是相反，出口商直接要求开证行付款，开证行安排付款后，再与进口商清算。

2. 信用证是一种自足性文件，它不依附于贸易合同而独立存在

信用证是独立的文件，不依附贸易合同。即当事人只受信用证条款的约束，银行也只对信用证负责。合同条款与信用证条款是否一致，所交单据是否符合合同要求，银行一律不过问，虽然信用证的开立是以合同为依据的。

《UCP600》第 4 条 a 款规定："就其性质而言，信用证与可能作为其开立基础的销售合同或其他合同是相互独立的交易，即使信用证中含有对此类合同的任何援引，银行也与该合同无关，且不受其约束。因此，银行关于承付、议付或履行信用证项下其他义务的承诺，不受申请人基于与开证行或与受益人之间的关系而产生的任何请求或抗辩的影响。""受益人在任何情况下不得利用银行之间或申请人与开证行之间的合同关系。"

3. 信用证业务只处理单据，不涉及货物

《UCP600》第 5 条规定："银行处理的是单据，而不是单据可能涉及的货物、服务或履约行为。"第 14 条 a 款规定："按指定行事的指定银行、保兑行（如果有的话）及开证行须审核交单，并仅基于单据本身确定其是否在表面上构成相符交单。"第 34 条关于单据有效性的免责规定："银行对

任何单据的形式、充分性、准确性、内容真实性，虚假性或法律效力，或对单据中规定或添加的一般或特殊条件，概不负责；银行对任何单据所代表的货物、服务或其他履约行为的描述、数量、重量、品质、状况、包装、交付、价值或其存在与否，或对发货人、承运人、货运代理人、收货人、货物的保险人或其他任何人的诚信与否、作为或不作为、清偿能力、履约或资信状况，也概不负责。"

可见，信用证业务中处理的是单据，而不是货物。买卖双方虽是以货物为交易对象，但在国际结算中，当事人只关心单据是否符合信用证条款，而不关心货物是否和信用证条款一致，只要单据没问题，开证行不能以任何借口推卸付款的责任。而银行确定单据是否符合信用证规定时，只审查其表面，而不关心单据背后的货物。即决定是否接受单据时不能以单据外的事项为理由。同样，受益人要实现信用证项下的权利，必须提交符合信用证规定的单据，而不能以完全履行了买卖合同项下的义务为由要求开证行付款。

三、信用证的作用

不论是国内贸易还是国际贸易，买卖双方出于自身的利益，经常会发生冲突。突出的是买方急于在预定的日期以前完好无损地收到货物，并希望在收到货物后再付款；而卖方希望所出售的货物能保证收回货款，最好在交出货物前就收到货款。前文介绍的两种支付方式，不论是汇款还是托收，都属于商业信用。风险的负担并不均衡。在汇款方式下的预付货款，风险几乎全部由进口商承担，一方面要积压其资金，另一方面卖方的信用还可能不可靠；货到付款时卖方的风险大一些，与预付贷款正好相反，买方的偿付能力及行情的下跌都是构成卖方风险的重要因素。在跟单托收的情况下，进口商的有利因素较多，出口商的风险则大。这种由单方承担风险的支付方式，有时会妨碍贸易的开展。信用证结算是在托收基础上演变出来的较完善的结算方式。其主要作用是把托收项下由进口商履行的跟单汇票付款责任转由银行履行，保证进出口双方的货款或单据交收不致落空，同时还能为进出口双方提供融通资金的便利，从而促进国际贸易的发展。

信用证不仅向进出口双方提供了担保，而且对双方都可给予资金方面的融通。对进出口双方起到了两个作用，一是银行的保证作用，二是融通资金的作用。为从事国际贸易的买卖双方提供了一个高层次的保护和保障。

（1）对进口商来说，首先，可以通过信用证的条款来控制出口商的交货品质、数量和装船日期，使收到的货物在一定程度上符合合同的规定。其次，进口商无须先付贷款，使得资金周转较为灵活。当进口商向银行提出申请开立信用证时，银行通常要收取保证金，但保证金的数额视买方的资信和与银行的关系来定。一般无须支付信用证的全部金额。这也是开证行为信用证的余额部分提供了资金融通和担保。当开证行对外履行了付款义务后，若进口商在资金方面仍有困难，可使用信托收据或押汇等要求开证行先行放单。

（2）对出口商来说，首先，其付款有了保证。信用证属银行信用，在采用这种方式支付货款时，既有开证行的付款承诺，也有进口商在合同中提供的支付承诺，因此收款安全性大。只要按信用证要求，单据无误，就可凭单取得货款。即使对方国家实行外汇管制，由于开证行代进口商开立的信用证都是经管汇当局批准的，所以出口商的收款并不受影响。万一开证行出于某种原因不能付款或拒绝付款，它有责任把单据退给出口商，由于掌握了货物的单据，出口商可减少损失。其次，出口商还可以获得资金融通。出口商在收到进口方的跟单信用证，将货装船出运以后，可向往来银行提供跟单汇票要求押汇，即出口地银行向其叙做出口押汇；在装船前，可凭信用证向出口地银行申请打包放款（packing credit），即出口商在缺乏资金购买货物或原材料、支付工资对出口商品进行加工生产时，银行凭信用证给予的短期放款。

（3）对开证行来说，它开出信用证时只是贷出信用而不是资金，在无须占用自己资金的情况下即可获得手续费，并且贷出信用也不是无条件的，通常要求进口商交保证金。当它履行付款后，即拥有了代表货权的所有单据，若进口商不偿付，开证行有权处理货物，以抵补欠款；若不足，有权向进口商追索不足的部分。开证行只关心单据，不受买卖合同的约束，不必担心卷入贸易合同纠纷中。

（4）对参与信用证交易的出口地银行来说，由于是受开证行的邀请或得到开证行的授权而参与议付或付款的，有开证行的信用作为保障，一般风险不大，只要单据完全符合信用证的规定，开证行将保证予以偿付。

总之，从银行来看，一方面可以增加营业收入，另一方面也可以促进一个国家或地区的进出口发展。但是信用证这种结算方式也不是绝对安全，仍存在一定的风险，银行信用只是相对的。如进口商不开证或开出的证与合同不符，开证行倒闭等，均构成出口商的风险；出口商用假单据欺诈则构成进口商的最大风险。尽管如此，由于用银行信用代替了商业信用，利还是大于弊的。

四、信用证的当事人

（一）信用证的当事人及其权利义务

信用证的有关当事人比较多，除了最基本的开证申请人、开证银行及受益人外，通常还有通知行、议付行、偿付行和保兑行等。当然，不是每张信用证都会涉及这些当事人，因为有的银行在结算业务中同时执行着不同当事人的职能。这些当事人通过信用证建立起错综复杂的多边关系，并形成相互的权利与义务，如图 5-1 所示。

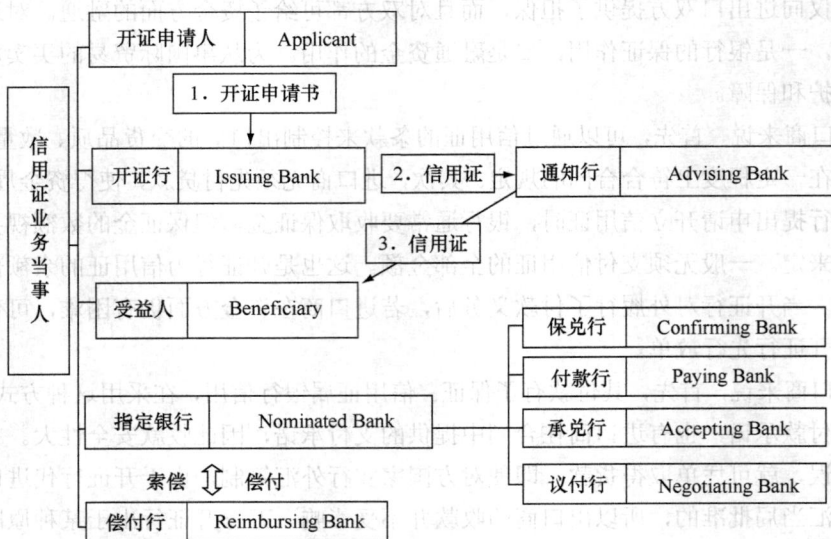

图 5-1 信用证各当事人关系

1. 开证申请人

开证申请人（applicant）是贸易合同的买方，也是依贸易合同向银行申请开立信用证的人，通常是进口商。开证申请人受两个合同的约束：贸易合同和与开证行签订的业务代理合同。

（1）按照合同规定及时申请开立信用证

信用证的内容主要是买卖合同的内容。进口商向银行申请开证时，必须将买卖合同的主要内容填入开证申请书，开证行以此为依据开出信用证。进口商应在买卖合同规定的期限内及时申请开证，并确保出口商有充分时间备货出运。若买卖合同规定了装运期的起止时间，进口商必须保证使出口商在装运期开始时收到信用证。若买卖合同规定了最后装运期，则进口商也应在合理时间内使出口商收到信用证，保证出口商有合理时间备货出运。若进口商没有按时申请开证，导致出口商延误装运期，进口商应承担违约责任。

（2）信用证项下进口商的权利和义务

信用证开立后，开证行若向受益人履行了付款义务，进口商的义务是向开证行付款赎单。但进口商有权依据信用证条款审核单据，只有单证相符、单单相符及单内相符时，才向开证行偿还货款，取得单据提货。若单据不符合信用证规定，进口商有权拒绝接受，不偿还货款，也有权收回押金等。但进口商赎单提货后，发现货物不符合信用证或买卖合同规定时。只能依据买卖合同向出口商提出索赔。若开证行没有过错，则不能追究开证行的责任或要求其退还货款。在开证行向出口商付款前丧失支付能力，进口商通常还应向出口商履行付款责任。

2. 开证行

开证行（issuing/establishing bank）是指接受开证人委托，以自身的银行信用开立信用证的银行。一般为进口地的银行。它受三方面的约束。其一，与开证申请人的契约关系；其二，对受益人的付款承诺；其三，与通知行、议付行、付款行和保兑行等的委托代理关系。信用证一经开出，按信用证规定的条款，开证行需承担第一性付款责任。因此，只要相符单据一到，无论受益人直接寄来，还是由信用证指定的银行交来，开证行都必须付款，即使申请人倒闭或无力支付，或有欺诈行为，开证行仍有不可推卸的付款责任。开证行向受益人的付款为终局性付款，一经付出不得追索，即使付款后发现有单证不符，或进口商拒不赎单也不能向出口商追索。开证行仅凭议付行索汇电报所做的付款或代付行、偿付行凭汇票和议付行索汇证明书所做的付款，当开证行接到单据，发现不持财，有权向议付行追索票款。开证行审核单据后的付款，在开证申请人付款赎单时，开证行有权要求申请人支付押汇日到偿付日的利息。开证行的其他权利和义务如下。

（1）开证行对开证申请人的权利和义务。

开证行应根据开证行申请书及时、准确地开出信用证。开证行必须按照开证申请人的指示并依据《UCP600》处理业务，同时必须对自己的过失承担相应的责任。

（2）开证行审单的权利和义务。

开证行履行付款责任后，如进口商无力付款赎单，开证行有权处理单据和货物。开证行可以出售货物以抵偿货款。若货物售出款不足以弥补货款，开证行仍有权利向进口商追索不足部分。开证行在接到单据的 5 个工作日内进行审核，若发现不符点，则可以拒付。

3. 受益人

受益人（beneficiary）是指信用证中所指定的有权使用该证的人，是信用证金额的合法享受人，一般为出口商，如果是中间交易，则也可能是中间商。在信用证业务中受益人可能与偿付行以外任何其他当事人发生业务关系。受益人的权利和义务如下。

（1）收到信用证后的权利和义务

受益人在收到信用征后，应仔细审核信用证。若信用证条款与合同不符，或某些条款无法履行时，受益人有权要求进口商指示开证行修改信用证，或拒绝接受信用证。如受益人经审核接受信用证，应按信用证条款履行其义务，在规定的装运期内发货，并在信用证有效期内提交规定的单据，收取贷款。受益人不仅要对单据的正确性负责，而且要对货物的质量负责。

（2）收取贷款的权利

受益人按信用证要求发货并提交相符的单据后，有权向开证行取得货款。此时，开证行就不能以进口商与出口商之间的业务纠纷为理由而推卸其付款的责任，也不能因本身工作差错导致信用证条款与开证申请书不符而以开证申请书为依据，或以开证申请人拒收单据为理由拒绝履行偿付义务。更不能借口开证人缴付押金或其他担保不足，开证申请人已丧失清偿能力或有欺诈行为等为由而拒绝承担付款义务。若开证行倒闭，受益人有权向进口商提出付款要求，进口商仍应承担合同项下的付款责任。

4. 通知行

通知行（advising/notifying bank）指受开证行委托，将信用证通知（或转速）给受益人的银行、通常是出口地银行，而且一般是与开证行订有往来协议或代理协议的代理行。

通知行在收到信用证后，如决定通知信用证，则须合理谨慎地核验所通知信用证的表面真实性，确定真实无误后，根据开证行的要求，缮制通知书，及时、正确地通知受益人。开证行通过出口地银行通知信用证，就是利用银行之间核对信用证真实性的手段，保证受益人能收到真实的信用证，以保护受益人的利益。如不能确定信用证表面真实性，必须通知开证行有关情况，及时澄清疑点。如仍决定通知该信用证，则须告知受益人，说明未能确定信用证的表而真实性。

5. 议付行

根据《UCP600》第2条的解释，议付是指"指定银行在相符交单下，在其应获偿付的银行工作日当天或之前向受益人预付或者同意预付款项，从而购买汇票（其付款人为指定银行以外的其他银行）及／或单据的行为"。该指定银行即为议付行（negotiating bank）。

（1）议付行有义务严格审单，并在信用证的有效期内决定接受或拒绝受益人提交的单据。开证行的付款承诺是议付行议付的前提，而开证行的付款承诺是有条件的，所以议付行进行议付时也应满足同样的条件，即单证、单单的表面相符，这样才能在垫付货款后，从开证行收回垫款。

（2）背批信用证。议付行在议付信用证时，应该把每次议付的情况，例如议付的日期、金额、发票号码等记录在信用证的背面。这样可以使受益人及银行知道信用证的金额，以防超支或重复支付。

（3）议付后，议付行取得正当持票人的权利。在开证行无力支付或倒闭或拒付时，议付行立即产生对受益人的追索权。至于追索的标准，各国银行标准不一，有的认为只有在单证相符，开证行无力支付时，议付行才能行使追索权，而不是在任何拒付的情况下都产生追索权。但如保兑行作为议付行时，则是无追索权的付款。

6. 付款行

付款行（paying bank）是指信用证上规定的汇票付款人或在付款信用证下执行付款的银行，适用于即期及延期付款信用证。一般为开证行，有时也可以是接受开证行委托代为付款的另一家银行。

例如，以出口地货币开证时，付款行通常是出口地银行。信用证以第三国货币开立时，付款行通常为第三国银行。付款行只是代开证行付款，在代付合约下，它应该对受益人所提交的与信用证条款相符的单据付款。付款行验单并付款后，即为终局性付款、再无权向受益人或议付行行使追索权。这点与开证行的责任是相同的。

7. 保兑行

保兑行（confirming bank）是指开证行以外的银行接受开证行的委托，以本行的名义承保开证行已开出的信用证，通常是出口地通知行或其他银行。

根据《UCP600》第 8 条"保兑行的责任"规定："保兑行自对信用证加具保兑之时起即不可撤销地承担承付或议付的责任。"因此保兑行的责任与开证行是一致的，其有下列权利和义务。

（1）有权不加保兑。银行在接到开证行的保兑邀请后，往往要对开证行的资信状况以及信用证条款研究后才决定是否加具保兑，除非两个银行之间代理合同有明确规定。但是如果该行决定不接受开证行授权或要求加具保兑时，必须立即通知开证行，不得延误。

（2）保兑行对信用证独立负责。保兑行在信用证上加具保兑后，即对信用证独立负责。加具保兑后，受益人有权在开证行和保兑行之间选择，要求保兑行履行承付或议付承诺。

（3）付款后无权对受益人追索。保兑行付款后只能向开证行索偿行倒闭或无理拒付，保兑行也无权向受益人或其他前手银行追索票款。如信用证规定由保兑行议付，则应无追索权地议付。

8. 偿付行

偿付行（reimbursing bank）是指信用证指定的代开证行向议付行、承兑行或付款行清偿垫款的银行。偿付行的出现往往是由于开证行的资金调度集中在该银行的缘故。如信用证货币不是开证行所在国家货币，为便利资金调拨，即可授权第三国货币清算中心的一家代理或联行做偿付行，如信用证货币就是开证行所在国家的货币，开证行可以自行偿付，不必指定另外一家银行作为偿付行。

（1）向出口地银行付款。根据《UCP600》第 13 条"银行之间的偿付安排"规定"如果信用证中没有规定偿付遵守 ICC 银行间偿付规则，则开证行必须给予偿付行有关偿付的授权"。因此，信用证中如规定有关银行向指定银行索偿时，开证行应在开出信用证的同时，向偿付银行发出偿付授权书，通知其授权偿付的金额，有权索偿的银行等内容。议付行议付后，将单据寄予开证行，同时也向偿付行发出索偿书，偿付行收到索偿书后，如已授权，且索偿金额在授权金额以内，即办理付款。

（2）不负单证不符之责。另外，"开证行不应要求索偿行向偿付行提供与信用证条款相符的证明"，因此偿付行并无审单义务。偿付行只是代开证行付款，本身没有对受益人必须付款的义务，偿付行在接到索偿要求未能进行偿付时，开证行不能解除其自行偿付的义务。如偿付行延迟付款，开证行应负责赔偿索偿行的利息损失。偿付行的付款是代开证行转账的单纯付款，并非终局，付款后，其偿付责任即告结束，开证行收到单据后、发现单证不符，只能向议付行、代付行追索已付货款。

9. 转让行

在有中间商参与的国际贸易活动中，为方便资金的结算，中间商往往要求申请人开立可转让信用证。在此信用证项下，中间商可以向其所在地的一家银行提出申请，由该银行办理信用证的转让，即将原始信用证转让给第二受益人（实际供货商），该银行就成为转让行（transferring bank）。值得注意的是，转让信用证的行为是开证申请人与开证行都预先知道和了解的，但转让行的地位与开证行却是不同的，其不承担确定的付款责任。

（二）信用证主要当事人之间的关系

（1）在实际业务中，付款行与开证行、通知行与议付行通常合并，开证行即付款行，通知行即议付行。

（2）开证申请人与受益人之间是买卖合同关系。

（3）开证行与开证申请人之间的关系依据开证申请书确定，是一种付款代理关系。开证申请书是银行开立信用证的依据，开证行接受了开证申请人的开证申请书后，便承担了一定条件下必须向受益人付款的责任。

（4）通知行与开证行之间是委托代理关系。通知行只负责传递信用证与证明信用证的真实性，不承担议付或是代付的义务；只有通知行同时为议付行时，才根据信用证，从议付时开始承担议付的义务。

（5）开证行与受益人之间的关系是在开证行开出信用证且受益人接受后确定的一种契约关系，双方都要受信用证条款的约束。

第二节 信用证的内容及其修改

一、信用证的内容

信用证上所记载的事项必须明确、正确、完整，否则将导致当事人之间的纠纷。但世界上并无具有法律约束的标准格式，因此信用证的格式多种多样，因开证行而异，也因信用证的种类和目的而异。国际商会在制定、修改《统一惯例》的同时，也致力于信用证标准格式的制定和推广。

1951年，国际商会第13次会议除了修订统一惯例外，还通过了银行委员会草拟的"开发信用证标准格式"，并以159号出版物公布，该标准格式着重统一银行间往来函电的用语款式，对信用证本身的格式没有具体规定，但为国际银行间统一信用证格式奠定了基础。1962年国际商会修订了统一惯例，得到多数国家银行的承认并采纳，银行委员会又开始更新研究信用证标准格式问题，并于1970年以268号出版物公布，该格式共有6种。为配合1983年统一惯例的修订，国际商会于1986年以第416号出版物公布了新的标准格式。目前使用的最新格式是国际商会以第516号出版物（简称"516"）公布的格式。无论哪种信用证格式，信用证的内容基本相同。

（一）关于信用证本身的内容

1. 开证行名称

信用证开立后，开证行负有第一性的付款责任。开证行名称（name of issuing bank）一般在信用证中首先标出，应使用全称，并加注详细地址。

2. 信用证号码

信用证的号码（L/C number）是开证行的银行编号，在与开证行的业务联系中必须引用该编号。

信用证的证号必须清楚，没有变字等错误。这一号码将出现在受益人购单据之中，以表明单据同该信用证的联系。

3. 开证地点和日期

开证日期（date of issue）是开证行开立信用证的日期。开证日期一般表述为"date of issue"。信用证中必须明确表明开证日期，它是信用证有效期的起算日。开证地点（place of issue）即开证行所在地。

4. 信用证的有效日期和地点

信用证的有效日期（expiry date）即信用证的到期日。过了这一日期信用证就失去了效力。《UCP600》第 6 条 d 款 i 规定："信用证必须定一个交单的截止日。规定的承付或议付的截止日将被视为交单的截止日。"第 14 条 c 款规定："在不迟于本惯例所指的发运日之后的 21 个日历日内交单，但是在任何情况下都不得迟于信用证的截止日。"过了这一期限，即使未超过信用证的有效期，该证也同样失效。因此，信用证受到期日和装运日后 21 天的双重限制，并且以期限短的为准。

有效地点（expiry place）即交单地点，也称到期地点，是单据必须在到期日或之前进行提示的地点。《UCP600》第 6 条 d 款 ii 规定："可在其处兑用信用证的银行所在地即为交单地点。"有效地点一般为开证行指定的银行所在地。

5. 信用证的申请人

信用证的申请人（applicant），是根据商务合同的规定向银行（开证行）申请开立信用证的人，即是进口商。信用证的申请人包括名称和地址等内容，必须完整、清楚。

6. 信用证的受益人

信用证的受益人（beneficiary），是信用证上指定的有权使用信用证的人，即出口商。信用证的受益人包括名称和地址等内容，应完整、清楚，如果有错误或遗漏等，应立即电洽开证行确认或要求开证申请人修改。

7. 信用证金额

金额（amount）要用大小两种写法，以防涂改，要有货币名称。如用缩写，则必须使用国际通用标准编写符号。《UCP600》第 30 条 a 款规定："约"或"大约"用于信用证金额或信用证规定的数量或单价时，应解释为允许有关金额或数量或单价有不超过 10%的增减幅度。

8. 通知行

通知行（advising bank）是应开证行的要求向受益人通知信用证的银行。一般为出口地银行，应包括全称和地址。

9. 信用证的使用

（1）信用证的类型（kinds of L/C）。信用证类型按信用证的使用方式即兑现方式划分。《UCP600》第 6 条 b 款规定："信用证必须规定其是以即期付款、延期付款、承兑还是议付的方式兑用。"

（2）指定银行（nominated bank）。《UCP600》第 2 条的定义：指定银行是指信用证可在其处兑用的银行，如信用证可在任一银行兑用，则任何银行均为指定银行。在"credit available with"的后面填指定银行的名称和所在地。

（二）要求受益人履行的条件

1. 汇票条款

如信用证要求出具汇票，必须明确规定汇票的付款期限和付款人或出票条款。《UCP600》第 6

条 c 款规定："信用证不得开成凭以申请人为付款人的汇票兑用。"

2. 货物描述

货物描述是信用证对货物的具体要求，包括品名、品质规格、数量、单价及包装、唛头、价格术语等主要内容和合同号码。《UCP600》第 30 条 a 款规定："货物数量前有'约'或'大约'用于信用证金额或信用证规定的数量或单价时，应解释为允许有关金额或数量或单价有不超过 10% 的增减幅度。" b 款规定："在信用证未以包装单位件数或货物自身件数的方式规定货物数量时，货物数量允许有 5% 的增减幅度，只要总支取金额不超过信用证金额。"

3. 单据条款

信用证需要列明所需单据的名称、分数和具体要求。单据顺序是：商业发票、运输单据、保险单据、其他单据等。

4. 运输条款

（1）运输方式。《UCP600》第 19 条至第 27 条规定了各种运输方式，以及接受或拒受任何运输单据的理由。

（2）装运地和目的地。要求装运地和目的地必须使用全称。

（3）最迟装运日（not later than…）表示出口货物必须在该日期前装运。《UCP600》第 19 条 a 款 ii 规定，运输单据的出具日期将被视为发送、接管或装船的日期，也即发运的日期。《UCP600》第 29 条 c 款规定，最迟发运日不因非银行工作日的原因而顺延，即最迟装运日不能延期。

（4）分批装运。如果信用证没有说明是否允许分批装运，则说明允许。

（5）转运。信用证应明确货物可否转运。

5. 特别条款

实务中开证行使用特别条款说明与《UCP600》相悖的一些要求。如银行费用由谁承担，佣金条款等。

（三）其他项目

1. 保证条款

开证行通过保证条款来表明其付款责任。一般保证文句以"we hereby undertake…"或"we hereby engage…"开头，表示开证行做出单方面承诺。

2. 指示条款

指示条款是针对通知行、指定行的指示。通过此条款指示承担付款、承兑、议付的银行何时、向何处、如何获得偿付。

3. 开证行签字

信用证必须由开证行有权签名人的签字方能生效。

二、信用证的修改

信用证开出后，由于情况的变化，或经受益人审核后认为信用证存在问题，就要修改。例如，受益人认为信用证的某些条款与合同不一致或不能接受的特殊要求等，可以请开证申请人通过开证行做相应的修改；或开证申请人由于进口国或国际上某些情况的变化必须修改信用证。总之，信用证修改是信用证业务的重要方面。

（一）信用证修改的提出

从形式上看，修改都是由买方向开证银行提出，但实际上可能是买方也可能是卖方。因为不论修改出自何方，一般都按信用证原来的寄送途径。例如，由出口商提出的，应请进口方转向开证银行申请修改，再由开证行转通知行通知受益人。业务中对信用证提出修改的大多是卖方。

出口商提出修改，通常是由于信用证与合同不符，或某些条款受益人认为无法办到。例如，信用证规定不准转运，但轮船公司并无直接的船只到达目的地，这时就需要提出修改。

进口商提出修改常是由于本国或国际上形势的变化，如进口国要求进口商品必须提交新的某种单据等。

银行在开证时有时也会出现偏差，如字母打错、地名打错等，或遗漏某个项目，发现后也需要修改。

总的来说，信用证的每一条款都有被修改的可能，但以下列各项为多。

（1）延长装运期限及信用证的有效期限（出口商提）。

（2）更换出口商名称及地址或允许转运（出口商提）。

（3）金额与货物增减（进口商提）。

（4）保险种类的变动（进口商提）。

（5）允许接受过期提单（出口商提）。

（二）修改信用证的原则

《UCP600》第 10 条对信用证的修改做了规定。

1. 信用证的修改须经各当事人的全部同意

信用证条款的修改涉及有关当事人权利义务的改变，因此，任何一方对信用证的修改，都须经过各个当事人的同意才能生效。《UCP600》第 10 条 a 款规定：凡未经开证行、保兑行（如有）以及受益人同意，信用证既不能修改也不能撤销。

2. 开证行发出修改通知书，即受修改书的约束，且不得撤回

开证行自开立信用证之时起即不可撤销地承担承付责任，因此，开证行修改信用证后就自然接受修改后内容的约束。《UCP600》第 10 条 b 款规定：自发出信用证修改书之时起，开证行就不可撤销地受其发出修改的约束。

3. 保兑行有权对修改不加保兑，这并不影响该修改的成立

《UCP600》第 10 条 b 款还规定：保兑行可将其保兑承诺扩展至修改内容，且自其通知该修改之时起，即不可撤销地受到该修改的约束。然而，保兑行可选择仅将修改通知受益人而不对其加具保兑，但必须不延误地将此情况通知开证行和受益人。

4. 受益人应对修改内容发出接受或拒绝的表态

《UCP600》第 10 条 c 款规定：当受益人收到信用证的修改后，要表示接受还是拒绝修改内容。作为通知行，应及时把受益人表态及时告知开证行。受益人在未表态前，仍受原证约束。如果受益人未能给予通知，当交单与信用证以及尚未表示接受修改的要求一致时，即视为受益人已做出接受修改的通知，并且从此时起，该信用证被修改。反之，说明拒绝接受修改。

5. 受益人对修改内容"沉默不等于接受"

《UCP600》第 10 条 f 款规定：修改书中做出的除非受益人在某一时间内拒绝接受修改，否则修

改将开始生效的条款将被不予置理，即明确了沉默不等于接受。

6. 受益人不能仅接受部分修改

《UCP600》第 10 条 e 款规定：不允许部分接受修改，部分接受修改将被视为拒绝接受修改的通知。换言之，当同一信用证修收书上涉及两个或两个以上条款的修改时，必须全部接受，不得同意一部分拒绝另一部分。

（三）信用证修改的途径与程序

《UCP600》第 9 条 d 款规定："如一家银行利用另一家通知行或第二通知行的服务将信用证通知给受益人，它也必须利用同一家银行的服务通知修改书。"即信用证的修改按照原来的传递途径进行通知。

修改信用证的实务处理如下。

1. 申请人提交修改申请书

当申请人要求修改信用证。或受益人接受申请人要求修改时，申请人要向开证行提出修改申请书。申请书的内容主要包括两个方面：一是被申请修改的信用证的情况，如信用证的号码、受益人名称及地址、通知行等，以便使开证行确定哪个信用证是要修改的；二是关于修改的指示。修改申请书需由申请人签章。

2. 开证行审查修改申请书的内容

开证行接到信用证修改申请书后，应根据申请书所列的信用证号码，调出原信用证副本对照审核：①修改后的条款有无相互抵触之处；②是否注明修改手续费由申请人还是由受益人负担；③修改后的条款对我方是否有不利之处；④若修改涉及原证的有效期、金额、商品等超出了原有效凭证规定的范围，需提交符合修改条件的有效凭证。若属增加信用证金额的修改，需购汇者还应提交购汇申请书。

3. 缮制信用证修改书

银行审核信用证修改申请书后，即可缮制信用证修改书，电修改要加列密押。然后将修改书副本附于信用证上留底备查，同时将另一份修改书副本送交申请人备查。修改书中要注明本次修改的次数；若原证规定向偿付行索汇，当修改涉及延展装、效期、增加金额的，还应向偿付行通知；如果修改申请书中规定修改费用由受益人承担，而受益人又拒绝该项修改的，则向开证申请人收取费用。

如果受益人没有通过申请人而是通过通知行要求开证行修改信用证时，开证行接到请求后，通常要与申请人联系。开证行虽然有权决定接受该请求，但若没有申请人的同意。就可能因违背申请人的指示而无法获得偿付。若申请人不同意，开证行则拒绝修改；若同意，就缮制信用证修改书，由原通知行通知受益人。

第三节 信用证的业务流程

从进口商申请开立信用证，到付款赎单，信用证结算大体需要如下环节，如图 5-2 所示。

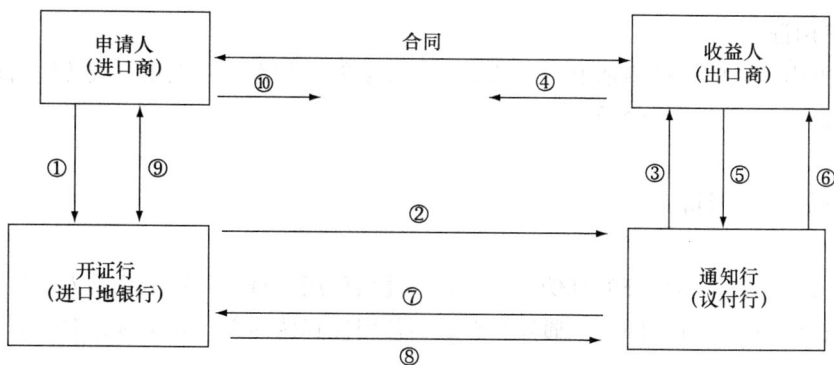

图 5-2　信用证的业务流程

说明：①买方申请开证；②开证行开出信用证；③通知行向受益人通知信用证；④装船；⑤交单；⑥议付；⑦寄单索汇；⑧开证行偿付；⑨付款赎单；⑩提货。

一、开证申请人申请开证

买卖双方在合同中约定采用信用证结算时，通常由买方向其所在地的一家银行提出开证申请，填写并提交开证申请书。开证申请书是申请人和开证行之间的法律文件，也是开立信用证的依据，其内容的完整性、明确性非常重要。《UCP600》规定：信用证的开证指示、信用证本身和信用证的修改指示及修改书本身必须完整和明确。开证指示就是指开证申请书，经申请人和银行签字后方能生效。

国际商会第 516 号出版物制定了开证申请书的格式，且与最新跟单信用证格式设计基本一致。填制开证申请书应注意以下方面。

（1）申请书内容应该与贸易合同的内容一致。

（2）申请书所列条款内容与《UCP600》规定不符的，利用特别条款加以说明。

（3）申请书要求的其他单据名称、制单方法等要简洁、准确。

（4）不得将与信用证无关内容和合同中过细条款写入申请书。

（5）不能将模棱两可、模糊或有争议的内容写入申请书。即申请书内容必须完整、简洁、准确。

（6）不能要求出口商提供无法获得的单据。所需单据必须以保证买卖合同顺利完成为准。

二、开证行开立信用证

1. 开证前的审查和检验

开证银行在接受申请人的开证申请书之前，要进行开证前的审查和检验，严格把关，谨慎开立信用证，其目的是降低潜在的风险。一般过程如下：①审查开证申请书与开证担保书。②审查开证申请人的资信状况、目前的经营状况、财务状况以及经济实力和过去是否有不良的信用记录。③查验进口开证应当提供的有效证件。各国对进口商品有不同的管理条例。在我国，开证申请人应提供贸易项下的进口付汇核销；对实行进口配额管理或者特定产品进口管理的货物进口，申请人应当持进口许可证或者特定商品进口登记证明；对实行自动登记制的货物进口，申请人持相应的登记文件即可。④落实开证保证金。

2. 开立信用证

开证行根据申请人的开证申请书开立信用证，并以航空邮寄或以电讯方式传递给进口商所在地的通知行，通知或转递信用证给受益人。

三、通知行通知信用证

由于受益人无法判别信用证的真伪，开证行不能将信用证直接传递给受益人，需要委托受益人所在地的代理行通知信用证。因此，通知行有验明信用证真伪的义务并及时、准确通知信用证。

四、受益人审证、发货并提交单据

受益人收到信用证后，要完成审证、发货、制单和交单议付四项内容，这也是受益人是否严格履行合约，顺利收回货款的关键环节。

1. 审证

为了保证受益人（出口商）同时完成信用证以及贸易合同项下的义务，受益人在收证时必须严格根据合同审证，消除信用证交单时的潜在风险。受益人审核信用证时主要判断信用证条款是否与合同一致，审核的项目一般包括以下内容。

① 信用证是否属通知行正式通知的有效信用证。

② 审核信用证的种类。

③ 审核 L/C 是否加具保兑。审核信用证由哪一家银行保兑以及保兑费由谁承担是审核信用证的内容之一。一般来说，信用证由第三银行加以保兑，其可靠程度比一般信用证高。但资信优良的开证行开出的信用证不需要保兑。

④ 审核开证申请人和受益人。由于开证申请人的名称或地址经常会与进口商在进出口合同上显示的名称或地址不一样，因此要仔细审核开证申请人的名称和地址，以防错发错运货物。

⑤ 审核信用证的支付货币和金额。信用证的金额和支付的货币种类应与合同一致，总金额的大小写数字必须一致。如果合同订有溢短装条款，那么信用证金额还应包括溢短装部分的金额。来证采用的支付货币种类如果与合同规定的货币不一致，应按银行外汇牌价折算成合同货币，在不低于或相当于原合同货币总金额时才可接受。

⑥ 审核付款期限和有关货物的内容描述。审核付款期限是否与合同一致或者可接受。审核信用证有关货物的内容描述，如来证中的有关品名、质量、规格、数量、包装、单价、金额、装运港、卸货港、目的地、保险等是否与合同规定一致；有无附加特殊条款及保留条款；是否需要提供客户检验证明；商业发票是否要求证实或有进口国的领事签证等，这些条款必须仔细审核，视具体情况判断是否接受或提请修改。

⑦ 审核信用证的到期地点。所有信用证均需规定到期目、到期地点与交单地点。所谓到期日，是交单的最后期限。所谓到期地点，是在效期内交单有效的地点。到期地点、到期时间与信用证的交单有效银行所在地必须匹配。

《UCP600》规定："THE PLACE OF THE BANK WITH WHICH THE CREDIT IS AVAILABLE IS THE PIACE FOR PRESENTATION."（信用证兑用的银行地点就是交单地点。）即信用证在哪个银行

有效，就应把单据交到那个银行，在任何银行有效的信用证项下的交单地址就是任何银行的地址，开证银行地址之外的交单地址为开证行地址之外的附加地址。但是，尽管规定在开证行地址之外的地址交单，交到开证行也是可以的，以便与"在被指定行有效的信用证同样在开证行有效"的规定相匹配。

按照《UCP600》，信用证最好不要规定限制在开证行兑用有效，如信用证限制在开证行兑用，则出口地就没有被指定银行，而受益人不得不向非指定银行交单。在这种情况下，单据如果在寄单银行与开证行或保兑行之间遗失，开证行或保兑行没有付款责任。该点弥补了《UCP500》关于银行免责的规定。

⑧ 审核装运期、转船、分批装运条款和有效期。装运期是对货物装运时间的规定，原则上必须与合同一致。如果信用证到达太晚而不能按期装运，应及时电请国外进口商展延装运期限；如由于生产或船期等原因造成不能在装运期内按期装运，也可以与进口商友好协商延期装运。一般情况下，买方不愿意允许其进口的货物转船。审核有关条款时，应注意它是否与合同的规定一致。如果信用证规定允许转船，还应注意在允许转船的内容后面有无加列特殊限制或要求，例如：指定转运地点、船名或船公司。对这些限制或要求应考虑是否有把握控制，如不能，则应及时通知对方改证。信用证中如规定分批、定期、定量装运，那么在审核来证时，应注意每批装运的时间是否留有合适的间隔。按照国际惯例，对于分批装运的信用证，若任何一批未按期装运，则信用证中的该批和以后各批均视作失败，所以审证时要认真对待。信用证的有效期限与装运期限应有一定的合理间隔，以便在货物装运后有足够的时间进行制单和办理结汇。有些信用证的有效期与装运期规定在同一天，这种信用证称为"双到期信用证"，这种规定不完全合理，出口商应预先按照生产完工日期、结合船期情况、制单时间和银行必要的议付工作日等具体情况判断是否要求对方修改信用证。

⑨ 审核信用证付款方式和提交的单据。银行的付款方式有4种：即期付款、延期付款、承兑或议付。所有的信用证都必须清楚地表明付款属于哪一类。同时，要仔细审核来证要求提供的单据种类、份数及填制要求等，如发现不适当的要求或规定，应酌情做出适当处理。

⑩ 审核信用证上印就的其他条款和特殊条款。信用证上有许多印就的内容，特别是在信用证空白处，边缘处加注的字句和戳记应特别注意，这些内容往往是信用证内容的重要补充或修改，稍不注意就可能造成事故或损失。对于信用证上的特殊要求条款，如不能做到或认为不合理要及时提出修改。

2. 受益人装运货物

受益人在审证无误后，应在信用证规定的装运日期内保质保量地转船发货与投保。

3. 缮制单据

受益人发货后取得相应的单据后，还要按照信用证要求缮制商业发票、产地证、汇票等信用证规定的全套单据，并确保这些单据内容符合信用证要求，单单之间内容要相符。

4. 交单议付

收益人备妥全部单据后，在信用证规定的交单截止日之前，连同信用证一并送交开证行或信用证指定的银行交单议付。本环节应特别注意交单期限与单据质量。

《UCP600》第14条c款规定：受益人应在不迟于本惯例所指的发运日之后的21个日历日内交

单。《UCP600》第 29 条 a 款规定：如果信用证的截止日或最迟交单日适逢接受交单的银行非因天灾、暴动、战争或其无法控制的任何其他原因而歇业，则截止日或最迟交单日，视何者适用，将顺延至其重新开业的第一个银行工作日。但是在任何情况下都不得迟于信用证的截止日。

五、议付行议付

《UCP600》第 2 条规定：议付指指定银行在相符交单下，在其应获偿付的银行工作日当天或之前向受益人预付或者同意预付款项，从而购买汇票（其付款人为指定银行以外的其他银行）及 / 或单据的行为。因此，议付行对受益人的付款是有追索权的。

银行必须合理、小心地审核一切单据，以确定其表面是否符合信用证条款和条件的要求。单证相符包括单单一致、单证一致，否则不予议付。《UCP600》第 14 条 a 款规定：按指定行事的指定银行、保兑行（如果有的话）及开证行须审核交单，并仅基于单据本身确定其是否在表面上构成相符交单。

《UCP600》第 15 条对"相符交单"进一步阐述：（1）当开证行确定交单相符时，必须承付；（2）当保兑行确定交单相符时，必须承付或者议付并将单据转递给开证行；（3）当指定银行确定交单相符并承付或议付时，必须将单据转递给保兑行或开证行。

若单据存在不符点，银行可以要求受益人修改单据，无法修改的，银行应该电提或者表提不符点。所谓电提是银行审单后，向开证行电告不符点，单据保留在银行，要求开证行接洽申请人，并回复申请人是否接受不符单据。若申请人接受不符点，则银行可履行议付并寄单和按 L/C 规定索偿。所谓表提不符点，是指银行寄单时在面函（COVER LETTER OR BILL OF PURCHASE）上申明不符点，要求开证行联系申请人，并回复是否接受不符点并付款赎单。若申请人接受不符点，则银行按面函上付款指示付款或回复寄单行按信用证规定索偿。

六、议付行寄单索汇

信用证议付后，议付行向开证行寄单的同时，向偿付行索偿。议付行向开证行发出寄单索汇的寄单面函，内容包括议付的金额及议付行费用、寄单说明、付款指示等。

七、开证行审单付款

开证行根据信用证条款全面审核议付行寄来的单据，并在 5 个工作日内向议付行付款。开证行的义务是审核单据，并凭与信用证条款相符的单据付款，审单原则和要点与议付行相同。

交单相符，即可将款项偿付议付行；若交单不符，在规定的期限内，开证行有权拒绝接受不符单据，拒绝对外支付信用证金额，例如装运期超期的信用证。《UCP600》第 16 条 a 款规定：当按照指定行事的指定银行、保兑行（如有的话）或者开证行确定交单不符时，可以拒绝承付或议付。

当开证行确定交单不符后，可以拒绝付款，也可以自行决定联系申请人放弃不符点，但也必须在收到单据的次日起算最长不超过 5 个银行工作日内提出来。

八、申请人审单付款

开证行受单偿付后，应立即通知申请人付款赎单。开证申请人在接到开证行付款赎单的通知书后，应在付款前对单据予以审核，在确定单据无误后，应尽快向银行付清所有应付款项，以赎回全套单据，凭提单提货。若提出的货物与单据不符，则对开证行无要求赔偿的权利。如果审单有问题，进口商应向开证行说明拒付理由，但不得以货物的质量问题要求银行予以赔偿。开证申请人拒付后，开证行自己承担损失，对已偿付的款项，无追索的权利。

九、开证行放单

申请人付款后，开证行收回垫款便将信用证下单据交给申请人。信用证业务结束。申请人赎单后可以安排提货、验货等。如发现货物与合同不符，有权根据合同向出口商索赔。

第四节 信用证的种类

信用证可按照不同的标准进行分类，有的信用证符合多项标准，所以信用证的种类繁杂。以下介绍的是常用的分类。

一、根据信用证是否可撤销划分

根据信用证是否可撤销，分为不可撤销及可撤销信用证。

1. 不可撤销信用证

《UCP600》第 3 条规定："信用证是不可撤销的，即使未如此表明。"即不论信用证上是否标明"不可撤销"（irrevocable）字样，信用证都是不可撤销的。

不可撤销信用证（irrevocable L/C）是指信用证一经开出，在有效期内，非经申请人、受益人等有关各方面的同意，开证行不能将信用证片面取消或修改。

不可撤销的信用证为受益人提供了一定程度上的保障，因为没有他的同意，信用证不会被修改或撤销。受益人可放心地备货发运，不必担心开证行会撤销他的付款承诺。但对进口商来说，在商品价格下跌的情况下，仍必须按信用证内定下的货价支付，没有什么灵活的余地。国际贸易中使用的信用证一般大都是不可撤销的。我国银行及金融机构开立的信用证也是不可撤销的，原则上，我国的银行和金融机构、外贸公司不接受或不办理可撤销的信用证。

2. 可撤销信用证

可撤销信用证（revocable L/C）是指开证行对所开信用证不必征得受益人或有关当事人的同意，有权随时修改和撤销的信用证。凡是可撤销信用证，应在信用证上注明"可撤销"字样。这种信用证对出口人极为不利，使用极少，随着《UCP600》的施行，可撤销信用证会被取消。

这种信用证对出口商毫无保障，一般不会被出口商接受。因为出口商不论是在装船前和装船后，都要冒开证行撤销信用证的风险。特别是在将货物装上船后，造成的损失较大，在这种情况下，可以说信用证的主要特征——银行信用代替商业信用已经丧失。由于对受益人缺少安全性，我国的金融机构一般不接受这样的信用证。

要注意的是，开证行可以不将信用证已撤销的事实通知受益人，但必须通知给通知行，否则，信用证的修改或撤销将没有效力。

这种信用证对进口商提供了最大的灵活性，因它可以在任何时候修改或取消信用证，除非已经被付款、承兑或议付。对出口商来说是最不利的，因这种信用证不表明开证行做了任何担保。然而，可撤销信用证有时也是会出现的，风险大并不意味着不能使用。据粗略估计，约占 1‰。原因如下。

（1）进口商有时在没有得到进口许可证时，急需该货，便可以预先开出可撤销的信用证，同时声明须待取得进口许可证时，才能生效。

（2）进口商为减轻开证费用或少交保证金，有时也会开出可撤销的信用证。因为按照一般国外银行的习惯，凡开出可撤销的信用证，银行的责任较轻，收费较低，有时甚至不收任何保证金。

（3）进出口买卖双方关系密切，开证申请人资信良好，有可能是联号或总分支公司的关系，可以相互信赖，故使用可撤销的信用证，出口商也愿意接受。

（4）出口商对某些呆滞货物有时亦同意用这种信用证，一般是有现成的库存，接到信用证马上发货交单议付。只要在装船前没有收到撤销通知，其承担风险的时间是有限的。

无论如何，这种信用证可以随时撤销，风险较大。要避免风险，除了由受益人向开证行提出修改，要求不使用可撤销的信用证外，在议付行方面，要建议受益人不接受或由对方某银行加保兑，但在这种情况下，一般的银行不会加保，因保兑信用证必须同时是不可撤销的。而且对这种可撤销的信用证，在议付时应由通知行办理较妥，或要求信用证指定议付行。在实际业务中，议付行在议付时，一般要向开证行查询是否已取消，有无修改，这才是上策。

可撤销的信用证有时可以从信用证上"revocable"的字样明白无误地观察到，但有时也需经分析才能判断出。例如：

（1）来证虽然是不可撤销的，但有特别条款，如须取得进口许可证或领到进口额度才能生效。如对开信用证规定"须收到对方有对开证开来方有效"，这类信用证严格来说不属可撤销的。

（2）来证是不可撤销的，但开证行声明，只对信用证部分负责，而对没有负责的那部分，实际就是部分可撤销的。如开证行规定，凭合格单据付信用证金额的 60%，至于其余 40%，要在开证申请人见票后 90 天付，且开证行不承担责任。

（3）不可撤销的但又不负责任的信用证。这类信用证主要指开出的信用证是不可撤销的，但开证行在信用证内又规定"票款将在收到付款人付款后交付，我行恕不负责"。

二、根据信用证有无第三者提供保证兑付来划分

根据信用证有无第三者提供保证兑付，可分为保兑信用证和不保兑信用证。

1. 保兑信用证

除了开证行以外，另一银行保证对符合信用证条款规定的单据履行付款，使信用证的付款有了双重保证，这种信用证就是保兑信用证（confirmed L/C）。

按《UCP600》第 2 条规定："保兑"是指保兑行在开证行承诺之外做出的承付或议付相符交单的确定承诺。

保兑行和通知行是委托或代理关系，保兑行通常由通知行充任。通知行接受委托后，在信用证上打印加保的文字。如"This Credit is confirmed by us"，或"We hereby added our confirmation"。保兑的做法起源于英国，所以英国以前开出的信用证都加"保兑"字样，在他们心目中，confirm 与 irrevocable 的意义是一样的，因此若出现"confirmed credit"或"irrevocable confirmed credit"，一般不是委托通知行加保，而是开证行本身加保的意思，这种保兑是没有意义的。看一个信用证是否是保兑的，不能光看名称，而要看是否有另一家银行承担了与开证行一样的"第一性的付款责任"。

保兑银行所负的责任，不论是其形式还是范围，完全与开证行所付的责任相同，且担保责任是绝对的，不论发生什么情况，都不得片面撤销其保兑，这在统一惯例中有详细的规定。即凡信用证规定由保兑行本身或其他人付款（即期付款、迟期付款）、承兑和议付的，保兑行保证付款、承兑和议付。

这类信用证只用于不可撤销的信用证，因此所有的保兑信用证都是不可撤销的，不能片面地将保兑取消。

保兑，通常是由受益人提出后，通过国外买方，转请开证行考虑办理，也可由受益人通过信用证的通知行转告开证行与买方办理，然后由开证行托请其他银行加保兑。受益人并不是在任何时候都要求加保兑，在大多数受益人看来，只要开证行资信良好，能承担付款责任，就没必要加保兑了。是否保兑，与进口商无关，但因保兑行收取的费用较高，增加了进口商的负担，一般进口商将这些费用加在货价内或要求出口商降价，以转移给出口商。若不能转嫁，则该信用证将是进口商花费最大的信用证。须加保兑的信用证有下面几种情况。

（1）信用证的金额超过了开证行的支付能力。

（2）进口国政局不稳或正在进行战争或政府对进出口实行强硬的外汇管制。

（3）开证行信誉不佳，资金能力有限或者是和出口银行未建立代理关系。

对出口商来说，这是最有利的信用证，因为它有双重的付款保证，只要单据符合要求，它就保证能得到付款，而且它可以要求保兑行和开证行中的任何一个银行履行付款责任。并不是在开证行不对受益人负责时保兑行才负责，它可以要求保兑行和开证行中任何一个履行付款责任，没有先后顺序的限制。

开证银行一般不愿对自己开出的信用证请别的银行加保兑，因为这个行为降低了开证行的信用程度，资信优良的银行和开证申请人是不愿这样做的。但有时，有些银行知名度不高或者对自身的资信有"自知之明"，唯恐所开出的信用证不被受益人接受或在出口地不易被其他银行议付，便主动在开证时声明"如受益人要求时，请加保兑"。

2. 不保兑信用证

未委托第三者加保的信用证就是不保兑信用证（unconfirmed L/C），它由开证行单独承担不可撤销的保证付款的责任，在开证行资信较好的情况下，出口商一般不要求加保，这时通知行只负责通知，对单据不承担任何责任。因此在买方或开证行不能付款或拒绝付款的情况下，它不能向出口商提供任何保护。通常，不保兑的信用证使用得更多一些。

三、按信用证的兑现方式划分

按信用证的兑现方式，分为即期付款信用证、延期付款信用证、承兑信用证和议讨信用证。

1. 即期付款信用证

注明"即期付款兑现"（available by payment at sight）的信用证称为即期付款信用证。即期付款信用证是受益人向信用证指定的付款行提交符合信用证条款的单据时，付款行立即履行付款义务的信用证。这种信用证可要求也可不要求开出汇票，如果要汇票，则汇票上的付款人应是信用证上指定的付款行，可能是开证行、通知行，也可能是指定的第三国银行，但不能是开证申请人。如付款人是通知行或出口地另一指定的银行，则通知行或指定的银行就是付款行，这是比较典型的即期付款信用证。由于付款行付款后无追索权，这对受益人来说比开证行为付款行的即期付款信用证要有利一些。

2. 延期付款信用证

注明"延期付款兑现"（available by payment after sight）的信用证称为延期付款信用证。延期付款信用证是受益人提示合格的单据后，由信用证指定的付款行在规定的将来某一时间付款的信用证。这种信用证不要求开立远期汇票，其期限一般是从提单日算起，即运输单据开出后若干天或从开证行或付款行收到单据的日期算起。由于没有汇票，节省了汇票所需付的印花税，在欧洲许多国家承兑汇票也纳税，所以这种信用证在欧洲非常普及。既无汇票，又是远期付款，所以不要汇票的远期付款信用证就是延期付款信用证。

国际商会对这种信用证规定的标准格式是"Credit available with…（付款行）delayed payment at …（日期）against detail herein"表示延期付款时间的方法有：××days after presentation of the documents；xx days after B/L，如果不按国际商会的标准格式，一般用"payable at the counter of ×× Bank xx days after the date of ×× against the documents"的字句，表示的也是延期付款。

延期付款信用证由于不存在汇票，既不像即期付款信用证那样，可以在向银行提交单据及汇票后请求立即付款，也不像承兑信用证那样，通过对汇票的承兑，就可得到到期付款的保证。在使用这种信用证时，实际上是出口商向进口商提供资金融通，进口商可以通过单据的提交与付款之间的时间差获得融资，但延期付款信用证的受益人只要向银行提供了符合信用证条款的单据后，即可认为到期得到货款有了保证，这种保证称为"deferred payment undertaking"，即延期付款的保证，这同保兑信用证一样，是由银行承担了风险。这种信用证大多用于价值高的资本货物，例如大型成套设备等。

3. 承兑信用证

承兑信用证（acceptance credit）是当信用证内指定的付款人（即汇票付款人）接受受益人提交的包括远期汇票在内的合格单据时，承兑该汇票，并在到期日付款的信用证。它与延期付款信用证一样，都属于远期信用证，但不同的是，承兑信用证必须要求有一张远期汇票，所以承兑信用证又可以理解为是要汇票的远期信用证。

按《UCP600》第6条"信用证不得开成凭以申请人为付款人的汇票支付"的规定，付款人将仅限于开证行或被指定的其他银行。这种信用证又称为银行承兑信用证（banker's acceptance L/C）。承兑信用证一般用于远期付款的交易。

有时，买方为了便于融资或利用银行承兑汇票以取得比银行放款利率低的优惠贴现率，在与卖方订立即期付款的合同后，要求开立银行承兑信用证，证中规定"远期汇票即期付款、所有贴现和承兑费用由买方负担"。此种做法对受益人来说，他虽然开出的是远期汇票，但却能即期收到全部货款。俗称为假远期信用证。

4. 议付信用证

《UCP600》第 2 条：议付指指定银行在相符交单下，在其应获偿付的银行工作日当天或之前向受益人预付或者同意预付款项，从而购买汇票（其付款人为指定银行以外的其他银行）及／或单据的行为。

议付信用证（negotiation credit）是指信用证指定某一银行或任何银行都可议付的信用证，它以议付行以外的第三者为偿付行。

信用证可指定一家银行议付，也可允许任何银行议付。前者称限制议付信用证（restricted credit or special credit），后者称公开议付信用证（freely negotiable credit or open credit）。限制议付在信用证注明 "Negotiation Restricted to ×××　Bank"，或 "Available with ×××　Bank by negotiation"；公开议付信用证注明的是 "Available with any bank by negotiation"。

对于限制议付信用证，汇票必须在开证行指定的那个银行议付，单据也必须向该行提示。此种信用证常有这样的条款："Draft under this credit are negotiable only through the bank whom this credit is advised and who holds special reimbursement instructions." 即 "本信用证项下的汇票只能由本证的通知行议付，该行持有特别的偿付指令"。对于公开议付的信用证，卖方可以自由选择他自己的银行或别的银行议付，非常方便，只要他选定的银行愿意议付其汇票。

信用证以公开议付为多见，特别是一些大银行开出的信用证，自信谁都愿接受议付，所以很少限制议付行。限制议付可能会在以下几种情况下使用。

（1）开证行为了将业务控制在本系统之内，或者是照顾联行和代理行的关系。

（2）有的开证行考虑到自己的资信，指明邀请某银行议付。

（3）除开证行外，通知行为了招揽生意，有时也自己在来证的面函上写上限制条款，如 "我行愿意议付此证，保证提供满意服务" 等。

议付信用证和付款信用证的最大区别在于，就前者而言，如果议付行不能从开证行得到偿付，它有权向受益人追偿；而在后一种情况，一旦付了款，便无权向受益人追索。

四、根据信用证的权利能否转让划分

根据信用证的权利能否转让，分为可转让信用证和不可转让信用证。根据统一惯例，只有开证行在信用证中明确注明 "可转让" 字样的信用证才能转让，否则就视为不可转让信用证。

1. 可转让信用证

根据《UCP600》第 38 条规定，可转让信用证是指特别注明 "可转让"（transferable）字样的信用证。可转让信用证可应受益人（第一受益人）的要求转让全部或部分由另一受益人（第二受益人）兑用。

信用证上注明可转让，那么该证的受益人就可以将利用信用证的权利，即出运货物、交单取款的权利，转让给其他人。

可转让信用证（transferable credit）是开证行授权出口地银行在受益人的要求下，将信用证的权利（即出运货物、交单取款的权利）全部或部分地转让给第三者的信用证，这里原证的受益人为第一受益人，受让人为第二受益人，即这种信用证的第一受益人将信用证的权利转让给第二受益人。可不可转让对开证行来说没有什么影响，它只凭符合信用证条款的单据付款，不必在意单据是由谁进行的提示。但对进口商来说货物是否由原签约的出口商装运却是很重要的，很可能进口商对签约的出口商比较了解，而对其他的人由于不了解而要承担一定的风险。但在国际贸易中，买卖双方往往有中间人介入，这个中间人为买卖双方寻找交易对象，它先从制造商或供货人那里买进货物，然后向最终的买主交货。为了保持商业上的秘密。通常并不将信用证开给第二受益人即实际的供货者，而是要求在开出的信用证上加上可转让的条款，使之可将信用证转让给实际的供货人。

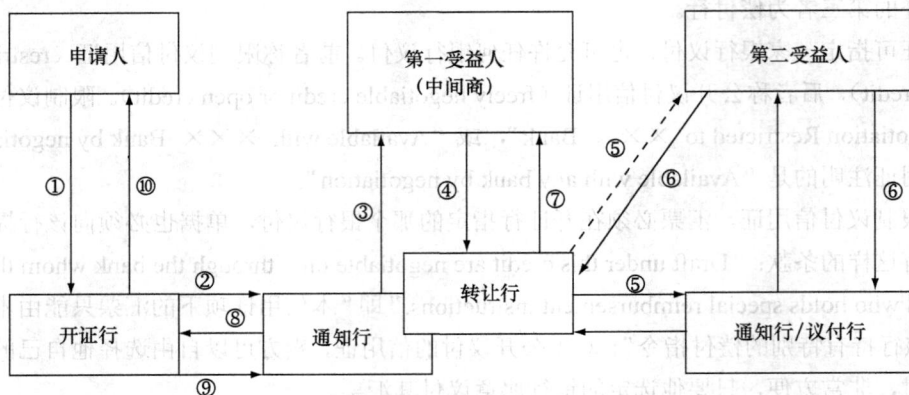

图 5-3 可转让信用证的流程

在这种情况下，买卖双方和中间人的关系如下。

第一受益人：即中间商，它为买卖双方牵线搭桥，谋取利益。

第二受益人：即实际的供货人、卖方。是第一受益人权利转让的接受者。

开证申请人：即最终的买者，向银行申请开立可转让信用证的当事人。

可转让信用证的流程如图 5-4 所示。①开证申请人申请开出可转让信用证；②开证行开出可转让信用证；③通知行向第一受益人通知可转让信用证；④第一受益人向信用证指定的转让行（可能就是通知行）提出申请要求转让；⑤转让行将信用证通知给第二受益人或通过第二受益人所在地的银行通知；⑥第二受益人出运货物交单议付；⑦转让行通知第一受益人更换单据；⑧转让行将已经更换的单据向开证行寄出以索汇；⑨开证行审单无误后对转让行做偿付；⑩开证行通知开证申请人付款赎单。

还有一种情况也可能需要使用可转让信用证。当公司收到巨额的国外订单时，货物需要由分散在各口岸的分公司分头交货，并分别在不同的口岸出运。信用证经公司转让后，由第二受益人办理装货并向所在地银行交单以取得付款。

可转让信用证的相关说明如下。

（1）除非转让时另有约定，有关转让的所有费用（如佣金、手续费、成本或开支）须由第一受益人支付。

（2）只要信用证允许部分支款或部分发运，信用证可以分成几部分转让给数名第二受益人。已转让信用证不得应第二受益人的要求转让给任何其后受益人。

（3）任何转让要求须说明是否允许及在何条件下允许将修改通知第二受益人。已转让信用证须明确说明该项条件。

（4）如果信用证转让给数名第二受益人，其中一名或多名第二受益人对信用证修改的拒绝并不影响其他第二受益人接受修改。对接受者而言该已转让信用证即被相应修改，而对拒绝修改的第二受益人而言，该信用证未被修改。

（5）已转让信用证须准确转载原证条款，包括保兑（如果有的话），但信用证金额、规定的任何单价、截止日、交单期限，或最迟发运日或发运期间中的任何一项或全部均可减少或缩短。

（6）可用第一受益人的名称替换原证中的开证申请人的名称。如果原证特别要求开证申请人名称应在除发票以外的任何单据中出现时，已转让信用证必须反映该项要求。

（7）第一受益人有权以自己的发票和汇票（如有的话）替换第二受益人的发票和汇票，其金额不得超过原信用证的金额。经过替换后，第一受益人可在原信用证项下支取自己发票与第二受益人发票间的差价（如有的话）。

（8）如果第一受益人应提交自己的发票和汇票（如有的话），但未能在第一次要求时照办，或第一受益人提交的发票导致了第二受益人的交单中本不存在的不附点，而其未能在第一次要求时修正，转让行有权将从第二受益人处收到的单据照交开证行，并不再对第一受益人承担责任。

（9）在要求转让时，第一受益人可以要求在信用证转让后的兑用地点，在原信用证的截止日之前（包括截止日），对第二受益人承付或议付。第二受益人或代表第二受益人的交单必须交给转让行。

2. 不可转让信用证

凡信用证上未表明为可转让的，那是不可转让的信用证（untransferable credit），即信用证的权利不得转让给第二个受益人。

五、按照信用证能使用的次数划分

按照信用证能使用的次数将信用证分为循环信用证和非循环信用证。

循环信用证（revolving credit）是指受益人在一定时间内利用规定金额后，能够重新恢复信用证原金额并再度使用，周而复始，直至达到该证规定次数或累计总金额用完为止的信用证。

买卖双方就同一种商品进行长期交易、分批交货时，为减少开证手续及费用和保证金，常商定使用循环信用证，使之使用了一次后还可再用。这类信用证可以是可撤销的，也可以是不可撤销的，并可由通知行保兑。但有关信用证的循环方法等在信用证上必须交代清楚，以免误解。特别是信用证统一惯例中对循环信用证未做任何规定，因此不能模棱两可。

1. 按时间循环的信用证

从理论上说，信用证可按金额和时间来循环，但实践中根据金额循环的并不多见。按金额循环的信用证是在信用证的金额被支用后，自动地或在收到开证行的通知以后恢复到原金额。但这样对用款的次数将无法控制，特别是对自动恢复到原证金额的情形。如果效期为半年，那么在这半年之内，任何时候都能使用信用证的金额，双方的责任将无法估计，因此银行和买方都不愿开立这样的信用证。而按时间循环却是经常使用的。这种信用证规定受益人在一定的时间间隔内，如每一个月或每两个月、一季等。可循环使用信用证上规定的金额。

2. 按金额循环的信用证

若信用证的金额为 5 000 美元，效期 6 个月，现定每月初信用证自动恢复到证中的金额，则无论上月是否用款，每月的可用金额就是 5 000 美元。若上月未用的部分可加在本月 5 000 美元之上继续使用，则为积累循环信用证（cumulative credit）；若上月 5 000 美元中的未用部分注销了，不可顺延到本月使用，称非积累循环信用证（non-cumulative credit）。无论是按时间还是按金额循环，都要表明是积累循环还是非积累循环。

3．信用证循环的方式

（1）自动循环信用证（automatic revolving credit），即受益人在规定时期内装运货物议付后，无须等待开证行通知即可自动恢复到原金额供再次使用。

（2）半自动循环信用证（semi-automatic revolving credit），即受益人每次装货议付后在若干天内，开证行未提出不能恢复原金额的通知，即自动恢复到原金额。

（3）非自动循环信用证（non-automatic revolving credit），即受益人每次装货议付后，需经开证行通知，才能恢复原金额使用。

六、红条款信用证／预支信用证

通常的信用证，受益人须在出运货物取得提单并提交符合信用证规定的各种单据后，才能向银行押汇领取货款，从采购或制造到银行给予议付这一段期间，不能从信用证本身得到资金融通。为了使受益人能在采购、制造直至装运前从通知或保兑行获得资金融通，信用证特别加列了条款，规定受益人在装运货物或提交单据以前，可请求通知行预支一部分资金，在议付时扣除。这种开证行在信用证上加列条款，授权信用证的通知或议付行提前向受益人支付货款的信用证称红条款信用证（red clause credit）。由于银行预支了部分金额，这种信用证又称预支信用证（anticipatory credit），还称打包放款信用证（packing credit），取"货物将运至港口，打包运往国外"之意。

信用证上允许出口之前垫款的条款，当时是用红字印刷或红字注明，以引人注意。所以称"红条款"，也有用绿色标识的，称"绿条款信用证"，区别是对出口商的要求后者要严格一些。现今信用证上的条款未必为红色，但只要有表明预支货款的内容，即可叫作红条款信用证。

红条款信用证最早的使用是与中国的皮货交易有关系的，当时国外进口商的代理人在中国内地采购时，要付现金才能取货，为解决收购所需要的资金，进口商要求银行开证时加注条款，授权通知行对它的代理人预先支取所需资金，然后打包装运至国外。现在，这种信用证在远东、南非、新西兰、澳大利亚及印度尼西亚有时用于羊毛、米、皮张等类似货物的买卖。这实际上是进口商为出口商提供了融资。进口商之所以做出这样的让步，一般是由于货物供不应求，不得不接受出口商的融资要求。

统一规则中对红条款信用证未做任何规定，但以下几点是实际运用中应加以注意的。

（1）在有红条款的情况下，允许出口商在装货交单前支取部分或全部货款。

（2）通知行或议付行在预支后，应将预支的金额、日期、利率通知给开证行。

（3）出口商交单议付时，出口地银行从议付金额中扣还预付款的本金及利息。

（4）在信用证的有效期内，受益人若不能归还预付的本息，即在到期时未按规定提交有关单据，预支款项的通知行可向开证行索偿，因通知行是凭着开证行的承诺才向受益人预支的，所以开证行有义务偿付预支的金额及利息，然后开证行再要求申请人赔偿。开证申请人将对还款、付息和在开证行、通知行所发生的所有费用负责。

（5）受益人一般都是以当地货币获得红条款项下的垫款，如果信用证使用的是另一种货币，那么预支日与还款日的汇率可能有变动，通常这个差额由受益人负担，由通知行在收到单据后从议付货款内扣除。但当信用证内特别写明由开证申请人负担时，则差额由申请人支付。

使用预支信用证的最大风险是，受益人在预支了货款后却不发货和交单，因此进口商应充分了解出口商的信用，否则进口商应拒绝在信用证上加列红条款。

七、背对背信用证和对开信用证

1. 背对背信用证

背对背信用证（back to back L/C）简称对背信用证，是指某信用证的受益人以自己为申请人以该证为保证，要求一家银行以开证行身份开立的以实际供货人为受益人的信用证。

对背信用证的产生同样基于中间商的需要。在这里，中间商既是出口商又是进口商。因为交易中进口商与实际供货人是互相隔绝的，所以用"背对背"这个词。对背信用证的流程如图 5-4 所示。

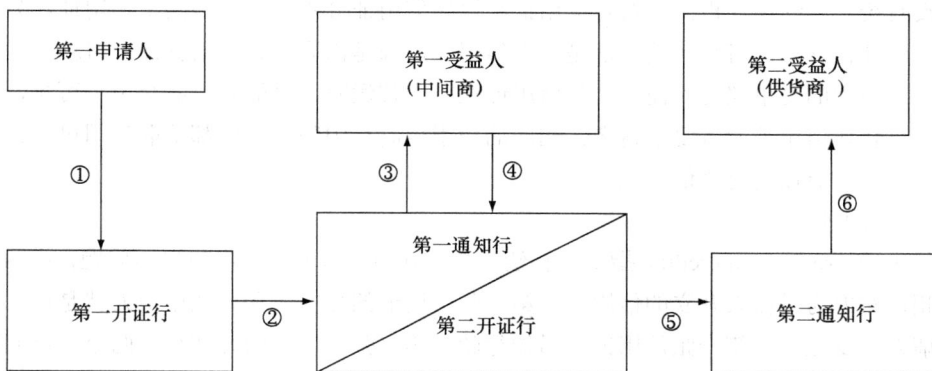

图 5-4　对背信用证的流程

说明：①申请人申请开出信用证；②第一开证行开出信用证；③第一通知行将信用证通知给第一受益人；④第一受益人向第二开证行申请开出背对背信用证，并以第一份信用证做抵押；⑤第二开证行开出背对背信用证；⑥第二通知行将背对背信用证通知给第二受益人，即实际的供货商。

在使用对背信用证时要注意以下几个问题。

（1）第二开证行提供的单据若不符合第一张信用证的要求，原始信用证的通知行即第一通知行将不会付款，第二开证行的议付也就不能得到补偿。所以要求第二张信用证的条款与第一张信用证的条款除几点改动外基本一致，而且原始信用证应该是不可撤销的，最好加具保兑。因为保兑使第二开证行的安全性增强，信用证不经它的同意就不能修改或撤销，且能多收费用——开证费和保兑费，一般情况下，原始信用证应当授权通知行对该信用证项下的单据付款而不是议付，这样，第二开证行才能确保从原始信用证的通知行处得到偿付。

（2）由于第二张信用证下的受益人才是实际供货者，原始信用证的受益人是中间商，所以在向第一通知行交单时，中间商要用自己的发票替换实际供货人的发票。

（3）中间商之所以为买卖双方进行交易，主要是为了获得收益。因此，对实际供货者开立的信用证金额可小于原始信用证上的金额，以便得到两者的差额；效期也应早于原始信用证的效期，使第二开证行有充足的时间进行审单、换发票等，以便在原始信用证到期前及早交单结算。但第二开证行不能在开证时照搬原证的保险条款，否则将导致第一信用证项下的保险额不足，应在第二张信用证中增加保险金额或更换保险凭证。

（4）若两张信用证上的货币不同，第二开证行应要求客户进行远期外汇买卖来防范风险。一方面能使客户减少损失，另一方面使之能有足够的资金履行第二信用证的偿付义务。

在对背信用证下，即使实际供货商所提交的单据是合格的，对开立对背信用证的开证行（第二开证行）来说仍有风险，如第二开证行在供货商交单时便支付了货款，但中间商由于其不能控制的原因未能在信用证规定的时间把货运给进口商，则第二开证行就不能得到原信用证项下的货款，以补偿其已向供货商支付的货款。

这种信用证与前面介绍的可转让信用证都是为中间商提供了方便，且在业务处理上也有许多相似之处，如均是中间商使用的，都存在第二受益人；费用由第一受益人支付；中间商可以换发票，改变信用证的金额、单价、装运期和效期。但二者应有明显的不同。首先，可转让信用证必须在信用证有明确表示时才能转让；而对背信用证在信用证上并无表示，只有中间商和第二开证行了解这一事实，其他的当事人并不知此证是对背信用证。其次，可转让信用证在统一惯例中有规定，而对背信用证没有统一的约束。再次，对背信用证和原始信用证分别是独立的两个信用证，分别由不同的两个银行保证付款，而可转让信用证是一个信用证，都是由同一开证银行保证付款。最后，对背信用证有两次独立的交单议付，而可转让信用证在一次装运时，只能有一次交单。可见，对背信用证业务要比可转让信用证业务复杂得多，相应的费用也高。中间商一般都争取使用可转让信用证，在无法争取到时才愿接受对背信用证。

2. 对开信用证

对开信用证（reciprocal credit）指采用补偿贸易方式时，为解决进出口平衡问题，由两国不同的开证行互相以对方为受益人开立的信用证。第一张信用证的受益人和开证申请人就是第二张信用证的开证申请人和受益人，第一张信用证的通知行就是第二张信用证的开证行。两个证可同时开立，也可先后开立。两证可同时生效，即先开的一方要等到对方也开出信用证时一起生效；也可分别生效，谁先开谁先生效，但后开出的一方往往要提供担保，以防对方不开证。

我国的补偿贸易、来料加工常用此对开信用证。进口时要求开立远期付款信用证，出口用即期付款信用证，届时可用出口所得的款项归还远期的进口合同的货款。

对开信用证的一个变形是伊士克罗（escrow）信用证。这种信用证是指贸易的一方首先开出以另一方为受益人的信用证，受益人按信用证规定装运货物提交单据后，议付行并不实际支付货款，而是将该款以受益人名义存入专门账户，即伊士克罗账户，只能用于受益人向进口国购货开立信用证时使用。可见，这种信用证是类似于对开信用证的，且都是用于两国以现汇方式易货的结算方式，但伊士克罗信用证的条件要更加严格些。

对开信用证起源于第二次世界大战后的日本。但这种方式较为呆板，现在已极少使用。

第五节　信用证的审核及风险

一、信用证的审核

（一）审单的原则

在信用证的发展历程中，银行在审核信用证项下的单据时，曾经有两个运用的原则：严格相符原则（doctrine of strict compliance）和实质相符原则（doctrine of substantial compliance），而经国际商会（ICC）成员投票通过 2007 年最新版本《UCP600》之后，产生了新的审单原则，这也是现在银行审核信用证项下的单据时普遍运用的原则，在《UCP600》审单原则下适当参考了实质相符（doctrine of substantial compliance）的原则。

1. 严格相符

严格相符原则（doctrine of strict compliance）指的是单据中的每个字、字母必须与信用证中写法相同，否则即构成不符点，单据就像信用证的镜子中的影像一样，常常又叫作镜子原则。采用严格一致标准时，有其自身的优势和劣势，优势是严格相符将使得利用信用证欺诈难度加大，因此在一定程度上保障了开证申请人的合法权益。劣势是面对种类繁多的单据和千变万化的贸易环境制单时要做到完全一字不差，在实践当中难度较大，因此受益人制单的难度加大并且容易遭到拒付，而开证申请人则可能利用无关紧要的不符点实现自己的目的，如不想付款或者想压低价格，这不利于贸易的良性发展，同时也会导致银行工作效率低下，因为银行要一字一字审核单据，也会加大开证申请人的开证成本。

2. 实质相符

实质相符原则（doctrine of substantial compliance）指允许受益人所交的单据与信用证有差异，不必与信用证规定的条款完全一致，只要实质一致就行。换言之，实质相符原则允许审单时有一定的弹性，允许出现非实质性内容上的差异。采用实质相符原则也有其自身优劣，优势是灵活性较大，可以提高外贸业务工作效率，降低受益人的制单难度，受益人遭受拒付的风险降低，降低开证申请人的开证成本。劣势是实质相符相对严格相符标准过于笼统，比较难以把握，银行审单的难度加大，可能银行觉得可以接受的单据，开证申请人不接受，就会使开证申请人处于不利地位，利用单据进行欺诈也会更加容易，进口商及银行风险增加。

3.《UCP600》下银行审单原则

（1）表面相符原则。根据《UCP600》第 14 条 a 款审单标准，即按照指定行事的指定银行、保兑行（如有），以及开证行必须仅以单据为基础对提示的单据进行审核，并且决定单据是否在表面与信用证条款构成相符提示。意为银行判别单据是否与信用证相符时，是根据单据的表面。

（2）单单一致、单证一致原则。根据《UCP600》第 7 条开证行责任 a 款和第 8 条保兑行责任 a 款，只要规定的单据提交给指定银行、开证或保兑行，并且构成相符交单，则指定银行、开证行或保兑行必须付款或承兑。

（3）实质相符原则。根据《UCP600》第 14 条 d 款，单据中的数据，在与信用证、单据本身以及国际标准银行实务参照解读时，无须与该单据本身中的数据，其他要求的单据或信用证中的数据等同一致，但不得矛盾。e 款，除商业发票外，其他单据中的货物、服务或履约行为的描述，如果有的话，可使用与信用证中的描述不矛盾的概括性用语。f 款，如果信用证要求提交运输单据、保险单据或者商业发票之外的单据，却未规定出单人或其数据内容，则只要提交的单据内容看似满足所要求单据的功能，且其他方面符合第 14 条 d 款，银行将接受该单据。又如国际标准银行实务（ISBP）第 25 条规定："如果拼写或打字错误不影响单词或其所在句子的含义，则不导致单据不符。"例如，在货物描述中用"mashine"表示"machine"（机器），用"fountanpen"表示"fountain pen"（钢笔），或用"modle"表示"model"（型号）均不导致单据不符。但是将"model 321"（型号 321）写成"model 123"（型号 123）将不视为打字错误，而构成不符。

（4）相对独立原则。根据《UCP600》第 4 条 a 款信用证与合同，该条款表明了信用证与贸易合同或其他合同是相互独立的，虽然信用证的内容以合同为基础，但是只要出口商（受益人）接受了信用证，信用证就脱离了合同，银行审单时不必理会合同条款，该条款同时也表明了银行作为相对独立第三方的地位，银行付款或承兑的责任不受进口商（开证申请人）与出口商（受益人）之间关系的影响。

银行在运用《UCP600》审单原则时拥有了更多的自由量裁权，也减小了银行的工作量降低了银行的成本，同时也降低开证申请人（进口商）的成本，维护了收益人（出口商）的权利，使得因为不符点遭拒付或拒绝承兑的情形减少，促进国际贸易的发展，但也导致了一些不法商人利用银行表面审单的原则试图进行欺诈的非法活动。

禁令一般是指执法当局责令被申请人停止或者不得为一定行为的命令，一旦法院给予进口商（开证申请人）签发了禁令，银行在该段时间可以中止付款。一般情况下，法院不轻易给予受欺诈方（进口方）签发禁令，只有发生了特别的欺诈例外才给予进口方以禁令救济，而且要满足一定条件才可实行禁令：实质性要件和程序性要件。首先，必须存在实质性、恶意的信用欺诈行为，且有必要签发禁令，即只有禁令这一救济措施才能免于受损。其次，必须由进口商（开证申请人）主动提出适用信用欺诈例外，而且禁令必须是在银行付款或承兑之前颁布，若银行已经付款或承兑，则进口商只能依据合同向法院提起诉讼。

（二）审核信用证

1. 开证银行信贷应用和申请人的信用检查

由于开证行一旦开出信用证就不能撤销（《UCP600》规定所有的信用证均为不可撤销信用证），且信用证这种结算方式实际上是开证行凭借自身信用先替进口商垫款，因此开证行必须对开证申请书以及申请人的资信进行严格审核，以最大限度地降低风险。

开证行有可能遇到以下风险：①开证人可能没有能力付款或破产倒闭。②货物在运输中遭到破坏和灭失，或者货物属于滞销商品、市场行情不佳，那么当开证行被迫出售货物时就无法收回全部货款。③若进口商由于所在国政策等变化没有获得进口许可证或在货物到达前许可证已过期，则货物不能进关，进口商就会以缺少进口许可证或许可证过期为由拒绝付款。

2. 通知银行检查信用证

信用证是国际贸易欺诈的主要工具之一。通知行审证时侧重审查来证的有效性与风险性，谨防假证。假证有以下特点：①来证无押，而声称由第三家银行来电证实；②装运期与有效期短，迫使受益人仓促发货；③信用证包含软条款。需注意的是，通知行只负责查核信用证的真伪，没有义务检查详细的条款。

3. 受益人检查信用证

受益人在收到通知行转交的信用证之后，必须仔细认真地审核信用证以保证自己可以执行其规定的条款并能安全结汇。以下条款就是受益人必须严格审核的条款：①该信用证是否需要保兑；②受益人和开证申请人的名称和地址是否正确；③信用证到期日和地点，最迟装运期和最迟交单日是否合理；④货物描述、单价和总价等要素需要表达明确；⑤所要求提交的单据是否能做到；⑥装运港和目的港是否正确；⑦保险条款是否正确；⑧是否允许转运或分批装运；⑨该信用证的种类是否能接受；⑩是否存在软条款。

出口商审证的主要内容如下。

（1）申请人、受益人的名称和地址是否准确。通知行是何种身份，即是否为付款行、限制议付行、保兑行等。

（2）信用证的类型。是即期付款信用证、延期付款信用证还是承兑信用证?信用证内是否加有软条款使之成为实际可随时撤销的信用证？如发现有限制性付款条款和保留条件，必须要求开证人改证。

（3）信用证的生效性。一些银行收到未生效的信用证，并不在信用证上加注"暂不生效条款"等有关声明，便通知受益人。出口商应认真审证以确认信用证是否为已生效信用证，在信用证未生效之前不能发货。

（4）信用证金额。金额应与单价和货量相称，大小写金额应相等。有的金额可能已扣除佣金或折扣。如果货物有溢短装，金额也应有相应的增减幅度，如果没有，出口商可提出修改。有的金额内可能还包括应由买方承担的额外费用等。这些应与合同一致，不一致者可以拒绝接受。

（5）货物描述。出口商根据合同对信用证中货物名称、规格、尺码、花色等仔细地核对。如果一些关键性的单词拼写错误或者所指不明确，原则上应当提出修改。因为信用证的条款，要么提出修改，否则是丝毫不得改动的。如信用证上货物名称中某个字母打错了，除非事先提出修改，否则所有相关单据上也必须跟着打错，以免造成不符点。但这样做很麻烦，不仅是每份货运单据、保险单据、商检证书都得照错制错，有些部门如商检局等还会拒绝出具商品名称错误的单据。根据《UCP600》规定，银行应劝阻过于详细的描述，货物描述可在合同基础上加以精简。如合同货名过多过细，信用证可打总称。有的来证只规定货名、货量，甚至有的只写见×××号合同，这些规定都可以接受。

（6）货物的数量、重量。根据《UCP600》规定，除非信用证另有规定，只要信用证未注明货物以包装单位或个数计数，并且总支付金额不超过信用证金额，货物数量可允许有5%增减幅度。但有些信用证在货物数量上规定允许有增减，却没有规定金额可以增减，出口商应该掌握不要增装，否则只好提出修改信用证。

（7）价格条件。信用证内应有价格条件，价格条件应与合同一致。如果信用证价格条件与合同不符，不能接受，除非信用证内同时规定额外费用在证下支取。例如，合同规定的价格条件为CFR，而信用证则规定为 CIF，由受益人办理保险，这时出口商可提出按合同修改价格条件，或出口商同意办理保险，但提出信用证中加注保险费可与货款一起支取的条款，如果信用证总金额不够。信用证应允许超证支付，或修改增额。

（8）装运港和目的港。装运港（port of loading/shipment）和卸货港（port of discharge）应符合合同规定，更改港口可能会引起运费和保险费的变化，因此不能接受，除非开证人同意支付更改后的费用。如合同中没有对此做出规定，出口商事先也无法确定装船口岸，最好通知进口商开证时起运港栏内同时指定几个港口，以供受益人选择，或仅写"中国口岸"（chinese main ports）。如果来证增加额外条件，例如指定的码头卸货，这种限制性条款使承运人失去选择的余地，尤其是有些码头情况不清，如该码头的水深度能靠多少吨位的船只、卸货条件和设备如何等，必要时应向港务局或航运公司咨询，以决定是否要求修改条款。如果来证中规定的目的港与我方无往来关系，不能接受，应接洽客户修改。

（9）转运期和有效期。信用证应有装运期（latest date of shipment）和有效期（terms of validity or expiry date）。有效期是指受益人交单取款的最后期限。在审核信用证的交单议付有效期的同时，应该注意信用证规定的有效地点。有效地点在受益人国内较好，如果在国外到期，最好不要接受，因为邮程无法掌握，且是否按时寄达只能由对方规定。

（10）分批装运。通常信用证应表明是否允许分批装运（partial shipments permitted/not permitted）。如来证允许分批装运，则必须按期按量出货，不能中断，如果其中一批未能按时装运，则信用证对此批及以后各批均告失败。出口商如果想再装，必须做展期修改。如来证不允许分批，但如货发至不同的目的港，应要求修改为允许分批，因为即使货物同船同航次出运，目的港不同也不能视为同一批。

（11）对船只和转船的限制。信用证中往往对船运船只或船龄、是否准许转船以及装运船舱的部位等加以限制，出口商要根据实际可能性决定是否可接受，是否应做修改。在 CIF 和 CFR 等价格条件下。按国际惯例是卖方负责租船、订舱、支付运费，卖方有权选择通常适合所运载货物的任何轮船，买方无权干涉。所以如果在 CIF 和 CFR 条件下买方在信用证上列有船只限制的要求，出口商可以拒绝。

（12）汇票。信用证付款方式中有些要求汇票，有些不要求汇票。如要求汇票，对信用证中汇票条款应审查规定受益人出具的汇票金额、付款人与付款期。汇票金额通常为全部发票金额，不一致者应审查是否已扣除佣金或有其他规定。根据《UCP600》规定，汇票的付款人只能是开证行，不能以开证申请人为付款人。汇票付款期限应与合同规定的付款期限一致。如果合同规定是即期付款，而信用证规定受益人出具远期汇票，受益人不能接受。除非有以下三个前提条件：①信用证明确规定受益人可以即期收款；②信用证明确注明贴现息和有关费用由开证人承担；③开证行或付款行的资信良好。也就是说，在开证行或付款行资信良好的情况下，出口商可以接受假远期信用证。例如，The negotiation bank is authorized to negotiate the insurance draft on sight basis, as acceptance commission, discount charges and interest are for account by buyer，这样的条款使受益人仍可即期取款。这种假远期信用证实际上是进口商利用了开证行的贷款。

（13）发票。《UCP600》第 18 条规定，商业发票应由受益人开立，发票也无须签名。有些信用证要求受益人在发票内加注一些证明词句等内容，通常只要能做到的就可以接受。

（14）货运单据。对信用证关于货运提单的审查中，要特别注意"正本提单寄开证申请人"的条款，这是最近几年信用证结算业务中频频出现的新现象。例如：1/3 original B/L and one set of non-negotiable documents to be sent to applicant within 3 days after shipment by DHL.（Beneficiary's certificate plus DHL receipt enclosed.）（1/3 正本提单和一套非议付单证在装船后 3 天内通过敦豪快件送交开证人，附上受益人证明和敦豪收据。）又如：Beneficiary's certificate stating original B/L of 1 set carried by the captain of the vessel.（受益人证明其中一套正本提单已由船长携带。）也有部分信用证规定"一套正本提单交开证人代表携带"，或"由议付行直接寄给开证申请人"。由于正本海运提单是物权凭证，谁持有它就可以向船公司或代理提取货物。目前国际航运界的规范做法是不论一套海运提单有几份正本，收货人只要提交其中的一份正本，并经背书后，船公司和代理就给予放货，而不管收货人是否已付了货款。如果受益人按信用证要求将 1/3 正本提单直接寄给开证申请人后，开证申请人可凭提单直接提走货物，当出口商按信用证要求向银行交单议付时，开证行或开证申请人可能对单据极为挑剔，以种种借口提出一些不符点而拒付货款，所以这种条款对出口商是极具风险的。因此，出口商应根据实际情况决定是否接受，或接洽开证人要求修改。

（15）保险单据。对保险单据的审查应注意以下几点。①保险单通常以受益人为抬头人即被保险人。如价格条件为 FOB 或 CFR，来证往往要求受益人代替开证人或直接以开证人为抬头人办理保险，这种条款可以接受，但信用证应同时规定保险费可凭保险费收据（premium receipt）在证下或超证支取。②保险类别应明确，应与合同相符。有些来证扩大了保险责任范围或增加了新的险别，受益人不能接受，除非信用证同时规定超保费用在证下或超证支取。③在买方投保的情况下，有些来证要求受益人将预约保单（装船情况）寄给进口国保险公司，经其签收保险回执（acknowledgement of insurance），受益人凭回执与货运单据一起办理议付。这样的条款一般不能接受，因为受益人无法控制后果，如果收不到或不能在信用证有效期内收到这种回执，受益人将无法交单议付。

4. 检查软条款

虽然信用证大大促进了国际贸易和金融的发展，但仍有很多不可控的因素会导致风险。市场风险使得货物可能滞销，从而直接导致进口商无力偿还银行垫付的货款。卖方可能欺诈，伪造提单和其他单据骗取银行付款使银行和进口商遭受极大的损失。信用证条款的风险指"陷阱条款"，俗称"软条款"，这些软条款会使出口商无法完成信用证要求的义务，造成交单不符无法获得货款，或使信用证可能因开证行或开证申请人单方面的行为而解除，成为名义上不可撤销、实际上可撤销的信用证。软条款可大致分为以下几种。

（1）信用证条款规定开证行另行指示或通知后方能生效。例如，装运必须等开证行发出信用证修改书，通知受益人由开证申请人指定的运输船名等装运通知。

（2）信用证条款规定受益人必须提交货物在抵达目的地后经买方检验后的检验证书。这一条款使信用证项下的银行付款保证已无从谈起，实质上把信用证结算变成托收中的承兑交单，出口风险陡增。

（3）信用证规定某些单据必须由指定人签署方能议付。例如，货物收据上的签章必须与我行的留存签字和印章完全相符，证明收到的货物良好，并注有数量、质量、装运期和信用证号码。

（4）信用证表示开证行的付款以进口商承兑出口商汇票为前提。这样，实际上已经将信用证业务中银行信用证转变为了商业信用。

（5）要求获得不易获得的单据。例如，违反运输常规，要求提供装在舱内的集装箱提单等。

（6）设置表面上不难办到实际上很难办到甚至根本办不到的条款。例如，在海运提单中规定将内陆城市确立为装运港。

（7）信用证规定"1/3 套正本提单和一套非议付单据在装运后××天内直接寄给开证申请人"。这样的条款对出口方和开证行来说都是危险的，因为进口商可以凭正本提单提货而无须到期付款。

以上所有条款和所要求的单证都是受益人自己无法控制的，会导致受益人无法交单或交单不符，进一步造成开证行或开证申请人拒付。

为避免这些软条款，出口商首先要在设立合同条款时就要认真考虑，确保合同条款详细、全面、明确。其次，收到通知行转来的信用证后，出口商要仔细检查以确保信用证条款与合同一致，如果存在任何难以做到的条款都应该要求修改信用证。

（三）信用证的不符点

信用证常见的不符点主要如下。

（1）信用证过期；

（2）信用证装运日期过期；

（3）受益人交单过期；

（4）运输单据不清洁；

（5）运输单据类别不可接受；

（6）没有"货物已装船"证明或注明"货装舱面"；

（7）运费由受益人承担，但运输单据上没有"运费付讫"字样；

（8）启运港、目的港或转运港与信用证规定不符；

（9）汇票上面付款人的名称、地址等不符；

（10）汇票上面的出票日期不明；

（11）货物短装或超装；

（12）发票上面的货物描述与信用证不符；

（13）发票的抬头人的名称、地址等与信用证不符；

（14）保险金额不足，保险比例与信用证不符；

（15）保险单据的签发日期迟于运输单据的签发日期（不合理）；

（16）投保的险种与信用证不符；

（17）各种单据的类别与信用证不符；

（18）各种单据中的币别不一致；

（19）汇票、发票或保险单据金额的大小写不一致；

（20）汇票、运输单据和保险单据的背书错误或应有但没有背书；

（21）单据没有必要签字或有效印章；

（22）单据的份数与信用证不一致；

（23）各种单据上面的"shipping mark"不一致；

（24）各种单据上面货物的数量和重量描述不一致。

二、信用证的风险及其防范

（一）出口商面临的风险

1. 进口商不按合同规定开证

信用证是银行根据开证申请人（即进口商）的要求或指示开立的，信用证的条款应与买卖合同一致。但在实际业务中进口商不依照合同开证，从而使合同的执行发生困难，或者使出口商遭致额外损失的情况很多见。例如，进口商不按期开证或不开证；进口商在信用证中变更一些条件或增加对其有利的条款，以达到企图变更合同的目的等。

2. 进口商设陷阱使卖方无法履约或议付时遭拒付

进口商往往利用信用证"严格相符的原则"，蓄意在信用证中增添一些难以履行的条件，如要求提供不易获得的单据等。因为按照信用证的特点，受益人必须提交与信用证相符的单据，银行才保证付款。但如果信用证上规定的某种单据是受益人无法出具的或是由开证申请人或其指定的人出具，则在对方不提供或不及时提供该单据时，实际上受益人根本就无法满足开证行的单据条件，银行的付款保证也就变成了一纸空文。

进口商有时还故意布下一些陷阱，如规定不明确、有字误或者条款内容相互矛盾的信用证。不要小看小小的字误，银行是根据与信用证条款严格相符的单据承担付款责任，一点小错误就可能成为开证行拒付的理由。另外，在信用证中规定相互矛盾的条款，如禁止分批装运却又限定每批交货的期限，会使出口商无所适从或者履行交货、交单后因不符信用证规定被拒付。

3. 进口商伪造信用证诈骗

有些进口商伪造信用证，例如，窃取其他银行已印好的空白格式信用证或与已倒闭或濒临破产银行的职员恶意串通开出信用证；将过期失效的信用证恶意涂改，变更原证的金额、装船期和受益人名称；伪造保兑信用证，即进口商在提供假信用证的基础上，为获得出口方的信任，蓄意伪造国际大银行的保兑函。出口商如若警惕性不高，将导致货款两空的损失。

4. 开证行的信用风险

信用证做完一种银行信用，在受益人提交了与信用条款完全一致的单据情况下，开证行对之承担首要的付款责任。在外贸实际业务中，由于开证行信用较差所导致的收汇困难也不乏其例。

5. 规定的内容已非信用证交易的实质

如果信用证规定必须在货物运至目的地经检验合格或经外汇管理当局核准后才付款；或规定以进口商承兑汇票为付款条件，如果进口商不承兑，开证行不负责任等内容。这实际上已不是信用证交易，对出口商也没有保障可言。

6. 信用证中的"软条款"

所谓信用证中的"软条款"，是指信用证中加列各种条款致使信用证下的开证付款与否不是取决于单证是否表面相符，而是取决于第三者的履约行为。开证申请人通过制定的"软条款"，在一定程度上限制着银行的第一付款人地位，从而大大降低了银行的信用程度。信用证中的"软条款"使名义上不可撤销的信用证实际上成为可撤销。

"软条款"一般有以下几种：（1）信用证暂不生效条款。信用证开出后并不生效，要待开证行另行通知或以修改书通知方可生效。（2）变相可撤销信用证条款。信用证对银行的付款，承兑行为规定了若干前提条件，如货物清关后才支付、必须由申请人或其指定的签字人验货并签署质量检验合格证书后才能付款等，开证行可随时单方面解除保证付款责任。（3）信用证中规定一些非经开证申请人指示而不能按正常程序进行的条款，如发货需等开证申请人通知，运输工具和起运港或目的港需申请人确认等。

（二）进口商的风险

由于信用证方式是"纯单据业务"，银行只审查受益人提交的单据是否与信用证条款规定"表面上"相符，以决定是否履行付款责任，而不管实际货物。因此，受益人如果变造单据使之与信用证条款相符，甚至制作假单据，也可以银行取得货款，从而使进口商成为欺诈行为的受害者。

（三）开证银行的风险

1. 开证申请人由于种种原因不付款赎单

信用证开证时，开证申请人并不需要向开证行交清全部货款，只需缴纳一定数量的保证金，而且保证金所占开证金额的比例较小，因而实际是由银行垫付大部分资金。当信用证到期，开证申请人无力支付或由于其他原因不支付银行垫款，银行的垫款将难以收回。

2. 利用远期信用证进行骗汇

由于进口信用证业务流程复杂，牵涉面广，其中一些当事人由于利益驱动勾结起来，利用远期信用证进行金融诈骗，有目的地骗购外汇，侵占银行资金。

（四）信用证风险的防范

1. 慎重选择贸易伙伴

进、出口商在寻找贸易伙伴时，一定要对客户进行资信调查，尽量不与资信不好的客户做生意。在实际业务中，进口商一定要加强对出口商的信用调查，同时选择信誉良好的运输单位和质检部门，以降低出口商伪造单据的风险；出口商在与进口商订约之前也应对进口商的基本信誉状况有充分的了解，在合同中明确规定进口商的开证义务，具体规定开到信用证的时间以及进口商违反合同迟开信用证应当承担的法律责任。在订立合同后应及时向进口商催开信用证，在催开信用证未果或进口商迟开信用证的情况下，不可贸然出货。

2. 预先在买卖合同中明确规定信用证的内容

在信用证业务中，卖方必须交付与信用证规定严格相符的单据，才能取得款项。合同是信用证的基础，因此卖方可预先在买卖合同里对信用证的内容做出明确规定，以免日后发生争议。在订立买卖合同时，卖方必须做出慎重的安排与选择，尽可能选择对己有利方式和条件，并对所接收到条件应有绝对的把握履行，对于没有把握履行的条件不要订立或要求修改。

3. 加强对开证行的资信调查

信用证的性质属于银行信用，是开证行以自己的信用作保证，因而开证行的信用至关重要。开证行的资信较差，极有可能使受益人在提交了与信用证要求相一致的单据后，遭到开证行的无理拒付。为了预防这一风险，出口商应事先了解进口商所在国家或地区的经济、金融状况以及当地银行信用证业务的一般做法，在订约时具体规定信用证的开证行，并要求由开证行以外的另一家银行对开证行的责任加以保兑。

4. 认真审查信用证

根据《跟单信用证统一惯例》的规定，通知行有责任鉴别所通知信用证的真伪。因此，出口方银行（指通知行）必须认真负责地核验信用证的真实性，并掌握开证行的资信状况。如发现疑点，应立即向开证行或代理行查询，以确保来证的真实性、合法性和开证行的可靠性。

出口方也需对信用证进行认真审查，审查内容主要有两个方面。首先，核对信用证的内容与买卖合同是否一致，发现有出入的内容及有困难履行的条款必须迅速要求进口方改进，只有在收到开证行的改运通知书后方能装运货物；其次，审查信用证的真伪、开证行的信用、信用证的种类等。实际业务中，卖方可以向通知行落实情况，此外，卖方还可以要求卖方或开证行请其他自己较为熟悉或资信好的银行对信用证加具保兑。

审证时还应注意来证的有效性和风险性。信用证通知行和受益人应加强合作，对信用证的生效条件、信用证中是否列有主动权不在自己手中的"软条款"或"陷阱条款"以及其他不利条件条款进行认真审核，一旦发现此类条款，应立即要求开证声请人修改或删除。

5. 严把单据制作关

提交与信用证严格相符的单据是开证行付款的前提条件。如果受益人在信用证规定的有效期内提交的单据与信用证规定的不符或单据之间表述不一致，即使出口人（受益人）按期交付了与合同规定的品质条件完全相符的货物，也会面临被拒付的风险。所以在信用证的业务中，受益人应严把单据质量关，严格按照信用证制作单据，完成制单后应仔细复核，使提交单据的种类及其内容表述与信用证规定相一致，以保证按期结汇。

6. 严格开证申请人的资信审查，加强保证金管理

开证行必须严格审查开证申请人近期业务经营状况、资信情况、资产质量、负债状况、偿付能

力等，并参照信贷管理审查程序及制度给每位客户核实一个开证的最高授信额度。对远期信用证必须落实足额保证金或采取同等效力的担保措施。保证金收取比率应与进口商的资信、经营作风、资金实力及市场行情相结合，对风险较大的业务必须执行 100% 甚至更多的保证金，并落实有效的担保、抵押手续。

外汇管理部门与海关、银行间应加强配合，应加强外汇管理部门与海关、银行之间的网络关系，及时沟通信息，做到数据资源共享，使不法分子无机可乘。外汇管理部门还应加大对有远、套汇行为的不法企业的处罚力度，并及时将名单送报各银行，帮助银行防范风险。

三、信用证欺诈

信用证欺诈是指利用跟单信用证机制中单证相符即予以支付的规定，提供表面记载与信用证要求相符，但实际上不能代表真实货物的单据，骗取货款支付的商业欺诈行为。

（一）信用证欺诈的表现形式

1. 伪造文件或签字、印鉴

伪造包括伪造信用证，伪造信用证修改文件，伪造保兑信用证，伪造签字（印鉴），伪造检验证书等。

2. 涂改信用证

进口商将过期失效的信用证刻意涂改，变更原证的金额、装船期和受益人名称，并直接邮寄或面交受益人，以骗取出口货物，或诱使出口商向其开立信用证，骗取银行融资。

3. 盗用或借用其他密押

在电开信用证中，伪称使用第三家银行密押，但该第三家银行的确认电却无加押证实，试图骗取出口货物。

4. 利用信用证"软条款"诈骗

信用证软条款指信用证中含有制约受益人，开证方随时可解除付款责任的条款。

5. 进口商不依合同开证

信用证条款应与买卖合同严格一致。但实际上，由于多种原因，进口商不依照合同开证，从而使合同的执行发生困难，或使出口商遭致额外的损失。

6. 进口商故意设置障碍

进口商利用信用证"严格一致"的原则，蓄意在信用证中增添一些难以履行的条件，或设置一些陷阱。例如信用证上存在字误，如收益人名称、地址、装运船、地址、有效期等打错字，不要以为是小瑕疵，它们将直接影响要求提示的单据，有可能成为开证行拒付的理由。

此外，信用证中的规定相互矛盾：如禁止分批装运，却又限定每批交货的期限；或既允许提示联运提单却又禁止转船；或要求的保险种类相互重叠等。

（二）信用证欺诈产生的根本原因

跟单信用证审单的基本原则："单证表面相符"给欺诈以可乘之机。"单证表面相符"是指跟单信用证开出后，（开证）银行承诺在受益人提交符合信用证中规定的单据时即无条件付款。银行审查单据是否符合信用证规定，只看单据表面，对单据的真实性，单据与其所代表的货物是否有真实的对应关系则在所不问。

　　"表面相符"原则的理论根据是：银行是处理单据的专家而不是处理货物的专家，银行不能也不必对单据下的货物情况进行调查，否则就混淆了银行在国际贸易中应充当的角色。

　　坚持"表面相符"的原则确实使银行业务得以更迅速进行，但也让潜在的欺诈者发现了机会：信用证要求的只是单据，而在当今的科技条件下，没有什么单据是难以伪造的，况且信用证要求的单据形式都不复杂，非常易于伪造。如果将伪造的单据直接交给买方，买方一定会不遗余力地查证核实，很难导致实际付款。

　　而将伪造的单据交给银行，银行在"表面相符"原则的保护或约束下，根本没有动力，甚至也没有权利过问单据的真实与否，只要单据表面符合信用证要求，就立即能得到付款或付款承诺。

　　伪造单据的低微成本和信用证下可得到的付款的比例诱使不少人铤而走险。

（三）信用证欺诈的防范

　　（1）有关银行必须认真负责地审核信用证的真实性、有效性，并掌握开证行的资信状况。

　　对信开信用证，应仔细核对印鉴是否相符，大额来证还应要求开证行加押证实；对于电开本信用证及其修改书，应及时查核密押相符与否，以防假冒和伪造。对于信用证中的软条款，必须采取谨慎态度。一旦发现来证含有主动权不在自己手中的"软条款"及其他不利条款，必须坚决和迅速地与客商联系修改，或采取相应防范措施，以防患于未然。

　　（2）提高业务人员素质，保持高度地警惕性。

　　加强业务人员的专业知识学习，提高业务水平，这是防范风险的关键。很多风险的发生是由工作马虎，忽视风险造成的。

　　（3）银行要加强信用风险管理，重视资信调查。

　　开证行应认真审核开证申请人的付款能力，严格控制授信额度，对资信不高的申请人要提高保证金比例，落实有效担保。通知行应认真核对信用证的密押或印鉴，鉴别其真伪。议付行应认真仔细审核议付单据，确保安全及时收汇。

　　银行应建立客户信息档案，定期或不定期地客观分析客户资信情况。在交易前通过一些具有独立性的调查机构仔细审查客户地基本情况，对其注册资本、盈亏情况、业务范围、公司设备、开户银行所在地址、电话和账号、经营作风和过去的历史等进行必要的调查评议。

　　（4）银行应适当关注进出口企业的贸易背景。

　　银行要注意调查和收集进出口企业的资信情况、进出口交易记录等信息。

本章小结

- 信用证是银行（开证行）应买方（开证申请人）请求并按照买方指示，向卖方（受益人）开出的，在规定的时限内，凭规定的单据，支付（即付款或者是承兑或议付汇票）一定货币金额的书面承诺。信用证实质上是银行的一种有条件的支付承诺。
- 信用证的3个特点：（1）开证行承担第一性的付款责任。（2）信用证是独立于贸易合同的自足性文件。信用证是独立的文件，不依附贸易合同。（3）信用证业务只处理单据，不涉及货物。
- 信用证的3个功能：（1）促进信用证。（2）提供法律保护。（3）确保文件的鉴定。
- 跟单信用证的业务流程：开证申请人申请开证、进口地银行开立信用证、出口地银行通知或转递信用证、出口商审证发货并提交单据、银行审单付款并向开证行寄单索汇、开证行审单及偿付、申请人付款赎单。

- 信用证的当事人：信用证的当事人及其权利义务、信用证主要当事人之间的关系。
- 信用证的种类：根据信用证是否可撤销划分为不可撤销及可撤销信用证；根据信用证有无第三者提供保证兑付来划分，分为保兑信用证和不保兑信用证；按信用证的使用方法或付款方法来分类，分为即期付款信用证、延期付款信用证、承兑信用证和议付信用证；根据信用证的权利能否转让来划分，分为可转让信用证和不可转让信用证。
- 审单的原则：（1）严格相符。（2）实质相符。《UCP600》银行审单原则：（1）表面相符原则。（2）单单一致、单证一致原则。（3）实质相符原则。（4）相对独立原则。
- 信用证业务中出口商、进口商、开证银行都面临风险，应加强风险防范。
- 信用证欺诈是指利用跟单信用证机制中单证相符即予以支付的规定，提供表面记载与信用证要求相符，但实际上不能代表真实货物的单据，骗取货款支付的商业欺诈行为。
- 跟单信用证审单的基本原则："单证表面相符"给欺诈以可乘之机。

基本概念

信用证　不可撤销信用证　保兑信用证　跟单信用证保　兑行议付行

复习思考题

1. 如何理解信用证的特点？
2. 简述信用证的主要内容。
3. 简述跟单信用证的一般业务流程。
4. 即期付款、延期付款、承兑、议付信用证的区别。
5. 简述信用证的优缺点。

拓展阅读

案例 5-1　信用证指示不明确、不完整

案例介绍：

欧洲某银行开立一张不可撤销议付信用证，该信用证要求受益人提供"Certificate of Origin：E.E.C. Countries"（标明产地为欧共体国家的原产地证明书）。该证经通知行通知后，在信用证规定的时间内受益人交来了全套单据。在受益人交来的单据中，商业发票上关于产地描述为"Country of Origin：E.E.C."，产地证则表明"Country of Origin：E.E.C. Countries"。

议付行审核受益人提交的全套单据后认为，单单、单证完全一致，于是该行对受益人付款，同时向开证行索汇。

开证行在收到议付行交来的全套单据后，认为单单、单证不符：

1. 发票上产地一栏标明：E.E.C.，而信用证要求为E.E.C. Countries。

2. 产地证上产地一栏标明E.E.C. Countries，与发票产地标明E.E.C.

开证行明确表明拒付，并且保留单据听候处理。

收到开证行拒付通知后，议付行据理力争：信用证对于发票并未要求提供产地证明，况且发票上的产地系与产地证一致。故议付行认为不能接受拒付，要求开证行立即付款。

案例分析：

该案的争议源于信用证条款的不完整，不明确，在开证行开列的信用证中，开证行对产地的要求为E.E.C.Countries，而并未具体要求哪一国。在此情况下，受益人提供的单据中涉及产地一栏时既可笼统表示为欧共体国家，也可具体指明某一特定国家（只要该国是欧共体成员国即可）。倘若开证行认为不符合其规定，它应在开证时将产地国予以明确表示。

《UCP600》规定：开立信用证的指示、信用证本身、修改信用证的指示以及修改书本身必须完整、明确。

既然开证行开立的信用证指示不明确，它将自己承受此后果。故在此案中开证行的拒付是不成立的。

此案中给我们的启示如下。

1. 作为开证行在开立信用证时必须完整、明确。

2. 议付行在收到不明确、不完整的指示时，应及时与对方联系，以免不必要的纠纷。

3. 受益人必须严格按照信用证条款行事。对于非信用证所要求的千万别画蛇添足。在本案中既然商业发票中不必显示产地，虽然商业发票中显示产地是许多国家的习惯做法，但为避免麻烦也不应该出现原产地。

案例 5-2　信用证的再转让

案例介绍：

I银行开立一张不可撤销可转让跟单信用证，以M作为受益人，A行为该证的通知行。在A行将该证通知M后，M指示A行将此证转让给X，该转证的到期日比原证早1个月。第二受益人X收到转证后，对于转证的一些条款与第一受益人M产生了分歧。双方经过多次协商，终未达成协议。而此时，该转证已过期。

于是M请求A行将已过期的未使用的转证恢复到原证。鉴于原证到期日尚有1个月，M要求A行能将恢复到原证的金额再度转让给新的第二受益人Y。A行认为它不能同意M的做法。因为将该证转让给Y构成了信用证的第二次转让，而这正违反了《UCP600》第38条的规定。况且，A行未从第二受益人X处收到任何货物未出运、转证未被使用或者同意撤销转证之类的信息。

案例分析：

A行再认识上存有误区。将未来使用过的转证再次转让给另一新的第二受益人不能被视作为二次转让。《UCP600》第38条规定：除非信用证另有规定，可转让信用证只能转让一次，因此，该信用证不能按第二受益人要求转让给随后的第三受益人。根据此条文意，由第一受益人做出的再次转让并不构成二次转让，而视为一次同时转让给多个受益人的情形。所以此等转让并非为《UCP600》所禁止。在此案中，既然第二受益人X并未接受转证，第一受益人M当然可以自动地将该证转让。

当然A行也并未义务接受M再次转让的指示。《UCP600》第38条又规定：除非转让范围和方式已为转让行明确同意，转让行并无办理该转让的义务。倘若A行同意将该证转让给Y，比较谨慎的做法是：它从X处获取一份书面指示同意撤销未用的转证，同时退回转证通知。那么转让行A能否在未收到第二受益人X明确表明撤销转证的情况下，接受第一受益人M将未用转证转至新的第二受益人Y的单方面指示？有关这点《UCP600》并未做出任何规定，这完全取决于银行与各方的关系。

案例 5-3　备用信用证与商业信用证的不同

案例介绍：

某银行开出不可撤销的备用信用证，经A银行加保并通知受益人。该证要求：

1. 提供一份违约证书，声明"根据X公司与Y公司1994年1月1日签订的第111号合同，我们在1994年2月2日装运S毫升油。按照上述合同条款要求，我们从装船日起已等待Y方付款达120天，Y方未付应付款。因此Y方已违约，应在备用信用证项下向我方支付X美元"。

2. 商业发票副本一份，注明装运商品的细目。

3. 运输单据副本一份，证明货物已装运及注明装运日期。

受益人按合约发了货，并按销货条件向Y开出了120天到期付款的发票。在发货后的120天，由于未直接从Y方收到款项，受益人缮制了备用信用证所要求的文件，提交给保兑行。

保兑行审核了违约证书、商业发票副本和运输单据副本，认为单证相符，即向受益人付了款，并以快邮向开证行寄单索款。

收到单据后，开证行以下述理由拒绝付款，并把付款情况通知了A行。该不符为：晚提示。根据《UCP600》第14条c款，单据不得迟于装船后21天提示，而货物早已于1994年2月2日装运，单据迟至1994年3月6日才提示。

A行对此拒付不同意，复电如下："来电拒付无理。《UCP600》第14条c款适用于商业跟单信用证，而非备用信用证。后者是担保你客户履约而立的。只要你证明你客户违反和受益人之间的商业合同条款，即为有效。此外，为了履行商业合同，受益人必须在发货后等待120天，以便你客户付款。如后者违约不付，则受益人将使用备用信用证取得该证项下的付款。因此，在装运后，做出必要的违约证书以前，受益人既要给予120天的融资，同时又要按信用证要求，在发货后21天之内，提交信用证要求的单据是不可能的。据此，我行认为你行拒付无根据，并即希望偿付我行已付的款项，加上我行付款日到你行偿付我行之日的利息。"

案例分析：

此案中保兑行的解释是正确的，开证行的拒付无理。因为在备用信用证项下，受益人在做违约证书之前，需有一段必要等待的时间，以证实开证申请人确已违约。因此《UCP600》第14条c款对本案不适用。

那么，我们假设：如果开证行拒绝偿付保兑行，保兑行能否向受益人行使追索权？回答是否定的，因为作为保兑行，在已做出付款的情况下，不得行使追索权。

备用信用证被认为是第二性付款手段。因此，这种信用证只凭违约证书有效，不应附加任何副本商业单据的要求，否则将导致不恰当的银行业务做法，引起所谓"单证不符"的纠纷。

在此案中，由于申请人已破产，其资产已由法院控制。开证行即以所谓的不符点延迟付款，以便其有足够的时间与法院协商，解除对申请人资产的部分冻结，以便付款。在等待4个月后，开证行终于偿付了通知行，但并未支付利息。

案例 5-4　信用证修改

案例介绍：

我国某外贸食品厂向韩国出口15吨辣椒制品，信用证规定：不许分批装运，船期为2000年8月31日。在装运前，受益人收到对方改证，要求数量增加5吨。受益人认为货物已经整装备妥，且按原证要求一次发运，符合要求，而后增加的5吨货物也可以按要求不分批，在最迟装期前一次性发运，于是将原证15吨货物发运。该公司8月21日向银行交单时，认为改证与现在提交的单据无关，也未将改证一起递交议付行（该行非信用证通知行）。议付行审单未发现问题，顺利寄单。4天后，该公司又发运了第二批5吨货物。随后议付行收到开证行拒付电文：我行已于8月25日和29日分别收到第××号信用证项下你方第××号和第××号单据，经查存在不符点：信用证规定不许分批装运，原证15吨，8月17日改证增加5吨，共20吨货物。而我方分别收到你方15吨和5吨货物的单据两套，故不符合我方要求，单据暂存我行，请电告处理意见。

依据《UCP600》第10条C款规定：在受益人告知通知修改的银行其接受该修改之前，原信用证（或含有先前被接受的修改的信用证）的条款对受益人仍然有效。受益人应提供接受或拒绝修改的通知。如果受益人未能给予通知，当交单与信用证以及尚未表示接受的修改的要求一致时，即视为受益人已做出接受修改的通知，并且从此时起，该信用证被修改。受益人在向银行提交单据时，本可以提出拒绝修改，保证15吨货物的安全，但现在拒绝权利已经丧失，已造成事实上的不符。后因辣椒制品畅销，该食品厂才安全收回货款。

案例分析：

从这个案例中，我们可以看出在采用信用证为结算方式时，对信用证的条款进行修改可能是经常发生的，信用证的修改中存在着潜在的风险，但因其隐蔽性较强，所以很容易被忽略。因此，在接受信用证修改前，一定要认真阅读修改的内容，要正确理解修改条款的要求，不能轻易接受修改。一定要注意：改证后原证中哪些条款会延伸或扩大其效力范围，哪些效力会灭失，以求正确理解开证行的改证意图，避免造成损失。

【教学目的和要求】

- 掌握银行保函的概念、特点
- 了解银行保函的内容、种类与开立程序等
- 全面认识银行保函的作用

【案例导读】

意大利甲银行于2004年6月15日开立一份见索即付保函，受益人为中国乙公司，申请人为意大利丙公司。由于丙公司提供的生产线存在质量问题，且经要求后仍未能妥善解决，受益人遂于2004年8月6日向甲银行发出了保函项下的索偿通知。甲银行于2004年9月13日发来电文，告知由于丙公司在意大利法院申请了保全措施，故而无法支付该保函项下款项。后受益人委托律师和商会与甲银行反复交涉，指出根据《意大利民事诉讼法》第669条，凡申请诉前保全措施者，须在申请之日30天内提起正式诉讼，否则有关当事人可以申请撤销保全裁定。但是，时至2005年9月19日，意行仍声称法院止付令有效，无法付款，但拒不提供法院止付令或其向法院提出合理抗辩的任何证据。意行的做法是否符合国际要求，乙公司如何保障自己的权益？

第一节 | 银行保函概述

在国际经济交往中，如果一方未能履约，就会使对方蒙受较大损失。为使双方能放心大胆地达成交易，常常需要由一个第三者作为担保人，向一方提供另一方一定履约的保证，由担保人以自己的资信向受益人保证对委托人履行交易合同项下的责任义务，或偿还债务承担责任。银行因为有雄厚的资金和较强的经营能力，常应客户要求，担当这种担保人，这成为银行的经常性业务。

一、银行保函的定义

银行保函是指国际间银行办理代客担保业务时，应委托人要求，向受益人开出的保证文件，称作保函（letter of guarantee，L/G）。为区别于其他金融机构，如保险公司、保证公司、信托公司、金融公司等所开的保函，故称为银行保函。

这是对银行保函的一个笼统的定义，对某一具体保函而言，要根据其与基础合同的关系，判断是何种性质的保函。保函就其所依附的合同关系来看，有从属性保函和独立性保函之分。

从属性保函（accessary guarantee），是将保函置于基础合同的从属地位，以合同条款为中心来判断保函项下索赔是否成立。如果基础合同无效，银行的担保责任即告消灭，并且如果委托人依法或依合同对受益人享有抗辩权，则担保行可以同样用来对抗受益人的索赔。由于保函是从属性的，所以担保银行的责任也是从属的，即银行承担第二性的付款责任。当委托人违约时，应由其本人首先

承担责任，只有委托人不能承担责任时，受益人才能凭保函向担保行索赔。传统的保函业务大多属于此种性质。

独立性保函（independent guarantee），是指根据基础合同开具，但又不依附于合同而独立存在，其付款责任仅以保函自身的条款为准的一种保函。在此种保函项下，担保银行大多承担第一性的付款责任，或称独立性偿付合同，即当受益人在保函项下合理索赔时，担保行就必须付款，而不管申请人是否同意，也无须调查合同履行的事实。

从目前国际银行的保函业务的实际情况看，通行的多数为独立性保函。从受益人的角度看，为消除担保行所在国法律对保函业务的限制（许多国家对保函采取从属之说），以保障自身的正当权益不致因合同纠纷而遭受损失，非常希望申请人提供的银行保函能独立于基础合同；而银行为了避免在从属保函项下被卷入合同纠纷，也愿意开具那种在其付款时可不必考察基础合同履行情况的独立性保函，这两方面的因素使现代保函逐步发展为以独立性保函为主。国际商会第 458 号出版物就是针对独立性保函加以制定的。其对保函的定性为"保函从性质上是独立于其可能基于的合同或投标条件的交易，即使保函中包含有对合同或投标条件的任何援引，担保人与这类合同或投标条件也无任何关系，也不受其约束。担保人在保函项下的责任，是在提交了表面上与保函条款一致的书面索赔要求和保函规定的其他单据时，支付保函项下的金额。可见，独立性的保函已得到国际社会的认可，国际结算中的保函将沿此趋势发展。

二、银行保函当事人及其责任

1. 申请人

申请人（applicant）也称为委托人（principal），是向银行提出申请要求开立保函的一方，一般为经济交易中的债务人，如进口商、借款人等。申请人的主要责任是按照已签订的合同或协议的规定履行各项义务，在违约后补偿担保行或反担保人为承担担保责任而向受益人或担保人所做出的任何赔偿，并支付有关费用。

2. 受益人

受益人（beneficiary）是接受保函并有权在申请人违约后向担保人提出索偿并获取赔偿的一方，一般为经济交易中的债权人，如出口商、贷款银行等。受益人有权索偿，但须履行合同规定的各项义务，在索偿时还必须提供保函所规定的索偿文件。

3. 担保行

担保行（guarantor bank）是接受申请人要求，向受益人开立保函的银行。担保行的责任是促使申请人履行合同的各项义务，并在申请人违约时，根据受益人提出的索偿文件和保函的规定向受益人做出赔偿，并有权在赔偿后向申请人或反担保人索偿。

保函除了上述三个基本当事人外，根据不同的业务情况，还可能涉及其他当事人。

4. 通知行

通知行（advising bank）是接受担保人的委托将保函通知或转递给受益人的银行，也称转递行（transmitting bank）。通知行一般是受益人所在地并与担保行有业务往来的银行，通常是担保行的联行或代理行。

通知行只对保函的真实性负责，即核对担保行的印鉴和密押，确认保函是担保行发出的，而不保证保函实质上的真实与正确。因此，通知行对索偿不负任何责任。通知行在完成通知后可按保函金额的一定比例收取手续费。

5. 转开行和指示行

转开行（reissuing bank）是指接受原担保行的要求，向受益人开立以原担保行为申请人及反担保行、以自身为担保行的保函的银行。转开行一般是指示行（反担保行）的联行或代理行。转开行转开保函后，成为新的担保行，原担保行便成为保函的指示行（instructing bank）。转开行一般为受益人所在地银行，而指示行一般为申请人所在地银行。

在跨国交易中，受益人出于对申请人所在国银行的不了解，以及保函受签发地所在国法律约束等原因，往往只接受以本国银行为担保行的保函。因此，原担保行不得不在受益人国内寻找转开行转开保函，以保证交易正常进行。转开行转开保函后，由于自身成了担保行，因而对受益人的索偿负有赔偿责任，在赔偿后有权向指示行凭反担保函索偿。

6. 反担保人

反担保是由反担保人应申请人的委托向担保行出具反担保文件，承诺在申请人违约后做出赔偿，且申请人不能向担保人提供补偿时，由反担保人提供补偿，并承担担保人一切损失。反担保人（counter-guarantor）就是为申请人向担保行开出书面反担保保函的人。反担保人负有向担保人（转开行）赔偿的责任，同时也有权向申请人索偿。

7. 保兑行

保兑行（confirming bank）是根据担保行的要求，在保函上加具保兑，承诺当担保行无力赔偿时，代其履行付款责任的银行，亦称第二担保行。

当受益人认为担保银行的资信状况不足以信任时，可要求担保行寻找一家国际知名的大银行作为保兑行对保函进行保兑，实际上相当于双重担保。保兑行在替担保行赔偿后，有权向担保行索偿。

三、银行保函的基本内容

目前各国银行开出的保函已逐渐形成一个较为统一、完整的格式，其基本要素是相同的。根据《见索即付保函统一规则》简称《URGD758》第 8 条规定，银行保函的内容应该清晰、准确，避免过多的细节。

（一）基本项目

保函的基本项目主要包括以下内容。

（1）保函的编号及开立日期。

（2）各当事人的名称和地址。保函中要列明主要当事人，即申请人、受益人、担保行的名称和地址。保函如涉及通知行、保兑行或转开行，还需列明通知行、保兑行或转开行的名称和地址。

（3）保函种类。对于不同性质和用途的银行保函，必须注明其种类，如投标保函、付款保函等。

（4）保函的有效期。银行保函的有效期，这包括保函的生效日期和失效日期两方面内容。

（二）开立保函的依据——基础合同

保函开立的依据是基础合同。银行保函应写明交易合同、协议或标书的号码、签约日期、签约双方及其规定的主要内容，作为确定合同和判断交易双方是否违约的依据。

关于基础合同的文字一般都很简明扼要，除了申请人、受益人的名称，还包括基础合同签订或标书提交的日期、合同或标书的编号，有时也包括对标的的简短陈述，例如货物供应等。

（三）保函金额、货币名称及减额条款

银行保函金额是担保人担保责任的最高限度，通常也是受益人的最高索偿金额。保函金额可以是具体的金额，也可以用交易合同金额的一定百分比来表示，一般要写明货币种类。金额的大小写要完整、一致。

担保金额减额条款的作用是随着申请人逐步履行基础合同，担保的最大金额相应减少。保函中一般也会规定金额递减的方法，也规定凭以减额的单据。

（四）索偿条件

索偿条件也称付款条件，是判断是否违约和凭以索偿的证明。一般以受益人提交的符合保函规定单据或证明文件作为付款依据。

索偿条件不必与事实相联系，但必须由受益人在有效期内提交保函规定的单据或书面文件，以证明申请人违约，且申请人提不出相反证据时，即可认定所规定的付款条件已经具备，索赔有效。

（五）先决条件条款

保函生效的先决条件是为了保护申请人的利益。先决条件条款是担保在先决条件满足后才能生效，而不是自保函开立之日起生效。因此，只有先满足了与基础合同有关的某些重要的先决条件时，受益人才能对担保提出要求。例如，在最终的合同订立之前先开立履约保函的做法在实践中为数不少。出口商认为在合同订立前开立履约保函可以表明其生意伙伴是慎重的，其财务状况是值得信赖的。但是对进口商来说，尽管这样做可以加强其谈判实力，他也不愿意在这个阶段就提供履约保函。在这种情况下，折中的办法是进口商虽然按照出口商的要求开立履约保函，但是在保函中加入先决条款规定"合同缔结时本保函才生效"或者"合同中的先决条件已经满足时，本保函才能生效"。

（六）有效期条款

（1）保函生效日期

除非保函另有说明，否则自开立之日起生效。根据银行保函的不同用途和避免无理索赔的需要，银行保函有着不同的生效办法。例如，投标保函一般自开立之日生效；预付款保函则要在申请人收到款项之日生效，以避免在申请人收到预付款之前被无理索赔的风险。

（2）保函失效日期

保函失效日期是指担保人收到受益人索偿文件的最后期限。原则上应规定一个明确时间，期限一到，担保人应立刻要求受益人将保函退还注销。因为一些国家法律规定保函不得失效，收回保函可以避免一些不必要的纠纷。

（3）保函延期条款

投标保函与履约保函往往赋予受益人将保函延期的权利，即经受益人要求，保函的有效期可以延长。

（4）退还保函条款

保函中应规定，保函到期后，受益人应将保函退回担保行。

（5）失效条款的欠缺

当保函中未规定失效期时，除了例外情况，这并不意味着保函是无期限的。根据《RDG758》第25条c款规定，如果保函未规定失效期或失效事件，那么保函将自开立之日起三年之后终止。

在国际业务中，由于对外国银行不了解，以及各国法律差异较大，受益人往往只接受本国银行

开立的保函，因而申请人只好委托其往来银行先给受益人当地代理行开立反担保函，由该代理行再向受益人开立保函，这是一种适用较为普遍的反担保形式。在开立保函时应写明反担保人名称、地址、权利、责任以及反担保索偿条件、金额等要素。

除了上述内容外，银行保函还包括与保函有关的转让、保兑、修改、撤销及仲裁等内容。在实际业务中，保函一般是不可转让的，因为保函转让后，担保银行的责任将会复杂化，风险将加大。因此，银行在开立保函时都尽量避免转让条款。若申请人因交易需要坚持要开立可转让保函，担保银行则需在保函中写明受让人，规定不得以无记名自由转让，且应注明由申请人承担转让风险，并及时将转让情况通知担保人。保函的修改、撤销等应在各当事人一致同意的前提下进行。

四、银行保函的特点

作为独立性保函，具有以下几个特征。

1. 银行保函是独立于基础合同的法律文件

保函的开出源于交易双方的一定合同关系，没有基础合同，保函就无开出的必要及可能。但保函一经开立，银行和受益人之间即产生了一种独立的经济、法律关系和或有债权债务关系，这种关系不再依附于申请人与受益人之间的合同关系。若申请人与受益人发生纠纷诉诸法院，法院将只以保函本身的条款为依据来审理，不允许以基础合同中的抗辩理由来对抗受益人；担保行也只能依保函本身的条款来判定索赔或付款是否成立，只要保函规定的付款条件已经具备，担保行就须付款，而对合同的执行情况不予过问，更不参与合同双方的争议或纠纷。而且，担保行的责任并不因基础合同的终止或失效而自动失效，除非保函到期或受益人声明解除担保行的责任。

2. 担保行只处理单据而非基础合同

虽然银行也可以开出以执行或未执行合同作为付款前提的保函，但同时规定必须提供某种单据以确定是否执行了合同，担保行收到按保函规定出具的单据，就必须付款，而不管事实上的合同执行情况。在这里，担保行和信用证的开证行或议付行一样，处理的只是单据或证明文件，而不是合同或货物，它对货物的品质、数量、真伪、是否装船、中途的遗失以及是否到达目的港都不负责。而且担保行对单据或证明的处理，也只是要求单据或证明表面与保函的规定相符，对单据的真伪、邮递过程中的遗失、延误概不负责。

3. 担保行的责任有时是第一性的，有时是第二性的

这是由保函中的索偿条件所决定的。当保函中免去受益人先向申请人请求付款的程序，即受益人可直接向担保行索款而无须先找申请人。这时银行负第一性的付款责任。当担保行保证在保函规定的付款条件已具备时申请人一定付款，只有在申请人不能付款的情况下，担保行才负责向受益人付款，这时担保行的付款责任是第二性的，也就是作为统一付款人的申请人不付时再付。以往，人们往往认为在从属性保函项下，担保行的责任是第二性的；而在独立性保函中，担保行的责任是第一性的。实际上并非如此绝对。独立保函中，担保行的责任人多是第一性的，但也可以是第二性的。如一份保函的保证条款是"We hereby guarantee that the buyer pay according to the following payment schedule…"显然，担保行在此只是保证买方按期付款，而没有做出自己首先付款的承诺，属第二性的。如保函中明确规定，"受益人无须首先向申请人提出付款请求，即可直接要求担保行付款"，诸如此类条款的保函，担保行无疑承担的是第一性的付款责任。

五、银行保函的作用

保函最主要的作用就是提供一种信用方面的担保，这种担保对国际间商品交易和国际工程项目中的出口方或进口方来说是非常重要的。因为进、出口的任何一方不履行或不完全履行合同时，将会给对方带来损失，虽然这个损失可根据合同向对方提出索赔或诉讼，但通过第三者出具保证书，即保函来赔偿其损失，不仅风险小而且简化了索赔的程序，特别是在由银行来充当这个第三者时。

保函对申请人来说，能促使其履行合同，因为它不履行就非支付赔款不可，即使是银行支付的，它也要归还；对受益人来说，其合同项下的权益及收款的权利有了保障；对银行来说，为了协助企业向国外输出入商品、兴办工程项目或向国外投标，也愿接受企业的委托提供各种性质的保证书，从中收取一定的费用，进而对各种交易进行资金融通。

总体来看，银行保函的信用担保作用可以从两个方向来理解：一是保证合同项下款项的支付，如付款保函、租赁保函、借款保函等，均是银行向受益人保证交易的对方将按期支付合同的价款；二是保证合同的履行，它可以制约申请人必须按期履行其合同义务，以避免和减少违约事件的发生，属于这一类的保函有履约保函、投标保函、预付款保函、保释金保函等。

保函可以用于贸易方面的担保，也可用于非贸易。最初，保函只用于借款方面，其后为履约方面的担保函，逐步又扩大到对国际工程的投标保函，后来又发展到凡因经济政治上的原因，无力或无法偿付，以及法令变动、资金冻结、进出口许可证的停发或取消，甚至战争、灾害造成的风险或损失，均包括在担保的范围内。

六、银行保函和信用证的比较

1. 两者的相同或相似之处

（1）银行保函和信用证都是银行应申请人的要求开出的，是以银行信用来代替商业信用，以解决合同双方互不信任的问题，并由银行承担付款责任的一种保证或承诺。通过银行的保证或承诺，使合约的另一方获得或享有合同所赋予其的权利。

（2）就独立性的保函而言，由于是不依附于合同的独立文件，所以和信用证是相似的。

（3）无论是独立性的保函还是信用证，银行处理的都是单据，而对于基础合同、货物等概不负责，是遵循单据表面相符的原则，单据是否与信用证或保函所规定的条款表面吻合是银行决定付款与否的唯一依据。

2. 两者的不同之处

（1）保函的应用范围广于跟单信用证。信用证是开证行应进口商的申请向出口商开出的，在出口商提交了符合信用证条款的单据后，由开证行向出口商支付货款的一种贸易结算方式，通常只运用在贸易合同中。而保函既可用于国际贸易，也可作为国际间其他交易，如劳务承包、租赁、借贷等其他经济活动的结算方式。因此，银行保函的应用范围远大于跟单信用证，甚至可以说，任何需要银行信用介入的交易和场合，都可以使用保函，它适合于任何性质的支付。

（2）信用证中的开证行承担第一性的付款责任；而保函项下的银行，其责任可能是第一性的，也可能是第二性的，要根据保函中的条款而定。负第一性付款责任的担保行，也是凭正本装运单据凭单付款，而第二性的保函，则要在申请人拒绝付款或无力付款之时凭受益人的书面声明才由担保行付款。

（3）信用证下的款项大多是货款；而保函下支付的不仅是货款，还可能是赔款或退款。担保行若承担第一性的付款责任，则其支付的款项就具有合同价款的性质，因为在这种保函中，只要受益人履行了合同规定的义务，担保行就必须将合同的价款支付给它；若担保行承担的是第二性的付款责任，则其支付的款项要么是赔款，要么是退款，因为此时担保行的承诺是保证申请人履行合同中规定的某项义务，只有发生了违约，担保行才支付，具有惩罚的性质。

（4）信用证业务中，开证行可指定其他的银行作为信用证的议付行、付款行或承兑行接受受益人的单据并向受益人支付或垫付，并且信用证的到期地点通常在受益人所在地；而保函业务中，担保行不能指定自身以外的其他银行作为付款行，也无议付之说，只能由自己承担责任，且保函的到期地点通常都在担保行所在地。

（5）单据及要求不同。信用证项下要求的单据为货运单据及其他各种商业单据、检验证明及产地证等；而保函由于应用范围广，所以要求的单据多种多样，既包括货运单据及其他单据，也包括书面索赔书及声明等。另外，二者对单据的要求也不同，保函要比信用证宽松一些。虽都是凭单付款，但信用证要求单证一致、单单一致；而保函项下担保行对单据上的一些细小的、文字上的非实质性的差错并不挑剔，只要受益人提交了保函所规定的单据，担保行即予以支付。

第二节 | 银行保函的开立与业务程序

一、银行保函的开立方式

根据银行保函的用途和实际交易的需要，银行保函的开立方式主要有三种。

（一）直接将银行保函开给受益人

担保银行应申请人的要求直接将保函开给受益人，中间不经过其他当事人环节。这种银行保函的开立方式最简单、最直接。

直接将银行保函开给受益人的业务流程如图 6-1 所示。

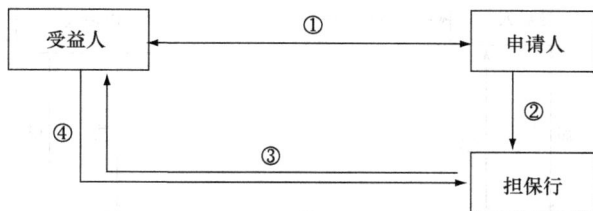

图 6-1　直接向受益人开立保函流程

说明：①申请人和受益人之间签订合同或协议；②申请人向担保行提出开立保函的申请；③担保行向受益人直接开出保函；④受益人在发现申请人违约后，向担保行提出索赔，担保行赔付。

在实际业务中，银行保函很少用这种方式开立，因为受益人一般不愿接受这种形式的保函。首先，受益人接到担保银行开立的保函后，无法辨别保函的真伪，因此无法保障自身的权利。

其次，索偿不方便，即使申请人（委托人）违约，受益人具备索偿条件，要求国外担保行进行赔偿也不太方便，如文件的起草和翻译、依据的标准和对法律规定的了解、赔款的支付等都有一定困难。

（二）通过通知行通知银行保函

担保银行应申请人要求开出保函后，将保函交给受益人所在地通知行或转递行，由该行将保函通知或转递给受益人。

通过通知行开立银行保函的业务流程如图 6-2 所示。

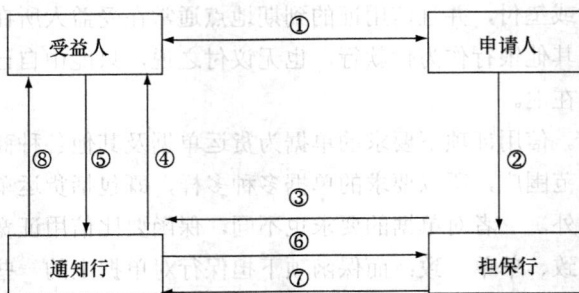

图 6-2   通过通知行开立银行保函流程

说明：①申请人与受益人签订合同或协议；②申请人向担保行提出开立保函的申请，担保行开立担保函；③、④通知行（转递行）将保函通知给受益人；⑤、⑥受益人在申请人违约后通知行（转递行）向担保行索偿；⑦、⑧担保银行赔付。

通过通知行开立银行保函具有以下两个特点。

第一，银行保函真假易辨。这种开立保函的方式较为普遍，因为受益人接到的保函是经过通知行或转递行验明真伪后的保函，他不必担心保函是伪造的。

第二，受益人索赔不便。在该方式下，受益人索偿不方便的问题仍然存在。受益人只能通过通知行或转递行向担保行索偿，而通知行或转递行只有转达的义务，它们本身不承担任何责任。因此，实际上还是受益人向国外担保行索赔。

（三）通过转开行转开银行保函

当受益人只接受本地银行为担保人时，原担保银行要求受益人所在地的一家银行为转开行，转开保函给受益人。这样，原担保银行就变成了反担保人，而转开行则变成了担保行。

通过转开行转开银行保函的业务流程如图 6-3 所示。

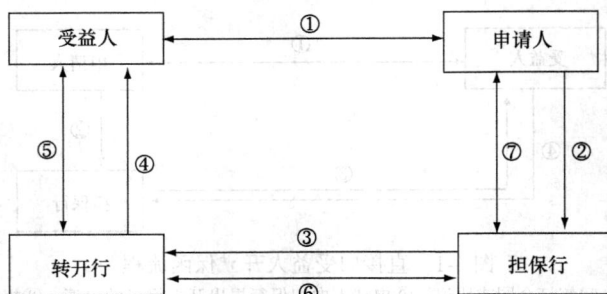

图 6-3   通过转开行开立保函流程

说明：①申请人与受益人签订合同或协议；②申请人向担保行提出开立保函的申请；③担保行开立反担保函并要求转开行转开；④转开行转开保函给受益人；⑤受益人在申请人违约后转开行索偿，转开行赔付；⑥转开行根据反担保函向担保行索偿，担保行赔付；⑦担保行向申请人索赔，申请人赔付。

通过转开行开立保函方式在现实生活中很普遍，其优点有三个方面。

第一，解决了受益人对国外担保行不了解的问题。转开行是本地的银行，受益人比较了解和信任。

第二，银行保函易辨真伪，并且容易查询。

第三，受益人索赔方便。受益人与转开行同处一个国家，并且通常是同一城市或地区，不存在语言、风俗习惯、制度和法律方面的差异，一般是互相比较了解的。以这种方式开立保函，对受益人最为有利。

以上是银行保函三种开立方式的基本流程，在实际业务中，可能没有反担保人，也可能还有保兑行等其他当事人，流程不尽相同。

二、银行担保业务的运作程序

银行保函的开立是一项手续复杂、政策性强的工作。从银行角度来讲，该程序包括受申请人委托对外开出银行保函和受国外银行委托通知或转递银行保函。

（一）对外开出银行保函

1. 申请人向银行申请开立保函

申请人在与受益人签订合同或协议以后，根据合同或协议规定的条件和期限向银行申请开函。

（1）递交保函申请书。保函申请书是申请人表示请求担保行为其开立保函的意愿的文件，是担保行凭已开出保函并澄清申请人法律义务的依据。其主要内容包括：担保行名称，申请人名称和地址，受益人名称和地址，基础合同或标书（协议）的名称、号码及日期，基础合同或协议下商品或项目名称、数量，银行保函的币种、金额，银行保函的种类（用以标明保函的性质、用途），银行保函的有效期（包括生效日期和失效日期），银行保函的发送方式（保函是电开还是信开），申请人的保证和声明，申请人的开户银行名称、账号及联系电话，申请人单位公章、法人签章及申请日期等。

（2）提交基础合同（或协议、标书）的副本。为便于担保行了解交易的有关内容，申请人应提交有关合同的副本，若合同或协议中规定了保函的格式，则应提供该保函的格式。

（3）提交财务报表以及与交易有关的资料。申请人应向银行提交出口许可证、项目可行性研究报告等有关资料及财务报表，以供银行审查。

（4）采取保障措施。保障措施包括缴存保证金，提交反担保文件，落实反担保措施。

2. 担保银行审查

担保行在接到申请书以后，要对是否接受开立保函申请进行审查，其主要内容包括以下四项。

（1）对申请手续的审查。申请书内容是否填写清楚、准确、完整，申请人的法人签章和公章是否齐全、正确，申请人应提交的其他文件，例如合同副本、反担保文件、企业财务报表是否真实、准确、齐全。对于外资企业，在第一次申请开函时还需提交全套的审批文件、合资合同、章程、验资报告、营业证书、营业执照、董事会决议等一系列资料。

（2）对担保范围的审查。申请开立的保函必须在担保法规规定的担保业务范围内，外汇保函担保金额与银行外债余额之和不得超过担保行自有外汇资金的法定比例，担保行不得为外商投资企业中外方注册资本担保，违反上述条件均不能担保。

（3）对交易项目的审查。担保行对保函所涉及项目的合法性、可行性、效益情况要做出判断。项目合同的内容是否符合我国的有关政策和平等互利的原则，贸易合同是否符合国家进出口许可证制度，借款项目是否已纳入国家利用外资的计划、是否报经国家外汇管理部门批准，项目的配套资金、原材料是否落实，产品市场前景如何，项目的经济效益如何，借款人的偿债能力怎样等。

（4）审查反担保及抵押情况。除了上述内容外，担保行还须审查反担保及抵押情况。

① 审查反担保人资格。按照我国《担保法》规定，允许提供外汇反担保的机构仅限于经批准有权经营外汇担保业务的金融机构和有外汇收入来源的非金融性企业法人，政府部门和事业单位不得对外提供外汇担保。对人民币保函进行反担保的单位也必须是资信较好、有偿债能力的金融机构和企业法人。不满足上述条件的反担保人开立的反担保函银行应不予接受。

② 审查保证金情况。对于外汇保函，根据不同的需要，申请人或缴存100%的现汇保证金，或只提交由合法反担保人出具的人民币反担保。以上情况银行可视同保证金到位，予以开函，但申请人必须保证在汇率发生变化、原保证金不足以对外支付时，及时补足差额部分。对于人民币保函，申请人缴存100%的人民币保证金或提交合法反担保人出具的人民币反担保，银行都可以开函。

③ 审查反担保文件。反担保人出具的反担保函必须是不可撤销的，其责任条款也应与银行对外出具的保函责任条款一致。反担保函内容必须准确、清楚、完整，并且明确说明当反担保人在收到担保人书面索偿通知后若干天内必须无条件支付所有款项。到期未付，担保行有权凭反担保从反担保人账户上自动划款，反担保人不得以任何理由拒付，并放弃一切抗辩和追索的权利。另外，反担保函的生效日期应早于保函生效日期，而失效日期则应迟于保函失效日期。

④ 审查抵押物情况。即担保行审查抵押物是否合法、申请抵押时是否履行必要的审批登记程序，在申请人无力偿债时担保行是否能依法对抵押物取得无可争辩的置留权，抵押物的品质、价格情况如何，抵押物是否易于保管、变现能力怎样等。

3. 银行保函的开立

担保行对申请人提供的上述资料审查无误后可开函，具体程序如下。

（1）编号登记。为了便于内部管理和事后查阅，担保行在每笔保函开出之前都应编号，并按顺序登记，注明有关保函的主要内容。

（2）缮打保函。编号登记完毕以后，银行根据申请书的有关内容，缮打保函一式五联，要求外观整洁、整齐、要素齐全，不得涂改。保函五联中，一联退回申请人留存，一联由担保行归档、留底，一联作为担保行记账传票附件，另外两联在信开方式中直接寄给受益人，在电开方式中则应交有关部门加押后作为发电依据。

（3）审查保函。在保函发出之前，担保行应对保函的条款及文字表述做严格审查，看保函是否合法，是否与合同一致。保函一般不应该有不确定金额、效期，或有"无条件见即付""可自由转让"等字样。对此，审查人员应严格把关，避免不利条款或文字表述不当造成不必要的纠纷。

4. 银行保函的审批、登记

银行保函开立后，还需由相关部门审批、登记。

（1）行内审批登记。保函在对外发出以前，经办人只需填写保函审批表，写明保函主要内容，逐级报批，并同时填写保函管理表，写明保函收费、修改和保函副件情况，为日后收具、修改、查询之需。

（2）报请上级管理机关审批和登记。根据我国《担保法》规定，提供外汇担保必须报请国家外汇管理局及其分局审批，并进行登记。为境内机构提供外汇担保，由担保行所在地外汇管理部门审批；为中国驻外企业或境内外国机构或外资企业提供外汇担保，由国家外汇管理局审查。

担保行办理担保报批手续时，应向外汇管理部门提供全部或部分下列资料：担保项目可行性研究报告批准件和有关批复文件，担保行自有外汇资金情况的证明，担保行对外债务担保的文件，担保合同意向书，被担保项下主债务合同或意向书及有关文件，落实反担保措施文件，外国机构、外资企业的等值外汇资产抵押证明。

担保银行还应按月填写《外汇担保变动反馈表》，写明本月担保债务变动情况，向担保管理机构进行登记，并随附《境内机构提供外汇担保备案表》，领取《外汇担保备案证书》。

5. 银行保函的修改

不可撤销保函的修改必须经当事人各方一致同意后方可进行，任何一方单独对保函条款进行修改都视作无效。当申请人与受益人就保函修改取得一致后，由申请人向担保行提出书面申请并加盖公章，注明原保函的编号、开立日期、金额等内容以及要求修改的详细条款和由此而产生的责任条款，同时应出具受益人要求修改或同意修改保函的书面材料。担保行在审查申请并同意修改以后，向受益人缮打修改函电，由主管负责人签字后发出。

若修改为增加保函金额，则应视作重开一份新的保函，一切手续与前述手续相同。若修改为减少保函金额，担保行只须填制有关传票冲销减少额即可。

6. 银行保函的管理

担保行在开出保函后，须对保函进行严格的后期管理，以保证项目的顺利进行，确保银行资产安全。

（1）保函的档案管理。担保行每办理一笔保函业务，都要将其归档留底，以备事后监督、查询、风险分析、处理债权债务关系以及法律诉讼之需，因此保函的档案必须完整、系统，便于查找。

（2）担保项目的管理。担保行除了对保函的相关文件进行档案管理外，还应对保函涉及的项目进行监督管理，其主要内容包括：担保人应经常检查项目的执行情况，督促申请人严格履约，必要时，还应调节双方的纠纷和争议。对项目贷款进行监管，要求申请人将项目的贷款转入担保行账户，严格按照预先确定的项目资金使用计划使用贷款，并及时还本付息。担保人在每年年初，应及时向申请人计收当年的担保费，并登记保函管理表，防止迟收、少收或漏收。

7. 银行保函的索偿、赔付与撤销

当申请人违约，受益人提示符合保函要求的全套正确的单据或文件时，担保人即可认定索偿有效，应立即予以赔付，而不得以任何理由拖延。

在划款之前，担保人还应要求受益人或由受益人通过其往来银行确认，在收到赔付款项之后，担保人在保函项下的责任将随着赔付而减少，直至全部款项清偿完毕而自动解除，并要求受益人在收到全部赔款后，将失效保函退回担保行注销。

保函在到期后或在担保人赔付保函项下全部款项后失效。保函失效以后，担保行应向受益人发出函电，要求其退还保函正本，并将保函留底从档案卷中调出，用红笔注明"撤销"字样，连同退回的保函正本一同归于清讫卷（已注销保函的档案）备查。另外，担保行还须视情况对账面做出相应调整。

（二）外来银行保函的处理

银行除了开出保函以外，也可能收到国外银行开来要求处理的保函。外来银行保函根据对方不同的要求可分做要求通知函和要求转开函。

1. 收到国外银行通知函

收到此函，银行只是作为通知行（转递行）起中介作用，因此，它只需核对保函的印鉴和密押与担保行是否相符，相符则将保函转呈受益人，并收取 0.1%的手续费。此时，银行对受益人的索偿不负任何责任。

2. 收到国外银行转开函

收到此函，银行作为转开行，要开立一份以原担保函（反担保函）为反担保函、以真实受益人为抬头的新的保函。由于此时银行对受益人的索偿负有经济责任，因而要对反担保函进行审查和登记，然后才能开函。

（1）对反担保函进行审查。对反担保函的审查内容如下。

① 审查原担保人的国籍或所在地区是否属于我国不与之往来的国家或地区。若是，银行则应退回保函，拒绝受理。

② 审查保函的印鉴和密押与原担保行是否相符。若不符银行则应退回保函，并告之受益人。

③ 审查原担保银行的资信状况和偿债能力。若发现对方银行资信不好，担保金额与其实力不相适应或该银行属于实行外汇管制的国家时，转开行应考虑请原担保行在保函结算地寻找一家国际知名的大银行进行保兑后方可受理。

④ 保函的内容是否正确。这包括保函的内容是否合法、是否违背我国有关政策和公平贸易原则、反担保函与要求开给受益人的保函内容是否矛盾、保函的要素是否齐全、书写是否正确等。

⑤ 反担保的生效期和失效日期。反担保函的生效日期应早于转开函的生效日期，其失效期应晚于转开函的失效日期。

（2）登记。对国外来函审查无误以后，转开行应逐笔对保函进行登记，并注明保函的主要内容，如受益人、反担保行、金额、期限、保函编号等情况以及收到保函的日期。

（3）开立保函。在审查、登记工作完成以后，转开行可根据反担保函提供的保函格式和内容向受益人开函，其程序与前述对外开出保函相似。转开保函后，转开行应及时向原担保行收取转开手续费。

（4）银行保函的管理、赔付与撤销。转开保函后，转开行承担了担保行的一切责任，所以转开行需对保函进行管理，在遇到索偿时赔付，直至最终撤销保函。

三、银行保函的国际惯例

银行保函的大量使用开始于 20 世纪六七十年代。由于各国关于银行保函立法各不相同，保函纠纷时有发生，在一定程度上阻碍了银行保函业务的顺利开展。因此迫切需要制定统一的国际担保规则来规范银行保函的运用。正是在这样的背景下，国际商会（ICC）组织专家先后制定了多个与银行保函有关的国际规则。

1. 承包保函统一规则

《承包保函统一规则》（uniform rules for contract guarantees）是国际商会 1978 年第 325 号出版物，简称"URCG325"或"合同担保规则"。为了统一保函格式，与 325 号统一规则配合，又制定和公布了《承包保函示范格式》（国际商会出版物第 406 号）。但因 325 号统一规则第 9 条规定：证明索赔要求的文件需要受益人提供法院判决书，或仲裁裁决书，或委托人同意受益人的索赔及其金额的书面声明。这一规定对于受益人太严格而有利于委托人，对待双方显失平衡，所以 325 号统一规则不能被广泛接受。

2. 见索即付保函统一规则

《见索即付保函统一规则》（uniform rules for demand guarantees）是国际商会 1992 年第 458 号出版物，简称"URDG458"或"见索即付保函规则 458"，它明确规定由受益人提交索赔书及保函规定的单据或文件向担保行索赔，即银行保函的索赔仅凭保函中规定的单据见索即付，而不管申请人是否违约的事实。

3. 见索即付保函统一规则 2010

《见索即付保函统一规则 2010》（the uniform rules for demand guarantees ICC publication No.758. 2010 Edition）是国际商会第 758 号出版物，简称"URDG758"是国际商会在 URDG458 基础上，借鉴近年来保函及相关业务实践发展经验，引入全新的术语体系修订的，2009 年 12 月 3 日公布，于 2010 年 7 月 1 日正式实施。URDG758 大量借鉴和采用了 UCP600 的体例，在调整保函当事各方责权关系方面的规定更加清晰、准确和全面。

《见索即付保函统一规则 2010》包括 35 个条款以及保函和反担保函的标准模板。URDG758 与 URDG458 旧规则相比，在保函性质、非单据条件的处理、保函的修改、有关交单方面的规定、单据的审核、不可抗力 6 个方面做了重大修改。

与 URDG458 相比，URDG758 的主要变化有：（1）剔除了"合理时间"和"合理审慎"的条款，以树立见索即付保函确定性和可预测性。（2）担保人在拒绝不相符索赔时，应该在 5 个工作日内发出拒付通知并列出所有不符点，否则担保人将丧失声明索赔不相符的权利。（3）保函自开立到失效过程中的关键阶段出现时，申请人有被告知的权利。（4）制定了一套全新的在未明确失效日期或失效事件情况下的保函失效机制，旨在降低严重损害申请人利益的敞口保函的数量。（5）提供了保函和反担保函的标准模板。

需要指出的是，URDG758 出台后，URDG458 并不存在废止的问题，如保函明确选择适用 URDG458，则 URDG458 将适用，而 URDG758 将不予以适用。因此在实务中，需要在保函中明确表明是适用于 URDG758 还是适用于 URDG458。

第三节 保函的种类

银行保函由于形式灵活、简便可靠而被广泛运用于国际经济领域，不同领域的不同用途造就了银行保函不同的特点和形式。

应用保函的国际业务主要有进出口贸易、补偿贸易等有形的商品交易及有关劳务方面，如投标与引进技术等，以及借款、举债等资金融通方面。具体使用时，对保函种类的划分比较困难，因为各类保函往往是交叉使用的。例如，有关进出口贸易与补偿贸易，一般为付款保函，但有时也可能为违约保函。投标时，使用投标保函，中标后又要签订履约保函。在引进技术时，可以使用进口付款保函，也要使用还款保函。

关于银行保函，至今尚未形成统一的分类标准。银行保函按其应用范围可分为出口类保函、进口类保函、对销贸易类保函、其他类保函 4 种。

一、出口类保函

出口类保函（exporters guarantee）是指银行应出口方申请向进口方开出的保函，是为满足出口货物和出口劳务需要而开立的保函。

（一）承包保函

某些国家进行工程建设多采用招标、承包方式，供应劳务、物料或设备的投标人和中标后的承包人，须向招标人或向工程业上提供各种银行保函，统称为承包保函（con-tract guarantee）。

具体有以下几种。

1. 投标保函

投标保函（tender guarantee/bid bond）是在以招标方式成交的工程建造或货物买卖等交易中，银行应投标方的要求向招标方（受益人）出具的，保证投标方在投标有效期内不撤标、不改标、在中标后规定期限内签订招投标项下的合同或提交服约保函或履约保证金，如投标方违反以上条件，则由银行按照保函约定向招标方（受益人）赔付一定金额的款项作为补偿的书面承诺。

投标保函金额一般为投标金额的 1%～5%。有效期至开标日为止，有时再加 3～15 天索偿期。如投标人中标，则有效期自动延长至投标人与招标人签订合同、交来履约保函时为止。

2. 履约保函

履约保函（performance guarantee/performance bond）是银行应商品供货方或工程承包方的申请，向买方或发包方出具的保证供货方或工程承包方严格履行合同义务的书面承诺。倘若供货方或工程承包方日后未能按合约的规定及时发运货物或完成所承建的工程，以及未能履行合约项下的其他义务，银行将受理买方或发包方的索赔，按照保函约定向买方或发包方支付一笔不超过保函金额的款项，作为对买方或发包方的损害补偿。

保函金额由招标人确定，一般为合同金额的 5%～10%。履约保函的有效期至合同执行完毕日期为止，有时再加 3～15 天索偿期，如合同有质量保证期或工程维修期，则有效期可延长到质量保证期或工程维修期满为止，再加 3～15 天索偿期。

3. 预付款保函

预付款保函（advance payment guarantee）或退还预付款保函（refundment guarantee for the advance payment）或还款保函（repayment guarantee）是指银行应供货方或承包方的要求，向买方或发包方出具的、保证供货方或承包方在收到预付款后履行合同义务的书面承诺。如供货方或承包方在收到预付款后，未能履约或未能全部履约，银行将在收到买方或发包方的索赔后向其返还一笔与预付金额等额的款项或相当于合约尚未履行部分相应比例预付金的款项（在某些情况下，还要加上自买方或发包方支付预付金到担保银行退还款项这一期间所发生的利息），以使买方或发包方的预付款金额得以收回。保函金额通常为预付款金额再加上相应的利息。

保函有效期至合同执行完毕日期为止，再加上 3～15 天索偿期，或者订为预付金全部扣完时失效。通常业主收到承包人从银行开来的预付金保函后，才将预付金汇交承包人。

（二）保留金保函

保留金保函（retention money guarantee）也称留置金保函。机械设备交易合同常常规定先支付合同金额的 90%～95%，其余 5%～10%的款项待设备安装完毕且运转良好，经买方验收后再支付。

这一小部分余额称为保留金或留置金，如发现机械设备品质、规格与合同规定不符，双方治商减价，便从保留金中扣抵。

如果卖方要求买方将此笔保留金随大部分货款一并支付给卖方，卖方则须提供银行保函，保证货到发现品质不符、货物短量或伤残时，担保行便将卖方预支的保留金退还给买方。此银行保函即为保留金保函。保函金额就是保留金的金额，有效期是合同规定的索赔期满加 3～15 天索偿期。

（三）质量保函

质量保函 / 维修保函（quality/maintenance guarantee）基本上是一样的，不同的是质量保函多用于商品买卖交易中，而维修保函多用于劳务承包工程中。

在供货合同中，尤其在机械设备、船舶、飞机等出口合同中，买方要求卖方提供银行担保，保证如货物质量不符合合同规定，而卖方又不能更换或维修时，担保行便将保函金额赔付给买方，以弥补其所受损失。这种银行保函即为质量保函（quality guarantee）。

保函金额一般为合同余额的 5%～10%，保函有效期一般至合同规定的质量保证期满再加 3～15 天索偿期。

（四）维修保函

在承包工程合同中，工程完工后业主扣留一部分款项以备补偿工程质量缺陷而承包人不予维修造成的损失。工程业主要求承包人提供银行担保，保证在工程质量与合同规定不符而承包人又不能维修时，担保行按保函金额赔付业主，以弥补其所受损失，则业主可以释放这部分扣款，供担保行赔付使用。这种银行保函即为维修保函（maintenance guarantee）。保函金额一般为合同金额的 5%～10%，保函有效期一般至合同规定的工程维修期满再加 3～15 天索偿期。

二、进口类保函

进口类保函（import guarantee）是指银行应进口方申请而向出口方开出的保函，是为满足进口货物和进口技术需要而开立的保函。

（一）付款保函

付款保函（payment guarantee）主要包括以下两种。

（1）在只凭货物付款而不是凭单据付款的交易中，进口方向出口方提供银行担保，保证在出口方交货后，或货到后，或货到经买方检验与合同相符后，担保行一定支付货款，或进口方一定支付货款，如进口方不支付，担保行代为付款。

（2）在技术交易中，买方向卖方提供银行担保，保证在收到与合同相符的技术资料后，担保行一定付款，或买方一定付款，如买方不付，担保行代为付款。

以上两种付款保函中的保函金额即为合同金额，保函有效期为按合同规定付清价款日期再加半个月。

（二）延期付款保函

发展中国家进口大型机械成套设备多采用延期付款方式。进口方按照合同规定预付出口方一定比例（如货款的 5%）的定金，其余部分（货款的 95%）由进口方银行开立保函，保证进口方凭货运单据支付一部分（如货款的 10%），其余部分（货款的 85%）分为 10 个相等份额，每份金额加利息。连续每半年支付一次，共 5 年分 10 次付清全部货款。如果买方不能付款，担保行代为付款。此种保函称为延期付款保函（deferred payment guarantee）。

保函金额即为扣除预付部分的货款金额，保函有效期为按保函规定最后一期货款及利息付清日期再加半个月。

（三）租赁保函

用租赁方式进口机械、仪器、设备、运输工具时，承租人向出租人提供银行担保，保证：（1）担保行一定代承租人按租赁合同规定交付租金，或（2）承租人一定按租赁合同规定交付租金，如不交付，担保行代为交付。

这种保函即为租赁保函（leasing guarantee）。通常情况下，租金的总额相当于货价加利息，全部租金付完后，货物便为承租人所有。保函金额即为租金总额，保函有效期为按租赁合同规定的全部租金付清日期再加半个月。

三、对销贸易类保函

把出口与进口连在一起做交易，就是对销贸易，也称对等贸易。其中，补偿贸易、来料加工、来件装配是我国常见的三种做法。银行为对销贸易提供的保函（trade guarantee）如下。

（一）补偿贸易保函

在补偿贸易中，进口设备的一方向供应设备的一方提供银行担保，向其保证：如进口方在收到与合同相符的设备后，未能以该设备生产的产品，按合同规定返销出口给供应设备方或由其指定的第三方以偿付进口设备的价款，又不能以现汇偿付设备款及附加利息，担保行即按保函金额加利息赔付供应设备的一方。这种保函即为补偿贸易保函（compensation guarantee）。

保函金额通常是设备价款金额加利息，保函有效期一般为合同规定进口方以产品偿付设备款的日期再加半个月。

（二）来料加工保函／来件装配保函

在来料加工或来件装配业务中，进料方或进件方向供料或供件方提供银行担保，向其保证如进料方或进件方收到与合同相符的原料或元件（有时还包括加工或装配所需的小型设备及工具）后，未能以该原料或元件加工或装配，并按合同规定将成品交付供料方或供件方。或由其指定的第三方，又不能以现汇偿付来料或来件价款及附加的利息，担保行便按保函金额加利息赔付供料方或供件方。这种保函即为来料加工保函（processing guarantee）及来件装配保函（assembly guarantee）。

保函金额通常为来料或来件的价款金额加利息，保函有效期一般为合同规定进料方或进件方以成品偿付来料或来件价款的日期再加半个月。

四、其他类保函

其他类保函包括在一切非贸易性质的国际经济往来中，银行代债务人向债权人开出的各种保函，我国比较常见的有以下几种。

（一）借款保函

企业或单位向国外借款，一般需要提供银行担保，向国外贷款人保证，如借款人未按借款契约规定按时偿还借款并支付利息，担保行即代借款人偿还借款并支付利息。这种保函即为借款保函

（loan guarantee）。

保函金额即为借款金额加利息，保函有效期为借款契约规定的还清借款并付给利息的日期再加半个月。

（二）关税保付保函

关税保付保函（customs guarantee）主要有两种情况。第一，应进口商（含加工贸易企业）的要求，银行向海关出具的、保证进口商履行关税缴纳义务的书面承诺，又称海关免税保函、海关保函、临时进口保函。如日后进口商不按期缴纳关税或未执行海关的其他具体规定。银行将受理海关或海关指定金融机构的索赔，按照保函约定进行赔付，以代为履行关税缴纳义务。第二，在国际承包工程或国际展览、展销等活动中。施工机械或展品运往工程或展览所在地时，应向该国海关缴纳一笔关税作为押金，工程或展览完毕将机械或展品运出该国时，海关将这笔税金退还。承包商或参展商要求银行向对方海关出具担保代替押金，并保证如承包商或参展商未将机械或展品运出该国，由担保行支付这笔税金。

保函金额即为外国海关规定的税金金额，保函有效期为合同规定施工机械或展品等撤离该国的日期再加半个月。

（三）账户透支保函

承包工程公司在外国施工时，常在当地银行开立账户。为了得到当地银行的资金融通，有时需要开立透支账户。在开立透支账户时，一般须提供银行担保，向当地账户行保证，如该公司未按透支合约规定及时向该行补足透支金额，担保行代其补足。这种保函即为账户透支保函（overdraft guarantee）。

保函金额一般是透支合约规定的透支限额，保函有效期一般为透支合约规定的结束透支账户日期再加半个月。

（四）保释金保函

载运货物的船只或其他运输工具，由于船方或运输公司责任造成货物短缺、残损，使货主遭受损失，或因碰撞事故造成货主或他人损失，在确定赔偿责任前，被当地法院下令扣留，须缴纳保释金方予放行时，可由船方或运输公司向当地法庭提供银行担保，向其保证如船方或运输公司不按法庭判决赔偿货主或受损方所受损失，担保行就代其赔偿，当地法庭即以此银行担保代替保释金，将船只或其他运输工具放行。此种银行担保就是保释金保函（bail bond）。保函金额视可能赔偿金额大小由当地法庭确定，保函有效期一般至法庭裁决日期后若干天。

第四节 | 备用信用证

备用信用证最早流行于美国，因美国法律不允许银行开立保函，故银行采用备用信用证来代替保函，后来其逐渐发展成为为国际性合同提供履约担保的信用工具，其用途十分广泛，如国际承包工程的投标、国际租赁、预付货款、赊销业务以及国际融资等业务。国际商会在《跟单信用证统一惯例》1993 年文本中，明确规定该惯例的条文适用于备用信用证，即将备用信用证列入了信用证的范围。

一、备用信用证定义

1977 年，美国联邦储备银行管理委员会首次对备用信用证做出了界定：不论其名称描述如何，备用信用证是一种信用证或类似安排，构成开证人对受益人的下列担保：（a）偿还债务人的借款或预支给债务人款项；（b）支付由债务人所承担的负债；（c）对债务人不履行契约而付款。

备用信用证是 1983 年修订的 1984 年 10 月 1 日起施行的《跟单信用证统一惯例》（国际商会第 400 号出版物，以下简称《统一惯例》）增加规定的一种新的信用证。《统一惯例》第 2 条规定，备用信用证是指一项约定，不论其名称或描述如何，凡由银行（开证行）依照客户（申请人）的要求和指示或自己主动，在符合信用证条款的条件下，凭规定单据：（1）向第三者（受益人）或其指定人付款，或承兑及支付受益人出具的汇票；（2）授权另一家银行进行该项付款，或承兑及支付该汇票；（3）授权另一家银行议付。所以，备用信用证也有跟单性质。由于备用信用证不是以买卖一定的货物商品作为银行保证的基础，不同于一般的商业信用证，所以银行对备用信用证的金额有较为严格的规定。

1995 年 12 月，联合国大会通过了由联合国国际贸易法委员会起草的《联合国独立担保和备用信用证公约》，1999 年 1 月 1 日，国际商会的第 590 号出版物《国际备用信用证惯例》（简称《ISP98》）作为专门适用于备用信用证的权威国际惯例，正式生效实施。根据《ISP98》所界定的"备用信用证在开立后即是一项不可撤销的、独立的、要求单据的、具有约束力的承诺"。

国际商会出版物第 515 号对备用信用证下的定义是：备用信用证是一种信用证的安排，它代表了开证行对受益人的以下责任；不管其称谓或代表方式如何：（1）偿还申请人的借款，或预付给申请人，或记在申请人账户的款项；（2）支付由于申请人承担的任何债务；（3）支付由于申请人在履行义务上的违约。

简单地说，备用信用证（stand by letter of credit）又称担保信用证（guarantee L/C），是指不以清偿商品交易的价款为目的，而以贷款融资，或担保债务偿还为目的所开立的信用证，仅在申请人不能偿还借款，或不能履约时才起支付作用，是具有备用性质的信用证。

从定义中可以看出，备用信用证只在申请人违约时才起作用，起支援、补充作用，其实质是一种银行保函。可以说，备用信用证是具有信用证形式和内容的一种银行保函。《UCP600》明确规定《跟单信用证统一惯例》中的条文适用于备用信用证，即将备用信用证列入信用证形式的范畴。

在国际商务活动中，交易者出于清偿债权债务、获得融资便利、降低交易成本、规避风险等诸多考虑，对金融服务的要求日趋综合化。备用信用证这一集担保、融资、支付及相关服务为一体的多功能金融产品，因其用途广泛及运作灵活，在国际商务中得以普遍应用。

二、备用信用证的性质

备用信用证是不可撤销的、独立的、单据性的及具有约束力的承诺。

1. 不可撤销性

备用信用证首先是不可撤销的（irrevocable），开证行的义务不能由其自行修改或取消，除非备用信用证中有相反的规定或得到其他当事人的同意。《ISP98》第 106 条明确规定，本惯例所指的备用信用证是不可撤销的，且无须如此写明。

2. 独立性

备用信用证继承了一般信用证的独立抽象性（independent），开证行的付款义务独立于基础交易合同本身，开证行只是凭单付款，不管事实如何，不管合同的执行情况，也不管单据本身的真伪。

《ISP98》中规定，备用信用证下开证人义务的履行并不取决于：①开证行从申请人那里获得偿付的权利和能力；②受益人从申请人处获得付款的权利；③在备用信用证中援用了任何偿付协议或基础交易；④开证行对任何偿付协议或基础交易的履约或违约情况了解与否。

3. 跟单性

跟单性也称单据性（documentary），是备用信用证独立性的具体表现。开证行的义务取决于单据的提示（只要收到了备用信用证要求的以及提示的单据即构成了提示），开证行有权对所提示的单据表面上审核是否与备用信用证中注明的条款相符以及单据之间的一致情况，但并不负责单据的精确性、真实性和有效性。

4. 强制性

备用信用证具有强制性（enforceable）。备用信用证在开立后即具有约束力，不论备用信用证的开立是否由申请人授权，开证人是否收取了费用，受益人是否收到、相信该备用信用证，只要其一经开立，即对开证人具有强制性的约束力。

备用信用证的四个法律性质相辅相成，共同造就了这一金融产品的优异特质："不可撤销性"锁定了开证人的责任义务，进而更有效地保障了受益人的权益；"独立性"传承了信用证和独立性担保的"独立"品格，赋予了其既定的法律属性；"单据性"则将开证人的义务限定于"凭单"原则的基准之上，有益于"独立性"的实施；"强制性"则是对开证人义务履行的严格规范，它与"不可撤销性"的融合充分体现了开证人责任义务的约束性和严肃性，有助于杜绝非正常因素的干扰。基于这些关键的法律性质，备用信用证融合了商业信用证和独立性担保之特长，在实践中体现出独特的功能优势。

三、备用信用证的关系人

1. 申请人

申请人（applicant）是申请开立备用信用证的或为其开立的人。包括：①以自己的名义但是为了另一个人而申请的人；或②以其自身原因行事的开证申请人。

2. 受益人

受益人（beneficiary）是根据备用信用证有资格获得付款的指定人。

3. 开证行

开证行（issuing bank）是接受申请人的申请开出备用信用证的银行。

开证行开出备用信用证后，等于向受益人承诺，对表面上符合备用信用证条款的付款提示，开证行将即期支付提示所要求的金额。当备用信用证中规定通过承兑受益人开出以开证行为付款人的汇票这种方式承付时，开证行应及时承兑汇票，并在到期时付款；若规定开证行对受益人的要求做延期付款，则开证行应及时承担延期付款义务，并在到期时付款；若规定议付，开证行是无追索地即期支付所要求的金额。

4. 保兑人

保兑人（confirmer），在开证行的指定下，对开证行的承诺加上自身保证承付该证的担保，保兑人是独立的，与开证行的地位相同。

5. 通知行

通知行（advising bank）是受开证行的指定，将备用信用证交给受益人的银行。通知行有权不通知，但要及时通知开证行；一旦决定通知，即要核实备用信用证的表面真实性，并及时通知。

6. 指定人

与跟单信用证一样，备用信用证可以指定其他人（nominated person）进行的通知、接受提示，做出转让、保兑、付款、议付、承担延期付款的义务或承兑汇票。这种指定并不迫使被指定人采取行为，除非被指定人同意。

7. 提示人

提示人（presenter）是指作为或代表受益人或指定人进行提示的人。

四、备用信用证的种类

备用信用证用途广泛、方便灵活，提供商业单据与否均可，付款与提供担保都行，已成为保函的一种替代形式。它可以用来替代投标保函、履约保函、预付款保函、质量和维修保函，也可以用来作为付款保函、借款保函及反担保来使用。根据《ISP98》，常用备用信用证的种类如下。

1. 履约备用信用证

履约备用信用证（performance standby L/C）是开证行对某项履约义务（而非支付款项）进行的担保，包括由于申请人在基础交易中不履约而引起损失的付款义务进行担保。

2. 预付款备用信用证

预付款备用信用证（advance payment standby L/C）是对申请人收到受益人预付款而承担义务的一种备用信用证。用于担保申请人对受益人的预付款所应承担的义务和责任。这种备用信用证通常用于国际工程承包项目中业主向承包人支付的合同总价 10%～25%的工程预付款，以及进出口贸易中进口商向出口商支付的预付款。

3. 投标备用信用证

投标备用信用证（bid bond/tender bond standby L/C）是开证行保证如果申请人中标，一定执行合同义务的备用信用证。它用于担保申请人中标后执行合同义务和责任，若投标人未能履行合同，开证人必须按备用信用证的规定向受益人履行赔款义务。投标备用信用证的金额一般为投保报价的1%～5%（具体比例视招标文件规定而定）。

4. 融资备用信用证

融资备用信用证（financial standby L/C）是对付款义务进行担保，包括证明借款义务的任何凭证。

5. 保险备用信用证

保险备用信用证（insurance standby L/C）用于对申请人的保险或再险义务进行的担保。

6. 商业备用信用证

商业备用信用证（commercial standby L/C）是开证行为申请人对货物或服务的付款义务进行担保。当申请人不能以其他方式付款时，可采用这种商业备用信用证。

7. 直接付款备用信用证

直接付款备用信用证（direct payment standby L/C）用于担保到期付款，尤指到期没有任何违约时支付本金和利息。其已经突破了备用信用证备而不用的传统担保性质，主要用于担保企业发行债券或订立债务契约时的到期支付本息义务。

8. 反担保备用信用证

反担保备用信用证（counter standby L/C）又称对开备用信用证，它支持反担保备用信用证受益人所开立的另外的备用信用证或其他承诺。

五、备用信用证和保函的关系

银行保函与备用信用证都是银行因申请人的违约向受益人承担赔付的责任，都是一种银行信用，都充当着一种担保功能，而且作为付款唯一依据的单据，都是受益人出具的违约声明或有关证明文件，银行在处理备用信用证和银行保函业务交易时都是一种单据交易，都只审查单据表面是否相符，而不对单据的真伪以及受益人与申请人之间的基础交易是否合法有效进行审查。

（一）二者相同之处

1. 定义和法律当事人基本相同

银行保函和备用信用证，虽然在定义的具体表述上有所不同，但总的来说，它们都是由银行应某项交易合同项下的当事人（申请人）的请求或指示，向交易的另一方（受益人）开立的书面文件，承诺对提交的在表面上符合其条款规定的书面索赔声明或其他单据予以付款。保函与备用信用证的法律当事人基本相同，一般包括申请人、担保人或开证行（二者处于相同地位）、受益人。

2. 使用目的相同

在国际经贸交往中，交易当事人往往要求提供各种担保，以确保债务的履行，如招标交易中的投标担保、履约担保、设备贸易的预付款还款担保、质量或维修担保、国际技术贸易中的付款担保等，这些担保都可通过银行保函或备用信用证的形式实现。

3. 性质相同

国际经贸实践中的银行保函大多是见索即付保函，它吸收了信用证的特点，越来越向信用证靠近，使见索即付保函与备用信用证在性质上日趋相同。表现在：第一，担保银行和开证行的担保或付款责任都是第一性的，当申请人不履行债务时，受益人可以不找债务人承担责任，而凭保函或备用信用证直接从银行取得补偿；第二，它们虽然是依据申请人与受益人订立的基础合同开立的，但一旦开立，则独立于基础合同；第三，它们是纯粹的单据交易，担保人或开证行对受益人的索赔要求是基于保函和备用信用证条款规定的单据，即凭单付款。因此，有人将保函称为"担保信用证"。

（二）二者不同之处

1. 适用的规则不同

合约保函的规则是 ICC325；见索即付保函为 ICC458；而备用信用证是 ISP98。并且备用信用证可以同时适用于两个惯例，即在备用信用证上可同时注明"Subject to ucp500, and Subject to ISP98"，但 ISP98 有优先权。

2. 与基础交易合约的关系不同

银行保函有从属性保函和独立性保函之分，备用信用证无此区分。银行保函作为金融机构担保的一种，它与所凭以开立的基础合同之间的关系既可是从属性的，也可是独立的，是否独立完全由保函本身的内容确定。备用信用证作为信用证的一种形式，并无从属性与独立性之分，它具有信用证的"独立性、自足性、纯粹单据交易"的特点，受益人索赔时以该信用证约定的条件为准，开证行只根据信用证条款与条件来决定是否支付，而不考虑基础合同订立和履行的各种情况。

3. 开立方式不同

备用信用证的开立，开证行通过受益人当地的代理行（即通知行）转告受益人，通知行需审核信用证表面真实性，如不能确定其真实性，是有责任不延误地告之开证行或受益人。银行独立保函的开立可以采取直接保证和间接保证两种方式。如果采取直接保证方式，担保行和受益人之间的关系与备用信用证开证行和受益人的关系相同，但《见索即付保函统一规则》对通知行没有做出规定，因此银行独立保函可由担保银行或委托人直接递交给受益人；如果担保行通过一家代理行转递，则按常规这家转递行就负责审核保函签字或密押的真实性。如果采取间接保证的方式开立银行独立保函，委托人（即申请人）所委托的担保行作为指示方开出的是反担保函，而作为反担保函受益人的银行（受益人的当地银行）再向受益人开出保函并向其承担义务，开立反担保函的指示方并不直接对受益人承担义务。

4. 生效条件不同

按照英美法的传统理论，银行提供独立保函必须要有对价才能生效，但开立备用信用证则不需要有对价即可生效。根据英国和美国的法律规定，合同要对价的支持才能有效成立，但是银行开出备用信用证不需要对价。

5. 兑付方式和单据要求不同

备用信用证可以在即期付款、延期付款、承兑、议付等4种方式中规定一种作为兑付方式，而银行独立保函的兑付方式只能是付款。相应地，备用信用证可指定议付行、付款行等，受益人可在当地交单议付或取得付款；银行独立保函中则只有担保行，受益人必须向担保行交单。另外，备用信用证一般要求受益人在索赔时提交即期汇票和证明申请人违约的书面声明文件。银行保函不要求受益人提交汇票，但要求提交索赔书及违约声明，否则，担保行有权拒付。

六、备用信用证与信用证的比较

1. 使用范围不同

跟单信用证主要用于进出口贸易结算过程，作为商品买卖的支付方式。备用信用证可以涉及任何需要银行担保的业务领域，其使用范围比跟单信用证广，既可用于成套设备、大型机械、运输工具的分期付款、延期付款和租金支付，又可用于一般进出口贸易、国际投标、国际融资、加工装配、补偿贸易及技术贸易的履约保证。

2. 开立目的和使用情况不同

开立跟单信用证的目的是由开证行向受益人承担第一性的付款责任，只要受益人按照信用证规定提交合格的单据，银行就应该付款。跟单信用证开出后一般都会使用。开立备用信用证的目的是由开证行向受益人承担保证申请人履行有关合同义务的责任。若申请人未能履约，则由银行负责向受益人赔偿经济损失；若申请人按合同规定履行了有关义务，受益人就无须向开证行递交此类违约声明。因此，备用信用证常常是备而不用的文件。

3. 要求受益人提交的单据不同

跟单信用证要求受益人提交符合信用证要求的货运单据、商业发票、保险单、商检单等作为付款的依据。备用信用证中开证行要求受益人索赔时出具证明开证申请人违约的声明或证明文件、索赔通知书以及其他有关文件或单据。

本章小结

* 银行保函是指国际间银行办理代客担保业务时，应委托人要求，向受益人开出的保证文件，称作保函（letter of guarantee，缩写为 L/G）。为区别于其他金融机构，如保险公司、保证公司、信托公司、金融公司等所开的保函，故称为银行保函。
* 银行保函当事人包括受益人、申请人、担保行、通知行、指示行、反担保行和保兑行。
* 银行保函具有以下特点：银行保函是独立于基础合同的法律文件；担保行只处理单据而非基础合同；担保行的责任有时是第一性的，有时是第二性的。
* 银行保函按其应用范围可分为出口类保函、进口类保函、对销贸易类保函、其他类保函四种。
* 备用信用证又称担保信用证，是指不以清偿商品交易的价款为目的，而以贷款融资，或担保债务偿还为目的所开立的信用证，仅在申请人不能偿还借款，或不能履约时才起支付作用，是具有备用性质的信用证。可以看出，备用信用证只在申请人违约时才起作用，起支援、补充作用，其实质是一种银行保函。可以说，备用信用证是具有信用证形式和内容的一种银行保函。

基本概念

银行保函　独立保函　附属保函　备用信用证

复习思考题

1. 分析银行保函的特点。
2. 说明银行保函与备用信用证的区别。
3. 如何针对不同用途选择银行保函的开立方式？
4. 分析出口类保函的风险点。
5. 说明银行保函的作用。

拓展阅读

案例 6-1　因履约保函引起的贸易纠纷

案例介绍：

2008年4月国内A公司与泰国B公司签订的国际货物买卖合同规定，A公司以T/T方式向B公司支付货款，出口商品"样品须交B公司确认"。

2008年6月，H银行应A公司申请开立履约保函。考虑到A公司为进出口业务量较大的大型外贸专业公司，H银行并未向其收取保证金，只是落实了有关财产抵押措施。H银行出具不可撤销履约保函，保函申请人为A公司（出口商），受益人为B公司（进口商），通知行为泰国G银行，保函中规定"如由于A公司主观原因造成未能按合同规划最迟装期按时装船交货，银行保证向泰国B公司赔款。赔款金额为USD1 750 000，与合同总金额相同"。

2008年8月B公司告知H银行：B公司对A公司多次寄出的样品一再挑剔，不予确认。眼看交货期已临近，H银行建议A公司马上要求B公司延长装期。但B公司既不确认样品又不延长装期，并坚持按违约处理。之后，H银行收到G银行的索赔电传，称A公司未按合同规定的最迟装期按时装船交货，H银行必须在3天内赔款。H银行立即与A公司联系并要求其提供情况说明，A公司在其情况说明中声明，未能按时装船交货的原因完全不是由于其主观原因造成的，而是由于B公司故意刁难，A公司的样品完全达到了合同规定的标准，并随附了中国商检局出具的"商检证书"。H银行据此电复B公司。

（1）既然中国商检局已经出具了样品符合合同规定标准的"商检证书"，而B公司对此不予以确认是导致A公司无法按期装船交货的客观原因。就此而言，A公司未按合同规定的最迟装期按时装船交货的原因完全不是由于其主观原因造成的。

（2）对于该商务纠纷，建议B公司立即协商A公司解决，至于样品是否符合标准，在买卖双方协商不成的情况下应诉诸法律，由法庭裁决。所以银行不承担赔偿义务。

最后，A公司与B公司经过多次谈判协商，双方终于达成共识。一是重新签订立约确认书。二是B公司同意不向A公司索偿，担保行的保函失效。

案例分析：

该案例属于国际贸易中的履约保函，这种保函一般来说，主要是保证卖方履行贸易合同项下的交货义务，即保证卖方按时、按质、按量交运合同规定的货物。有时买方要求的履约保函不仅保证卖方按期发货，而且保证其所发运的货物在一定期限内质量完好，后者以履约保函代替了质量保函。银行在业务处理中，不仅要考虑如何保护申请人的合理权益，更应当尽量避免因介入贸易纠纷而可能产生的风险。

（1）使用单据化条款代替非单据条款。如上述案例索赔条款中"如由于A公司主观原因造成未能按合同规划最迟装期装船交货，银行保证向泰国B公司赔款"。可改为"在B公司向H银行提交了经法定程序的仲裁裁决书后，证明A公司没有履约，则银行保证赔偿"的单据化条款，以避免银行陷入商务纠纷之中。

（2）对担保金额占合同总金额比例较大的保函，应要求申请人缴存100%的保证金，并加列控制受益人无理索偿的单据化条款，即该类保函不应出具无条件的见索即付保函。

案例6-2 案例担保行开立借款保函的风险

案情介绍：

甲银行于某年4月为乙公司2 000万港元借款出具保函，受益人为丙银行，期限为9个月，利率12%。由于乙公司投资房地产失误，导致公司负债累累，在还款期满后未能依约归还丙银行贷款。

两年后的3月丙银行向当地人民法院起诉乙公司和甲银行，要求归还贷款本金及利息。当地人民法院裁定如下。

1. 乙公司在4月30日之前将其债权1 100万港元收回用于偿还丙银行。余款在12月底还清。

2. 如乙公司不能履行，由甲银行承担代偿责任。

至5月底，乙公司只归还了600万港元，仍欠本金1 400万港元及相应利息未归还。鉴于此，当地人民法院执行庭多次上门要求甲银行履行担保责任，否则将采取强制措施，查封甲银行资产。而该笔担保的反担保单位丁酒店，只剩下一个空壳公司存在，难以履行反担保责任。

为维护银行声誉，经上级行批准后甲银行垫付丙银行本金1 400万港元及相应利息。

案例分析：

本案例中，担保行甲银行根据乙公司的申请向丙银行开立的是借款保函。所谓借款保函，是指由借款人委托银行向贷款人出具的用以担保借款人按月还本付息的一种保函，一旦出现借款人因某种原因无力偿还或不愿偿还债务等情况，则由银行按协议对贷款人承担还本付息的责任。甲银行在乙公司申请开立保函时，没有对申请人的资信及财务状况、反担保人的资信及财务状况和项目可行性及效益等进行详尽的审查，盲目地开出了银行保函。导致银行对外承担了担保责任后又不能从申请人处得到补偿，造成了比较大的损失。

保函业务是银行重要的一项担保业务，但是银行在办理保函业务时必须注意风险的控制。保函开立之前，银行必须详尽地审查和了解申请人以及反担保人的信用；保函开立后，担保行应对申请人和反担保人进行及时的监控，一旦出现信用问题，应及时采取积极措施加以规避和减少损失。

第七章 国际保理

【教学目的和要求】

- 掌握国际保理的概念、内容
- 了解国际保理的特点、作用
- 全面认识国际保理的操作流程

【案例导读】

浙江苏泊尔厨具有限公司从1988年开始生产厨具，目前已成为中国厨具第一品牌。随着企业的快速成长，苏泊尔出口导向日益明显，年出口额飞速增长。日益激烈的国际市场竞争加之客户对信用证结算方式的排斥使其认识到，无论你的产品质量与公司声誉如何卓著，事业的成功还取决于为客户提供适当的支付条件的能力。因此，在其大胆的市场营销策略中，苏泊尔为其客户提供赊销条件。然而，在赊销过程中，公司不得不面对海外客户的清偿能力风险，国际收账的困难以及资金周转的问题。而国际保理成为公司解决上述问题的必然选择。2002年，苏泊尔首次使用中国银行的出口保理服务以获得美国进口商的信用额度。如今，向美国、英国和中国香港地区出口均使用保理结算方式，其保理业务量从2002年不到300万美元上升到2004年的2 200万美元以上，并继续呈现上升势头。通过使用保理服务，提供信用销售，苏泊尔的国际销售量在过去两年内增长了10倍，为公司股票在2004年8月的深圳股票市场的上市奠定了基础。对于未来进一步的海外市场拓展，苏泊尔同样充满信心。因为保理服务的买方信息调查咨询及信用担保意味着公司可以安全有效地进行经营发展决策，从而比其他竞争者做得更好。

分析国际保理业务的功能是什么？

第一节 国际保理概述

随着全球经济化及信息技术的发展，国际市场竞争日趋激烈。汇款及信用证结算等传统的结算方式给进口方造成较重的资金压力，又由于手续繁杂、环节较多阻碍了国际贸易的发展。赊销和远期托收等对进口方有利的贸易方式逐渐增多，但也增加出口商的商业风险和资金负担。国际保理业务在此背景下应运而生，并获得较快发展。

一、国际保理的定义及当事人

（一）国际保理的概念

国际保理（international factoring）简称保理，是国际保理商通过收购债权，为以商业信用形式出卖商品的出口商提供的一种将贸易融资、销售账务处理、收取应收账款及买方信用担保合为一体的综合金融服务。

国际保理是近一二十年发展起来的一种新兴贸易结算方式。具体来说，国际保理是在以商业信用出口货物时（如以 D/A 作为付款方式），出口商交货后把应收账款的发票和装运单据转让给保理商，即可取得应收取的大部分贷款，日后一旦发生进口商不付或逾期付款，则由保理商承担付款责任，在保理业务中，保理商承担第一付款责任。若保理商对上述预付款没有追索权，对余款也要担保付款，即称之为无追索权保理，反之则为有追索权保理。有追索权或无追索权购买出口商的出口收款权（出口债权）只是国际保理服务的手段，国际保理服务的核心内容是为出口商提供贸易融资和风险担保。

国际保理是银行作为保理商为国际贸易记账赊销方式（open account，缩写 O/A）提供出口贸易融资、销售账务处理、收取应收账款及买方信用担保合为一体的综合性金融服务。

记账赊销方式（O/A）是指买卖之间在要求付款前进行货物生产和交付的一项约定，记账赊销方式规定将来的某一特定日期付款，买方不需开出任何可流通的文件表明其法律承诺。卖方相信在约定的付款到期日，他能够得到付款。

记账赊销方式对买方的优点是：他可在收到货物或检验货物后予以付款。记账赊销方式对卖方的缺点是：当他交出货物时，没有获得买方的付款保证。他从生产、交货直到获得买方付款以前，长期占压着自己的资金，因此他只有请求银行予以融资，协助管理应收账款，从而产生了保理业务。

提供保理服务的金融机构又被称为保理商（factor），保理商通常是从事国际业务的银行或一些资信良好、实力雄厚的跨国银行的全资附属公司。这些附属公司虽然是独立于银行的法人，但它又依托于银行，并以银行为后盾，银行的地位、声誉、网络信息和资金等都可以为其所用。

（二）国际保理业务的当事人

保理的基本当事人有出口商、出口保理商、进口保理商和进口商。

1. 出口商

在保理业务中出口商（exporter）又叫销售商，由其向出口保理商提出做出口保理业务的申请，并与出口保理商签订保理协议。出口商将应收款项出售给保理商，可以利用保理商提供的各种服务，并为此支付一笔可观的费用。

2. 出口保理商

出口保理商（exporter factor）位于出口商所在地，它接受出口商的申请，负责向出口商提供包括预付款融资在内的全部保理服务，同时与国外的进口保理商签订代理协议，委托后者提供相应的服务并将卖方出售给他的所有应收账款转让给进口保理商。

3. 进口保理商

进口保理商（importer factor）位于进口商所在地，是向出口保理商提供信用额度以及负责债款回收和坏账担保的保理商。它直接与进口商打交道，与出口商没有直接的契约关系，仅对出口保理商负责。因为在这之前，进口保理商已与出口保理商签订了保理商代理合约，规定双方可以互委保理业务。

4. 进口商

在保理业务中进口商（importer）又称债务人，是指对提供货物或服务所产生的应收账款负有付款责任的一方。

二、国际保理服务的内容

国际保理服务是一项综合性金融业务，包括风险担保、贸易融资、应收账款管理、核定进口商信用额度等内容。其中，提供风险担保和贸易融资是其基本内容。

（一）风险担保

风险担保（protection for buyer's credit）又称坏账担保或买方信用担保，是指保理协议签订后，进口保理商要在协议生效前对进口商核定一个信用额度，如果进口商在付款到期拒付或无力付款，进口保理商将在到期日后的第 90 天无条件地向出口保理商支付不超过其核定信用额度的货款。

保理商购买的出口债权可以是全部，也可以是部分。如果保理商认为购买全部债权风险太大，它可只在所核准的信用额度内购买，对已核准应收账款提供 100%的风险／坏账担保（full protection against bad debts）。保理商对超过核准信用额度的货款金额即未核准应收账款（unapproved receivables）则不承担责任。

信用额度经批准后，有效期一般为 1 年，1 年之后再根据客户的资信变化情况、收汇考核实绩、自身的业务经验和出口商的业务需求调整每个客户的信用销售额度。当然，如在 1 年之内，进口商资信情况有明显变化，保理商可随时通知减少或取消信用额度。不过，对于他与出口商已签订的尚未付款的合同，保理公司仍需承担信用额度内的风险。

根据有关规则规定，对于由贸易纠纷引起的呆账和坏账，保理商不承担信用风险或赔付责任。这样做的目的是使出口商必须交付合格的货物，严格履行合同义务，不可借保理商的风险担保而交付低劣质量、短斤少两的货物。保理商为保证自己不受不法出口商的欺骗，通常要求出口商提供货物检验和运输等方面的保证。

在通常情况下，只要出口商将对每个客户的销售量控制在保理商核定的信用额度以内，就能有效地消除因买方信用造成的坏账风险。

（二）贸易融资

贸易融资（export trade finance）是指卖方发货后，将发票副本提供给保理商，就可立即获得不超过 80%发票金额的无追索权的预付款融资。

贸易融资可以通过有追索权购买提供，也可通过无追索权购买提供。有追索权购买的主要功能是提供融资，欧洲大陆国家的保理商主要是采用该购买方式；无追索权购买时，只要保理商预先垫付资金，就意味着同时提供了风险担保和贸易融资的双重服务，欧洲大陆以外的其他国家或地区多以该购买方式为主。

保理业务最大的优点就是可以提供风险担保以及有追索权或无追索权的短期贸易融资，而且手续方便，简单易行。它既不像抵押放款那样需要办理抵押品的移交和过户手续，也不像信用放款那样需要办理复杂的审批手续，而且在融资保理中出口商可以将这种预付款作为正常的销售收入对待，不用像银行贷款那样必须显示在平衡表的负债方。因此改善了代表公司清偿能力的资产负债比例，有助于提高出口商的资信等级和清偿能力。

（三）进口商信用额度的核定

保理商通过对进口商资信调查及评估核定信用额度（preliminary credit assessment），进而进口商资信变化调整其信用额度。一般由进口保理商负责对进口商的资信调查。

保理商一方面可以利用保理商联合会广泛的代理网络和官方及民间的商情咨询机构，另一方面也可以利用其母银行广泛的分支机构和代理网络，通过多种渠道和手段获取有关进口商资信变化的最新动态资料，以及对进口商资信有直接影响的外汇管制、外贸体系、金融政策、国家政局等方面的变化，帮助出口商制定相应的经营策略，并对诸如进口商被迫清盘、破产倒闭等突发事件做出迅速的应变反应，核定并随时修改出口商每个客户的信用销售额度（credit control），从而将坏账风险降低到最低限度。

（四）销售账户管理

销售账务管理（maintenance of sales ledger）即出口商发出货物后，将有关的售后账务管理交给保理商。

作为大商业银行的附属机构的保理商拥有完善的账务管理制度、先进的管理技术和丰富的管理经验，因此完全有能力向客户提供优质高效的账务管理服务。

保理商收到出口商交来的销售发票后，在电脑中设立有关分户账，并输入必要的信息和参考数据，例如债务人名称、金额、支付方式、付款期限等，以便实行电脑化管理。专用电脑可自动进行例如记账、催收、清算、计息、收费、统计报表打印等工作，并可根据客户的要求，随时或定期提供按产品、客户、国家和地区等分别统计的各种数字和资料。保理商高效率的社会化服务，节约了出口商相应的财务费用。

（五）代收账款

代收账款（agency of account receivables）是保理商的一项服务功能。能否及时收回账款直接影响到出口商的资金周转。特别是跨国度收债是一门专门的学问和技术，但许多出口商由于缺乏这种技术和知识，对于海外的买主往往感到鞭长莫及、力不从心。保理商拥有专门的收债技术和丰富的收债经验，并可运用自身银行的威慑力量，敦促进口商遵守信用按时付款。而且，在通行的双保理机制中，出口地的保理商与进口地的保理商往往签订相互合作的协定，这使跨国度收债转变为境内收债，减小了催款的难度，增大了债务按期偿还的可能性。

一旦以正常途径无法收取债款，出口商就不得不在对法律条文不太熟悉的情况下请律师打官司，开始旷日持久的诉讼程序，支付高昂的律师费用，这将给企业带来难以承受的额外负担。而保理商一般都设有专门的部门处理法律事务，并可随时提供一流的律师服务，因此对这类事情处理起来较为得心应手，而且为收回已核准应收账款而产生的一切诉讼费和律师费用也将由保理商负担。

因此，销售与收债两个环节的分离，既节省了出口商的营运资金，又免除了其对跨国度收债而存在的顾虑。

三、保理的产生和发展

（一）保理的产生

早在 18 世纪，英国纺织工业蓬勃发展，狭小的国内市场已经不能满足资本家追逐高额利润的需要，于是向海外倾销纺织品便成为资本主义初期经济扩张的必经之路。由于出口商对进口商的资信和当地市场的情况知之甚少，因而他们的纺织品多采用寄售方式向海外出口，由进口商所在地的商务代理负责货物的仓储、销售和收账，并在某些情况下提供坏账担保和融资服务。为了解决出口商的资金积压与扩大再生产的矛盾，这种采用寄售方式的商务代理制逐渐演变成为提供短期贸易融资的保理服务。出口商在商品出运以后，可将有关单据售予经营保理业务的机构，以便及时收回销售货款，继续并扩大再生产。

（二）现代国际保理服务的发展动因

现代国际保理业务在第二次世界大战之后得到了较快的发展，尤其是在 20 世纪 70 年代以后，随着科学技术的进步，国际保理业务的服务手段也更加先进，保理商为客户提供的服务内容也不断丰富和完善。在当前的国际贸易结算领域，人们已经越来越重视对国际保理的运用，这主要有以下几个方面的原因。

1. 国际贸易中买方市场的普遍形成

为了在贸易活动中扩大自己的出口份额，各国出口方纷纷向客户提供更加优惠的贸易结算条件。国际保理业务可以为买方减少开立信用证的费用，并且在买方资金困难不足以支付货款时，获得保理商为其提供的信用担保，使买方提前获得贸易利益，因此备受买方青睐。在当前国际贸易领域，欧美的进口方一般都要求卖方接受承兑交单（D/A）或赊销（O/A）的商业信用付款方式，但这种结算方式对于销售商来说存在着很大风险。而国际保理业务由于可以事先获得对方资信情况，使销售商可以放心大胆地采用这一付款方式，因此，在这样的贸易背景下，国际保理业务得到迅速发展。

2. 信息产业的进步和电子通信技术得到普遍应用

保理业务提供的服务内容大多需要先进的信息技术作为基础手段，从国外市场的需求、客户的资信调查，到贸易伙伴国的市场规则、法律法规、交易习惯以及瞬息万变的市场行情等调查内容，都需要保理商借助先进的技术手段来完成。而传统的国际贸易方式根本无法胜任如此大量、复杂的工作，所以也就无法适应国际贸易的新发展。

3. 国际保理相关惯例规则的制定与实施

伴随着经济全球化进程的加快，为了使本国经济更好地融入全球经济的发展中，各国在贸易管理法规以及习惯方面，都逐渐采用国际通行的惯例规则。例如，1998 年 5 月，国际统一私法协会（international institute for the unification of private law）通过了《国际统一私法协会国际保理公约》，以便统一各国保理商开展国际保理业务的标准。另外，国际保理商联合会于 1968 年制定的《国际保理惯例规则》也是重要的国际规则。这些法律环境的建设，为国际保理业务的顺利开展提供了有效的法律保证。

此外，经济的高速发展也要求金融业不断进行业务创新，一方面满足客户的需要，另一方面也可以拓展自身的服务领域，培育新的经济增长点。因此，各国金融业在巩固自身传统产业的同时，也在大力发展新的中间业务品种，其中保理业务就是各国金融机构争相占领的一个新的服务领域。

随着保理服务的发展，保理服务的产品范围不断拓展。保理商不仅对纺织品、食品和一般日用品等出口应收账款提供短期融资，并且对家具、电子产品、机械产品等出口账款也给予资金融通，并提供其他有关服务。一些保理商开始与储运公司、商检部门、港务局等有关部门联合起来向客户提供一揽子全面服务，包括商品的包装、贴标签、刷唛头、商检、租船订舱、发运、保险、仓储、交货、收款、风险担保、融资等服务，卖方只要找到了买主，其他事情均可委托这一联合体来办理。

（三）国际保理服务在全球的发展

早在 18 世纪的欧洲，因工业革命的发展，使英国的纺织工业得到了长足的进步，狭小的国内市场已经难以满足资本家追逐高额利润的需要，于是向海外倾销纺织品便成为资本主义初期经济扩张的必经之路。由于出口商对进口商的资信和当地市场的情况知之甚少，因而多以寄售方式向海外出品，由进口商所在地商务代理负责货物的仓储、销售和收款，并在某些情况下提供坏账担保和融资服务。为了解决出口商的资金积压与扩大再生产的矛盾，这种采用寄售方式的商务代理制逐渐演变成为提供短期贸易融资的保理服务。

就保理制度而言，在19世纪后半叶虽说由于交通和通信的进一步发展，使一些制造商和批发商为了更好地推销自己的产品和保证自己经济利益的落实，雇用了商业代理商作为保理商来实现自己利益，使得卖方从保理商的委托人变成了保理商的客户，保理商从负责销售商品的商业代理人变成了接受卖方转让应收账款的债权人，因而使非法律意义性质的委托人和代理人之间的关系发生了"质"的变化，成为债权转让人和受让人之间的民商法律关系。

从19世纪后半叶，保理制度作为国际贸易活动中一种融资结算的方式和法律性制度，得到了长足进展。到了20世纪，保理制度在英国、美国、法国、日本等发达国家有了更为普及性的发展，在美国从20世纪40年代到60年代，保理业由适用于一般的国内贸易和个别领域扩至于国际贸易和金融等敏感领域，并且设立有专门的法律。这种被称作"应收账款融资"的业务随着《统一商法典》在除路易斯安那州以外的美国各州颁布实施而得到迅速的发展，至今仍在继续。保理从传统行业中向外发展的主要动力是来自于国际贸易的需要。在德国、比利时、荷兰等欧洲国家均以保理成为国际结算的手段。虽说保理业在亚洲起步较晚，但由于东南亚及东亚的一些国家成为西方国家出口消费品的客户，并为便于贸易结算，也吸纳了保理这种结算的手段。因此，从目前国际贸易市场的结算手段来讲，保理已经成为绝大多数参与国际贸易活动主体的一个较为常用的结算形式和手段。正由于保理已作为国际贸易的一个主要内容，1968年在荷兰阿姆斯特丹100多家银行所属的保理公司组成了"国际保理局联合会"（factors chain international，FCI）。使保理业务有了自己的规范运作秩序。

1987年10月，中国银行与德国贴现和贷款公司签署了国际保理总协议，这标志着国际保理业务在我国正式登陆。中国银行于1992年在国内率先推出国际保理业务，同时，中国银行北京分行与国际保理商联合会会员——美国鹰狮保理公司签署了保理协议，正式以"出口保理公司"的身份进行业务活动，这也使得我国的国际保理业务逐步驶入了规范化、国际化的良性轨道。此后，中国银行广州、上海等地的分行都相继开办了保理业务。1993年中国银行加入FCI，成为FCI的正式成员，与美国、德国、英国、法国等17个国家和地区的32家保理公司签署了国际保理协议，与其开展了广泛的国际保理业务合作。

根据世界上最大保理商行业组织FCI统计口径，中国从2008年起一直是全球最大出口保理市场，从2011年起一直稳居世界最大保理国，占全球保理市场份额的15%左右。

中国在2014年有两家新成员加入FCI。目前FCI会员共271家，其中中国系会员共27家；另外，民生银行香港分行也于2014年成为FCI会员。在FCI委员会中，中国银行继续担任执行委员，浦东发展银行替代民生银行担任教育委员。

从中国银行业协会获悉，截至2015年9月底，我国银行保理业务量达1.94万亿元，同比增长9.6%。其中，国际保理业务912.78亿美元，同比增长22.37%，国内保理业务1.36万亿元，同比增长33.81%。

四、保理的作用

保理服务之所以在国际结算和贸易融资中能得到迅速发展，是因为它能对进出口双方带来积极的影响。

（一）保理对出口商的影响

对出口商而言，保理服务的作用有以下几点。

1. 有利于尽快收回资金，加快资金周转

出口商将货物装运完毕，即可立即获得不超过80%发票金额的无追索权贸易融资，缩短了资金回收的周期，保证了较为充足的营运资金，加速了资本的周转。在经济萧条时期，保理业务有助于出口商应付因资金周转缓慢而造成的资金困难等问题。在经济繁荣时期，充足的营运资金可以使出口商发展业务、扩大经营。

保理业务还可以有效防止属于成长型的出口企业超营运资金经营（overtrading），即在市场看好、产品畅销时期，企业的生产经营规模迅速膨胀，以致造成超过营运资金的承受能力，出现清偿能力不足的问题，影响企业的正常发展。保理服务可以帮助解决这类问题，保理商提供的融资数量是由出口商的销售额决定的，融资总额随着出口商经营规模的扩大而相应加大，二者保持同步增长，使处于发展阶段的出口企业能得到足够的营运资本金来支持这种增长。

2. 有利于转移收款风险

只要出口商的商品品质和交货条件符合贸易合同的规定，在保理商无追索权地购买其出口债权后，出口商就可以将信用风险和汇价风险转嫁给保理商，潜在的坏账风险大大减小，债款回收率明显提高。

3. 能节省非生产性费用

出口商把售后管理交给保理商代管后，可以集中力量进行生产、经营和销售，并可相应减少财务管理人员和办公设备，办公用房占用面积也可相应减少，从而可以减少日益昂贵的人头费用和房屋租金。而且，由于保理商负责收取货款、寄送账单和查询催收工作，出口商不仅可以节省大量的账务管理费用，如邮电费和电话费等，还可以最大限度地减少因会计人员休假、生病等人为因素对工作带来的影响。

4. 有利于出口商获取有关信息

由于保理商熟悉海外市场和商业活动的情况，在很大程度上保障了对进口商资信调查的准确性和真实性，为出口商决定是否向进口商提供商业信用提供了可靠依据。保理商还经常向中小型出口商就海外市场情况和进口国的有关法规提出出口建议，替他们寻找买主和代理商，协助其打进国际市场，增强其竞争能力。

5. 有利于改善资产质量

在保理业务中，由于出售应收账款的预收款计入出口商正常的销售收入，提高了企业的资产／负债比率，改善了其资产负债表（balance sheet）的状况，有助于出口商资信的提高，有利于出口商的有价证券上市和进一步采用其他融资方式。而且由于资金状况改善，可以为其带来更佳的选购机遇，如出口商因资金充裕可以批量购进生产资料而享受优惠价格和折扣，也可持币待购，在市价最有利时买入。

但是，保理服务也会增大出口成本。出口商会因向保理商支付有关费用而提高出口成本，导致出口价格上升或出口利润下降。

综合上述内容，可以看出，保理服务对出口商的影响是很直接明显的。

（二）保理服务对进口商的影响

保理服务对进口商的影响是间接和不明显的，主要影响是，出口商采用保理服务将使得进口商能以非信用证方式支付货款。

1. 避免积压和占用资金

保理服务适用赊销方式购买商品，进口商不需要向银行申请开立信用证，免去交付押金，从而减少资金积压，避免信用额度的减少，降低进口成本。

2. 简化进口手续

通过保理业务，买方可迅速得到急需的进口物资，大大节省要求开证、催证等时间，简化了进口手续。

当然，采用保理业务，出口商将办理该项业务有关的费用转移到出口货价中，增加了进口商的成本负担。但是，由于保理服务的费率较低，一般为业务量的 0.75%～2.5%，货价提高的金额一般仍低于因交付开证押金而蒙受的利息损失。

第二节 | 国际保理的种类及业务流程

一、国际保理的种类

（一）根据保理商对出口商提供融资便利与否划分

（1）非融资保理（non-financed factoring）又称到期保理（maturity factoring），是指进行保理业务时保理商不向销售商提供融资服务，这是比较原始的保理方式，即出口商将有关出口单据卖给保理商后，保理商在票据到期时，向出口商无追索权地支付货款，而不是在买进单据的当时向出口商立即支付现金。

（2）融资保理（financed factoring）又称预支保理（financed factoring），是指出口商将有关单据卖给保理商后，保理商扣除融资利息和费用，立即以预付款方式无追索权地付给出口商 80%左右的发票金额，其余 20%于货款收妥后再清算，这是比较典型的保理方式。

（二）根据债券转让后通知债务人与否划分

（1）公开型保理（disclosed factoring）是指出口商必须以书面形式将保理商的参与通知给进口商，并指示进口商将货款直接付给保理商。目前大多数的国际保理业务都是公开型的。

（2）隐蔽型保理（lindisclosed factoring）是指保理商的参与对外是保密的，不通知给进口商，货款仍由进口商直接付给出口商。此时融资与有关费用的清算是在保理商和出口商之间进行。

（三）根据是否涉及进出口两地的保理商划分

在国际保理业务中，保理商分为进口保理商和出口保理商。位于进口商所在地的保理商叫进口保理商，位于出口商所在地的保理商叫出口保理商。仅涉及进口或出口一方保理商的叫单保理，此方式适用于一方没有保理商的国家和地区；涉及双方保理商的则叫双保理。欧美各国以及其他经济发达国家一般都采用双保理，这也是目前世界上较为通行的做法。

（四）根据保理项下融资是否有追索权划分

（1）无追索权保理（non-recouse factoring）是指保理商凭保理协议向出口商融通资金后，放弃对出口商的追索权，进口商拒绝付款或无力支付时，由保理商自担风险。此时保理商要为买方的客户核定信用额度，这是比较常见的保理。

（2）有追索权保理（recouse factoring）是指保理商凭保理协议向出口商融资后，一旦发生进口商拒付或无力支付的情况，保理商有权要求出口商偿还的保理方式。此时保理商在与出口商签订的保理协议中，规定保理商仅提供贸易融资、账务管理、催收账款等服务，而不负责审核进口商的资信，也不核定信用额度。

二、保理的业务程序

在国际保理业务中，双保理业务是运用最广泛的一种类型。在该机制安排下，出口商申请保理服务可在发货之后，但最好是签订贸易合同之前，这样能使出口商有机会根据保理商核准的信用额度来调整合同金额，以控制出口收款风险，或保证将出口债权全部出售。

以 O/A 为基础的双保理机制的业务流程如图 7-1 所示。

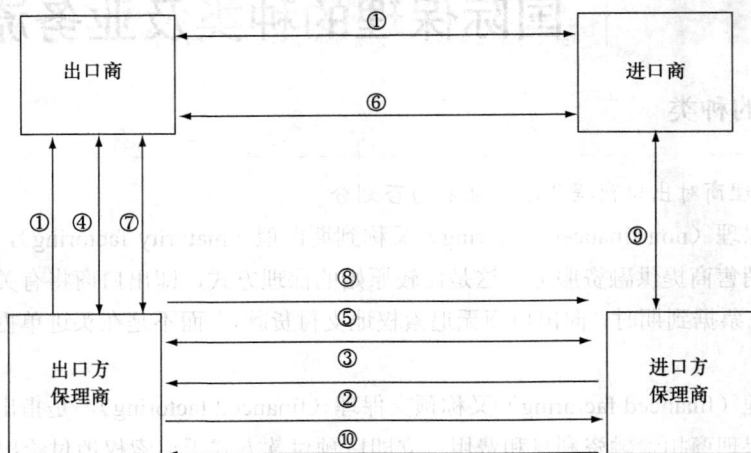

图 7-1 双保理机制的业务流程

说明：①申请与询价；②选择进口保理商；③核定信用额度并报价；④出口保理商报价及签订保理协议；⑤进、出口保理商签订保理协议；⑥出口商与进口商签订贸易合同并发货；⑦出口债权转让并获得融资；⑧寄送单据与委托收款；⑨进口保理商催收货款；⑩划款。

（一）出口商申请与询价

出口商应在签订贸易合同之前向出口保理商提出申请，并提供一份所有客户的清单，列明每个进口商的名称、地址及出口商所掌握的客户资信和经营情况，并据此为每个进口商申请一个信用额度，作为进口保理商为进口商核定信用限额的参考。

（二）出口保理商选择进口保理商

出口保理商根据进口商的分布情况选择进口保理商，并将进口商的名称、地址、资信状况、经营情况以及有关信用额度的申请告知进口保理商，并请其报价。

（三）进口保理商核定进口商的信用额度并报价

进口保理商对进口商的资信、经营情况进行调查、分析，并根据出口保理商所提供的资料，批出每个进口商的信用额度，随后根据出口保理商所提供的情况确定自己的条件和报价，并将批准和报价情况通知出口保理商。

核定信用限额的目的是明确保理商对因债务人清偿能力不足而形成呆账、坏账所承担的风险责任。对限额内的应收账款，保理商没有追索权。

1. 核定信用额度的依据

进口保理商核定进口商信用限额主要有以下 3 个方面的依据。

① 通过各种渠道对进口商的资信、经营状况进行调查而获取的商情资料。

② 出口商所提供的与进口商的业务往来报告及根据出口商所掌握的情况为进口商申请信用限额的报告。

③ 出口商对进口商的应收账款余额情况。

2. 信用限额的核定方式

信用限额的核定有以下几种方式。

① 为每一个进口商核定一个相对稳定的信用限额。限额内的任何应收账款都是已核准的应收账款，对于暂时超出信用限额部分的未核准应收账款，可随着进口商的付款和应收账款余额的下降而自动转为限额内的已核准应收账款。这种方法灵活简便，保理商的工作量较小，适用于经常性、不规则的贸易结算。

② 为每份交易合同逐一核定信用限额。该合同项下产生的在限额之内的应收账款均为已核准应收账款。这种方法有利于出口商及进口保理商掌握交易执行情况，控制业务风险，但增加了保理商核定信用限额的工作量，同时也加重了各方账务管理的负担。该方法适用于非经常性贸易。

③ 对每一个债务人核定日销售信用限额。即当日在信用限额之内的应收账款为已核准应收账款。这种方法管理简单，但灵活性太差，不便于各方根据生产和市场状况及时调整销售。

上述 3 种核定信用限额的方式由进口保理商根据不同进口商的情况和交易的实际需要而选择使用。

（四）出口保理商报价并与出口商签订保理协议

在收到所有进口保理商批准信用限额及报价的通知后，出口保理商在此基础上决定自己的条件和报价，并将选择结果通知出口商，出口商在接受条件与报价后与出口保理商签订保理协议。

（五）出口保理商与进口保理商签订保理协议

出口保理商与进口保理商签订保理协议，通过协议，出口保理商将债权转让给进口保理商，由后者负责向进口商收款并承担相应责任。

（六）出口商和进口商签订贸易合同并发货寄单

在签订保理协议后，出口商即可以 O/A 方式同进口商签订贸易合同，并根据合同发货。

（七）出口商债权转让并获得融资

出口商在汇票或发票及装运单据正本上加注经保理商认可的过户通知文句，通知债务人（也可不通知）有关债权已直接出售和转让给了进口保理商，有关应收账款应于到期日直接付给进口保理商。然后出口商将有关票据正本寄往进口商。

（八）出口保理商寄送单据与委托收款

出口商向出口保理商提供上述票据的副本两套，一套交出口保理商，另一套由出口保理商转交进口保理商，作为出售和转让债权的依据。此时出口商可立即从出口保理商处获得一部分垫付的货款。出口保理商在做出相关账务处理后，将一套票据副本转寄进口保理商。

（九）进口保理商催收货款

进口保理商要做相关账务处理，并监督、提醒进口商付款。进口商在得到进口保理商提醒后，到期向进口保理商付款。

（十）进口保理商划款

进口保理商将收到的全部发票金额立即发付出口保理商，后者扣除垫付款项后，将剩余部分转付出口商，整个过程完毕。

但是，如果进口商到期未能履约付款，则又会出现以下情况。

（1）如果应收账款的逾期原因是贸易纠纷，或是债务人提出反索，或是由于出口商的违约行为，进口保理商不承担付款责任，但应出口保理商的要求协助处理纠纷。

（2）若债款逾期是由债务人信用危机引起的，那么，进口保理商应按下列方式处理。

① 在提供无追索权服务的情况下，进口保理商必须于账款逾期一定期限内（一般为到期日后90天）支付已核准的应收账款。

② 在提供有追索权服务的情况下，进口保理商可向出口保理商及出口商行使追索权。在这种业务中，进口保理商不负责为进口商核定信用额度和提供坏账担保，而是仅提供包括融资在内的其他服务，因此进口保理商主要是对出口商的融资行使追索权。

第三节 国际保理的应用及风险防范

一、国际保理的应用

国际保理服务是在国际贸易和国际结算的不断变化基础上发展起来的一种别具特色的综合性金融服务业务，其特殊性质和功能反过来又限定了其使用范围，或者说采用国际保理服务必须具备一定的条件。

（一）以 O/A、D/A 结算为基础

国际保理服务发展是伴随着国际贸易结算非信用证化的趋势而进行的，在一定程度上，可以说贸易结算方式的非信用证化过程就是国际保理服务大发展的过程，没有贸易结算的非信用证化，就不可能有国际保理服务的迅速发展。

如前所述，信用证结算方式是国际贸易中最主要的支付和结算方式，但信用证并不是最完美的结算方式，随着国际贸易的发展，其手续复杂、费用较高、占用资金较长的弊病暴露得日益明显，因而使得信用证在国际结算中的地位出现下降趋势。例如，在欧盟成员之间的贸易中，80%以上是采用非信用证方式结算，其中大部分（约 60%）是通过赊销方式结算的。

赊销（O/A）和跟单托收是主要的非信用证结算方式。其中，O/A 和承兑交单（D/A）托收方式有一个共同点，即出口商是出于对进口商的信任才允许进口商在付款前取得货权单据，从而控制货物的。只有在这种情况下，出口商才需要银行或其他金融机构为其提供贸易融资和坏账担保等服务，以解决应收账款的占用和风险控制问题，而国际保理服务则是解决这类问题的最有效办法之一。因此，国际保理服务的业务范围仅限于出口商以信用方式（O/A、D/A）向债务人销售货物或提供服务所产生的应收账款。

以信用证（L/C）、付款交单（D/P）或任何现金交易为基础的货款收付不适用于保理服务。这三种方式本身对出口商很有利，采用这些方式结算，出口商既没有或基本上没有占用资金，又没有多大的收款风险。总之，出口商没有向进口商提供信用，因此，完全没有必要再申请保理服务。

问题是，在当今国际市场处于买方市场的前提下，卖方一味要求采用 L/C、D/P 以及现金交易方式是不现实的，因为买方也有选择对自己有利的支付方式的权利，正因为如此，才有国际保理服务的发展。

具体而言，在下列情况下选用国际保理服务比较合适。

（1）国际市场明显处于买方市场或某种商品供大于求。

（2）出口商为获取新的海外客户。

（3）出口商希望对其出口应收账款加强管理。

（4）出口商定期批量发货给进口商，力求简化结算手续。

（二）债权性质是消费品出口收款权

保理业务一般只提供不超过 180 天的短期贸易融资，对结算方式也要求较为简单，消费品贸易符合这一特点。资本性物资价格昂贵且采用分期付款方式支付货款，经营资本性物质和进行分期付款，资金回收时间过长，且与项目相联系，往往会涉及一些复杂的贸易融资和结算方式，这是保理商所不能接受的。

（三）出口商经营的是正当贸易且具有一定规模

提供风险担保是保理商的主要业务之一，这种风险来自进口商，也来自出口商。因此，保理商对出口商有一定要求。

1. 出口商必须是经营正当业务的合格法人

出口商必须是根据其所在国有关法律注册成立的公司或独立法人，享有在许可范围内正当经营的权利。这对于保理商确认应收账款的合法性以及顺利地通过法律和诉讼程序解决贸易纠纷具有重要意义。

许多保理商要求出口商必须至少成立 1 年以上，并有至少一份经过稽核的年度财务报告且经营状况良好。这样要求的主要目的是保证出口商经营的连贯性，以便于保理商对出口商的资信情况、偿债能力等做出准确、真实的判断。

此外，出口商还应严格按贸易合同发货，如果因商品质量、运输等原因引起拒付，保理商不承担责任。

2. 出口商的经营必须具有一定规模

保理商接受保理业务意味着要承担较大的风险，但出于竞争的需要又不能过高地收取手续费和服务费。若保理业务量过小，保理商的风险将无法有效分散，形成风险与收益不对称的局面。因此，保理商只愿接受年销售额在一定限额（一般为 10 万美元）以上的出口商作为客户。因此，出口商经营的一般是批发业务，只有从事批发业务才能使出口债权达到一定规模。

（四）债务人分布较为合理

出口商的客户（债务人）最好是少数确定的进口商，这样便于保理商开展业务。不同国家或地区的进口商的经营习惯、经营作风、经营实力和宏观环境等是有差别的，进口商过分集中，会加大保理商面临的风险，过于分散又会加大成本。因此，进口商相对集中有利于保理商分散风险和降低成本。

二、保理业务的利弊分析

保理业务无论对出口商还是进口商，都简化了结算手续。因为保理商只是凭进口商的信誉和财务状况核准一定的信用额度，而不需像信用证业务那样，既要交保证金又要办理申请等复杂的手续，而出口商只要凭信用额度发货就得到了收回货款的保证，其产生的保证作用和信用证是相似的。

作为出口商，保理业务可以帮助其解决许多问题。

（1）由于扩大经营和应收账款增加而造成的资金上的困难。出口商资金发生困难时，如果不是向银行贷款，只有加速资金周转，而保理业务可以解决这一问题。出口商发货后，通过将债权出售给保理商而使应收账款转变为现实的流动资金，加速了资金周转。

（2）对国外客户的资信不了解。客户的资信情况和清偿能力随内部和外部环境的变化而不断变化。如何了解客户的资信，从而将风险降低到最低限度，是许多出口商想做却力不从心的，如申请做保理业务，保理商将负责对进口商进行资信调查并核定信用额度。

（3）对进口商所在国的有关法规、市场管理、外汇管制、关税等缺乏了解和语言不通。

具体来说，对出口商的有利之处体现在以下几点。

（1）有利于扩大销售。保理业务是为赊销方式而设计的一种综合性业务，所以出口商可以通过提供最有吸引力的结算方式来增强市场竞争力，扩大销售。

（2）可为出口商提供综合性的服务，是一种集融资、结算、财务管理、信用担保于一体的结算方式。

（3）有利于出口商加速资金周转，降低管理费用。

（4）降低风险，可以避免信用证业务中经常发生的迟付或因进口商倒闭、赖账而遭受的损失。

（5）手续简便。

保理业务不是万能的，也存在着以下缺点。

（1）保理商只承担信用额度内的风险，对超过部分不予担保。

（2）因货物质量、数量、交货期不符等违约行为引起的拒付、少付不予担保。

（3）费用高，对业务量有一定的要求，使一些小企业无力享受这项服务；保理费用主要由两部分组成：一是手续费，包括进口商的资信评估方面的花费及账务处理费用等。费率取决于产品种类、进口国别、金额及信誉、汇价风险大小等，一般不超过发票的2.5%。二是利息，即保理商从预支贷款到贷款收回这段时间的利息。利率参照市场利率而定，出口商可将这笔费用打入货价，或经协商由双方共同承担。

（4）出口商必须向保理商出售全部、合格的应收账款，没有选择的余地。

对进口商来说，以赊销方式进口货物，不需垫付资金，也不必交保证金及办理担保及抵押手续，有利于资金周转，节省了时间。但由于此业务费用较高，有可能使进口商要支付更高的货价。

表 7-1 国际保理对进出口商益处对照表

益处	对出口商	对进口商
增加营业额	对于新的或现有的客户提供更有竞争力的 O/A、D/A 付款条件，以拓展海外市场，增加营业额	利用 O/A、D/A 优惠付款条件，以有限的资本，购进更多货物，加快资金流动，扩大营业额
风险保障	进口商的信用风险转由保理商承担，出口商可以得到 100% 的收汇保障	以公司的信誉和良好的财务表现获得买方信贷，降低资金压力
节约成本	资信调查、账务管理和账款追收都由保理商负责，减轻业务负担，节约管理成本	省却开立信用证和处理繁杂单据的费用
简化手续	免除了一般信用证交易的烦琐手续	
扩大利润	增加出口量、降低管理成本、排除信用风险和坏账损失，利润随之增加	使用效率提高，利于企业发展，增加了利润来源

三、国际保理业务的风险及其防范

（一）出口商所面临的风险及其防范

出口商获得了进口保理商的信用额度，并不意味着风险全部消除。因为进口保理商的信用担保只包括因进口商资信原因导致的不付款，以及因国家风险、不可抗力和自然灾害造成的付款风险，而对因贸易纠纷导致的进口商不付款，进口保理商将不负责赔偿。因此，出口商在国际双保理机制下还是可能面临风险。

1. 产生贸易纠纷导致进口保理商免责的风险

根据国际保理商联合会（FCI）制定的《国际保理统一规则》，如果因商品数量和质量、服务水平、交货期限等贸易纠纷引起进口商拒付，即使在核定的信用限额内，进口保理商也将免除信用担保责任。问题的关键在于该规则没有对贸易纠纷的认定做出明确规定，导致了国际保理业务潜在的不足。这种不足表现为以下 3 个方面。

（1）没有明确界定提起贸易纠纷的合理原因。贸易纠纷本应该以买卖双方间的贸易合同判定出口商是否存在违约，但在实务中，可能出现不管提起贸易纠纷的理由是否合理，只要进口商在规定时间内寻找借口甚至怀疑商品质量存在问题而拒不付款，就可以暂时免除进口保理商在核定信用额度下的赔付责任，使出口商和出口保理商承担风险。

（2）没有确定进口保理商对贸易纠纷进行审核的责任，《国际保理统一规则》规定，由出口商负责判别进口商所提出的贸易纠纷是否存在，并证明所提出的纠纷不合理。但没有规定进口保理商对贸易纠纷进行审核的责任，可能导致进口商为了拖延甚至拒绝付款而提出假贸易纠纷。

（3）没有明确规定提出贸易纠纷时所需的书面文件。《国际保理统一规则》没有规定进口商需要提供哪些书面证明文件才能提出贸易纠纷。这就可能使进口商提出的贸易纠纷缺乏真凭实据，而仅仅凭借口头说明，进口保理商就轻易认定存在贸易纠纷，免除自己担保付款的责任。

2. 出口商可能面临进口商诚信不足的风险

当进口商提出贸易纠纷时，进口保理商没有尽力协调贸易纠纷的解决，使得出口商利益受损。根据《国际保理统一规则》规定，出口商和出口保理商负有解决贸易纠纷的首要责任，但进口保理商有责任为解决贸易纠纷提供帮助。就国际惯例而言，贸易纠纷成立与否，应由进出口商双方根据贸易合同的相关规定提请法院或其他双方认可的仲裁机构裁决。若贸易纠纷成立，则进口保理商可以暂时免除付款责任，待贸易纠纷解决后再重新承担进口商的信用风险；若贸易纠纷不成立，进口保理商就得履行信用担保责任。

如果出口商预提起法律诉讼，由于债权已转让，则必须委托进口保理商出面在当地起诉进口商。此时，进口保理商的诚信决定其是否全力以赴起诉进口商。进口保理商在保理业务中具有特殊的双重身份，既是出口商应收账款的代收人，又是进口商信用的担保人。若进口商有偿付能力，则进口保理商的利益与出口商一致，它会竭尽全力争取自己或出口商胜诉，以便根据判决要求进口商付款，避免或减少损失；若在诉讼前已经获知进口商无偿付能力，进口保理商就有可能站在进口商的一边希望自己或出口商败诉，达到解除赔付责任的目的。在这种情况下，很难保证进口保理商会竭尽全力争取胜诉。

进口保理商是出口保理商选择的，并对出口保理商负责，因此，出口商在前述面临的风险中，最主要面临的是进口商的诚信风险。出口商可以采取下列防范风险的措施。

1. 尽可能充分了解进口商的资信

出口商以商业信用方式销售商品，本身就是对进口商的信任，这种信任应该建立在对进口商经营作风和诚信的充分了解之上，尤其对金额较大的交易，应事先委托咨询机构对进口商进行资信调查，避免与资信不佳的进口商做生意，不能单一地依赖进口保理商核准的信用额度来了解进口商。

2. 严格拟定符合国际惯例的买卖合同条款

严格拟定合同条款，使其内容和释义清晰、明确，对防止贸易纠纷十分重要。实务中，贸易争议通常是针对货物的规格、质量提出。因此，买卖合同中的品质条款和检验条款极其重要。出口商应争取在合同中规定进口商提出争议的时间限制，超过规定期限则进口商丧失提出争议的权利。进而规定进口商提出贸易争议所需要的书面文件，例如规定独立的质量检验机构出具的检验证书等，以便发生争议时作为司法或仲裁机构裁决的依据。出口商还应该将此类规定在出口保理协议中得到明确，以便为进口保理商判断贸易纠纷提供依据。

3. 采用跟单托收中的承兑交单

尽管承兑交单（D/A）与赊销（O/A）都适用于保理业务，但在承兑交单条件下，进口商必须首先承兑由进口商开立的远期汇票才能取得货权单据提货，因此，应将收账款转化为票据权利。各国票据法均规定汇票承兑人必须到期履行无条件付款的票据义务，使得进口保理商可以根据票据法向进口商行使票据权利。无论进口商在票据到期日以什么理由拒付，进口保理商都可以向法院提起诉讼。只要票据合法，法院会依据票据法立即判令进口商无条件付款。即使进口商挑剔货物质量，也只能依据贸易合同与出口商交涉，但这时货款已经收回，出口商就会比较主动。

4. 严格履行买卖合同和保理合同且不超信用额度发货

国际保理业务中的债权转让以出口商严格履行合同义务（包括买卖合同和保理合同）为前提。如果出口商在交货期限、商品数量、商品质量、价格以及所提交的单据等方面与买卖合同不符，进口商必然会提出贸易纠纷，导致进口保理商免除对进口商的信用担保责任。此外，进口保理商在所核准的信用额度内承担信用担保，对超过信用额度的金额，进口保理商尽力履行托收职责，但不负责保理责任。如果进口保理商核准的是循环额度，出口商应掌握好出货节奏，把已发运的货物金额控制在信用额度之内，就不要再发运新货物。

5. 选择信誉优良富有经验的出口保理商

不同银行开展国际保理业务的时间长短、积累的经验存在较大差异，一些银行存在人才缺乏、经验不足的问题，因此，选择优秀的出口保理商就显得尤为重要。信誉卓著、富有经验的出口保理商可以帮助出口商对风险把关，严格按照国际保理商联合会所倡导的原则行事，并且能够选择资信优良的进口保理商并与之合作。

（二）出口保理商所面临的风险及其防范

在国际双保理机制下，出口保理商将进口商的信用风险转嫁给了进口保理商，但从国际保理业务开展的实践看来，出口保理商仍然存在下述风险。

1. 出口保理商可能面临出口商的资信风险

在国际双保理机制下，出口保理商买断出口商应收账款，便成为贷款债权人，同时也承担了原先由出口商承担的进口商信用风险。尽管出口保理商再将其转嫁给进口保理商。但在为出口商提供了贸易融资的情况下，如果出现贸易纠纷，进口商必然拒付账款，进口保理商又免除了对进口商的信用担保责任，就可能会因为出口商破产导致出口保理商的融资款无法追回而蒙受损失。

2. 出口保理商购买债权的合法性可转让风险

毫无疑问，出口保理商购买的债权必须是具有可转让的、合法的、无瑕疵的债权。首先，关于债权是否可以转让，是许多国家法律中富有正义的一个问题，如果出口保理商接受转让的债权是法律禁止转让的债权，则必然陷入债权转让合法与否的纠纷中去。可能无法实现债权的有效索赔。其次，债权本身的合法性，不仅是合法转让债权的基础，而且是保理商依法实现债权的前提。最后，如果债权本身存在瑕疵或者与转让债权相关的权利存在瑕疵，那么接受债权转让的出口保理商势必陷入债权瑕疵纠纷中去。例如，出口商向其自身供应商销售货物而产生的债权，使进口商与保理商之间债务有可能被抵销；采用比出口保理商批准的更为灵活的方式进行销售（例如寄售方式）而产生的债权等均未存在瑕疵的债权。

3. 出口保理商可能接受进口保理商"反转让"的风险

即使在正常国际保理业务过程中，也可能因出口商的延误或出口保理商本身的疏忽造成文件单据的延迟提交，进口保理商会形成反转让从而退出此笔双保理业务。此外，如果发生贸易纠纷，进口保理商一般不会主动以法律形式向进口商追索货款，出口保理商为了自身利益，可能被迫承受可能的经济和信用损失而要求进口保理商向其反转让应收账款或票据权利，使自己成为诉讼中的主债权人，以便在有司法管辖权的法院或其他仲裁机构对进口商提起诉讼或仲裁申请。因此，这种"反转让"增加了出口保理商的风险和费用支出。

根据出口保理商所面临的风险，主要可以采取以下几个方面的防范措施。

1. 选择信誉优良经验丰富的进口保理商

出口保理商应选择具有 FCI 会员资格的进口保理商，使进出口保理商在业务合作中受到国际保理商联合会秘书处的监督。信誉优良、经验丰富的进口保理商在按照 FCI 所倡导的原则办理业务时，体现了下述优势：（1）能够迅速、准确地评估进口商的资信；（2）可以在与进口商保持良好合作关系的同时迅速收取账款；（3）雄厚的资金实力足以履行信用担保业务；（4）有能力防止问题和风险发生或将之降低到最低限度；（5）具有适当处理贸易争议及区分真假贸易争议的能力；（6）能与出口保理商密切合作，充分发挥进出口保理商的整体优势。

2. 明确条件且合理谨慎地选择叙做保理的出口商

根据国际上开展保理业务的经验，出口保理商为了防范风险，往往会对出口商设定若干条件。（1）出口商必须是合法经营，且具有一定的经验和资历，即不是刚注册成立的企业；（2）出口商的经营状况良好，诚信度高；（3）出口商的经营必须具有一定规模，贸易商品为非资本性货物且出口商的客户分布足够分散，以减少潜在的坏账损失。总之，对达不到要求条件的出口商宁愿放弃。

3. 与出口商签订条款完善的出口保理合同

完善的保理条款是防范风险的必要措施。因此，出口保理商不仅要严格审核进出口商双方的贸易合同，了解交易背景，而且要求出口商在保理合同中明确承诺：（1）所转让的应收账款是可转让的、有效的、完整的、唯一的债权；（2）未经出口保理商同意，出口商不能更改贸易合同；（3）出口保理商或进口保理商在追偿诉讼中给予相应的合作；（4）同意在保理业务中遵循国际保理商联合会制定的《国际保理统一规则》及相关国际惯例办理相关业务。

（三）国际双保理下进口保理商所面临的风险

1. 进口保理商承担进口商的信用风险

在国际保理机制下，进口保理商是进口商信用风险的最终承担者，对其核定信用额度内的应收账款提供100%的坏账担保。如果进口保理商对进口商进行资信审查时缺乏客观性和全面性，高估了进口商的资信水平，对进口商支付货款能力做出错误判断；或者进口商提供了虚假的财务信息，伪造反映其支付能力的数据；或者在信用额度核定后，进口保理商对进口商的资信变化缺乏跟踪，没有及时了解资信水平原本不错的进口商，或因进口商品不适销使经营陷入困境，或进口国的经济状况发生突然变化等客观原因使得进口商资信水平下降而丧失支付能力等，均可能导致进口保理商无法收回受让的应收账款，承担对出口保理商的赔付责任。

2. 进口保理商减少或取消已核准信用额度时出口商已发货的风险

《国际保理统一规则》规定，进口保理商可以根据进口商的资信变化情况随时调整甚至取消已核准信用额度，但在调整或取消信用额度的通知未到达出口商以前，原核定的信用额度仍然有效。在这种情况下，如果出口商已将货物装船，就将使进口保理商的风险环境更加恶化。此时，进口保理商可能希望在阻止货物交付进口商方面得到出口商的配合，以减少损失，但是出口商对进口商负有买卖合同下的交货义务，担心会被指控违反买卖合同而不愿配合。

根据前述的风险，进口保理商可采取以下风险防范措施。

1. 准确地评估进口商的信用额度并跟踪掌握其资信变化

从前述风险分析可以看出，进口保理商面临的风险源于进口商的经营状态。因此，强化对进口商的资信评估并跟踪掌握其资信变化是防范风险的根本措施。具体而言，可以充分利用银行（或母银行）管辖的分支机构和代理网络、自己的数据资料库以及专业信用评估机构对进口商的信用评级评估等方式，多渠道、全方位地对进口商的综合经营状态进行调查分析，并根据进口商的生产经营发展趋势、市场竞争状态、对其未来的资信变化做出预测，在此基础上确定合理的信用额度。在保理业务的整个过程中，进口保理商都要跟踪掌握进口商的资信变化情况，并随时调整其信用额度，从而将风险降低到可接受的程度。

2. 可以争取与出口保理商签订风险分担协议

在正常情况下，进口商的信用风险由进口保理商承担。如果进口保理商不能或者不愿意承担进口商的全部风险，可与出口保理商协商，要求其承担部分进口商信用风险，有时出口保理商可能希望分担部分风险以获得较高的收益。这样进口保理商通过与出口保理商达成有关风险分担比例和条件的协议，从而降低自己的风险承担。

3. 进口保理商设法加大保理业务量以分散风险

一般来说，如果保理业务量过小，进口保理商的风险将无法有效分散，形成风险与收益不对称的局面，也不利于在规模经营过程中降低营运成本。若保理业务量足够大，尤其同一出口商在进口保理商所在国的客户分布相对分散，可以减少潜在的坏账损失。因此，进口保理商通常会要求为其核定信用额度的出口商将全部应收账款转让给自己。

根据本节的分析可以看出：在国际双保理业务中，除承担信用风险的进口保理商外，出口商和出口保理商仍然会面临一定的风险。但是，通过采取必要的防范措施，可以做到趋利避害，是国际双保理业务成为出口商、出口保理商、进口保理商以及进口商多方共赢的国际结算方式。

本章小结

- 国际保理是保理商为国际贸易记账赊销方式提供出口贸易融资、销售账务处理、收取应收账款，及买方信用担保合为一体的金融服务。
- 保理的基本当事人有出口商、出口保理商、进口保理商和进口商。
- 国际保理服务是一项综合性金融业务，包括风险担保、贸易融资、应收账款管理、核定进口商信用额度等内容。
- 保理对出口商而言，有利于尽快收回资金，加快资金周转；有利于转移收款风险；能节省非生产性费用；有利于出口商获取有关信息；有利于改善资产质量。
- 出口商采用保理服务将使得进口商能以非信用证方式支付货款。避免积压和占用资金；简化进口手续。
- 保理业务主要可划分为到期保理和预支保理；公开型保理和隐蔽型保理；单保理和双保理；无追索权保理和有追索权保理。
- 保理业务主要流程为：出口商申请与询价；出口保理商选择进口保理商；进口保理商核定进口商的信用额度并报价；出口保理商报价并与出口商签订保理协议；出口保理商与进口保理商签订保理协议；出口商和进口商签订贸易合同；出口商寄单；委托出口保理商收款；进口保理商收款；进口商付款；进口保理商划款。
- 采用国际保理服务必须具备一定的条件：以 O/A、D/A 结算为基础；债权性质是消费品出口收款权；出口商经营的是正当贸易且具有一定规模；债务人分布较为合理。
- 保理业务无论对出口商还是进口商，都简化了结算手续。因为保理商只是凭进口商的信誉和财务状况核准一定的信用额度，而不需像信用证业务那样，既要交保证金又要办理申请等复杂的手续，而出口商只要凭信用额度发货就得到了收回货款的保证，其产生的保证作用和信用证是相似的。

基本概念

国际保理　记账赊销　风险担保　融资保理　到期保理　公开型保理

双保理　无追索权保理　有追索权保理

复习思考题

1. 试述国际保理的含义及当事人。
2. 试述国际保理的特征。
3. 试述国际保理业务的操作流程。
4. 分析保理产生的背景。
5. 试述国际保理的风险及其防范。

拓展阅读

案例　保理的风险

案例介绍：

内地某出口商就出口电视机到香港地区向某保理商申请100万美元信用额度。保理商在调查评估进口商资信的基础上批准20万美元的信用额度。出口商遂与香港进口商鉴定23万美元的出口合同。发货后出口商向保理商申请融资。保理商预付16万美元。到期日进口商以货物质量有问题为由拒付（理由是该批货物与以前所购货物为同一型号，而前批货物有问题）。进口保理商以贸易纠纷为由免除坏账担保责任。出口商认为对方拒付理由不成立，并进一步了解到对方拒付的实际理由是香港进口商的下家土耳其进口商破产，货物被银行控制，香港进口商无法收回货款。因此，出口方要求香港进口商提供质检证，未果。90天赔付期过后，进口保理商仍未能付款。出口方委托进口保理商在香港起诉进口商。但进口保理商态度十分消极，仅凭香港进口商的一家之辞就认同存在贸易纠纷，结果败诉。

案例分析：

这是一起典型的贸易纠纷导致保理商免除坏账担保责任的保理案例。但对于引发贸易纠纷的货物质量问题是否存在，进出口双方各执一词。进口商认为货物质量有问题的理由过于牵强，根本原因是自己从下家处已无法收回货款，从而面临损失的风险。为了避免自己受损，进口商自然不会配合出口商解决贸易纠纷，对出口商提出的提供质检证的要求自然也就置之不理。进口保理商由于贸易纠纷的原因免除坏账担保责任，在90天赔付期内拒付是正当的行为，符合国际保理惯例的相关规定。但同样根据国际保理惯例的规定，进口保理商有义务尽力协助解决纠纷，包括提出法律诉讼。但本案中，进口保理商作为出口商的代理在诉讼过程中，态度却十分消极，并不想打赢官司，原因很简单，因为赢了官司的后果是自己承担付款的责任，并因为进口商偿付困难的现实，从而有可能最终是由自己承担16万元的损失。本案中，出口保理商为出口商提供了买方资信调查与坏账担保服务，因而提供的融资应该属于无追索权融资。如果事先与出口商未就贸易纠纷下的追索权问题达成协议，则国外拒付的风险将由出口保理商承担。

启示：

保理业务的主要风险就是出现贸易纠纷。因此，对于贸易纠纷的风险，有关当事人应事先加以防范。对于出口商而言，为了防止进口商假借贸易纠纷理由拒付从而免除保理商的付款责任，在贸易合同中应就贸易纠纷的解决方法与进口商事先达成一致意见，例如确定一家双方都愿意接受的商检机构日后对出现质量纠纷的货物进行检验，检验结果作为判定纠纷是否存在的依据。对于提供无追索权融资的出口保理商而言，有必要通过合同、发票、提单等文件单据去了解掌握交易背景的情况，也有必要在与出口商签订的保理协议中就发生贸易纠纷后的追索权重新获得问题加以明确规定，以防承担贸易纠纷产生的海外正当拒付的风险。另外，进口保理商的选择也非常重要。进口保理商是坏账担保人，能否勇于承担坏账担保的责任，关键在于其资信状况如何。本案中的进口保理商显然关注自己的利益胜过关注自己的信誉，资信状况欠佳。因而，实务中，出口保理商无论是为出口商着想，还是为自己的利益考虑，对进口保理商都应做出慎重的选择。

第八章 | 福费廷

【教学目的和要求】
- 掌握福费廷的概念
- 了解福费廷的业务流程
- 了解开展福费廷业务的利弊及风险
- 掌握福费廷和其他融资方式的不同

【案例导读】

　　某客户收到一出口业务，开证行为孟加拉汇丰银行，金额10 000.00美元并得到开证行承兑，90天远期信用证，信用证承兑付款日为8月17日。该客户为中小企业，于2010年5月24日申请融资，民生银行在扣除手续费、对方银行预扣费后，该客户获得9 500多美元的中小企业融资金额。试析什么是福费廷？

第一节 | 福费廷概述

　　严格地说，福费廷业务是一项与出口贸易密切相关的新型贸易融资业务产品，一般都要结合国际结算方式使用，也称为国际结算融资方式。

一、福费廷的概念

　　福费廷（forfaiting）又称为"包买票据"，指银行或其他金融机构对出口商持有的并经进口商承兑和进口方银行担保的债权凭证无追索权地购买或贴现的金融服务活动，是提前获得货款的一种资金融通形式。

　　福费廷源于法语 aforfait，意即放弃权利，在此是买断或无追索权购买之意。包买商买进出口债权以后承担收款的全部风险，无论如何不能向出口商追索。

　　福费廷业务主要用于金额大、付款期限较长的大型设备或大宗耐用消费品的交易中，是一种独具特色的金融服务业务和重要的中长期贸易融资方式。

二、福费廷业务的特点

（一）债权凭证的购买无追索权

　　即使融资商到期不能从进口商或担保银行收回票款，也不能要求出口商退还所付款项，收不到票款的损失由融资商自己承担，即融资商承担了福费廷业务中的最大风险。

（二）提供中期贸易融资

福费廷业务是使用资本性货物贸易或服务贸易的中长期融资。融资期限一般是在 3～7 年，以 5 年居多，最长可达 10 年。由于融资期限长，为了能较顺利收回资金，往往根据融资期限的长短分成若干期办理款项收付。

（三）属于一种贴现服务

包买商通过对出口商持有的由进口商承诺支付并经过担保的远期汇票进行贴现，即买断出口商持有票据实现福费廷业务。贴现从包买商收到票据开始，之后扣除相应的利息并将剩余金额还给出口商。贴现利率高于银行的贴现业务，因为包买商承担更多的风险。

（四）适用于资本性商品和大宗耐用消费品交易

与保理服务适用于消费品贸易不同，福费廷业务适用于以分期方式收付货款的资本品进出口，或者说适用于对资本品出口债权的购买。交易金额大，属于批发性融资。

（五）需要担保

除非进口商或付款人的资信状况是一流的，任何福费廷业务债务必须有背书形式的担保，或包买商接受的不可撤销的、无条件的银行担保。该条件的满足是出口商无追索权出卖票据的重要前提。

（六）手续比较简便

福费廷业务使用汇票或本票，手续比较简便。由于以真实交易为依托，出口商得到融资商的融资，要比经申请银行贷款容易。

三、福费廷业务的起源与发展

（一）福费廷业务的起源

福费廷业务起源于第二次世界大战后的东西方贸易。当时饱受战火摧残的东欧各国需要向美国购买大量谷物，但又因外汇短缺而需向对方融通资金。在这种情况下，富有长期贸易融资经验的瑞士苏黎世银行协会便以美国向东欧国家出口谷物为背景率先开办了以融资为目的的福费廷业务。随后，人们发现福费廷业务付款期限较长、金额较大等特点使它更适合于资本性物资商品贸易。

从二十世纪五六十年代开始，福费廷的业务重点开始转向资本品的进出口贸易。当时，西方的工业国家对苏联、东欧以及发展中国家和地区出口资本货物，例如成套设备等，不少是通过福费廷方式进行的。

进入二十世纪七十年代以后，由于国际债务危机的加深，许多买主由于资金问题违约导致保险单和保函项下的索赔案增加，于是，许多出口信贷保险公司不得不缩小承保险别和赔付范围，同时增加保险费，使得保险和担保业务减少，为福费廷业务的发展提供了空间。

二十世纪八十年代发展中国家大多受到债务危机的困扰，这又进一步促进了福费廷业务的发展。

福费廷业务发展最快的是西欧。西欧国家普遍开办了该项业务，并形成了伦敦、苏黎世、法兰克福三个福费廷市场，其中，伦敦是全球规模最大的福费廷市场。除西欧外，亚太地区的部分经济发达国家也开展了福费廷业务。一些发展中国家或地区也在进行该项业务的尝试。

目前，几乎世界上所有的国际知名商业银行都在积极介入福费廷业务，特别是自 20 世纪

60 年代中期瑞士信贷银行成立公司正式经营福费廷业务以来，许多著名大银行都先后成立了专门的包买公司或包买业务部。在伦敦有巴克莱银行、劳合士银行、米特兰银行、国民西敏寺银行等，在纽约有大通曼哈顿银行、太平洋安全银行、花旗银行、欧文信托银行、芝加哥银行等。

（二）福费廷业务发展的成绩

随着福费廷业务的迅速推广，福费廷业务技术和市场机制也在不断创新。

1. 出现了包买辛迪加

由于包买协议涉及的交易金额较大，包买商出于资金和信用额度的限制或出于分散风险的考虑，往往联合其他包买商组成辛迪加（银团），共同对某笔大额（5 000 万美元以上）交易提供福费廷服务。

2. 银行提供风险担保

为彻底清除业务风险，初级包买商有时会邀请当地的一家或几家银行对自己打算或已经叙做的包买业务提供风险担保。这种担保是独立于进口方银行担保之外的完整法律文件，担保银行（风险参与银行）对由任何来自进口商、担保银行的信用风险和债务人所在国的国家风险造成的票款迟付或拒付，负有不可撤销和无条件的赔付责任。风险担保或风险参与的作用相当于提供出口信用保险。

3. 提供可变利率融资

采用可变利率的包买业务仅限于二级市场，即初级包买商在二级市场上以当时的贴现率出售票据，并规定在将来约定时间不断加以调整。但由于这种做法背离了福费廷业务提供固定利率的宗旨，所以，包买商一般不愿以可变利率方式进行大量交易。

4. 形成了福费廷二级市场

包买商在向出口商购买作为债权凭证的远期票据后，如果由于某些原因，不愿将自己的资金束缚在这种投资上，可将所持有的全套或一期或几期远期票据出售给二级包买商，二级包买商还可再转让远期票据的一期或几期或全套。每期票据都是一份独立、完整的债权凭证，持有它即享有全部票据权利。目前伦敦的福费廷二级市场最为活跃。

不过，出口商出于保守商业秘密的考虑，有时会要求初级包买商保证其得到的票据不在二级市场上转让，或在包买协议中加列限制条款而使福费廷难以转让。

（三）福费廷业务在我国的发展

我国福费廷业务的开展起步较晚，但发展较快。20 世纪 90 年代中期，我国银行在海外的分行开始办理福费廷业务，1994 年我国成立中国进出口银行，该银行是外国境内最早涉足福费廷业务的金融机构，并最早建立了我国有关福费廷业务的管理办法和操作规程。2001 年，中国银行江苏分行办理了中国银行的第一笔 30～40 天的短期福费廷业务。此后，我国商业银行基本都开展了福费廷业务，方式主要有直接买断和间接买断两种。随着业务经验的积累和客户基础的扩大，我国商业银行的福费廷业务快速发展。2005 年 6 月 8 日，国际福费廷协会（IFA）东北亚地区委员会在中国北京正式成立，这标志着我国商业银行的福费廷业务进入了一个新的发展阶段。2008 年金融危机爆发后，出口企业面临的外贸风险加剧，福费廷作为规避风险的金融工具受到众多外贸企业的青睐。此外，国内贸易项下的福费廷业务也迅速发展。随着我国国内贸易的快速发展尤其是在次贷危机的影响下，我国企业加大了国内贸易的开发力度。为满足日益多样化的企业融资需求，国内信用证项下福费廷应运而生。中国银行于 2007 年率先推出以国内贸易信用证为基础的福费廷业务。福费廷业务无追索权买断的特征可以在为国内企业提供即时融资的同时规避了来自买方的信用风险，因此受到了国内企业的欢迎。

第二节 福费廷的当事人及业务流程

一、福费廷业务的当事人

1. 出口商

出口商（exporter）是在福费廷业务中向进口商提供商品或服务，并向福费廷融资商无追索权出售有关结算票据的当事人。

2. 进口商

进口商（importer）是以赊购方式接受出口商所提供的商品或服务，并以出具本票或承兑出口商出具的汇票而承担票据到期付款的当事人。

3. 包买商

包买商又称福费廷融资商（forfaiter），即为出口商提供融资业务的商业银行或其他金融机构。融资商在无追索权地买进出口商提交的票据以向出口商提供融资后，即获得届时向进口商追讨票款的权利，同时也承担了无法从进口商得到偿付的风险。

4. 担保人

担保人（guarantor）也称保付人，即为进口商能按时付款做出担保的当事人，通常是进口商所在地的大型商业银行。担保形式可以是银行保函或备用信用证，也可由担保人在福费廷上加具保证。保付人的介入提高了福费廷业务中票据的可靠性，降低了融资风险。

二、福费廷业务的业务流程

（一）出口商询价与申请

出口商在与进口商进行贸易洽谈的早期阶段，就应主动向包买商联系询价，了解包买商是否愿意就该笔交易进行洽谈以及他对银行担保等方面的要求。在得到包买商的肯定答复后，出口商即可正式提出申请。申请的基本内容包括以下几项。

（1）需要融资的金额、货币和期限。

（2）出口商的详细情况，包括名称、注册地点、经营状况、资信状况等。

（3）进口商的详细情况，包括名称、注册地点、营业地点、资信状况等。

（4）将要提交的票据种类，即是汇票还是本票。

（5）担保行的名称及其所在国家。

（6）担保方式，即是保付签字还是担保函。

（7）分期付款的面额、间隔和到期日。

（8）出口商品的名称及类别。

（9）预计提交票据的时间。

（10）有关的进出口许可证或特许、授权书是否已办妥。

（11）票据的付款地。

（二）包买商审查与报价

接到出口商的询价或申请后，包买商应予以审查，决定是否承做这笔业务。包买商除审查出口商的申请书以外，还要考虑以下内容。

（1）对进口商所在国家或地区核定的信用限额是否有足够的余额来承做该笔业务。

（2）对担保银行资信进行评估，包括对担保银行本身及其所在国家或地区的信用进行评估。

（3）商品交易本身是否属正常的国际贸易。

（4）有无对进出口双方资信状况产生不利影响的记载及报告。

（5）能否以有利可图的价格在二级市场上转卖票据。

审查和评估结束后，包买商即可表明自己的态度，如果可以提供包买服务，则要提出购买报价。报价包含贴现率、承担费及多收期。

（三）出口商与包买商签订福费廷协议

当包买商的报价被出口商接受后，双方即可正式签订包买合同（福费廷协议）。包买合同的主要内容包括项目概况、债权凭证、贴现金额、货币和期限、贴现率与费用、当事人责任与义务等。

订立包买合同意味着包买商承担了将来按某种价格向出口商购买某种票据的责任和义务。

（四）进出口商签订贸易合同

出口商将已确定的融资费用打入成本，向进口商报价，只要报价被对方接受，即可正式签订贸易合同。

（五）出口商发货、寄单和出具汇票

贸易合同签订后，出口商即可发运货物，备齐单据，并将单据通过当地银行寄交进口方银行。如果合同规定债权凭证为汇票，那么，出口商还应签发汇票并寄交进口商。

（六）进口商申请银行担保

进口商收到出口商寄来的汇票后应予以承兑并申请银行担保。如果合同规定债权凭证为本票，则出口商不必签发汇票而由进口商签发本票并申请银行担保。

（七）进口商借单提货

接到出口银行寄来的单据后，进口方银行可在一定条件下如通过 T/R 将单据借给进口商。进口商即可凭单提货。

（八）包买商购进债权凭证

出口商收到经银行担保的债权凭证后，即可按包买协议规定出售给包买商，一次性提前收回货款。包买商购进债权凭证后应持有票据，按不同到期日依次向进口商或担保银行索偿，或在二级市场上售出，收回全部票款。

福费廷业务的详细流程如图 8-1 所示。

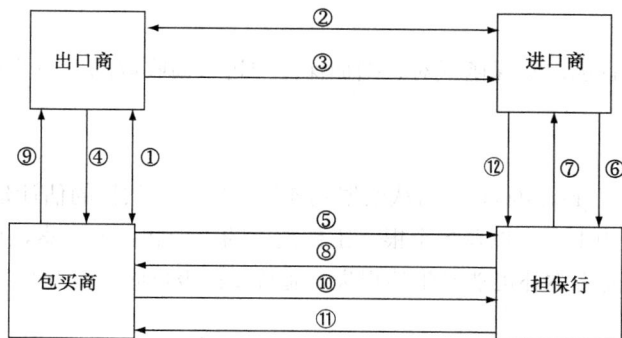

图 8-1　福费廷业务流程

说明：①签订包买合同；②签订贸易合同；③发货、签发汇票；④交割规定单据；⑤寄单；⑥申请银行担保；⑦借出单据；⑧寄交担保债权凭证；⑨无追索权贴现付款；⑩提示到期票据；⑪支付票款；⑫偿还垫付票款。

三、福费廷业务的成本和费用

福费廷业务的成本和费用主要有贴现息、选期费、承担费、担保费和宽限期贴息等。

（一）贴现率与贴息

包买商是按债权凭证的贴现价来购买的，购买价格的高低直接决定于贴现率的高低。购买价格与贴现率成反比，与债权凭证面值成正比。

贴现率一般是固定的，其高低由进口国的综合风险数、融资期限长短、融资货币的筹资成本等决定。具体而言，贴现率通常是按包买合同签订日或交割日的 LIBOR（伦敦银行同业拆放利率）计算，并加计利差，利差是包买商根据融资成本、所承担的风险和所希望得到的利润来确定的。

贴息是根据债权凭证金额和贴现率（discount rate）计算出来的融资成本。贴息由出口商支付。

（二）选期费

选期费即包买商收取的选择期（option period）补偿费用。选择期是指包买商给予出口商根据商业谈判的结果来决定是否要求包买商提供贸易融资的一段时间（从签订包买合同至签订贸易合同）。

选择期根据交易商品的类别、金额大小长短不一，在正常情况下通常为几天。如果选择期不超过 48 小时，包买商一般不收费；如果超过 48 小时，则需要收取一定的风险承担费用即选期费。

（三）承担费

承担费是包买商收取的承担期（commitment period）补偿费用。承担期是指从包买双方达成交易到实际交付债权凭证进行贴现这段时期（签订包买合同至交付债权凭证）。在这段时期内，包买商因对该项交易承担了融资责任而相应限制了他承做其他交易的能力，以及承担了利率和汇价风险，所以要收取一定的费用，即承担费（commitment free）。

承担期不是事先固定的，但一般不超过 6 个月。银行一旦承诺为出口商贴现票据，从签订包买合同起的任何一天，都有可能实际贴现付款，如中途出口商因某种原因未能履约，包买商要蒙受一定的资金损失。因此，包买商收取相应的费用是合理的，承担费率一般为年率 0.5%～2%。其计算公式为：

$$承担费 = 票据面值 \times 年承担费率 \times 承诺天数 \div 360$$

选期费和承担费都由出口商支付。

（四）担保费

担保费是进口方银行因出具保函或对票据加保而向进口商收取的风险费和手续费。担保费由进口商直接支付。

（五）宽限期贴息

宽限期又叫多收期（grace days），指从票据到期日至实际收款日的估计延期天数。

由于各国法律规定的不同，以及各个银行工作效率的差异和其他因素，可能造成票款的迟付，增加收款人成本，包买商为弥补可能发生的损失，通常要在报价时加算几日（一般为 3～7 天）的贴现息，即宽限期贴息。

除担保费外，以上费用表面上都是由出口商承担的，但出口商早已将这些费用通过加价转嫁给了进口商，因此，实际上是进口商承担了主要成本和费用。

四、福费廷业务的影响

福费廷业务是一种快捷、方便、灵活的出口贸易融资方式，各当事人都能从中获得利益。

（一）对出口商的影响

出口商能通过福费廷业务转移风险和融通资金，具体包括：

1. 降低出口商的汇率风险和利率风险

福费廷业务使出口商原本只能远期收回的货款，不被追索地在货物出口后得到现金付款，避免资金被长期占用，有利于改善资金流动状况，使出口商避免了相应的汇率风险和利率风险。

2. 消除了出口商的国家风险和信用风险

福费廷业务在前期的大量工作和货物出运后较短时间内，出口商便获得融资，降低了出口商在该项交易中所承担的进口国的国家风险和进口商以至担保行的信用风险。

3. 有利于出口商的流动资金周转，改善其资产负债状况

福费廷业务使出口商在出口货物后，尽快收回货款，加速其流动资金周转，有效避免大量流动资金被占压在待收项目下，以及大量借用银行贷款，改善其资产负债状况。

4. 有利于资本密集型货物的交易达成

资本密集型交易起点金额高，运用福费廷可以有效落实进口商分期付款，又使出口商有效降低延期和分期收款带来的一系列风险，有利于交易的达成。

但是，福费廷业务会增加出口成本、提高出口价格，从而可能影响出口竞争力。

（二）对进口商的影响

进口商的主要益处是能得到出口商提供的 100%合同价款的贸易融资，但进口商必须支付较高的融资费用，而且还要在一定程度上长期占用授信额度或提供抵押品。另外，进口商还不能因为任何贸易纠纷拒绝或延迟付款。

（三）对包买商的影响

包买商办理福费廷业务能获取较高的收益率，不利之处是包买商在融资中承担了所有的汇价、利率、信用和国家信用的风险，并且没有追索权。

（四）对担保行的影响

担保行通过对票据加保或出具保函能使其获得相当可观的保费收入，不利之处是承担着一定的

业务风险，如果进口商破产或无力支付，其对外的付款可能无法收回。

五、福费廷业务的风险与防范

在福费廷业务中，有关当事人都存在着不同程度的风险，其中有些风险是可以采取措施进行防范的，而另一些风险则缺乏有效的防范措施。

（一）出口商面临的风险

出口商面临的风险主要是在向包买商出售债权凭证之前这段时间的利率风险、履约风险和币别风险。

1. 利率风险

利率风险是指出口商在签订包买合同至签订贸易合同这一期间内所面临的交易计价货币利率下调风险。利率下调将加大出口商的融资成本，而对进口商的报价又早已确定而无法更改。

利率风险较易防范，只要出口商在签订贸易合同前及时与包买商联系洽谈，并取得其报价和包买承诺，即可将融资成本计入商品价格，利率风险便可有效消除。

2. 履约风险

履约风险是指在承担期内，由于种种主客观因素，贸易合同无法继续履行，出口商无法向包买商提供有效票据的风险。即由于贸易合同不能履行而导致包买合同不能履行，而给包买商造成损失。如果出现履约风险，出口商有责任对包买商因此而产生的费用和遭受的损失予以补偿。

在实务中，出于维护与客户长远关系的考虑，包买商一般都以宽容的态度对待此事，通常仅是象征性地收费或不收费。

3. 币别风险、汇价风险

币别风险是指出口商在承担期内收到进口商交来票据的币别不是原来合同中规定的货币，出口商将面临因此产生的汇价风险。汇价风险指计价货币贬值的风险。

币别风险或汇价风险可以通过在贸易合同中加进特殊条款来消除，如商品价格随有关货币的汇率变化而变化，必要时还可购买有关货币的远期外汇买卖合同。

（二）进口商面临的风险

进口商面临的主要是汇价风险，即如果交易计价货币是外币，进口商就面临着本币贬值或外币升值而多支付本币的风险。这种风险通常可以通过远期外汇买卖合同加以消除，不过，如果进口商所在国的法定货币是不可自由兑换货币，这种汇价风险就无法消除。

（三）担保行面临的风险

担保行的主要风险是进口商的违约风险，即由于进口商违约、破产等原因使担保行的对外垫款得不到偿还。对这种风险的有效控制办法是核定信用额度，要求进口商提供抵押品或反担保函。如果进口商与担保行不在同一国家，担保行还要承担国家信用风险，该风险的防范办法是核定该国信用额度。

（四）包买商面临的风险

在提供选择期至票款到期收回的整个期间，包买商一直承担着各种风险。这主要包括以下几点。

1. 利率风险

利率风险主要指在选择期和承担期中，由于利率上升导致包买商融资成本上升的风险。控制和消除利率风险的主要手段是应尽量做到资金完全匹配。

2. 担保行的信用风险

担保行的信用风险是指担保行在票据到期日履行付款责任时由于某些原因造成迟付，一般不存在无力支付的情况。对该风险的防范办法是对担保行核定相应的信用额度。

值得注意的是，包买商通常仅是银行的一个部门，不能独立考虑其信用额度问题，而应将整个银行对该担保行所发生的业务做通盘考虑。

3. 国家风险

国家风险通常指担保行所在国的国家风险。控制和防范国家风险的办法主要是核定信用额度及投保国家信用险，此外，还可邀请有关银行进行风险担保。

4. 票据和单据缺陷风险

票据和单据在有效性方面存在的任何缺陷都可能会给包买商带来风险，因此，包买商应严格审查有关单据、票据并做好记载。

此外，票据和单据因保管不善，如发生丢失、火烧、水渍等也会影响包买商的权益。包买商应加强对单据的保管。

5. 托收与清偿风险

托收与清偿风险指由于人为的疏忽和失误，致使票据未能于到期日前及时寄出收款而造成的迟收货款风险。其防范措施是严格加强内部管理，由专人负责保管单据及寄单。

六、福费廷业务与其他贸易融资业务的比较

（一）福费廷与商业贷款

（1）由于中长期贷款风险较大，银行对中长期贷款都十分谨慎。福费廷业务中融资商为出口商提供中长期融资是其基本业务，只要事先做好各项准备工作，融资商都乐于开展业务。

（2）商业银行在提供中长期贷款时，根据借款人的资信情况好坏、贷款金额大小、期限长短，要求提供担保或抵押，手续繁杂。福费廷业务只要求进口商承兑汇票，以及提供银行相应的保证，手续相对简单。

（3）银行对中期贸易融资一般提供浮动利率的商业贷款。因为，国际资本市场上利率变化反复无常，加上国际贸易品种、方式的多样化，相互之间的影响作用不断加大，往往一种货币的利率变化会引起国际金融市场上其他货币利率的连续反应。福费廷业务最重要的一个特点就是可提供固定利率的中期贸易融资，它能满足客户控制利率风险，确定融资成本的需要。

（二）福费廷与出口信贷

（1）出口信贷是政府为鼓励本国资本性货物的出口而提供的一种带有利息补贴性质的融资。许多国家都设立专门的政策性银行提供出口信贷服务。福费廷业务不一定都由政策性银行办理，也不要求国际提供财政支持。

（2）出口信贷支持的出口商品要根据国家的产业政策来确定，福费廷则未必都是国家产业政策所规定的。

（3）出口信贷有国家政策支持，利率低于一般商业贷款利率；福费廷没有国家政策支持，融资商以多种费用等形式转嫁其可能承担的风险因素，因此，出口商的风险较出口信贷高。

（4）在出口信贷条件下，一般还要求出口商投保出口信用险，不仅手续烦琐，而且增加了费用开支。福费廷下，不要求出口商投保出口信贷保险。

（5）出口卖方信贷往往要求出口商提供抵押担保，买方信贷则由进口方银行提供担保。福费廷方式中，以进口国银行为进口商担保。

（6）出口信贷手续烦琐，需要的文件较多，业务受理时间长；福费廷业务需要材料少，办理时间较短。

福费廷与出口信贷的比较参见表 8-1。

表 8-1 福费廷与出口信贷的比较

	福费廷	出口信贷
是否受政策限制	是一种市场行为，不受政策条件限制，手续比较灵活便捷	适用对象受到政府产业政策和贸易政策的严格限制，手续烦琐
操作程序	所需文件和手续简单	需要办理信用保险，并且要求提供担保，手续烦琐
风险的分配	出口商风险较小	风险对出口商而言比较复杂

（三）福费廷与票据贴现

福费廷与票据贴现都以票据为业务基础提供融资，主要区别如下。

（1）追索权不同。贴现业务中，如承兑人因故不能付款，银行对原持票人拥有追索权；福费廷业务中，融资商对出口商没有追索权。

（2）票据要求不同。贴现中使用的票据未必都与特定贸易有关；福费廷中使用的票据必须是与资本密集型交易有关的票据。

（3）期限不同。贴现使用的票据期限可长可短，多为半年左右；福费廷业务中使用的票据大多是长期的。

（4）担保不同。贴现使用的票据经过受票人承兑即可；福费廷使用的票据除了经进口商承兑或进口商开立本票外，还需要资信良好的银行做担保。

（5）费用不同。贴现业务中，商业银行只向持票人收取贴息；福费廷业务中除了贴息外，还要收取管理费、承担费等。

（四）福费廷与保理业务比较

保理业务是近年来发展较快的固定利率融资业务，通常仅提供 180 天以内的短期贸易融资。保理与福费廷正好适用于不同领域和期限。保理业务适用于托收项下短期贸易融资，而福费廷适用于信用证或银行担保项下的中长期贸易融资；另外，保理业务中，出口商最多只能得到发票金额 80% 的融资，而且还要承担有关汇价和迟付方面的残留风险。而在福费廷业务中，出口商可按票面金额获得融资，而且不承担任何风险。因为，出口商是以无追索权的形式将远期票据出售给银行的。

福费廷业务与保理业务虽然都是国际结算附属方式，但也有很多的不同，如表 8-2 所示。

表 8-2 保理业务与福费廷业务的比较

	比较项目	保理业务	福费廷
相同点	性质	新的综合性结算方式	
	基本内容	风险担保、贸易融资	
	服务手段	出口债权的购买	

	比较项目	保理业务	福费廷
不同点	购买对象	消费品出口债权	资本品出口债权
	购买比例	全部或部分债权	全部债权
	债权性质	一般债权	票据权利/债权凭证
	银行担保	无	进口银行担保
	购买性质	有追索权或无追索权	无追索权
	其他服务	有	无
	基本方式	O/A、D/A	光票托收
	使用货币	可自由兑换货币	最通用货币
	风险转移或控制方式	核准信用额度	银行风险参与、辛迪加购买、二级市场转让

福费廷和国际保理的主要区别如下。

1. 业务本质不同

保理业务中，应收账款是通过发票贴现的形式由出口商转让给保理商的，遵循的是一般民法中债权转让的做法，在国际保理业务中，主要依据的是国际保理业务方面的公约和惯例。福费廷业务中，应收账款是通过票据贴现的形式由出口商转让给包买商的，遵循的是票据业务的程序，适用的是票据法的相关规定。

2. 信用基础不同

保理业务只适用于商业信用销售背景，实务中仅在 O/A 或 D/A 中运用，并不适用于付款交单（D/P）或信用证结算的交易。保理商收款是基于进口商的商业信用，购买应收账款时，进口商的付款责任并未确认，日后存在较大的拒付风险；而福费廷业务中，包买商购买的是经进口商承兑的汇票或进口商出具的本票，进口商的付款责任在应收账款购买时已经确定，此外，包买商通常只购买经进口地银行或其他担保机构担保的票据，因而福费廷包买商的票款兑现基于的并不仅仅是进口商的信用。

3. 融资期限与金额大小不同

保理融资属于短期零售性融资业务，贸易背景一般为消费品小批量、多批次、多客户的进出口交易。融资期限通常在半年以内，融资金额较小。而福费廷融资属于中长期批发性融资业务，通常适用于为中长期的资本性货物出口提供具有几年期限的资金融通，融资金额较大。此外，保理融资通常是部分融资，融资额一般为核定应收账款的 80%～90%，而福费廷融资则是全额融资，一次性贴现全部票面金额。

4. 追索权有无的规定不同

福费廷的本意就是权利的放弃，因而无追索权是福费廷融资的本质和特色；而保理业务分为有追索权和无追索权两种融资方式。

5. 风险承担不同

保理与福费廷在提供无追索权融资时，都承担了出口商转嫁过来的交易风险。但保理商承接的仅仅是买方信用风险，即对由于买方资信方面的原因导致的坏账承担赔付责任。而包买商买断票据后，承接了与交易有关的所有风险，不仅有买方信用风险，还有买方国家风险、政策风险、市场风险等。从承担风险的种类上讲，福费廷业务中的风险转嫁也是较为彻底的。

本章小结

- 福费廷指商业银行对出口商持有并经银行担保的债权凭证无追索权购买或贴现的金融服务活动。Forfaiting 又被译为"福费廷"。
- 福费廷业务通常适用于资本品；主要提供中期贸易融资；债权凭证的购买无追索权；将赊销变成了现金交易；需要担保；属于一种贴现服务。
- 福费廷业务流程为：出口商询价与申请；包买商审查与报价；出口商与包买商签订包买合同；进出口商签订贸易合同；出口商发货、寄单和出具汇票；进口商申请银行担保；进口商借单提货；包买商购进债权凭证。
- 福费廷业务的成本和费用主要有贴现息、选期费、承担费、担保费和宽限期贴息等。
- 保理业务和福费廷业务在性质、基本内容和服务手段上相同，但是在购买对象、购买比例、债权性质、银行担保、购买性质、其他服务、基本方式、使用货币和风险转移或控制方式上均不同。
- 在福费廷业务中，有关当事人都存在着不同程度的风险，因此应注重防范风险。

基本概念

福费廷　包买商　承担费　担保费　宽限期

复习思考题

1．福费廷的含义及特点是什么？
2．试述福费廷业务的流程。
3．分析国际保理业务的利弊。
4．国际保理业务和福费廷业务的区别主要表现在哪些方面？

拓展阅读

案例 8-1　福费廷业务的风险

案例介绍：

瑞士某汽轮机制造公司向拉脱维亚某能源公司出售汽轮机，价值3 000 000美元。因当时汽轮机市场很不景气，而拉脱维亚公司坚持延期付款，因而瑞士公司找到其往来银行ABC银行寻求福费廷融资。该银行表示只要拉脱维亚公司能提供拉脱维亚XYZ银行出具的票据担保即可。在获悉拉脱维亚XYZ银行同意出保之后，ABC银行与瑞士公司签署包买票据合约，贴现条件是：6张500 000美元的汇票，每隔6个月一个到期日，第一张汇票在装货后的6个月到期，贴现率为9.75% p.a.，宽限期为25天。瑞士公司于××年12月30日装货，签发全套6张汇票寄往拉脱维亚公司。汇票于次年1月8日经拉脱维亚公司承兑并交拉脱维亚XYZ银行出具保函担保后，连同保函一同寄给ABC银行。该银行于1月15日贴现全套汇票。由于汽轮机的质量有问题，拉脱维亚公司拒绝支付到期的第一张汇票，拉脱维亚XYZ银行因保函签发人越权签发保函并且出保前未得到中央银行用汇许可，而声明保函无效，并根据拉脱维亚法律，保函未注明"不可撤销"，即为可撤销保函。而此时，瑞士公司因另一场官司败诉，资不抵债而倒闭。

案例分析：

此案例中的包买商ABC银行受损基本成为定局。按照福费廷业务程序，ABC银行在票据到期首先向担保行拉脱维亚XYZ银行提示要求付款。但由于该银行签发的保函因不符合本国保函出具的政策规定及银行保函签发人的权限规定而无效，并根据该国法律的规定，即便有效，因未注明"不可撤销"，该行如不愿付款，也可随时撤销保函下的付款责任。因此，ABC银行通过第一收款途径已不可能收回款项。如果转向进口商要求付款，进口商作为汇票的承兑人，应该履行其对正当持票人——包买商的付款责任，该责任不应受到基础合同履行情况的影响。但由于拉脱维亚属于外汇管制国家，没有用汇许可，进口商也无法对外付款，因而，虽然包买商在法理上占据优势地位，但事实上从进口商处收款同样受阻。福费廷属于无追索贴现融资，即便为了防范风险，ABC银行已与出口商瑞士公司事先就贸易纠纷的免责问题达成协议，但由于瑞士公司已经倒闭，从而，即使ABC银行重新获得追索权，也难以通过追索弥补损失。

启示：

福费廷公司在签订福费廷协议、办理福费廷业务之前，一定要重视对出口商、进口商以及担保人本身资信情况和进口商所在国情况的调查。这些情况对于福费廷公司判断一笔业务的风险、确定报价，甚至决定是否接受这笔业务都具有非常重要的意义。担保人的资信尤为关键，因而在实务中，担保人通常由包买商来指定。此案中，ABC银行也是自己指定了一家担保行，但实际上对这家担保行的资信并非特别重视。至本案发生时间，该行成立也才两年多时间，办理业务的时间非常短，业务经验包括业务办理程序方面都不是很成熟，对于福费廷这样的复杂业务，接触更少。也正是因为此种原因，办理过程中出现了许多违反政策及业务规定的问题。其次，本案中的包买商对进口国的相关政策法律也不十分清楚，对基础交易情况、货物情况不具足够的了解，对客户资信也未做必要的审查和把握。另外，还有一点很重要的是，在包买时，包买商对一些重要的单据文件如用以了解交易背景的合同副本、用以防范进口国政策管制风险的进口及用汇许可证等也未做出提交的规定和要求。此案中包买商的教训告诉我们，风险的发生就源自于对风险的疏于防范。

案例8-2 信用证项下的福费廷业务

案例介绍：

F银行与X公司签订了福费廷协议。200×年10月，F银行收到W国A银行N国分行开来的180天远期信用证一份，受益人为该行客户X公司，金额为USD413 000，装运期为200×年11月15日。200×

年11月4日，X公司发货后，通过F银行将货运单据寄交开证行，以换取开证行A银行N国分行担保的远期承兑汇票。200×年12月，X公司将包买所需单据包括"无追索权"背书的A银行承兑汇票提交F银行包买。次年2月，W国A银行突然倒闭，A银行N国分行于同年3月停止营业，全部资金被N国政府冻结，致使F银行垫款无法收回，利益严重受损。

案例分析：

此案例中，F银行包买的是信用证下的汇票。A银行N国分行是信用证的开证行，日后承兑信用证下的汇票而成为票据承兑人，具有保证按期履行对外支付的义务。但A银行总行倒闭，致使A银行N国分行停止营业，从而F银行即将到期的票据款无法收回。这里，F银行之所以遭受严重的银行担保风险就是因为F银行与X公司签署福费廷协议前，没有认真评估担保行A银行的信用级别，没有掌握全面信息为A银行核定一个合理的信用额度。

启示：

在实务中，信用证开证行的倒闭是极少数、极偶然的现象。而且，一般的信用证业务中，即使开证行倒闭，风险损失通常也是由出口商实际承担。但即便如此，开展信用证业务时，开证行及其所在国的资信状况仍是出口地银行审证的重点内容。如果信用证下叙做福费廷业务，由于开证行的支付意愿及支付能力直接关系到包买银行自身的风险大小，因而，对开证行的资信审查应更加谨慎和严格。

第九章 单据

【教学目的和要求】

- 了解商业发票、保险单据、运输单据、附属单据等基础内容
- 掌握海运提单的内容、种类
- 全面认识银行拒受的单据

【案例导读】

某日，我议付行收到国内受益人交来的全套单据，审单员审单后认为全套单据已做到"单单一致、单证一致"，于是毫不犹豫地对客户付了款。但当此单据寄对方开证行索偿时，却遭到了拒付。开证行认为：我方提交的单据中含有一张海运提单，该海运提单上原先与货物描述一起打上的"洁净已装船"批注中的"洁净"字样被删除，这样就不符合信用证提供"已装船洁净提单"的要求。由此推定提单是不洁净的。根据《UCP600》相关规定，银行不能接受此类不洁净提单。

我方收到开证行拒付电后即刻回复：根据《UCP600》规定，所谓的洁净提单是指对货物包装及外表状况有缺陷的批注的提单，既然我方提供的提单无此描述，就应认为提单是洁净的，故你方的拒付是不成立的。

最后，开证行终于如数支付了信用证款项。

试析何谓洁净提单？

第一节 单据概述

一、单据的定义

国际结算单据简称为单据，它指的是国际结算中涉及的，以反映货物特征及说明交易情况的一系列证明文件或商业凭证。例如有的是物权凭证；有的单证是证明货物的产地、货物的质和量的；有的直接代表货物本身；有的则代表货币；还有的是为承担货物在途中可能出现的风险等。单据通常由出口商制作或取得后通过银行转交给进口商，交单是出口商履约的重要环节和内容。在现代国际结算中，出口商的交货主要是通过交单来完成的。

二、单据的作用和意义

单据在国际贸易和国际结算中起着非常重要的作用，卖方用提供合格的单据来证明他履行了合同规定的义务，而买方通过单据可以对货物进行全面的了解，以判断货物是否符合要求，从而决定

是否付款。单据是银行办理贸易结算的重要依据，银行之所以能介入国际贸易从事结算、担保、资金融通等，就是以货物单据化为前提的。即单据代表了货物，握有全套单据就握有物权，单据的转移就是货物的转移，这样，贸易和结算就分离开了；与合同相关的商品或劳务的品质、数量、价格、包装等归进出口企业或公司负责；银行只与单据打交道，与货物无关。银行购进的是单据，受益人出售的也是单据。否则，银行将被卷入贸易纠纷中，这是银行不愿也是无能力做的事情。《跟单信用证统一惯例》明文规定："在信用证业务中，有关各方处理的是单据，而不是与单据有关的货物、服务或其他行为。"《托收统一规则》中也规定，进口商履约付款的依据是单据而不是货物。总之，进口商是凭必要的符合信用证或在托收项下的合同规定的单据来付款和承兑的，如单据不符合要求，进口商就可以拒付。所以，出口贸易中能否及时收到货款的很重要的前提就是单据的正确与否。银行或外贸企业、部门在实务中常常说，单据就是外汇，见单如见货，都是在强调单据的重要性。

单据在国际贸易和国际结算中的意义：（1）单据是出口商履约的证明；（2）单据是出口商收取货款的凭证；（3）单据是进口商付款的依据；（4）单据是进口商提货的依据；（5）单据是银行办理贸易结算的重要依据；（6）单据是进出口报关、纳税的重要凭证。

三、单据分类

随着国际贸易的发展，国际结算中的单据种类越来越多。常用的单据有跟单汇票、发票、保险单、运输单据、装箱单、重量单、产地证明书、商检证等，根据不同的标准可将单据分成不同的种类。

（一）根据单据的作用划分

1. 基本单据

基本单据（basic documents）是交易中不可缺少的，也是出口商必须提供的单据。基本单据是出口商履约的主要证明，是进口商提取货物的物权凭证（货权单据），也是银行在单据业务中审查的重点。

基本单据主要有 3 类：商业发展、运输单据和保险单。跟单信用证汇票也通常被看成是基本单据。其中，运输单据又分为海洋运输单据、铁路（公路、内河）运输单据、航空运输单据、邮包收据以及多式运输单据 5 种类型。

2. 附属单据

附属单据（additional documents）是指除基本单据以外的其他单据，附属单据由出口商根据进口商的要求而特别提供。附属单据又可分为以下两类。

（1）进口国官方要求的单据，如领事发票、海关发票、检疫证、黑名单证明、出口许可证、航行证明、产地证明等，这类单据在进口报关时应向海关提供。

（2）进口商自己需要的单据及进口商要求的说明货物情况的单据，如装箱单、重量单、品质证等。

（二）根据单据的签发单位不同划分

1. 出口商自制单据

出口商自制单据是指由出口商自行缮制签发的单据，如跟单汇票、商业发票、装箱单、重量单等。

2. 其他企业签发的单据

只与贸易有关的商业性服务企业签发的单据，如由承运人（运输公司）签发的各种运输单据、由保险人（保险公司）签发的保险单等。

3. 政府机关和社会团体签发的单据

政府机关和社会团体签发的单据主要是一些公务证明文件，如有关部门签发的出口许可证、贸促会签发的产地证明、商检局签发的商检证书等。

此外，有些交易还需通过国外有关单位提供必要单据，如由国外轮船公司或其代理提供的船龄证明等。

第二节
商业发票

一、商业发票的定义

商业发票（commercial invoice）是由出口商向进口商开立的说明货物的名称、数量、价格的清单，有时简称为"发票"（invoice）。发票是卖方必须提供的，在全部单据中起核心作用，其他单据均须参照它来缮制，在内容上不得与发票的记载相矛盾。

二、商业发票的作用

1. 商业发票是出口商出具的一种售货证明，是出口商进行账务核算的依据

出口商售货后，通常要向进口商出具商业发票，以证明货物的所有权发生转移。同时，出口商根据商业发票的记载内容来登记其销售收入、往来款项及成本结转等有关账簿，以便进行财务核算。

2. 商业发票是进出口双方进行纳税的依据

按法律的有关规定，货物出口后，出口商应依据商业发票记载的销售金额按一定比例计算、缴纳税款。

在进出口贸易经常采用 FOB、CFR、CIF 价格条件成交时，进口商则依据出口商出具的商业发票来计算、缴纳进口关税等税款。

3. 商业发票是进口商核对货物的主要依据

由于商业发票是一种价目清单，在实际业务中常常通过其或其附属单据——装箱单记载的内容来表示出口商发运货物数量的多少，因此进口商可以据此核对所收货物，以免发生差错。

4. 商业发票是进口商付款的依据，特别是在信用证不要求汇票的情况下

汇票作为一种标明付款金额的支付凭证，通常成为一国印花税的征收对象。近年来，在我国对欧洲一些客户的贸易中，特别是在信用证业务中，这些客商为了避免印花税的支出，经常要求出口商不要向其提交汇票。这样，出口商的发票就代替汇票发挥支付凭证的作用，成为进口商付

款的依据。

5. 商业发票是结汇单据中的中心单据

发票是基本单据,交易和结算中不能缺少,其他的单据均是按照发票来制作的。在信用证项下,确定各单据是否一致时,主要是看各种单据是否分别与发票一致,因此商业发票是银行重点审核的单据,它在全部单据中起着核心作用。

此外,发票还可以作为统计凭证、保险索赔时价值证明等。

三、商业发票的内容

发票的形式并不固定,不同的国家、出口企业均有不同的格式,但内容大致相同,包括首文、本文和结文三个部分。

(一)首文部分

(1)"发票"字样

"发票"字样即"invoice"或"commercial invoice"。

(2)出票人名称与地址

出票人的名称和地址在发票的正上方表示,出口商在印制空白发票时大多已印刷上了这一内容。出票人即为出口商,但也有可能是第三者(转让信用证时)。

(3)买方的名称及地址

发票抬头人,即买方的名称及地址。信用证项下发票的抬头人,必须是开证申请人,若信用证另有规定,则按信用证的要求填写。

(4)发票号码及签发日期

发票的号码由出口商自行编制。出具发票的日期不得迟于提单签发的日期,但可早于提单签发的日期。

(5)买卖双方合同号码

发票是出口商履行合同义务的证明,填上合同号码,表明发票的出具是以某项合同为依据的。

(6)船名航次及装运港、卸货港

用于查询货物的船运情况。按货物运输的实际起讫地点填写。如果货物需转运,转运地点也要明确。例如,货物从大连经香港转船至瑞典的哥德堡,应写成"From Dalian to Goteborg W/T(VIA)Hongkong"。

(二)本文部分

发票本文是发票的核心内容。是指通过对货物或货价的描述说明履约情况的部分。

(1)唛头

唛头(shipping marks)即运输标志,是印刷在货物外包装上的图形、文字和数字,其作用是方便运输及保管过程中有关人员识别货物,以防错发错运。只要货物上有唛头,发票上就要打出,否则,应填写 N/M(没有唛头)。

（2）货物名称与规格

货物的名称要与信用证中的货物名称严格一致，而其他单据上可以使用货物的统称。

（3）货物数量

货物数量（quantity）必须根据实际情况列明，并与其他单据相一致。信用证规定溢短装条款的，货物数量可在信用证规定范围内浮动。如信用证中的数量前面有"about"字样，则发票上的数量可有 10% 的伸缩。但如没有相关规定，根据惯例，散装货物或以度量衡计量（如吨、公斤、码、米、升等）的货物，装运数量和发票上数量允许有 5% 的增减；而以个数计量（如件、套、箱、包等）货物不允许任何增减。

（4）单价与总额

单价应由 4 个部分组成，即计价货币、计量单位、单位数额和价格术语。如 USD100.00 PC CIF NEWYORK。

发票的总额不能超过信用证规定的金额，对超证发票，银行可拒受。如银行接受了该发票，银行议付的金额不超过信用证金额，超出部分可通过光票托收。

佣金和折扣是价格的又一组成部分，但不一定出现在每一笔交易中。它取决于单价中是否含佣金和折扣。凡通过中间商成交的买卖合同，均须由买方或卖方支付佣金。其价格条款应为 CIFC×% 或 CFRC×%，这是明佣。有的合同，价格条款虽是 CIF 或 CFR，但实际上含有佣金，只是对客户不暴露，这叫暗佣。折扣是卖方给买方的减价，是在直接交易下发生的。佣金和折扣虽都是一种减除，但在性质上是有区别的。例如，在计算保险加成和交税时，折扣可在发票金额中减去，而佣金则不能。即佣金是价格或收入的一个组成部分。

（5）包装

包装（packing）是货物描述的一部分。在发票上需将包装的性质、包装件数列明。

（6）毛重与净重

（7）特殊文字说明

商业发票上有时会缮制一些特殊的文字说明。如信用证号码、提单号码或受益人声明等。

（三）结文部分

（1）进出口许可证号、外汇许可证号及有关买方参考号

（2）有时，有的信用证要求分别列出运费、保险费及 FOB 价，则这些要求要在发票上显示出来

（3）卖方签章

实务中，商业发票一般都有出口商签章。UCP600 规定除非信用证有要求，发票可以不签名。签名一般由出口公司的法人代表在发票的末端签字。有手签要求时，必须手签，否则可以使用印章。

（4）证明发票内容正确及货物产地的说明

这是根据不同地区、不同信用证的要求缮打的。如有的信用证要求在发票上证明发票内容正确、真实，还要有货物产地说明。

有的发票上有印就的产地证明，但如信用证要求提供产地证的，还应另外签发，不能以此替代所要求的产地证。

发票票样如下。

INVOICE

Exporter （Name, Address.） DALIAN JINGDA FOOD CO., LTD No.3, CANGWAN STREET. ZHONGSHAN DISTRICT. DALIAN, CHINA **To: Messrs**	大连京达食品有限公司 DALIAN JINGDA FOOD CO.,LTD 中国大连港湾街 3 号 No.3,GANGWAN STREET, ZHONGSHAN DISTRICT. 发　　票	
Issued by （Bank and Branch） BANK OF CHINA SINGAPORE BRANCH	Invoice No. OOKS123	Date: October 12, 1999
	Your Order No.	Our Order No. 99B022
	Documentary credit No. 161061	

Vessel/Aircraft ect.　　　　From VESSEL KINDIA V.WOO2　　DALIAN	Country of Origin of Goods
To 　SINGAPORE	Terms of Delivery and Payment PER M/T CIF SINGAPORE

Marks and Numbers; Number and Kind of Packages; Description of Goods	Quantity	@	Amount （State Currency）
DRIED MUSHROOM A1 A2 A3	0.7M/T 1.6M/T 0.54M/T	USD8 800.00 USD7 500.00 USD6 250.00	USD6 160.00 USD12 000.00 USD3 375.00
		TOTAL -------------------- Stamp or signature	

商业发票是各种出口单据的中心。尽管不同的结算方式下商业发票的填制内容繁简不一，但尤以信用证结算方式最为复杂。由于信用证方式下开证银行或其指定银行的付款条件是单证相符、单单相符，因此，商业发票与信用证条款要求内容相一致，其他单据则应与商业发票的内容相一致。

商业发票的内容填制大致如下。

（一）商业发票的首文部分应与贸易合同或者信用证要求的相关内容一致

（1）商业发票应以进口商或者信用证下的开证申请人为抬头。

（2）发票上进口商的名称及地址应与合同或信用证的要求一致。

（3）发票的出单日期应符合合同规定。采用信用证方式结算时，发票的出单日期不应迟于信用证规定的最迟交单日期或者信用证的有效日期。

（4）发票上显示的装运方式、装运地点、目的地、装运日期等应与信用证要求的一致。采用其他结算方式时，应符合合同的具体要求。

（5）发票号码通常由出口商自行编制。

（6）合同号应根据双方的贸易合同具体填制。

（二）商业发票的本文部分应与合同或者信用证条款要求的内容一致，并严格符合跟单信用证统一惯例的规定

（1）商业发票的唛头应符合要求

采用其他方式结算时，如合同中规定了发运货物的唛头形式，则出口商应按要求填制商业发票上的唛头；如没有规定，出口商则可自行编制。

采用信用证结算方式时，商业发票中填制的唛头应与信用证条款要求一致。如信用证中未规定唛头的形式，则银行可以接受受益人在发票中所标示的任何形式的唛头。

唛头作为出口商对所售货物进行标明的一种标示，其主要内容包括：标示、目的地、件数。如：

New York

No.1-150

上述唛头表明出口商发运货物的目的地是纽约，发运的货物数量一共是 150 箱或件。

在实际业务中，货物的唛头可以由进出口双方商定并在合同中标明，也可以由进口商指定并在合同中标明，还可以由出口商做出。当合同中未标明而且进口商未指定时，货物唛头通常由出口商做出并标识于货物外包装及相关的单据上。

（2）商业发票中货物的描述应详尽，且符合要求

采用其他方式结算时，发票中所陈列的货物描述应符合贸易合同的规定，不宜违反。

采用信用证结算时，发票中货物的描述必须详细，且与信用证条款的规定相一致。

如果发票描述过程中英文单词的打印或者拼写出现错误，但并不影响该单词在整个句子中的含义时，则此类货物描述是可以接受的。

如果描述过程中出现非上述错误，则此类描述被认为存在不符点。

为避免成为开证行或其指定行或进口商拒付的理由，出口商应对发运的货物进行详细描述，而不得使用"统称"，并且需与信用证条款规定的内容相一致。

如果发票中的货物描述符合信用证的规定，且多于信用证条款规定的内容时，则此类描述是可以接受的。

（3）信用证所规定的货物数量如果是以度量来计算时，则发票上记载的实际装运数量可以在信用证规定数量的基础上有 5% 的增减，但不得超过信用证金额。

四、商业发票的审核

商业发票是出口商出具、提交的整套单据的核心，其他单据如运输单据、保险单据、包装单据等都应以商业发票为中心并紧紧围绕其去开立，都应与它的内容相一致。出口商或者业务处理中的银行应严格审核商业发票的内容。

发票应由信用证指名的受益人开立。如果表示地址，应与信用证要求的地址相同。

（1）发票必须做成以申请人的名称为抬头人。

（2）发票不要加注"临时的""形式的"或类似用语，除非信用证特别准许。

（3）发票合同号要与信用证一致，唛头要符合信用证要求，而且应与表现在其他规定单据上的唛头一致。

（4）关于商品的描述，如名称、品质、单价、数量、重量及包装等应与信用证规定完全一致。如出口商出单时出现字母拼写或者打印错误，但这并不影响其原意时，应视为一致。

（5）发票金额不得超过信用证金额，并应与汇票的金额相符；但当价格中含有暗佣时，汇票金额会小于发票的金额。

（6）信用证的金额、单价及商品的数量单位前面如加有"about、approximately、circa"（约、近似、大约），或类似词语时，发票金额、单价、数量可有不超过10%的增减幅度或伸缩性。

（7）发票上表示的货物数量、重量、尺码、装运、包装、运费或其他有关的运输费用资料等应与其他单据上所载明的相符。

（8）如果信用证和合同中规定的单价含有"佣金"，发票上应照样填写，不应以"折扣"字样代替。如果信用证和合同规定"现金折扣"字样，在发票上也应全名照打，不能只写"折扣"或"贸易折扣"等字样。

（9）信用证如无特殊规定，发票不许列入仓租、佣金、电报费等额外费用。

（10）发票份数必须与信用证要求的一致。

（11）如果信用证要求发票被签字、公证人证实、合法化、证明等，应确保正确照办。即如果信用证要求签字的发票，则证明不需要单独签字；如果信用证不要求签字的发票，则证明或发票必须签字和注明日期。

（12）确保提交符合信用证要求的发票张数及正本和副本。

（13）如果信用证没有具体规定，则发票上应不能有对货物是"用过的""旧的""重新改造的""修整的"的批注。

五、其他属于商业单据的发票

1. 形式发票

形式发票（proforma invoice）是卖方在货物销售前向买方开出的非正式发票，也叫预开发票。形式发票在外表上与商业发票的唯一差别是格式上有"形式"字样。它的作用是：①作为交易的卖方向可能的买方报价的一种形式，即充当交易的发盘，以供进口商参考；②在外汇管制较严的国家，买方要用形式发票来申请外汇及进口许可证。

形式发票不是正式的发票，对双方无约束力，不能作为出口结汇的单据。但是若买方接受了形式发票，就不再是"形式"，而是肯定的合约。一旦接受，就要另开正式的发票，并将已接受的形式发票的详细内容照录于正式的商业发票内。卖方通常被要求在商业发票上注明"所列货物按××号形式发票"。并且，卖方还要申明，商业发票和形式发票相符（信用证项下）。

2. 证实发票

证实发票（certified invoice）可以是一张经签署的普通的商业发票，但需要证明以下某项内容。

（1）货物符合某项合同或形式发票。

（2）货物是或不是特定国家所产。

（3）买方要求卖方在发票上加注的其内容真实的证明。一般用这样的证明文句"We hereby certify the contents of this invoice true and correct"，即发票的内容是真实和正确的，并将"错误当查"（E.&O.E）划去。有的证实发票具有一定的格式，这种发票在向进口当局提供时，能作为货物清点时课征较低关税或免税必需的证明。

3. 联合发票

将其他某种单据的内容或几种单据的内容都反映在商业发票上，这样的商业发票即为联合发票（combined invoice）。也就是说，联合发票不仅具有商业发票的作用，而且还代替了其他的它所联合的单据，例如保险单、重量单、装箱单、产地证等，但联合发票目前很少使用，只能在信用证允许的范围内使用。

4. 样品发票

出口商为推销商品将样品寄给进口商而出具的发票称样品发票（sample invoice），供进口商报关和采购参考。许多国家对小额样品是免税的，且样品本身也多属赠送性质。因此，此发票仅仅是一份清单，并不一定用来索取货款。

5. 收讫发票

收讫发票又称钱货两讫发票（receipt invoice），这种发票要加注收到货值条款"Value/Payment received under L/C No.—dated—issued by—."这种发票现已很少使用。

第三节
运输单据

运输单据（transport documents）是证明货物载运情况的单据，当出口商将货物交给承运人办理装运时，由承运人签发给出口商的证明文件，证明货物已发运或已装上运输工具或已接受监管。由于运输方式不同，运输单据的种类有很多，主要包括：由船运公司或其代理人签发的海运提单；由航空公司或其代理人签发的航空运单；由速递公司和邮局签发的快邮和邮寄收据；由铁路部门签发的铁路运单；由多式运输营运人签发的多式运输单据；由公路运输公司签发的公路运单等。

一、海运提单

（一）海运提单的概念及作用

1. 海运提单的概念

海运提单（ocean/marine bill of lading，B/L）简称提单（bill of lading，B/L），是海运时使用的运输单据，它是由承运人或其代理人根据运输合同签发给托运人的，表明接受特定的货物或货已装上船并将经海洋运至目的地交给收货人的收据和物权凭证。收货人在目的港提取货物时，必须提交正本提单。

2. 海运提单的作用

（1）作为货物的收据

海运提单可以作为货物的收据（receipt for the goods）。表明承运人已按提单所列的内容收到了货物。对托运人来说，提单是承运人收到货物的收据，这种收据具有法律效力。即使提单上的记载是错误的，承运人也要对此负责，不能据以对抗托运人以外的第三者。

（2）作为物权凭证

海运提单可以作为物权凭证（document of title）。提单代表了货物的所有权，是物权凭证。提单的合法持有者在目的港凭正本提单提货，承运人凭正本提单交货，通过转让提单可以转让货物的所有权。也就是因为提单是物权凭证，所以决定了提单可以转让、抵押。

（3）是运输合同的证明

海运提单是运输合同的证明（evidence of contract of carriage）。提单上列明了承运人和托运人双方的权利和义务，但提单本身并不是运输合同，而只是运输合同的证明。由于在签发提单之前，构成运输合同的主要项目，如船名、航线、开航日期、运价和运输条件等是承运人事先规定而经托运人接受的，因此合同的成立实际上是在托运人向承运人或其代理人订舱的时候。而提单的签发是在货物装船以后，是在运输合同成立以后，所以提单是运输合同的证明。

（二）海运提单的关系人

1. 承运人

承运人（carrier），即船方，是接受托运人的委托，将货物运往目的港的一方。承运人一般是实际拥有运输工具的运输公司，但也有可能是租船人，他从船东处租用船只经营运输。承运人的责任就是按提单所记载的内容将货物交给收货人，但如果货物违反规定，承运人可行使留置权。例如，货方不付应付运费，承运人可以扣压货物或出卖货物以抵偿欠款。

2. 托运人

托运人（shipper/consignor），是委托承运人将特定货物运往目的港的一方，即合同中的卖方，如价格条件是 FOB，则也可以是买方。UCP500 第 31 条规定，除非信用证另有规定，银行将接受表明以信用证受益人以外的第三者作为发货人的运输单据，即托运人可以不是卖方。这种情况可能是，一个合同的签订者虽然是某公司，但实际供货人是另一企业，这时就可以以这个企业为托运人。这种情况在转让信用证项下时有发生。

3. 收货人

收货人（consignee），通常是合同中的买方，也可以是第三者。他有权凭提单向承运人提取货物，收货人又称抬头。根据抬头的不同做法，决定提单能否转让。收货人在实务中有两种做法：

（1）记名抬头。在抬头人栏内写明收货人的名称。这种提单不能转让，只能由该特定人的收货人背书提货。按某些国家的惯例，承运人可以不凭提单交货，它起不到物权凭证的作用，这种抬头多用于高价或特定的货物，直接交给收货人。由于不能转让，可以防止冒领。

记名抬头可用以下三种方式。

① Consigned to A

② Onto A

③ Deliver to A

这里的 A 可以代表买方、开证行等。

（2）指示抬头。在抬头人栏内写有"指定人"（order）字样的抬头叫指示抬头，这种提单经背书后可以转让，持有人可凭此向船方提取货物，此种提单最能反映提单物权凭证的作用。

这种抬头分记名指示、不记名指示两种。所谓记名指示，即指定该提单的指示人是谁，其形式为"to order of A"，A 代表 shipper、applicant（买方）、issuing bank（开证行）等，经 A 背书还可再转让。不记名指示的抬头又叫空白抬头，这种提单上无收货人的名称，抬头人栏内只载有"交指定人"（to order）字样。目前的国际贸易中大都使用这种抬头。

信用证项下的提单，要按信用证的要求制作抬头，不能擅自改动，托收项下的提单，一般只做空白抬头或托运人指示抬头，即"order"或"order of shipper"，切不可做成以买方为指示人的抬头，也不能做成以买方为抬头人的记名抬头，以避免在货款未收到货权已转移。

4. 被通知人

被通知人（notify party）为了方便货主提货，船方到达目的港时发送到货通知的对象，有时被通知人就是进口商。如果是记名提单或收货人指示的提单（order of applicant），而收货人又有详细地址的，此栏目可以不填，如果是空白指示或托运人指示提单，则必须填写，否则，船方将无法与收货人联系。

（三）海运提单的内容

由于海运提单涉及托运人、承运人、收货人多方面的权益和责任，因此内容应详尽明确。提单的内容一般有正反两面。背面是印就的运输条款，基本是固定不变的，一般提单的背面都一样，而正面则需在签发提单时视具体情况填入不同的内容。承运人都备有自己印就的提单格式。近年来，随着单据标准化的观点被国际广泛关注，提单内容趋于一致。

1. 海运提单正面的内容

（1）提单（bill of lading，B/L）或联运提单等字样，一般印在提单正面正上端。

（2）提单编号（B/L No.），用于区分不同的货物及托运人，一般位于提单右上角。

（3）承运人的名称（the name of the carrier）、地址、电话、电挂等。根据国际商会银行委员会的意见，提单必须注明承运人的名称。

（4）托运人的名称（the name of the shipper）与地址。

（5）收货人名称（the name of consignee）与地址。这一栏很重要，应按照信用证或合同要求填写。一般有记名式、不记名式和提示式。

（6）被通知人（notify party）。被通知人是收货人的代理人，货到目的港后承运人通知其办理提货前的有关事宜。被通知人一定要有详细地址，最好有电话、传真等，以供承运人或其代理人及时通知。

（7）收货地（place of receipt）。

（8）装运港（port of loading）。

（9）目的地（final destination）。

（10）卸货港（port of discharge）。

《UCP600》第 20 条 a 款 iii 规定，如果提单没有表明信用证规定的装货港为装货港，或者其载有"预期的"或类似的关于装货港的限定语，则需以已装船批注表明信用证规定的装货港、发运日期以及实际船名。

转运时，"pre-carriage by"这一栏中填写的是第一程的船名，而第二程的船名填写在"vessel"

栏中；"port of transhipment" 是中转港的名称，而 port of discharge 填写卸货港（目的港）名称；"final destination" 是最终目的地，如果最终目的地是目的港的话，这一栏空白。

（11）船名及航次（vessel name & voyage number）。

（12）货物描述（a brief description of the goods），包括货物名称、唛头、件数、重量、体积及包装、表面状况等。这些项目内容的填写应与托运单完全一致。

（13）运费和其他费用（freight and charges）。在各种类型的提单中，都有运费这一栏目，但除信用证另有规定，提单上不必列明运费的金额，而只表明运费是否已付即可。如按 CIF 或 CFR 价成交，提单上应标明"运费已付"（freight prepaid 或 freight paid）；如按 FOB 价成交，标明"运费到付"（freight collect）。

（14）签发提单的地点与日期（place and date of issue）。地点应为装运地点，在备运提单下，应是货物接受监管的地点。《UCP600》第 19 条 a 款 ii 规定，运输单据的出具日期将被视为发送、接管或装船的日期，也即发运的日期。日期不得迟于信用证规定的最迟装运日期。

（15）正本提单的份数（number of original B/L）。

提单有正副本之分，正本可用来提货、议付、背书转让，而副本则无此功能。如信用证规定为全套，根据提单上的注明，包括一套单独一份的正本提单，也可包括二份、三份或四份的正本提单。每一张正本都有相同的效力，只要其中一张用于提货后，其余的便告失效。所以要控制货权，就要掌握全套提单。

（16）承运人、船长或他们的代理签字盖章（the signature of carrier、shipper or their agent）。《UCP600》第 19 条 a 款 i 规定，表明承运人名称并由以下人员签署：承运人或其具名代理人，或船长或其具名代理人。

承运人、船长或代理人的任何签字，必须标明其承运人、船长或代理人的身份。代理人签字必须表明其系代表承运人还是船长签字。

① 承运人签字。若提单上已印就的承运人的名字前面标明了"carrier"的身份，则承运人只签名即可。否则在签名时要明确身份，如：

×××（承运人签字）as carrier

② 船长签字，船长签字时同样要表明"master"的身份，如：

×××（承运人签字）as marrier

③ 承运人的代理签字。签字形式如下：

代理人名称

as agent for（or on behalf of）

承运人名称

×××（代理人签字）

④ 船长的代理签字。签字形式如下：

代理人名称

as agent for

船长名字

×××（代理人签字）

（17）印就的契约文句

一般含有四项条款：①装船条款。说明承运人收到外表状况良好的货物并已装在船上或表明货物已收到准备装运。②内容不知悉条款。货物的详细情况是由托运人填写的，承运人只核实货物的表面状况，承运人不知悉亦不负责填写是否正确与真实，只要在目的港交付了表面状况与提单描述相符的货物就算完成了任务。③承认接受条款。指提单的关系人同意接受提单上的包括背面的一切条款。④签署条款。表明提单正本一式几份，其中一份用于提货后，其他几份即失效。

2. 海运提单背面的内容

海运提单的背面是印就的具体运输条款，对有关承运人的责任、托运人的责任、索赔和诉讼等均有详细的规定，主要内容如下。

（1）货方的定义。对本提单所涉及的当事人，如货方和船方等做了界定。货方是与船方相对应的概念，托运人、收货人、提单持有人、货物所有人均属货方范畴。

（2）适用法律条款。包括首要条款（paramount clause）、管辖权条款（jurisdiction）和诉讼条款（law of suit clause）。这些条款说明提单的法律依据：如有的注明用《海牙规则》，有的是《汉堡规则》；如发生纠纷，应按哪个国家的法律解决，应在哪国法院审理等。许多国家的提单规定在船方所在国家，按该国的法律处理。

（3）承运人责任。根据《海牙规则》，承运人的责任期限是从货物装上船到卸下船为止。即吊钩至吊钩（tackle to tackle），一般承运人只负责自己的那段航程。

（4）包装和唛头条款。托运人在装船前要将货物妥善包装，要坚固，适于海上运输，要刷上明显的唛头，目的港要用5厘米粗的字样清楚地表示出来，并要保证在交货时不模糊，仍保持清楚。否则，船运公司不负卸错地点的责任。

（5）免责条款（immunities clause）。承运人对因某些原因造成的全部损失或部分损失不负责任，例如不可抗力、火灾、军事行动等。但《汉堡规则》已废除了此项条款。

（6）留置权条款（lien clause）。若托运人的运费或其他有关的费用未付，船方可将所载运的货物用拍卖或其他的方式出售以抵补应收的款项和费用。不足部分有权向托运人收取。

（7）费用条款。费用包括运费、其他费用及驳运费等。所付运费有时是在装运港预付。有时是在目的港到付。无论船只和货物在运输途中发生何种程度的损失，运费都不能免付。运费和其他费用迟付的，要按比例算收利息。驳运费（包括启运港和卸货港）由托运人承担。

（8）赔偿条款（claim clause）。收货人凭提单提货时，若在规定的工作日之内未提交有关货物损失的书面证明，则可推定承运人移交的货物与运输单证是一致的。若损失不明显，一般都规定在稍长的工作日内提出书面通知。货物的灭失赔偿按货物的实际价值计算，损坏的赔偿按受损前后货物价位的差额计算。对每件或每一单位货物的赔偿各国都规定了一个本国货币的最高限额。

（9）联运、转船、变更航线、装卸货和交货、共同海损、舱面货、鲜活货、战争、检疫、冰冻、罢工、港口拥挤等条款。

除以上条款外，需要时承运人可以加批注的形式添加其他的条款。

提单背面还有一项内容，即背书。除记名抬头的提单不能转让外，其余的提单经背书后都可转让给第三者。和汇票的背书类似，背书时可做成记名背书，也可做成空白背书。

除少数提单的背面有印就的背书栏（shippers endorsement）和连续背书栏（successive endorsement）外，大多数并不限定位置，只要在提单背面签章背书即可。但有背书栏的，必须在栏目中填写，否则无效。空白抬头的提单，托运人要按规定背书，否则，既不能转让，也不能提货。

（四）海运提单的种类

1. 根据货物是否装船划分，分为已装船提单和备运提单

（1）已装船提单（on board B/L or shipped B/L）

已装船提单是货物装上船后由承运人、船长或他们的代理人签发的提单。提单上载明货物"已由某某轮装运"和装船日期。在一般情况下，货物装上船后不能再卸下改装其他的船，持有这种提单的人根据提单上"on board"的记载，可以明确知道承运人不仅收到了货物。而且已装上了指定的船只，从而可以按照既定的航程，计算出货物到达目的地的时间。所以这种提单对托运人、收货人、议付银行都有好处，按照银行业务的惯例，出口商向银行议付货款所提交的单据，必须是已装船提单。

《UCP600》第 20 条规定，除非信用证另有规定，银行接受的提单是已装船提单。

（2）备运提单（received for shipment B/L）

备运提单是船运公司已收到货物在等待装船的期间内应托运人的要求而签发的提单，以证明托运人备妥货物交承运人掌握。它没有肯定的装船日期，货物将来能否出运也没有保障，增加了买方或提单持有人的风险，实际上只是一张收据，并不是运输契约，因而对买方和受让人十分不利，在国际贸易中应用不广。除非信用证授权，银行一般不接受备运提单。

若承运人在出立备运提单后，货物装上了船，承运人可根据托运人的要求收回原来的备运提单另行签发已装船提单，也可以再在原备运提单上加装船附（批）注（on board notation），加打船名、日期。由于集装箱运输方式的出现和发展，这种"装船附注"提单也经常使用。这种做法不是通常的船运公司以已装船提单换备运提单，而是经"附加"后，由原来的备运提单变成已装船提单。如原提单格式中船名、起运港前有"预期"字样的，其注记栏内定要有实际的船名与起运港的记载。

2. 根据承运人是否对货物的外包装进行了批注，分为洁净提单和不洁净提单

（1）洁净提单（clean B/L）

洁净提单也称清洁提单，《UCP600》第 27 条规定，清洁运输单据指未载有明确标明货物或包装有缺陷的条款或批注的运输单据。一般的提单，在其正面都印有"货物外表状况良好"（in apparent good order）或类似的文句。因为交货时货物表面状况良好，承运人未发现坏损或包装不良，他就有责任按同样外表状态良好的情况将货物交给收货人，这为提单收货人的利益提供了充分的保障。

（2）不洁净提单（unclean B/L）

不洁净提单也称不清洁提单、瑕疵提单，是指承运人在提单上加注货物及包装状况不良或存在缺陷等批注的提单，如"×件损坏""某盒遭水渍"等。提单上常见的批注如下。

① 对货物及表面状况的批注，如"一包破"。

② 附加费用的批注。

③ 运输方式的批注，如"可就近卸货处理货物"。

④ 对货物数量的批注，如"少一桶"。

上述只有①属不洁净范畴；②和③只是对权利义务的重申，在背面印就的条款中均有说明，正面加注这些内容，对收货人的权益并无影响；对于④，若托运人不能补齐，是按实际数量开发票的，对收货人来说仍是货真价实。

若提单上有不知悉条款及承运人免责条款（说明由于货物性质或包装而产生的风险，承运人不

负责任），则也不属不洁净范畴。

由于不洁净提单上加注有损坏货物的说明和条款，买方根据合约有理由不接受此种情况下购货物。《UCP600》第 27 条规定，银行只接受清洁运输单据。"清洁"一词并不需要在运输单据上出现，即使信用证要求运输单据为"清洁已装船"的。

3. 根据抬头的不同，分为记名提单、不记名提单和指示提单

记名提单属不可流通转让的海运提单。

（1）记名提单

记名提单（straight B/L）又称收货人抬头提单（named consignee B/L），表明委托指定收货人。记名提单不能通过背书转让，较少使用。

（2）不记名提单

不记名提单（open B/L，blank B/L）又称来人提单（bear B/L），是指提单收货人栏中留空白不填，或填"交持票人"（to bearer）的提单。提单凭交付就可以转让，持有单据的任何人都可以提货，较少使用。

（3）指示提单

指示提单（order B/L）是指在提单收货人栏中填写"凭指示"（to order）或"凭某人指示"（to order of ××）字样的提单。它是一种可流通提单，可通过背书转让。

4. 根据中途是否转船，分为直达提单、转船提单和联运提单

（1）直达提单

直达提单（direct B/L）即货物运输途中不转船，直接运达目的港的提单，但中途往往要停靠港口。

（2）转船提单

转船提单（Transshipment B/L）是货物要在中途的港口换船才能运往目的港的提单。提单上记载的运输是从起运港到卸货港再到最后目的港这样的两段海运，一般注有在"××港转船"的字样（with transshipment at –into…）。由于货物在中途港口换船不仅会增加货物受损和其他风险及转船费用，而且还可能因换船而延误送货时间。因此，进口商通常都要求直达运输，并在合同和信用证内明确规定不许转船。但是，有时由于运输条件的限制或其他方面的原因，转船提单也有使用，例如最后目的港非常偏僻，一般的船只很少驶往，但这种提单对托运人却无不方便，因卸货港的手续是由第一程的承运人办的，托运人发货后取得的是包括全程的可以立即交单取款的提单。

（3）联运提单

联运提单（through B/L）是指提单上所列货物从起运港到目的地是由两个或两个以上的承运人运送的。这种联运提单适用于两种或两种以上的运输方式（海海、海陆、海空、海河等）的联合运输。托运人在办理托运手续并交纳全程运费之后，由第一程承运人所签发的、包括运输全程并能凭以在目的地提取货物的提单。采用这一提单时，货物运输途中转换运输工具和交接工作，都由第一程承运人或其代理人负责向下程承运人办理，托运人不须自己办理。

联运和转船提单虽包括了全程的运输，但签发提单的承运人或代理人一般都在提单条款中规定，只是对货物在其负责运输的一段航程内发生的损失负责，即第一程承运人只对货物在第一程运输中发生的损失负赔偿责任，对换船期间和第二程运输中发生的损失不负责（由第二程承运人负责）。联运提单包括了转船提单，转船提单属于联运提单中的海海运输，转船提单不能代替联运提单。

5. 根据提单形式的完整性，为全式提单与简式提单

（1）全式提单

全式提单（long form B/L）又称繁式提单，是指提单不仅有齐全的背面内容，而且背面有印就的运输条款等。国际贸易中，使用的提单大多是全式提单。

（2）简式提单

简式提单（short form B/L）又称略式提单，是指只有正面内容的提单。《UCP600》第 20 条规定，银行对于简式提单也予以接受。

6. 根据有关日期不同，分为迟期提单、倒签提单和预签提单

（1）迟期提单

一般情况下，是提单先到达收货人手中，货后到，收货人可凭提单提货，这属正常提单。如果货物先到，提单后到则属迟期提单（stale B/L），迟期提单不能按时提货，可能会使收货人支付的费用增加或发生其他的损失。所以银行不接受迟期提单。特殊情况下，卖方可以要求信用证加列"过期提单可以接受"的条款或确保足够的交单期。《UCP600》规定，提单须于签发后的 21 天内或信用证规定的特定日期内送交银行，否则也属迟期。

（2）倒签提单

倒签提单（anti-dated B/L）是指承运人在装船后签发提单时，应托运人的要求，将提单上的签发日期提前，以符合信用证规定的装运日的提单。按规定，出口商必须在信用证规定的装运日期内，将货物装上船，取得承运人签发的提单，否则属单证不符，银行将拒受。而将提单的装运日倒签之后，就从表面上符合了信用证的要求。

（3）预签提单

预签提单（advanced B/L）又称无货提单，是指货物已处于承运人的监管之下，因故未能装船或正在装船但未装完，由于信用证规定的装运日已到，应托运人的请求而签发的提单。

7. 根据航运业经营方式的不同，分为班轮提单和租船提单

（1）班轮提单

航线正规、船期固定、在目的地有预定泊位的船舶叫班轮。由班轮承运人或其代理人签发的提单叫班轮提单（liner or regular B/L）。一般船运公司所出的提单均为班轮提单。班轮公司一般印有船期表，登在报上，向公众揽货，其运费是公开的，对收货人比较有利，适于小额成交或零散杂货。由于班轮提单的运费及其他规定是公开的，并且班轮具有稳定性和预期性，对收货人比较有利，银行愿意接受班轮提单。

（2）租船提单

托运人在大宗交易时，货主为了减少运费，通常是包租不定期船整船运输，托运人与船方签订租船契约。租船提单（charter party B/L）又称租船契约提单，是指承运人根据租船合同签发的提单。货物装上所租的船后，船方出具的提单就是租船提单。

租船提单通常注明"一切条件、条款和免责事项按照某某租船合同"的字样。大多数的租船提单无固定的格式，也不将合约的内容全写上，只是注明"受租船合约约束"。《UCP600》规定，除非信用证另有规定，银行将拒收注明以租船契约为准的运输单据。因为租船提单是根据租船契约签发的，受租船契约的约束，不是一个独立又完整的文件，银行从提单上无法看出它受租船契约约束的情况，加之租船契约条款复杂，银行不愿承担由此带来的额外风险。再加上租船运输没有严格的航程表，并可能在驶往最后目的地的航程中任意停靠各种非预定的港口。所以租船运输对开证行来说

风险较大。如果信用证规定可以接受租船提单，银行都会要求同时提供租船合约的内副本。

8. 根据承运人身份的不同，分为承运人提单和运输行提单

（1）承运人提单

由承运人、船长或他们的代理人签发的提单叫承运人提单（carrier B/L）。

（2）运输行提单

由运输行以承运人或多式运输营运人或他们的代理人的身份签发的提单叫运输行提单（forwarder B/L）。运输行来往于货主和船主之间，兜揽生意，收取佣金，其自身并无运输工具，是先把客户托运的货物拼成一个集装箱然后交给轮船公司承运。运输行与承运人的责任分别是：运输行对管辖时的货物负责；而承运人对运输的货物负责。

运输行不能以自身的名义签发提单，否则，银行不接受。但若运输行自称是承运人或多式运输营运人或他们的代理人，则银行接受，且银行也只接受这样的运输行提单。

FIATA 是运输代理行国际联合会的缩写，缩写字从法文而来。它是一个包括 130 个国家 35 000 个运输商的国际性非政府组织。这个组织所出具的单证均有 FIATA 承担责任的条款和条件。只有会员可以签发、利用运输代理行服务的出口商常在交付货物后取得运输代理行的提单。FIATA 出具的运输单据有好几种，分别用不同的颜色，如黄色的 forwarder certificate of transport、绿色的 forwards certificate of receipt、橘红色的 warehouse receipt，但只有蓝色的 combined transport B/L 是由运输行以承运人身份签发的。按规定，银行只接受这一种单据。

利用 FIATA 运输的具体程序是这样的：某国出口商将货物交给本国的 FIATA，由 FIATA 把货物装在运往同一目的地的集装箱内，然后把集装箱交给船运公司装运到目的地，由后者交与海外的 FIATA，由其开箱将货物交与各个海外进口商。

9. 根据在装运港是否付运费划分，分为运费到付提单和运费已付提单

如提单上注明运费到付（freight collect），则称运费到付提单；如提单上注明运费已预付（freight prepaid），则称运费已付提单。运费是到付还是预付，是和价格条款一致的。在 CIF 和 CFR 时，提单必须是预付的，而在 FOB 时，则是到付的。

如提单上注明"运费可预付"（freight prepayable）或"运费应预付"（freight to be prepaid），则不能表明运费已预付。但银行可接受"运费待付"（freight payable）的提单，除非信用证禁止。如果信用证不禁止，银行将接受注有运费以外附加费用的单据，例如装货费、卸货费等。

10. 其他提单

（1）舱面货提单

舱面货提单（on deck B/L）是指注明货物放在船舶的舱面上的提单。一般是化工品或危险品，对这种提单银行不接受。因为货物放在舱面上易受损，而且按《海牙规则》，承运人对货物的灭失免责。但由于集装箱运输的发展，情况有所变化。银行对货物可能装在舱面，但只要单据上没有特别注明已装或将要装在舱面的，银行予以接受，因集装箱一般都堆放在甲板上。

（2）大副收据

大副收据（mate's receipt），是大副开出的货物已装上船的收据。这在银行业务的范围内很少见到。它不是物权单据，托运人应在船运公司办公室内以大副收据换取全套提单。有的提单正面加注"以大副收据为准"的条款，这有可能是托运人为了得到清洁提单而要求承运人将货物不良的事实只记录于大副的收据上。因此有这样批注的提单银行应慎重对待。

（3）集装箱提单

集装箱提单（container B/L），凡是以集装箱装运货物的提单就叫集装箱提单。它有两种形式：一种是在普通的海运提单上加注"用集装箱装运"（containerized）字样；另一种是使用多式运输单据，这时提单的内容增加了集装箱号码和"封号"（seal number）。因货物包装上的唛头不起作用了，即使提单上打出了箱内小件的数量，因承运人只对看得到的货物的表面状况负责任，在交货时，只要封口完好，承运人就可免责。

在集装箱运输时，承运人在某港口的 CY（即 container yard，堆场）或 CFS（container freight station，货站）收货并运至另一港的 CY 或 CFS 交货，因此承运人的责任期间是从收货到交货，同多式运输时是一样的，而不是一般海运的"港至港"。

（五）约束提单的国际公约

在世界航运业发展的不同时期，由于船方和货方的矛盾始终存在，双方力量的对比就成为划分提单中双方权益和责任大小的关键。在国际航运发展的初期，由于货多船少，轮船公司大多实力雄厚，提单背向的条款都是由船主自行加以规定。为维护自己的利益，加列了许多免责条款，几乎不承担什么责任，货方的利益则完全没有保障，这样就给提单的转让、货物的运输保险带来了不便，银行和保险公司对以提单办理的议付和保险不感兴趣，因为风险太大，直接影响了国际贸易的发展。为了解决船、货双方的矛盾，一系列有关提单的国际公约便相继出笼。

1. 海牙规则

1921 年在国际法律协会的协助下，各国的航运公司在海牙召开会议，拟定了《海牙规则草案》。1924 年，欧美主要国家又在布鲁塞尔进一步召开会议，正式签署了《关于统一提单的若干法律规定的国际公约》（International Convention for Unification of Certain Rules of Law Relating to Bill of Lading），简称《海牙规则》（The Hague Rules）。虽然《海牙规则》对船方的权利、责任及豁免作了规定，在一定程度上使货方的利益得到了保证，但《海牙规则》基本上非常明显地偏袒船方。当时参加会议的成员都是代表船方利益的国家，为了减轻责任，竟有 17 项的免责项目，因此，此规则自实施以来一直受到代表货方利益和航运不发达的国家的反对。由于近年来运输技术和方法有了重大的改进，《海牙规则》也有些不适用了。尽管如此，大多数国家直至目前制定提单时，仍以《海牙规则》为依据。虽然格式和文字有所不同，但主要的内容都相差无几，目前采用《海牙规则》的国家有 50 多个，我国于 1981 年承认了该规则，我国船运公司的提单均是按此规则制定的。

2. 维斯比规则

1968 年，美国、法国、丹麦、挪威、瑞士、瑞典等 12 国在布鲁塞尔签订了《修改统一提单的若干法律规定的国际公约议定书》，因准备工作在维斯比完成，故简称《维斯比规则》，于 1977 年 6 月 23 日起生效。这个规则是对《海牙规则》的一个补充，对其适用范围、赔偿限额、集装箱和托盘运输的赔偿计算单位等，做了若干修改和补充，但对有关承运人不合理的免责条款等未做改动，对船、货两方的主要责任和义务修改也不大，仍然是对船方有利。

3. 汉堡规则

1978 年 3 月，联合国在汉堡召开了有 78 个国家参加的会议，通过了《1978 年联合国海上货物运输公约》（U.N. Convention on the Carriage of Goods by Sea，1978，简称《汉堡规则》），并规定这个规则在第 20 个国家提交本国政府批准后生效。自 1992 年 11 月 1 日起，该规则已正式生效，我国也是签字国之一。

与《海牙规则》相比，《汉堡规则》加大了船方的责任，维护了货方的利益，是个比较公平合理的公约。具体表现如下。

（1）扩展了承运人对承运货物的负责期限。《海牙规则》规定的期限是"货物从装上船开始到卸下船为止的一段时间"；而《汉堡规则》扩展为"从承运人收受货物时起直至交付货物为止"。

（2）扩大了承运人对承运货物所负的责任。《海牙规则》规定承运人对承运的舱面货物和活牲畜不负责任；而《汉堡规则》明确规定应负责任。

《海牙规则》是"过失责任制"，即承运人只对其个人的过失所造成的损坏负责。如船舶存在潜在的隐患导致的损坏，船方不负责；而《汉堡规则》规定，只要货物是在承运人管辖期间受损，船方即应负责。承运人如要免除责任，就必须提出证明他为避免事故发生采取的措施。

（3）增加了承运人的交货延误责任，承运人应在合理的时间内交付货物，若在应交日期满后60天内仍未交付，货方有权要求承运人赔偿。

（4）废除了免责条款。《海牙规则》对承运人规定有17项免责事项；而《汉堡规则》中全部废除。

（5）提高了承运人的赔偿限额。《海牙规则》规定承运人对每一装运单位货物损坏赔偿最高金额为100英镑；而《汉堡规则》提高为每一装运单位835特别提款权，每千克2.5特别提款权。

（6）延长了货方提出诉讼的时效。《海牙规则》规定货方提出诉讼的时效为交货后一年之内；而《汉堡规则》延长为两年。

（7）明确了由原告选择诉讼地点。对于诉讼地点一般都由船方在提单背面规定要在船方国诉讼，按船方所在国法律处理，这不利于货方；而《汉堡规则》明确规定由原告选择诉讼地点（在一定的管辖范围内），并按该地的法律处理。

二、航空运单

航空运单（air waybill）是空运时使用的运输单据。它是由承运人或其代理人根据运输合同签发给托运人的，表明接受了特定的货物并将经航空运至目的地的单据。

航空运输是一种现代化的运输方式，具有速度快、货物周转时间短、途中受损率小的优点，但运量小、费用较高，并要受气候条件的影响，因此比较适合于易损货物、贵重物品、急需物资及鲜活商品的运输。

1. 航空运单的性质

航空运单是货物的收据，也是托运人和承运人之间的运输契约的证明，但它不具有物权凭证的性质。收货人不用凭航空运单收货，而是凭航空公司的提货通知单提货。因此，航空运单不可转让，也不能作为有价证券流通。收货栏必须写实际收货人的全称和地址，不能做成不记名抬头或指示抬头。

2. 航空运单的作用

航空运单是进行航空货物运输必不可少的单据，但它不同于海运提单，不是物权凭证，形式上都是记名，不能背书转让。

（1）它是运输合同的证明。一旦签发即为运输合同的书面证明，并由托运人和承运人双方签字。

（2）它是货物收据。承运人收到货物后，将第二联航空运单的正本交给托运人，作为接收其货物的证明。

（3）它可以作为运费账单和发票。航空运单上分别记载着属于收货人（或托运人）应负担的费用和属于代理的费用，因此可作为运费账单和发票，承运人将第一联正本自己留存，作为运费收取凭证。

（4）它是验收货物的依据。第二联运单的正本由航空公司随机交收货人，收货人据此验收货物。

（5）它是报关的凭证。在货物航空运至目的地后，须向当地海关报关。在报关所需各种单证中，航空运单不可少。

（6）它可作为保险证书。如果承运人承办保险或托运人要求承运人代办保险，那么航空运单即要用作保险证书。载有保险条款的航空运单被称为红色航空运单。

3. 航空运单的内容

相对于海运提单，航空运单比较简单。主要内容包括：航空运单的号码，开立日期和地点；发货人、收货人和承运人的名称和地址；起运地；转运地；目的地；航班号和飞行日期；运费已付或待收、费率、运费金额、申报价值及其货币；货物的描述、件数、唛头、重量、数量及尺码等；发货人或其代理人和承运人或其代理人的签字。

4.《UCP600》规定银行接收航空运单的条件

《UCP600》第 23 条规定，如果信用证要求空运单，除非信用证另有规定，银行将接受下列单据，无论其名称如何。

（1）表明承运人名称，并由承运人或承运人的具名代理人签字，承运人或其代理人的任何签字必须标明其身份。代理人或其代理人的任何签字必须标明其身份。代理人签字必须表明其系代表承运人签字。

（2）表明货物已被收妥待运。

（3）表明出具日期。该日期将被视为发运日期，除非空运单据载有专门批注注明实际发运日期，此时批注中的日期将被视为发运日期。

（4）表明信用证规定的起飞机场和目的地机场。

（5）为开给发货人或托运人正本，即使信用证规定提交全套正本。

（6）载有承运条款和条件，或提示条款和条件参见别处，银行将不审核承运条款和条件的内容。

（7）转运是指在信用证规定的起飞机场到目的地机场的运输过程中，将货物从一飞机卸下再装上另一飞机的行为。

（8）空运单据可以注明货物将要或可能转运，只要全程运输由同一空运单据涵盖。

（9）即使信用证禁止转运，注明将要或可能发生转运的空运单据仍可接受。

三、铁路、公路运单

（一）铁路运单

铁路运单是国际铁路运输中使用的单据，是由铁路承运人或其代理人签发的证明托运人与承运人运输合约的凭证。铁路运输与其他运输方式比较，具有运量大、速度快、受气候自然条件影响小、安全可靠、运输成本低等优点。

由于铁路运输具有稳定性强、风险小等特点，货物全程通过铁路到达最后目的地的数量日益增多。对于国际的铁路运输分别由不同的国家组合签订了《货协》和《货约》，对成员国之间的铁路运输工作有一系列便利的规定。我国在 1954 年就参加了《货协》。《货协》是《国际铁路货物联运协定》的简称，当时的成员国有苏联、匈牙利、保加利亚、捷克、罗马尼亚、阿尔巴尼亚、蒙古、朝鲜、越南、中国、民主德国等 11 个国家。《货约》是《国际铁路货物运送公约》的简称，由法国、原联邦德国、比利时、卢森堡、荷兰、意大利、美国、丹麦、西班牙、葡萄牙、希腊、挪威、瑞典、芬兰、瑞士、奥地利、南斯拉夫等国家组成。有些国家既参加了《货协》，又同时参加了《货约》。它们都规定可以在成员国间办理联运，即把货物发往片内任何一个车站，只需在发货站办理一次手续。

铁路运单只是运输合约的证明和货物收据，不是物权凭证，同航空运单一样，一律记名，不得转让。以《货协》为例，铁路运单的主要内容有：当事人名称、地址、开立日期、托运站与收货站，货物的品名、件数及毛重，运费及支付情况，发货人与承运人签字等。运单由五联组成。

第一联为运单正本。它记载了货物全程的费用，以便收货人了解或支付有关的部分。运单正本随货物自始发站到收货站，在收货人付清运单上所记载的应付费用后，连同货物到达通知单（第五联）和货物一起交给收货人。

第二联为运行报单。它是参加联运的各铁路部门办理货物交接、划分责任、确定费用负担等的原始证据。

第三联为运单副本。由承运人在始发站加盖承运日期戳记后交给托运人。托运人凭此向银行办理结汇、变更运输要求以及在货物和运单全部灭失时凭以提出索赔的要求。

第四联为货物交付单。作为货物已交付收货人的凭证，它随同货物至到达站，并留存在到达站。

第五联为货物到达通知单。它随同货物至到达站，连同运单正本一起交结收货人。

经铁路对香港运送货物时，使用的运输单据叫承运货物收据。它是中国对外贸易运输公司以承运人的身份签发的、出口商凭以结汇的运输单据。它既是承运人的货物收据，也是承运人与托运人运输契约的证明，相当于国际联运的运单副本。同时也是香港收货人的提货凭证。

承运货物收据的主要内容有：承运人的名称，承运收据的中英文名称、编号、发票号码、合同号码、关系人的名称和地址、起运地及过境地和目的地、签发日期、装运日期、车号、唛头、件数、货名、大写件数、运费支付地点、提货地点和货运代理名称、签字盖章、押汇银行签收、承运简章（背面）等。

（二）公路运单

公路运单是利用汽车运输时，由承运人或代理人签发的，作为收到货物的收据和运输合同的证明。汽车运输主要用于货物的集港和疏港运输、边境公路的过境运输等，具有灵活、简便、快捷、直达的特点。能深入偏远的地区，但运量有限，费用较高。公路运单一式四联，第一联为托运单，第二联为承运单，第三联为车辆调配单，最后一联为结算统一账单。

有关公路运输的公约是《国际公路货物运输合同公约》，缩写为 CMR，它是 1956 年在日内瓦由欧洲 17 个国家一致通过签订的。该公约规定了适用范围、承运人责任、合同的签订与履行、索赔和诉讼等。按 CMR 规定签发的公路运单，是为国际上接受和认可的不可转让的运输单据，它适用于由公路运送货物经过或到达 CMR 的会员国家。对于公路运输，还有个协定，即《依据 TIR 手册进行国际货物运输的有关关税的协定》，TIR 是《国际公路车辆运输规定》的缩写。根据规定，对运输集装箱的公路运输承运人，如持有 TIR 手册，允许由发运地到目的地，在海关签封下，中途不受检查，不支付关税，也可不提供押金。

（三）《UCP600》关于公路、铁路或内陆水运单据的规定

《UCP600》第 24 条规定如下。

a 款：公路、铁路或内陆水运单据，无论名称如何，必须视为：（1）表明承运人名称，并且由承运人或其具名代理人签署，或者由承运人或其具名代理人以签字、印戳或批注表明货物收讫。承运人或其具名代理人的收货签字、印戳或批注必须标明其承运人或代理人的身份。代理人的收货签字，印戳或批注必须标明代理人系代理承运人签字或行事。如果铁路运输单据没有指明承运人，可以接受铁路运输公司的任何签字或印戳作为承运人签署单据的证据。（2）表明货物的信用规定地点的发运日期，或者收讫待运或待发送的日期。运输单据的出具日期将被视为发运日期，除非运输单据上盖有带日期的收货印戳，或注明了收货日期或发运日期。（3）表明信用证规定的发运地及目的地。

b 款：（1）公路运输单据必须视为开给发货人或托运人的正本，或没有任何标记表明单据开给何人。（2）注明"第二联"的铁路运输单据将被作为正本接受。（3）无论是否注明正本字样，铁路或内陆水运单据都被作为正本接受。

c 款：如运输单据上未注明出具的正本数量，提交的份数即视为全套正本。

d 款：就本条而言，转运是指在信用证规定的发运、发送或运送的地点到目的地之间的运输过程中，在同一运输方式中从一运输工具卸下再装上另一运输工具的行为。

e 款：（1）只要全程运输由同一运输单据涵盖，公路、铁路或内陆水运单据可以注明货物将要或可能被转运。（2）即使信用证禁止转运，注明将要或可能发生转运的公路、铁路或内陆水运单据仍可接受。

四、邮寄收据和快邮收据

邮寄收据和快邮收据是邮局和速递公司承认从寄件人处收到信函、包裹并负责邮至目的地交收货人的证明。邮政运输具有广泛的国际性，因其运输过程一船需要经过两个或两个以上国家的邮局和两种或两种以上的运输方式的联合作业才能完成，但托运人只需向邮局办理一次性手续，邮件的运送、交接、保管、传递等均由各国的邮局负责办理，托运人无须自己办理。邮件到达目的地后，收件人可在当地就近邮局提取邮件，对托运人和收件人极为方便。但这种运输只适用于少量的物品，例如样品等，因邮件的周长、重量等都有限制。

同航空运单一样，邮寄收据也不是货权凭证，不能凭以提货。货物是直接按地址投送给收货人，或另发通知书由收货人去邮局领取，一般不通过银行。因国外的邮政当局不太愿意保存以银行为收货人的邮包，而银行本身也往往没有合适的储藏场所。

收据通常包括下列内容。

（1）邮局的印章。邮戳上的日期即是装运日期。如是快邮，则要注明速递公司的名称，收货日就是装运日。

（2）邮局审核人员的签字。

（3）邮包上表示的收件人的姓名和地址。

（4）与其他单据一致的装运唛头和件数。

（5）已付邮资。

（6）寄送人姓名、地址。

由于每个邮包的装货量有限，发件人一次往往要寄好多包裹，在同一地同一天邮出的邮包作为同一批。

《UCP600》第 25 条关于快递收据、邮政收据或投邮证明如下。

a 款：证明货物收讫待运的快递收据，无论名称如何，必须视为：

i. 表明快递机构的名称，并在信用证规定的货物发运地点由该具名快递机构盖章或签字，并且注明日期。

ii. 表明取件或收件的日期或类似词语，该日期将被视为发运日期。

b 款：如果要求显示快递费用付讫或预付，快递机构出具的表明快递费由收货人以外的一方支付的运输单据可以满足该项要求。

c 款：证明货物收讫待运的邮政收据或投邮证明，无论名称如何，必须视为在信用证规定的货物发运地点盖章或签署并注明日期，该日期将被视为发运日期。

五、多式运输单据

多式运输单据（multimodal transport document，MTD）是在货物的运输过程中使用一种以上的运输工具，由联运经营人签发的证明多式联运合同以及证明联运经营人接管货物并按合同条款妥善交付货物的单据，又叫联合运输单据。

多式运输是随集装箱运输的推广而发展起来的一种综合运输方式。使用集装箱运输，货物起运地到目的地常常要使用一种以上的运输工具，如果在使用每一种运输方式时，都要出具一份相应的运输单据，不仅手续复杂，而且各个承运人的责任也难以划分，因此适应这种运输方式，产生了这种包括全程的运输单据——多式运输单据。签发此单据的人叫联运经营人，他一般不掌握运输工具，他一方面以承运人身份向货主揽货，另一方面又以托运人的身份向实际承运人托运，对托运人来说，它是总承运人，负责完成全程运输并负责赔偿货物在运输过程中发生的灭失和损坏。所以联合运输单据可以概括为以下几点。

（1）一张单据。即全程运输只要一份运输单据。

（2）一人签发。只要由多式联运经营人签发，而不需每个承运人签发。

（3）一个多式联运航程。尽管使用几种运输工具，但只作为一个航程对待。它通过至少两种运输方式将货物从一个国家的收货地运到另一个国家的交货地。

（4）一人负责整个航程的完成。即由联合运输经营人负责自收货地到交货地的运输。

（5）一人负责灭失与损坏。即由联合运输经营人负责在运输过程中的灭失与损坏。

多式运输单据分为可转让的和不可转让的两种。可转让的多式运输单据像提单一样，做成指示式，通过交付或背书后交付来完成转让手续。可转让的多式运输单据可以签发一套一份以上的正本，经营人凭其中一份交付货物后，其责任就告解除。不可转让的多式运输单据，必须列明收货人，收货人不能转让单据，经营人把货物交给收货人或凭收货人的通知交给他授权的收货人后，经营人的责任即告解除。

约束多式运输单据的公约是 1973 年国际商会制定的《联合运输单据统一规则》，此规则于 1975 年加以修改，以第 298 号小册子出版。另外，联合国在 1980 年通过了《联合国国际货物多式联运公约》，但这个公约还未获得生效所必须具备的 30 个国家的批准书，因此尚未生效。

多式运输单据和前面介绍的联运提单有相似的地方，都是代表使用多种运输方式（两种或两种以上）运送货物的单据，但在以下几点有明显的不同，二者不可混淆。

（1）运输方式的组成不同。联运提单仅限于由海运和其他运输方式所组成的联合运输，如海海、海陆、海空、海河、海江等，并且第一程必须是海运；而多式运输单据既可用于由海运和其他运输方式的联运，也可用于不包括海运的其他运输方式的联运，如陆空、陆陆等。

（2）单据签发人的责任不同。联运提单的签发人负责第一程的运输，当货物转到第二程运输工具上后，他即处于托运人的代理人的地位，不代表第二程的承运人向托运人负责；而签发多式运输单据的联运经营人是对整个运程完成并对运输过程中发生的任何货物损失负责。

（3）单据的性质和作用不同。联运提单是海运提单的一种，具有海运提单的货物收据、运输合同的证明和物权凭证 3 个作用，可以背书转让。而多式运输单据也具货物收据、运输合同的证明等作用，但却不是物权单据。只有多式运输单据的抬头为不记名或指示式时，它才可以转让并成为物权凭证。当抬头为记名式，多式运输单据就不是物权凭证，因此，多式运输单据不具有确定的可转让单据性质。

第四节 保险单据

一、保险单据的概念

保险是一种经济补偿制度，它按科学的方法计收保费，建立保险基金，对参加保险的被保险人由于灾害事故造成的损害或责任给予经济补偿，或对人身伤亡给付保险金。国际结算中的保险是指货物的运输保险，这是一种财产保险，是对运输过程中的货物进行的保险，即一旦货物在保险期限内遇到事故，遭到损失，被保险人就可从保险人那里得到经济上的补偿。国际货物运输保险依运输方式的不同，可以分为海上运输保险、陆路、航空、邮政货物运输保险等。由于几个世纪以来，货物大都通过海洋运输，海上运输保险起源较早，其他各种运输多以它为参考，所以海上运输保险是我们讲的重点。

保险单据（insurance policy）是保险人承保后向被保险人开具的证明保险合同的单据，是出险后被保险人索赔的依据。

二、保险单的作用

在国际贸易中，由于要经过长距离的运输，货物有可能遇到多种意外而发生损失，且货物在装卸、储仓时也会有风险。为了使货物在受损时能得到一定的补偿，买方或卖方应在货物出运前向保险公司投保。

（1）保险单据就是保险人与被保险人之间所签的保险合同的证明。

（2）保险单据是索赔的证明。如果货物真的发生了损失，被保险人可凭保险单据向保险人索赔。

因此保险单据也是索赔的证明，是一种权利的凭证，这个权利即被保险人有权在受损后要求给予补偿。但赔偿又不是必然发生，只是偶然的，所以是一种潜在的利益凭证。所以在掌握了提单又掌握了保险单据的情况下，才是真正掌握了货权。

（3）在 CIF、CIP 等价格条款下，保险单据又是卖方向买方提供的出口单据之一。

三、保险单的有关当事人

1. 保险人

保险人（insurer）是与被保险人签约的一方，有取得保费的权利，也有赔偿损失的义务。国际上作为保险人的有：

（1）保险公司。一般是指经国家有关部门批准专门经营保险业务的组织，是法人。以股份有限公司为最常见的形式。

（2）保险商（underwriter）。保险商是以个人身份来经营保险业务的。这方面在英国有代表性，英国允许劳合社的成员以个人名义经营保险，其法律规定，无论是保险公司还是保险商都可作为保险人。

2. 被保险人

被保险人（insured or assured）即受保险合同保障的人，它有权按保险合同向保险人取得赔款，一般都是进、出口商。被保险人在满足以下两个条件时方有资格取得赔偿。

（1）有保险利益。在索赔时，只有证明自己拥有保险利益才能取得赔款，即证明货物的损失对自己造成了损失。在货物运输保险时，持有提单就是有保险利益的证明。

（2）持有善意。被保险人要如实介绍货物、运输工具、运输路线等情况，以利保险人做准确的判断，并且还必须保证货物还未出险，至少在投保时不知道货物已出险，因为保险人并不调查事实。如果被保险人没有达到这样"善意"的标准，保险人在货物出险时就可以拒绝赔偿。

3. 保险代理人

保险代理人（insurance agent）是保险人的代表，根据授权代表保险人承接保险业务。有时一些业务保险公司无法完成，便请海外的机构代理，如检验货物、批改保险单甚至理赔等。

4. 保险经纪人

保险经纪人（insurer broker）是在保险人和被保险人之间联系业务的中间人，替保险公司招揽业务。由于它只是被保险人的代理人，不保证保险人的偿付能力。因此《信用证统一惯例》规定，对于保险经纪人签发的暂保单，银行不予受理。

另外，投保人是指对保险标的具有保险利益，同保险人订立保险合同的当事人。受益人是指保险合同中约定的保险事故发生时享有保险金额请求权的人。在国际货物运输保险中，投保人、被保险人和受益人的界限不太容易划分。一般情况下，投保人就是被保险人，订立合同时是投保人。合同成立后即成为被保险人，并且通常不指定受益人。

四、保险人的责任

保险人的责任是用险别名称来表示的，而险别又是根据损失的原因和损失的类型两方面来确定的。

（一）海上运输货物损失的原因

（1）自然灾害，即非常的自然界力量造成的灾害，如恶劣气候、雷电、洪水、地震、水灾等。

（2）意外事故，指运输工具遭遇的非意料之中的事故，如搁浅、触礁、碰撞、沉没、失火、爆炸等。

（3）一般外来原因，上述自然灾害和意外事故之外造成货物损失的原因，如偷窃、钩损、雨淋、串味、承运人短交货等。

（4）特殊外来原因，如战争、罢工、拒收、交货不到等，这种原因造成的损失，列在"除外责任"中。

（二）海上运输货物损失的种类

海上运输货物的损失简称海损。根据损失程度的不同，海损分为全部损失和部分损失。按货物损失的性质，又可分为共同海损和单独海损，而共同海损和单独海损又都属于部分损失。

1. 全部损失

全部损失简称全损（total loss）。是指被保险货物全部灭失或等同于全部灭失。全损有三种情况。

（1）实际全损，又称绝对全损。构成实际损有下列 4 种情况：①货物实体全部灭失，如货物被大火全部焚毁、船舶遇难、船货沉入海底；②货物丧失原有的用途和价值，如水泥被海水浸泡结成硬块；③被保险人对货物的所有权已无可挽回地被剥夺，如战时货物被敌国没收；④载货船舶失踪，达到一定时间（我国海商法规定为 2 个月）无音信。

（2）推定全损是指货物遇到风险后，虽然还没有达到完全灭失的程度，但全损已不可避免，或者为了避免全损，需要支付的抢救费、修理费加上继续将货物运到目的港的费用之和已超过货物完好状态时的价格。

（3）部分全损是指保险标的物中可分割的某一部分发生的全损。如在同类货物中，整件货物的灭失或在装卸过程中整体或一批货物的灭失。

2. 部分损失

部分损失（partial loss）是指被保险货物的损失没有达到全部损失的程度。按照损失的性质，部分损失可以分为共同海损和单独海损。

（1）共同海损是指船舶在航行过程中，遇到自然灾害或意外事故，威胁到船、货的共同安全。船方为了维护船、货的共同安全，或者为了使航程能继续完成，有意识合理地做出的特殊牺牲和发生的特殊费用。如为了避免船舶翻覆，船长命令将部分货物投入海中以保船舶安全；又如船舱失火，为救火而使部分货物浸水而受损等。共向海损的成立必须具备下列条件：①做出共同海损的行为时必须是船、货共同处于危险状态中；②其措施是人为的、有意识的，并且是合理的；③其目的是保证船、货的共同安全；④共同海损牺牲的费用具有非常性质；⑤损失必须是共同海损的行为直接造成。

共同海损由两部分组成：一是共同海损使船、货造成的损失，称为共同海损牺牲；二是共同海损措施引起的费用。共同海损应由船舶、货物、运费三方按比例共同分摊，各海运国家的海商法都列入了共同海损的原则，在国际上，《约克安特卫普规则》对共同海损的原则范围和理算作了详细的规定。大多数班轮提单上都明确表明关于共同海损和救助遵守该规则。

（2）单独海损是由于承保范围内的灾害和事故使货物遭受的损失，不是全部的，也不能共同分摊，即由货方单独承担的部分损失。在单独海损中，损失仅包括保险标的的损失，而不包括与此有关的任何费用。

共同海损与单独海损的区别主要表现在 3 个方面：首先，在损失的构成上，共同海损既包括货物牺牲，又包括共同海损费用；而单独海损仅指货物的损失，不包括任何费用。其次，在造成损失的原因上，共同海损是一种主动的、故意的行为；而单独海损是偶然的、意外的。最后，在损失的承担上，共同海损由受益各方共同分摊；而单独海损由受损者自己承担。

另外，施救费用和救助费用也包括在共同海损中，属保险人的承保范围。施救费用是指保险标的在遇到灾害事故时，被保险人为了避免或减少货物的损失，采取各种合理的抢救与保护措施而支出的费用。这些费用只要是合理的，尽管以后保险标的仍遭受全损，保险人在保额赔偿以后，仍对这些费用负责。救助费用则是指货物或船舶遇到风险后，由其他第三者前来救助，由此而向其支付的报酬。报酬的多少是按照获救财产大小、危险程度和救助服务的性质而决定。其原则是"无效果，无报酬"。

（三）险别

根据以上损失原因和损失类型，海运承保的险别可以分为两大类：基本险和附加险。

1. 基本险

基本险是可以单独投保的险别，是最基本的保险险别。可分为 3 种。

（1）平安险。即对全损或共同海损负责，又称单独海损不赔险（free from particular average，F.P.A）。现在看来已名不符实，为了竞争，对意外事故造成的单独海损及货物装卸时的部分损失也负责，但对外来原因造成的损失不负责。

（2）水渍险。即在平安险的基础上再加上由自然灾害造成的单独海损，又称单独海损也称赔险（with particular average，W.P.A 或 W.A）。这种险别有免赔条款，即只有在货物损失超过规定的百分比时，承保人才予赔偿。如糖、烟叶、麻、皮革、毛皮等。免赔率是 5%，其他是 3%；对易受损的商品，如鱼类、水果、盐、种子、谷物等不予赔偿。免赔率有绝对免赔率和相对免赔率之分。绝对免赔率是保险人只赔超过免赔的部分；相对免赔率是按实际损失赔偿，但损失率低于免赔率时，不予赔偿。如保险人有要求，承保人也可不计免赔率，但需要多付保费。

（3）一切险（all risks）。在水渍险的基础上，保险人还赔一般外来原因所造成的损失。

2. 附加险

附加险是一种不单独成立的险别，必须附属在基本险上，因此只有在投保了基本险之后才能加附加险。基本险只能选一种，附加险则根据货方的需要保多少种都可以。附加险分为一般附加险和特别附加险两种：前者是承保一般外来原因造成的损失；后者是承保特殊外来原因所造成的损失。

（1）一般附加险包括：偷窃、提货不着险；短量险；混杂玷污险；渗漏险；碰撞破碎险；串味险；受潮受热险；钩损险；包装破裂险；锈损险。

（2）特殊附加险包括：战争险；罢工暴动民变险；交货不到险；舱面险；黄曲霉素险；拒收险；进口关税险；海关检验险；码头检验险；存仓火险扩展条款等。

（四）保险人除外责任的条件

（1）被保险人的故意行为或过失所造成的损失。

（2）在保险责任开始前，被保险货物已存在的品质不良或数量短差。

（3）被保险货物的自然损耗、市价跌落、运输迟延所引起的损失或费用。

（4）战争与罢工暴动民变险中的除外责任。

（5）属于发货人责任引起的损失。

（五）保险人的责任期限

各种运输保险条款均载有责任起讫时间，以明确保险有效期限，一般都使用仓至仓条款（warehouse to warehouse clause），即自发货人在保险单据上注明起运地的仓库开始至目的地收货人的仓库为止。或者是：海运、陆运，自运输工具卸离后最多不能超过 60 天；空运，最多不能超过 30 天。如投保人要求，也可延长期限。

《UCP600》第 28 条规定，保险单据须表明承保的风险区间至少涵盖从信用证规定的货物接管地或发运地开始到卸货地或最终目的地为止。

五、保险单的内容

保险单的全部内容包括正、反两面。反面是印就的保险条款，说明保险人和被保险人的权利义务；正面的内容要由保险人根据每一笔保险的具体情况填写。

1. 保险人名称（the name of the insurer）

2. 被保险人（the name of the insured）

3. 保险标的（subject matter）

主要包括货物名称、唛头、数量。填写货物的名称可以使用统称；唛头一栏可以填："AS/PER INVOICE NO ×××"；数量可填写最大包装的数。

4. 保险金额（amount insured）

《UCP600》第 28 条 f 款规定，保险单据必须表明投保金额并以与信用证相同的货币表示。如果信用证对投保金额未做规定，投保金额须至少为货物的 CIF 或 CIP 价格的 110%。如果从单据中不能确定 CIF 或者 CIP 价格，投保金额必须基于要求承付或议付的金额，或者基于发票上显示的货物总值来计算，两者之中取金额较高者。

5. 保费和费率（premium and rate）

除非信用证别有规定，否则，一般不用具体数字表示，仅注明"根据约定"（as arranged）即可。

6. 运输工具的名称和开航日期（per conveyance s.s and slg. on or abt）

运输工具的名称即海运船只的名称，如投保时已明确中途要转船，则在第一程船名后加上第二程的船名，如第二程船名不详，在第一程船名后加打"with transshipment"。如不使用海洋运输方式，火车运输时要注明"by train"；航空运输注明"by airplane"；邮寄时注明"by parcel post"；海陆联运时，在第一程船名后注明陆运工具名称；陆空陆联运时注明"by train/air/truck"。开航日期是签发提单的日期，由于在开船日期前冠有"on or about"，所以也允许填写提单签发日前 5 天之内的任何一天的日期。也可以简单一些，海运用"as per B/L"；陆运用"as per cargo receipt"；空运用"as per air waybill"；邮寄用"as per post receipt"。

7. 运输起讫点（from….to…）

参照提单，中途转船时，须注明"with transshipment"或"VIA"，如 from shanghai to dubai with transshipment at hongkong。如货物到达目的港后还要转运到内陆城市，则在目的港后面加注"转运至某地"。

8. 承保的险别（risks of insurance）

承保的险别指保险人的承保范围，即保险人所承保的是哪一种基本险和哪些附加险。如信用证对各种险别有详细规定者，保险单上应符合这些要求。《UCP600》第 28 条 g 款规定，如果信用证使用诸如"通常风险"或"惯常风险"等含义不确切的用语，则无论是否有漏保之风险，保险单据将被照样接受。

9. 检验或理赔代理（insurer agent）

保险人在目的港的代理人，出险时检验货物，分析出险原因、进行理赔等。

10. 赔付地点（claim payable at...）

若信用证无规定，以目的港为赔付地点。

11. 出单日期和地点（place and date of issue）

出单日期是保险人的责任起点。《UCP600》第 28 条 e 款规定，保险单据日期不得晚于发运日期，除非保险单据表明保险责任不迟于发运日生效。

地点则关系到适用法律。保险公司提供的是服务，所以要求在货物离开出口方仓库前办理，因此准确的日期应是货物离开仓库的日期，至少要早于提单的签发日或同一天。出单地点一般是受益人所在地点。

12. 保险人签字盖章（the signature of the insurer）

一般包括保险公司的名称和经理的签字。

13. 发票号码（invoice no.）和保险单号码（policy no.）

六、保险单据种类

1. 正式保险单

正式保险单（insurance policy）是保险人在保险合同成立后签发的文件，它是保险契约成立的证明，也是诉讼的依据。保险单除具有基本内容外，还附有保险契约的全部条款，对保险人和被保险人的权利、义务做了详尽的规定，是完整的承保形式。因此又称为正式保单，实务中称"大保单"。信用证要求出具保险凭证而非保险单时，银行也可接受保险单。

2. 保险凭证

保险凭证（insurance certificate）是表示保险公司已接受保险的一种证明文件，是一种比较简单的保险单据，又称"小保单"。它只包括保险单据的基本内容，但不附有保险条款的全文，保险人和被保险人的权利、义务应以正式的条款为准。它虽然与上述的保险单在效力方面是相同的，但有一点有区别，即如信用证要求保险单时，银行不能接受保险凭证。因为它要依附于别的文件，缺乏完整的独立性。

3. 承保证明

承保证明又叫联合凭证（combined certificate），是一种比保险凭证更简单的单据，它只是在出口商的商业发票上加章注明承保的金额、险别及编号，而不另出具保险单据。一般只用于有约定的双方，目前仅用于由中国银行的港澳联行开证的出口业务，用得较少。

4. 暂保单

暂保单（cover note）是证明暂时保险的单据，是在投保的货物数量、保险金额、船名尚未确定时，保险人根据概算的金额签发的保单。因为在进口商收到出口商的装运通知时再投保，货物已在途中，而保险人对投保前的货损是不负责的。这种单据基本上不会成为信用证要求的单据。买主在收到卖主发出的装船通知时，再向保险人申请确定的保险合同。

在进口商投保的情况下（如 FOB 或 CFR 合同），常使用暂保单。暂保单的有效期一般为 30 天。

暂保单的另一种情况是，由保险经纪人签发，表明有关业务已经投保、正待签发保险单或保险凭证。它起不到保险单的作用，保险人对经纪人签发的暂保单不负法律责任。《UCP600》第 28 条 c 款规定，暂保单将不被接受。

5. 预约保险单

预约保险单（open policy）也称开口保险单（open cover）。一般只列明承保货物的范围、险别、费率，但没有总保险金额（有时规定每批货物的最高金额）。每批货物装运的详细情况由被保险人向保险人申报，只要货物属于预保的范围，保险人将自动予以承保并签发保险凭证。

预约保险属长期性合同，可以约定期限，只要在规定的期间，可以反复使用；也可以不约定期限，如果是这样，一般都有个注销条款，一方欲终止保单的效力，必须在规定期限内向对方发注销通知。

使用预约保险单可以减少逐笔投保的手续，并可防止迟保和漏保，而且国外的保险公司对预保合同往往给以优惠的费率，因此业务正常的进出口商都与保险公司签订预保合同。我国以 FOB 和 CFR 进口货物时，为简化手续，并防止进口货物在国外装运后因信息传递不及时而发生漏保或来不及办理保险，就使用预约保险的形式。

6. 批单

批单是在保险单已开出，因保险内容有改变，保险人应被保险人要求所签发的批改保险内容的凭证，具有补充、变更原保单内容的作用。一经批改，保险人需按批改后的内容来承担责任。批改的内容如涉及保险金额的增加或保险责任的扩大，保险人一般在证实货物未出险的情况下才办理。批单原则上需粘贴在保险单上，并加盖骑缝章，使之作为保单不可分割的一部分。

7. 保费收据

保费收据（premium receipt）是保险人给投保人出具的收取保险费的收据。在 FOB、CFR 价格下，若卖方代买方投保，就以保险收据作为向买方收费的凭证。

8. 保险通知书或保险声明书

在 CFR 和 FOB 交易中，保险是由进口方办理。有些进口商与国外的保险公司订有预保合同，他们往往在信用证中订立条款，要求出口商在货物发运时向进口商指定的国外保险公司发出保险通知书（insurance declaration），通知书的内容除出运货物的具体品名、数量、重量、金额、运输工具、运输日期等外，还要列明进口商名称和预约合同号码。此项通知是卖方为买方提供的装运后服务，其副本则被列为议付单据之一。《UCP600》第 28 条 d 款规定，可以接受保险单代预约保险项下的保险证明书或声明书。

第五节
附属单据

附属单据（additional documents）是指除基本单据以外其他单据。附属单据有两方面用途：

（1）满足进口国当局一些特殊的法令和规定，如领事发票、海关发票、检疫证、黑名单证明、产地证明等。（2）满足进口商对于货物质量的说明及其他方面要求，如装箱单、重量单、品质证等。

一、包装单据

包装单据（packing documents）是指一切记载或描述商品包装情况的单据，是商业发票的补充单据。

1. 重量单

重量单（weight list）由卖方签发或由第三者提供，表明货物重量的单据，一般包括皮、毛、净重。它必须和其他单据上所表示的重量一致。除信用证载明必须提交单据的重量单外，附加于货运单据上的重量申明银行也应接受。

2. 装箱单

装箱单（packing list）是表明货物包装详细情况的单据。进口地海关主要依据装箱单对某一特定内容的包件进行检查，它也是进口核对货物的根据。装箱单的内容通常有：①单据名称；②卖方名称；③唛头；④箱件号；⑤规格；⑥数量；⑦毛、净重；⑧签字（也可不签）。

3. 尺码单

尺码单（measurement list）表示每个包装单位的长、宽、高及体积（以 m^3 表示），以便安排运输、仓储和计算运费。

装箱单、重量单、尺码单一般不显示收货人、价格和装运情况，对货物内容的描述一般都使用统称。这三种单据并非在一次交易中都要用，一般根据进口方来证的要求而定，但它们都起着补充发票内容不足的作用，便于进口商在货物抵港后报关、验货和核对之用。因此，其内容要与发票及其他单据的内容一致。装箱单应注意不能漏列箱（件）号数；重量单上的各箱（件）重量的总和应与总重量相一致；各单据上的总件数应与发票一样并与实际包装相符。

二、其他发票

1. 海关发票

进口国海关当局规定的商品进口报关时必须提交的特定格式的发票称作海关发票（customs invoice），要求国外出口商填写。

海关发票的作用在于：（1）供进口商凭以向海关办理进口报关、纳税等手续。（2）进口国海关根据海关发票核查进口商品的产地，来确定是否可以享受优惠税率，并据此计算进口商应纳的进口税款。（3）供进口国海关核审是否低价倾销，或是否接受出口国补贴。（4）供进口国海关做统计依据。

2. 领事发票

某些国家的进口当局需要在货物清点之前向其提供领事发票（consular invoice）。它是出口方根据进口国家的规定，按固定格式填制或经进口国驻出口国的领事签证的发票，其作用是根据现行市价来审核销售价以保证不发生"倾销"；可作为课税的依据；还能增加领事馆的收入，并做统计之用。

对于领事发票，各国有不同的规定并设计各自的格式，由出口商从进口国的大使馆获得，详细填列后送大使馆盖章并支付费用。近年来，许多国家取消了领事发票，但仍有少数国家保留了这一制度。某些拉丁美洲国家和少数其他国家需要此类单据供官方使用。某些进口国不需领事发票，在出口商的商业发票上由进口国的领事盖章即可，这叫"领事签证发票"，其作用与领事发票相同，领事发票和领事签证会给国际贸易带来些不便，所以我国出口不接受领事发票的要求，一般也不接受领事签证。如国外要求领事签证，则要求其修改为贸促会或商检局签证代之。

三、检验证书

检验证书（inspection certificate）是指出口商提交的由出口方商品检验检疫部门或进口商认可的公正机构出具的证明货物的品质、数量、卫生条件等内容的一种证书。

1. 检验证书的作用

（1）证明出口货物已达到某种标准。国际贸易中，货物要经过长途运输才能到达买方手中。由于不能当面交货和验收，双方就产品的品质、数量、残损等往往会出现争议。卖方在发货前如经有资格的检验人验货并签发了检验证书，说明事实状态，就可明确责任归属，减少纠纷。

（2）计价的依据。有的合同中规定，产品是按等级分等论价，或对有效成分订有增减价格条款，检验证书所证明的项目和品质等级是对内对外计算价格的依据，它直接关系到买卖双方的经济利益。

（3）报关验收的有效证明。各国为了维护本国的利益，对某些进出口产品的品质、数量、包装、卫生、安全等制定了某些法律和行政法规，规定了限定性的标准进行检验管理，同时规定当事人提交符合规定的检验证书，才准许进出口。如多数国家对进口的食品，规定当事人必须持有法令规定的出口国有关当局签署的检验证明，才可办理进口；法律规定实行强制性检验的产品，当事人必须持有法规规定的检验机构签发的证书，才能向海关申报放行。

（4）办理索赔、作为仲裁或诉讼的证明文件。货到目的地后，经指定检验人检验，如发现品质或重（数）量等与合同规定不符时，凭检验证书向卖方提出退货或索赔，对属于保险、运输方面责任，则根据责任的归属向有关方面索赔。所以，检验证书是索赔的证明文件。同时，在国际贸易中，买卖双方发生争议后，进行仲裁或诉讼时，检验证书又是向仲裁庭或法院举证的有效证件。

（5）作为防止传染病扩大传播的一道屏障。

2. 检验机构

出具检验证书的机构，应是独立于买卖双方的第三者，以便能从公正的立场做出客观的检验结果。一般国家都设有专业性的商品检验和鉴定机构。接受委托进行商品检验与公证鉴定工作。这些机构都是国家设立的官方机构，如我国的中国进出口商品检验局；有的是私人或同业公会等开设的民间公证机构，如英国的劳合公证行、瑞士的日内瓦通用鉴定公司等。在信用证允许或要求时，还可由出口方自己或买方出具检验证书。

3. 检验证书的种类

检验证书种类有许多，具体使用哪种，主要取决于商品性质和有关国家的商检规定。

在进出口业务中常见的检验证书有以下几种。

品质检验证书（inspection certificate of quality）

重量检验证明（inspection certificate of weight）

数量检验证书（inspection certificate of quantity）

兽医证书（veterinary inspection certificate）

卫生检验证书（inspection certificate of sanitary or certificate of health）

消毒检验证书（inspection certificate of disinfection）

衡量检验证书（inspection certificate of measurement and/or weight）

温度检验证书（inspection certificate of temperature）

验舱证书（inspection certificate of hold）

植物检疫证书（plant guarantee inspection certificate）

熏蒸证书（inspection certificate of fumigation）

分析检验证书（inspection certificate of analysis）

四、原产地证明书

原产地证明书简称产地证（certificate of origin），是指出口方的政府机构或公证机构出具的证明货物生产地或者制造地的一种证书。

进口商要求出口商出口货物后向其提供产地证，无非有两个主要目的。一是满足进口国对来自不同国别或地区的产品实行差别关税的需要。如当进口国与出口国政府间签订的贸易协定规定了协定税率时，进口国海关即对协定载明的商品实施减免进口税率；反之，则征收高额关税。二是为了满足进口国实施进口限制的需要。针对来自不同国家的产品，进口国海关根据产地证来检查是否需要实施进口限制。

在实际业务中，产地证主要分为两种。一种为出口国进出口商品检验免疫部门或贸易促进委员会或进出口商会签发的一般产地证。它主要包括进口商的名称及地址、唛头及标记、货物描述及件数、签发机构对货物产地的声明、出具机构签字及日期等内容。另一种是出口商品检验免疫机构签发的普惠制产地证（generalized system of preferences certificate of origin，GSP From A）。它是一种由发达国家给予发展中国家的普遍的、非歧视性的、非互惠的关税优惠制度。普惠制产地证主要包括进出口双方当事人的名称及地址、货物运输方式及路线、唛头及标记、货物描述及件数、产地类型、重量或体积、出口商声明及出具日期、商检机构声明及签发日期等内容。

五、其他附属单据

1. 出口许可证

出口许可证（export license）是国家有关当局批准的商品可以出口的证明文件。对进口国有配额限制的商品、控制出口或不准出口的商品，均需申请出口许可证才能装船出口。出口许可证的使用可以控制国内供应不足的一些商品的出口或生产所需原材料的出口；可以有计划地分配市场，以防止某种商品的出口总量超过对方国家市场的容纳量；它也是出口国海关放行、进口国海关入境的凭证；有时还兼作商业发票。

出口许可证在货物出运前缮制，内容应与发票一致。

2. 进口许可证

进口许可证（import license）是国家有关当局批准的商品可以进口的证明文件。国家对某些商品禁止进口或控制进口时，通常规定没有进口许可证不得进口。其内容主要包括证号、进口商品的国别、货物名称、数量、金额及有效期限等。其作用一是限制某种商品的进口，以保护民族经济；二是作为海关入境的凭证；同时也是进口国银行开立信用证的依据。

3. 黑名单证书

黑名单证书（blacklist certificate）是一个国家与其他的国家政治关系恶化、紧张，或某国处于战争状态时，要求对一些事项进行证明，例如：

（1）货物产地不属于某特定国家；

（2）有关各方（制造商、银行、保险公司、船公司等）不属于黑名单之列；

（3）装货船只或飞机不停靠此类国家港口，挂此类国家的旗帜。

阿拉伯国家将与以色列有往来的船舱列入黑名单，不允许这些船只与阿拉伯国家发生业务关系。许多国家的有关机构，特别是商会设法抵制提供此项证书。

4. 受益人声明

受益人声明（beneficiary's declaration）是指出口商根据信用证条款出具的、用来满足进口商需要的一种附属单据。有时因急需某种货物，但又担心出口商收到开证行开出的信用证后并不急于或不能很快装运该货物，进口商往往要在信用证条款中加列一些内容来要求出口商提交受益人声明，以表明其按照信用证的要求于某时、某地将货物装于某条船上。

例如，信用证条款要求：

The following documents marked×should be presented to the negotiating bank:

（×）Bebeficiary's declaration that merchandise have already been shipped on the vessel of Victory NO.1 on 20 Oct.，2007 at XinGang，Tianjin.

信用证中规定的寄单条款常常变现为：

One set of non-negotiable shipping documents should be directly dispatched to the buyer after shipment.

5. 船籍及航程证明

多数阿拉伯国家将与以色列有往来的船只列入黑名单，禁止这些船只与阿拉伯国家发生业务关系。这些国家的银行开出的信用证常常要求出口商提交船运公司或其代理人签发装运船只国籍及全部航程停靠港口的证明，进而杜绝上述事件的发生。这样的证明通常被称为船籍及航程证明（certificate of registry/itinerary）。

6. 船长签发随船单据的收据

对于买卖两地航线较短的交易而言，装货船只到达目的地的时间通常要早于装运单据到达时间。进口商为了了解与掌握货物的发运情况，以便于进行贸易融资，往往在一些信用证中要求货物装船后，出口商需将有关单据交给装货船只的船长随船带给收货人。议付时，出口商需要提交船长签发的收据。

或者是由出口商出函，由装货船长签发。

本章小结

- 国际结算单据简称为单据，它指的是国际结算中涉及的，以反映货物特征及说明交易情况的一系列证明文件或商业凭证。
- 商业发票是由出口商向进口商开立的说明货物的名称、数量、价格的清单，有时简称为"发票"。发票在全部单据中起核心作用。
- 海运提单简称提单，是海运时使用的运输单据，它是由承运人或其代理人根据运输合同签发给托运人的，表明接受特定的货物或货已装上船并将经海洋运至目的地交给收货人的收据和物权凭证。海运提单作为货物的收据、作为物权凭证，是运输合同的证明。
- 约束提单的国际公约有《海牙规则》《维斯比规则》和《汉堡规则》。
- 保险单据是保险人承保后向被保险人开具的证明保险合同的单据，是出险后被保险人索赔的依据。
- 附属单据是指除基本单据以外其他单据。附属单据有两方面用途：（1）满足进口国当局一些特殊的法令和规定，如领事发票、海关发票、检疫证、黑名单证明、产地证明等。（2）满足进口商对于货物质量的说明及其他方面要求，如装箱单、重量单、品质证等。

基本概念

商业发票　海运提单　保险单据　领事发票　原产地证书　黑名单证书　保险凭证

复习思考题

1. 商业发票的作用是什么？
2. 简述海运提单中银行拒受的单据及原因。
3. 保险单据的作用有哪些？
4. 比较多式运输单据与联运提单。
5. 简述检验证书的作用。

拓展阅读

案例 9-1　对有关单据的认识问题

案例介绍：

银行开立了一张不可撤销信用证，经由通知行A通知给了受益人。该信用证对单据方面的要求如下。

1. 商业发票；

2. 装箱单；

3. 由SSS检验机构出具的检验证明书；

4. 海运提单表明货物从PPP港运至DDD港，提单做成开证行抬头。

受益人在货物出运后将全套单据送至A行议付，A行审单后指出下列不符点。

1. 检验证书的出单日期迟于货物装运日，并且未能指明具体货物的检验日期。

2. 装箱单上端末印有受益人公司、地址等文字，且装箱单未经受益人签署。

3. 提示了运输行收据而不是信用证上所要求的提单。

A行将上述不符点通知受益人，受益人要求其电传I行求其授权付款。

I行与申请人联系后，申请人不愿取消此不符点。因为他不能确定该批货物是否确已适当检验过？货物是否已出运？除非授权其在货到后检验货物，检验结果表明货物完好无损，否则他将拒绝付款。I行告诉A行其决定拒绝付款的决定，并保留单据听候指示。

案例分析：

A行提出的不符点中，除了装箱单以外，其他均是正确的。

根据《UCP600》第34条规定：银行对任何单据的形式、充分性、准确性、内容真实性、虚假性或法律效力或对单据中规定或添加的一般或特殊条件，概不负责。如果信用证中没有特别规定，只要提交的单据上内容与任何其他提交的所规定单据内容无矛盾，则银行将接受这类单据。

由于信用证根本未指明装箱单由哪方开立，只要装箱单上内容与其他单据不矛盾，理当接受。此外，除非信用证明确规定装箱单要签署，否则未经签署的装箱单也是可以接受的。

以《UCP600》第34条的标准来判断，似乎检验证书也符合规定。但是常识告诉我们商品检验应先于货物装运前，就像保险应先于货物装运前一样，所以检验证书的出单日应先于或等于货物装运日。

有运输行承运人签发的单据，如运输行收据（Forwarder's Certificate of Receipt，FCR）不是运输单据，因此它不属于《UCP600》所划定的运输单据的范畴。若信用证要求提供海运提单，运输行收据当然不会为银行所接受。

案例 9-2 洁净字样遭删除

案例介绍：

某日，我议付行收到国内受益人交来的全套单据，审单员审单后认为全套单据已做到"单单一致、单证一致"，于是毫不犹豫地对客户付了款。但当此单据寄对方开证行索偿时，却遭到了拒付。开证行认为：我方提交的单据中含有一张海运提单，该海运提单上原先与货物描述一起打上的"洁净已装船"批注中的"洁净"字样被删除，这样就不符合信用证提供"已装船洁净提单"的要求。由此推定提单是不洁净的。根据《UCP600》相关规定，银行不能接受此类不洁净提单。

我方收到开证行拒付电后即刻回复道：根据《UCP600》规定：所谓的洁净提单是指对货物包装及外表状况有缺陷的批注的提单，既然我方提供的提单无此描述，就应认为提单是洁净的，故你方的拒付是不成立的。

最后，开证行终于如数支付了信用证款项。

案例分析：

清洁运输单据，是指单据上并无明确声称货物及（或）包装有缺陷的条文或批注。除非信用证明确规定可以接受的条款或批注，银行将不接受载有这样的条款或批注的运输单据。如果信用证要求运输单据载有"清洁已装船"条款时，银行将认为已符合信用证的条件。

上述文句阐述了清洁运输单据的含义及银行对清洁运输单据的处理原则。清洁运输单据是指未被承运人在单据上加注货物和（或）包装有缺陷的单据。按《海牙规则》第3条第3款规定：承运人应签发给送货人表面情况良好的提单，货运的表面状况不需送货人提供，而由承运人在装船时对货物进行目力所及的检查后提供。由于一般的提单上已事先印就"上列表面状况良好的货物已经装船"，因此，承运人不加批有缺陷的语句，表示承认该货物外部状况良好。

不清洁运输单据又称有批注运单。这种运单的签发是由于发货人所交付的货物包装有及外表状况有缺陷，例如污染、潮损、破包、缺少等，承运人为分清责任而在运单上做出批注。除非信用证明确规定可以不接受不清洁运单，银行拒受载有这种批注的运输单据。

如果信用证要求"洁净已装船"时，银行的掌握方法应是：只要符合运输单据的相关规定，即为满足要求。

国际商会"411"曾经指出：增补本条款是为了使银行更好地掌握如何使运输单据符合信用证注有"洁净已装船"条款要求，从而纠正世界某些地区的不良做法，即要求承运人加批"洁净已装船"词语，因为承运人是不可能加批此类文句的。

因此，"洁净"一词明显被单据签发人删除的事实不构成不符点。

案例9-3　航空运单不是代表货物所有权的凭证

业务类型：不可撤销的议付信用证

议付行：我国N银行

开证行：国外I银行

出口商：A公司（我国某食品进出品公司）

进口商：B公司（国外格林贸易有限公司）

案例介绍：

1996年，我国某食品进出口公司（以下简称A公司）与国外格林贸易有限公司（以下简称B公司）签订了一份出口一批冻对虾仁的合同。B公司根据合同条款开来的信用证规定："冻对虾仁，每磅13/15只，7.995吨，5%增减。采用航空运输，不得迟于1996年5月15日。航空运单收货人做成B公司。"

A公司依据合同和信用证的规定，于1996年5月12日将货物装运完毕，13日备妥信用证项下的各项单据向议付行N银行交单。议付行审单无误后，于14日向开证行I银行寄单。

货物到达目的地后，B公司立即办理提货手续将货物提走。单据寄到开证行后，B公司却向开证行提出拒收单据。

A公司于20日收到开证行拒付电："第×××号信用证项下单据经审核，发现单证不符。我信用证规定数量7.995吨，你方所提交包装单表示为7 995千克，即我信用证数量单位为'M/T'（吨），你包装数量单位为'KGS'（千克），我行无法接受单据，遂告单据处理的意见。"

A公司接到电函后立即于21日复电开证行："根据《跟单信用证统一惯例》（UCP500号）第13条规定，开证行审核单据的标准是，合理小心地审核信用证规定的一切单据，确定表面是否与信用证条款相符合。银行对任何单据的形式、完整性、准确性、真实性，以及伪造或法律效力，或单据上规定的或附加的一般和／或特殊条件概不负责。吨和公斤都是公制单位，包装单与信用证中规定的重量相符，你行应当付款。"

开证行收到复电后于23日再次电告A公司："你方称银行实务是确定信用证所规定的单据表面与信用证条款是否相符，而这里就是表面不相符。根据《跟单信用证统一惯例》（UCP500号）第14条b款规定，'当开证行及／保兑行（如有），或代其行事的指定银行收到单据时，必须仅以单据为依据，确定单据表面是否与信用证条款相符。如果单据表面与信用证条款不符，上述银行可以拒绝接受。'故我行拒绝接受单据。"

A公司接到复电后，经过与有关专家商量，认为是买方B公司与开证行串通一气，故意借单据与信用证的微小不符拒付货款，遂与B公司多次交涉，最终以对货物降价25%为条件了结此案。

案例分析：

本案A公司遭受经济损失的原因很明显是买方利用航空运输的特点，采取先提走货物再找借口拒付货款的方法，逼迫卖方降低价格，从而使其蒙受经济损失；此外，与A公司自身工作失误也有关，由于A公司没有严格按信用证要求制单，B公司指使开证行借口单证不一致拒付货款。

航空运输是一种现代化的运输方式，它与海洋运输、铁路运输相比，具有运输速度快、货运质量高且不受地面条件的限制等优点。因此，它最适宜运送急需物资、鲜活商品、精密仪器和贵重物品。近年来，随着国际贸易的迅速发展以及国际货物运输技术的不断现代化，采用空运方式已日趋普遍。

第十章 进出口贸易融资

【教学目的和要求】

- 掌握国际贸易融资的概念、特点
- 了解出口贸易融资的内容、基础与条件等
- 全面认识进口贸易融资

【案例导读】

福建省工行议付了两份日本银行开来的信用证,开证行分别为日本A和B银行,受益人为工行同一客户,申请人分别为日本不同城市的两家企业a和b。两份信用证进口的货物相同,都要求全套正本海运提单。但由于经办人员的疏忽,向国外寄单时,错将两份信用证项下的提单混淆,造成向开证行所寄的单据中,2/3海运提单为该信用证项下,而另1/3提单为另一份信用证项下单据。

几天后,开证行A在合理时间内向工行支付了信用证项下款项,并且没有扣除不符点费用。在收到开证行A的付款后,工行收到开证行B提示不符点的电文,称:由于仅提交信用证项下2/3提单,不能接受单据,持单等候我方指示。

此时,工行才发现寄单失误。由于开证行A已经付款,能否向其索要另一信用证项下的1/3海运提单呢?从工行顺利收回货款的情况看,开证行A、申请人a及船公司都没有发现提单发生混淆。如果工行向开证行A索要1/3海运提单,对开证行A来说,由于已经放单放款,信用证项下的权利和义务已经结束,对申请人a已无约束力,无法也无责任从申请人手中收回单据。而对申请人a和船公司来说,经此提醒,反而可能诱发当事人的道德风险,持手中1/3提单提取另一份信用证项下的货物,造成我方损失。也就是说,从开证行A方面取回1/3提单,要冒很大风险,而且不能保证一定能收回该1/3提单。

于是福建省工行与开证行B联系,要求其与申请人b联系,同意接受不符点单据。但开证行B由于未见全套提单,物权没有保障,坚持要全套提单才能付款。工行与受益人联系,受益人态度强硬,表示由于工行失误造成损失,应由工行赔偿,致使工行处在两难境地。经工行要求,受益人与船公司联系后,得知该信用证项下货物已被申请人持开证行B的提货担保书提走。于是,工行变被动为主动,向开证行B发出电传:经与受益人联系,货物已被提走,请你行立即付款。在斟酌利弊后,开证行B向我方支付了货款。银行叙做证下提货担保业务应注意什么问题?

第一节 国际贸易融资概述

国际结算方式是国际贸易重要的环节之一,关系到是否安全收汇。在国际结算业务中,贸易融资往往与结算方式相结合,为外贸企业顺利完成交易提供帮助。

国际贸易融资是围绕国际贸易结算的各个环节所发生的资金和信用的融通活动。根据《巴塞尔协议》（2004-6）的定义，贸易融资是指在商品交易过程中，运用短期性结构融资工具，基于商品交易中的存货、预付款、应收款等资产的融资。国际贸易融资（international trade finance）又叫国际结算融资，是指围绕国际贸易结算的各个环节发生的资金和信用融通活动。在贸易活动中，卖方总希望尽快收回货款和融通周转资金，而买方则希望迟付货款和从银行融资。由于银行具有资金和信用上的优势，能够满足进出口商的融资要求。

一、国际贸易融资的作用

国际贸易融资是国际商业银行的一项重要业务，所有商业银行都把贸易融资放在重要地位，在有些银行，贸易融资甚至占其营业额的一半以上。贸易融资之所以具有如此重要的地位，是因为它是最重要的银行中介业务，其发展不仅会影响到银行的收益，而且还影响银行其他业务的发展。具体来讲，该业务具有以下作用。

1. 有利于增强国际贸易结算的吸引力

在现代国际结算中，贸易融资与国际结算是不可分离的。一方面，贸易融资以国际结算为基础，并依附于国际结算，没有国际结算，不可能有贸易融资的良好发展。另一方面，贸易融资又是国际贸易结算的生命力所在，融资越方便，对客户越有吸引力，国际结算业务也就会不断增加；反之，缺少融资渠道，就缺少对客户的吸引力，从而使国际结算业务流失。因此在实践中，各商业银行均把提供贸易融资作为争揽客户和业务、增强银行竞争力的重要手段。

2. 有利于吸收存款

贸易融资和国际结算业务的增加，必然会带来结算存款的增加，增强银行的资金实力，而且这部分存款的成本比银行的储蓄存款和企业存款业务成本低得多。

3. 有利于改善银行资产质量

贸易融资大多以贸易单据和票据为抵押，具有时间短、风险小、收效快的特点，符合银行资产的流动性、安全性和收益性相结合的原则。

4. 贸易融资业务风险较小、收益率较高

贸易融资和国际结算业务属于商业银行的中介业务，银行开展此项业务不需花费太多的成本和投入，只要有足够的业务空间，就可得到稳定、丰厚的业务收入。

在贷出信用或资金时，银行为降低自身面临的风险，通常要以信用证、跟单汇票或货权单据做抵押，或收取押金或取得质押等，因此，银行的业务风险较小。

由于贸易融资和国际结算在银行经营中具有多方面的积极作用，因此，它们成为国际商业银行重点经营的范围和支柱性业务。

二、国际贸易融资的表现方式

1. 进口押汇

进口押汇是指开证行在收到信用证项下单据，审单无误后，根据其与开证申请人签订的《进口押汇协议》和开证申请人提交的信托依据，先行对外付款并放单。开证申请人凭单提货并在市场销售后，将押汇本息归还给开证行。

2. 限额内透支

限额内透支是指银行根据客户的资信情况和抵（质）押、担保情况，为客户在其银行往来账户上核定一个透支额度，允许客户根据资金需求在限额内透支，并可以用正常经营中的销售收入自动冲减透支余额。

3. 进口代付

进口代付是指开证行根据与国外银行（多为其海外分支机构）签订的融资协议，在开立信用证前与开证申请人签订《进口信用证项下代付协议》，到单位凭开证申请人提交的《信托依据》放单，电告国外银行付款。开证申请人在代付到期日支付代付的本息。

4. 假远期信用证

假远期信用证是指开证行开立的规定汇票为远期，开证/付款行即期付款，且贴现费用由开证申请人负担的融资方式。

5. 出口托收押汇

出口托收押汇是指采用托收结算方式的出口商在提交单据后，委托银行代向进口商收取款项的同时，要求托收行先预支部分或全部货款，待托收款项收妥后归还银行垫款的融资方式。

6. 出口保理押汇

出口保理押汇是指出口商在获得进口保额商信用额度后，发货并将发票及相关单据提交出口保理商（银行）代其收款时，银行以预付款方式为其提供不超过80%发票金额的融资方式。

7. 进口托收押汇

进口托收押汇是指代收行在收到出口商通过托收行寄来的全套托收单据后，根据进口商提交的押汇申请、信托依据以及代收行与进口商签订的《进口托收押汇协议》，先行对外支付并放单，进口商凭单提货，用销售后的货款归还给代收行押汇本息。

三、国际贸易融资服务方式

1. 授信开证

授信开证是指银行为客户在授信额度内减免保证金对外开立信用证。

2. 进口押汇

进口押汇是指开证行在收到信用证项下全套相符单据时，向开证申请人提供的，用以支付该信用证款项的短期资金融通。进口押汇通常与信托收据配套使用。开证行凭开证申请人签发给银行的信托收据释放信用证项下单据给申请人，申请人在未付款的情况下先行办理提货、报关、存仓、保险和销售，并以货物销售后回笼的资金支付银行为其垫付的信用证金额和相关利息。

3. 提货担保

提货担保是指在信用证结算的进口贸易中，货物先于货运单据到达目的地，开证行应进口商的申请，为其向承运人或其代理人出具的承担由于先行放货引起的赔偿责任的保证性文件。

4. 出口押汇业务

出口押汇业务是指信用证的受益人在货物装运后，将全套货运单据质押给所在地银行，该行扣除利息及有关费用后，将货款预先支付给受益人，而后向开证行索偿以收回货款的一种贸易融资业务。

5. 打包放款

打包放款是指出口商收到进口商所在地银行开立的未议付的有效信用证后，以信用证正本向银行申请，从而取得信用证项下出口商品生产、采购、装运所需的短期人民币周转资金融通。

6. 外汇票据贴现

外汇票据贴现是指银行在外汇票据到期前，从票面金额中扣除贴现利息后，将余额支付给外汇票据持票人。

7. 国际保理

国际保理是指在国际贸易承兑交单、赊销方式下，银行或出口代理商通过代理行或进口保理商以有条件放弃追索权的方式对出口商的应收账款进行核准和购买，从而使出口商获得出口后收回货款的保证。

8. 福费廷

福费廷也称票据包买或票据买断，是指银行或包买人对国际贸易延期付款方式中出口商持有的远期承兑汇票或本票进行无追索权的贴现（即买断）。

9. 出口买方信贷

出口买方信贷是指向国外借款人发放中长期信贷，用于进口商支付中国出口商货款，促进中国货物和技术服务的出口。出口买方信贷中，贷款对象必须是中国工商银行认可的从中国进口商品的进口方银行，在特殊情况下也可以是进口商。商贷款支持的出口设备应该以我国制造的设备为主。各银行对贸易融资的做法大体相同，但仍有细微的区别。在选择贸易融资银行时，应该详细区别操作方法。

四、国际贸易融资的特点

国际贸易融资是国际银行业务中的一项传统业务，在 20 世纪以前就有了一定的发展。第二次世界大战以后，国际贸易融资又有了新的发展，除了融资规模不断扩大以及与国际贸易和国际结算联系更加紧密以外，这种新发展还表现在以下几点。

1. 融资方式更加多样化

传统的贸易融资主要是对出口商的短期资金融通，如进出口押汇（inward/outward bills）、票据贴现（discounting）及打包放款（packing loan）等。现代贸易融资则更加灵活和多样化：进口融资与出口融资、中长期贸易融资、信用融资与资金融资都得到了迅速发展。

2. 融资方法简便、灵活

为适应国际贸易的迅速发展，满足客户的需求，国际商业银行在开展融资业务时，不断推出方便、快捷的服务手段。授信额度的采用和推广就是突出的例子。

授信额度（credit line）是银行根据客户的资信、偿还能力和经营状况，授予在本行内办理结算业务客户的凭信用融资（免收保证金或不要求其办理担保或抵押）的最高融资限额。客户在与银行签订授信额度协议后，就可以比较灵活地使用各种资金便利，包括银行提供的信用贷款、账户透支（overdraw/overdraft）、信用卡透支、对外担保、票据承兑（bank's acceptance）、进出口押汇、打包放款、开立信用证、开立信托收据（trust receipt，T/R）等各种服务。

3. 银行信贷融资机构设置发生变化

由于贸易融资对国际贸易结算、国际贸易结算对银行整体业务而言越来越重要，为了增强在国际结算中的竞争力，国际商业银行在国际贸易结算业务中纷纷采取了适合发挥整体实力的运作方式，主要是调整内部机构的设置，使国际结算和信贷融资功能有机结合起来。

此外，伴随着科学技术的进步，银行业务电子化步伐加快，国际结算和贸易融资业务更加快捷，使结算业务过程中的资金占用最大限度减少，资金的使用效益大大提高。

第二节 出口贸易融资

对出口企业而言，利用传统的融资方式例如银行借款、发行股票或债券等，因限制性条件颇多，筹集所需资金十分困难。由于缺乏收购资金，难以保证出口货物的货源供应，往往错过良好的收购和出口时机。如果利用国际结算融通资金，对出口企业实现多渠道融资会有一定的裨益。出口贸易融资业务流程如图 10-1 所示。

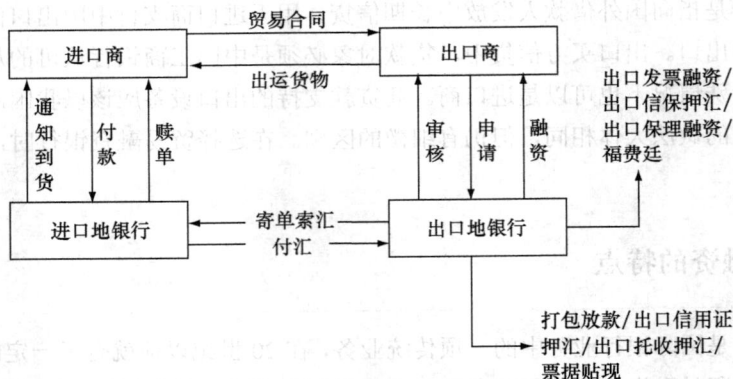

图 10-1　出口贸易融资业务流程

一、出口押汇

出口押汇（outward bills）是指出口商将代表货权的提单及其他单据抵押给银行，并从银行得到扣除押汇利息及费用后的有追索权的垫款的方式，或者指银行有追索权地向出口商购买跟单汇票或全套货权单据的行为。这是跟单托收和信用证方式下，出口商向银行融资的主要方式。

出口押汇的基本做法是：出口商将汇票及全套货权单据交托收行或开证行请求其购买，银行审查同意，并扣除利息及手续费后，将净款付给出口商。

出口押汇的特点如下。

1. 出口押汇是一种以融资为目的的活动

融资是出口押汇的直接目的，出口商可以通过向银行融入资金的方式尽快收回货款，银行可以通过融出资金而增加收入。做出口押汇的银行不仅可以得到手续费收入，还可以得到押汇利息——押汇日至预计收回款项之日期间的利息。

2. 出口押汇以购买或抵押全套货权单据为基础

出口押汇不同于其他融资方式，它以购买或抵押全套货权单据为基础。银行在做出口押汇时，不仅要看有关当事人的资信，还应严格审查货权单据及相关单据。

3. 出口押汇是有追索权的

押汇银行的垫款一般是要向付款人收回的，但如果付款人拒付，那么押汇银行有权向出口商追索已垫款项。

4. 押汇金额为出口收款额扣减有关费用

贸易货款即为银行融资本息，所以，融资额应为收款额预先倒扣利息和费用后的净额。

5. 押汇期限一般略长于收款期

出口押汇的押汇期限一般要长于收款期，目的是银行向进口商收款后随即收回垫款。由于跟单托收中的付款人是进口商，对押汇银行而言，其垫款能否收回取决于进口商的信誉，风险较大。因此，银行一般不太愿意做托收出口押汇，或对托收出口押汇的要求很严格，如要求进口商的资信良好、押汇单据必须是全套货权单据、必须取得出口保险等，此外还要收取较高的押汇利息和手续费用。

（一）信用证下的出口押汇

信用证项下的出口的押汇是指议付行根据信用证受益人的要求，凭其提交的符合信用证条款的全套单据作为质押，给受益人提供在途资金融通的一种融资形式。信用证出口押汇是以出口贸易为背景，以代表物权单据作为质押的自偿性贷款。对押汇银行来说，这种融资风险小，收款比较保障。这主要表现在以下几个方面。

1. 来自开证银行的有条件保证

按照《UCP600》的规定，一切信用证均应是不可撤销的。对不可撤销的信用证而言，在其规定的单据全部提交指定的银行或开证行，并符合信用证条款的条件下，便构成开证行的确定承诺。银行被授权作为议付银行时，只要已叙做了押汇业务，变成了善意持票人，则银行拥有优先前手的权利，可有效地防止进口商与出口商在贸易上有纠纷时通过进口商所在地的法院向开证行发出禁止令而带来的无法收汇风险。

2. 对出票人行使追索权

票款一旦遭开证行拒付，押汇银行可以行使追索权，进而向出票人追回押汇本息。

3. 控制物权，进而降低押汇风险

开证行如果拒绝付汇，议付行可以扣留代表物权的单据，必要时通过将其转卖给新的买主已收回部分或全部贷款。这样，押汇银行面临的风险大大降低。

4. 对于出口而言，叙做出口押汇的好处

① 加快出口商的资金周转。在信用证下，出口商的资金收取通常是在相关银行付汇后才能获得；但在出口押汇时，在进口商支付贷款前出口商就可以提前得到偿付，从而加快了其资金的周转速度。

② 简化了融资手续。相对于其他融资方式而言，出口押汇的融资手续相对来讲较为简单易行。

③ 改善出口商的现金流状况。采用出口押汇方式融资，可以增加出口商的当期现金流入量，从而改善财务状况，提高融资能力。

④ 节约财务费用。采用出口押汇融资方式，出口商可以根据不同货币的利率水平选择融资币种，从而实现财务费用的最小化。

5. 信用证项下出口押汇业务流程

信用证项下出口押汇业务流程如图 10-2 所示。

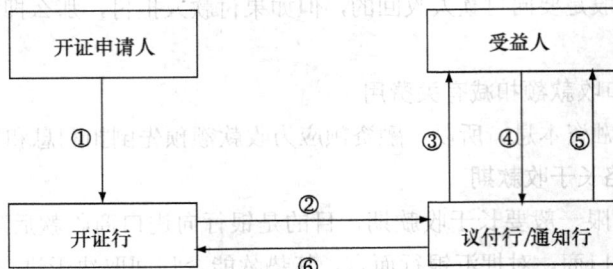

图 10-2　出口押汇业务流程

说明：①开证申请人向开证行申请开证；②开证行根据开证申请书开出信用证，并通知信用证；③出口地银行（通知行）向受益人通知信用证；④受益人（即出口商）发货后办理交单时向出口地银行申请办理出口押汇，填写《出口押汇申请书》；⑤押汇银行审核受益人（即出口商）审核信用证正本的全套单据，在客户授信额内，审批后签订出口押汇合同，将押汇款项汇入受益人（即出口商）账户；⑥向开证行寄单索偿，国外开证行到期付款，用以归还押汇款项。

（二）托收下的出口押汇

托收出口押汇，是指出口企业按出口合同采用托收结算方式，在货物发运后，以其开立的汇票和货运单据作为质押品，向托收行申请贷款，托收行根据出口企业的资信状况及经营情况，给予汇票金额扣去当日至估计收款日之间的规定利息及一切手续费后，将净款先垫付给出口企业，托收行再将跟单汇票寄交给进口国的代收银行，由其向进口商催款的融资方式。

利用托收出口押汇，出口企业取得贷款的抵押品是一张建立在进口企业商业信用基础上的跟单汇票及货运单据，这对托收行而言，风险很大，所以银行不愿冒险发放此种贷款。因此，一般的出口企业想通过托收出口押汇融通资金，必须首先做到按时交货履约，提高自己的资信度；其次，在每笔业务成交前，应采取措施，规避来自进口企业的风险。例如详细调查进口企业的资信状况，对资信不好的客户或新客户最好不使用托收结算方式；了解进口国有关商品销售情况；慎选信誉良好的代收银行；尽量选择低风险的付款交单方式等。采用这些措施就会使出口企业能选择拒付风险低、商业信用好的进口企业，银行也愿意垫款给出口企业。

出口托收押汇的条件如下。

（1）出口商的资信状况、清偿能力和履约能力

因跟单托收是基于商业信用的一种结算方式，出口商的资信状况和履约能力直接关系着贷款能否按期正常收回。如出口商在商品质量、发货期限等方面存在违约行为，则托收货款很可能遭到拒付或迟付。银行还必须审核出口商的清偿能力，以保证在单据遭到拒付的情况下，能够从出口商那里追回垫款。

（2）进口商的资信状况、清偿能力和履行能力

由于出口托收押汇实质上是由进口商凭商业信用归还押汇，故了解进口商的资信状况同样十分重要。押汇行应选择一家资信良好、合作较佳的银行作为代收行，从而减少收汇风险。出口商若对进口商当地银行情况不了解，应委托押汇行（托收行）代为选择代收行。

（3）交单方式的选择

跟单托收的交单方式有承兑交单和付款交单两种。在承兑交单中，代收行凭进口商对汇票的承兑即可放单，但对到期付款不承担任何责任。如进口商资信欠佳，则有可能收款不利且丧失对货物的控制权。由于收汇风险较大，所以承兑交单方式下核定的托收押汇限额控制较严。对采用付款交单的托收方式，从理论上讲，进口商不付款就不能取得物权单据，货物的控制权仍掌握在银行手中。与承兑交单方式相比，收汇风险相对较小，因此，付款交单方式下核定的托收押汇限额控制稍松。

（4）与运输保险的结合

即银行应检查托收单据中有无保险单据，保险金额是否等于或大于110%的发票金额。如没有保险单据，原则上应要求出口商安排相应的货物运输保险。这样，一旦货物在运输途中或在目的地仓库发生灭失或损坏时，可以通过向保险公司索赔来保障自身的权益。

二、打包放款

打包放款（packing loan）是出口商银行为采用信用证方式结算的出口业务提供的以信用证正本为抵押的融资贷款。打包贷款是指银行根据借款人的要求，将境外银行开具的以借款人为受益人的生效正本信用证留存做保证并要求借款人提供相应的担保后，对借款人发放的用于生产或采购该信用证项下出口货物的贷款。由于这种贷款最初是专向受益人提供包装货物费用，故称打包贷款。

1. 打包放款的流程

打包放款流程如图10-3所示。

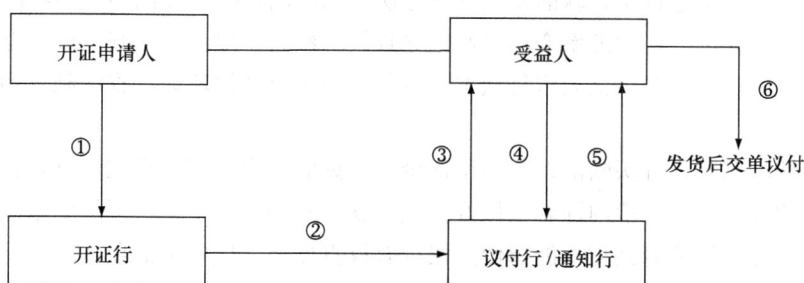

图 10-3　打包放款流程

说明：①开证申请人与受益人签订合同后约定以信用证方式结算，向开证行申请开证；②开证行开出并通知信用证；③通知行/议付行向受益人通知信用证；④受益人即出口商向出口地银行（通知行/议付行）申请打包放款；⑤出口地银行（通知行/议付行）审查受益人（出口商）的客户条件，并审核信用证，按规定办理打包贷款，签订打包贷款合同；⑥受益人（出口商）获得打包放款后组织货源发货，并向该行交单议付。

2. 出口押汇和打包贷款的比较

一般来说，具有独立法人地位，有进出口经营权的企业，只要具备经办行规定的条件，就可申请打包贷款。这些条件包括：在经办行开立账户；财务状况良好；提交的信用证为生效的正本信用证并由经办行通知；有经办行认可的第三方担保或抵押；不超过90天的即期信用证等。同时借款企业申请打包贷款时必须提交如下文件，贷款申请书；财务报表；有效信用证及修改正本；

出口货物证明文件，例如许可证、出口合同及国内采购合同正本或复印件；担保单位的有关资料或抵押物的产权证明文件；其他文件等。经审核上述文件，如无疑义，经办行将批准贷款并与借款人签订出口打包借款合同、担保合同等法律文件，发放贷款。借款人取得贷款后，应按打包借款合同规定的用途使用，专款专用，不准挪用。对打包贷款项下出口收汇款项，经办行有权主动扣还贷款本息和其他费用。分批装运信用证下，每收汇一笔扣收一笔，贷款还毕后，出口押汇和打包贷款，都是出口企业得天独厚的融资方式，通过上面的分析可知，二者既有共性，又有区别。如经办行贷款给出口企业；出口企业要还本付息；出口企业要负担议付费、邮费、电报费等一切手续费；用于出口押汇和打包贷款的信用证应是不超过 90 天的即期生效正本信用证；实际收汇额不足弥补贷款本金或利息时，银行有追索权等。这些都是二者的共同点，二者的区别主要表现在以下几个方面。

（1）取得贷款的质押品不同。出口押汇是以受益人已将货物发运为前提，以受益人提交的汇票或符合信用证条款的全套单据为质押品。而打包贷款是贷款人为组织生产或采购信用证项下的出口货物，以信用证为保证并提供第三方的担保或抵押，银企双方要签订正式的借款合同和担保合同。

（2）同一信用证项下所筹资金额不同。出口押汇是银行以汇票金额或发票金额为依据，扣除按预定收汇天数及规定利率计算的利息及各项费用后，将外币余额按押汇日外汇买价折算成人民币后，全部垫付给受益人。而打包贷款的每笔贷款金额最多一般不超过信用证金额 80% 的等值人民币。所以同一信用证项下采用出口押汇较采用打包贷款所筹的资金数额要大。

（3）贷款本金的偿还及利息和各项费用支付的时间不同。出口押汇是在押汇日即支付按如上所述方法计算的利息和各项费用。而打包贷款则是在打包贷款的信用证项下出口收汇时，按收汇款项直接归还本金、利息及各项费用，利息根据贷款日至收汇日的实际天数按规定利率计算。

（4）实际收汇额大于银行垫付款的差额处理办法不同。出口押汇在出口款项收回后，经办行将扣回全部垫付的押汇款项，若因汇率变动等原因导致收汇额大于垫付款，其差额经办行不再划拨给受益人。打包贷款则不同，若借款人将贷款本息及各项费用全部偿还后，收汇额有剩余，将由银行划拨给借款人。

可见，出口押汇具有银行买断汇票或信用证全套单据的特点，打包贷款可算是真正意义上的贷款。需要出口企业注意的是，信用证若已做好打包贷款，则不能再用该项下的单据做出口押汇，但某一信用证项下的打包贷款若到期未能清偿，银行有权直接将其他信用证项下的出口押汇款扣收，来归还打包放款。

三、出口票据贴现

票据贴现是指出口商发货并取得国外进口商、开证行或其他汇票付款人已承兑的汇票后，当地银行有追索权的买进已经承兑的远期汇票的融资方式。票据贴现业务的基本条件是：已承兑的远期汇票，由持票人向银行提出贴现申请，银行同意后，根据本行贴现率扣减贴息和手续费后买下票据，票据到期时收回票款。

出口贴现业务流程如图 10-4 所示。

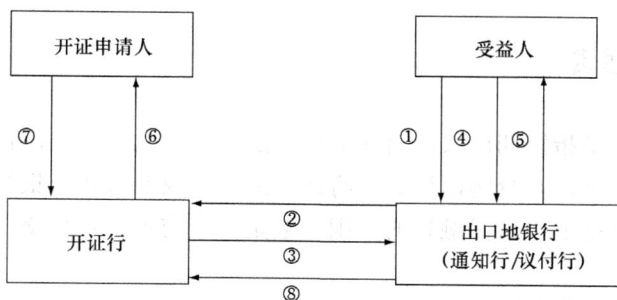

图 10-4　出口贴现业务流程

说明：①受益人（出口商）发货后到当地银行相符交单办理贴现；②当地该银行（办理贴现的银行）向开证行寄交相符单据；③开证行审核相符交单予以承兑，发回承兑通知；④受益人（出口商）向贴现银行提交贴现申请书；⑤贴现银行按程序审核后支付贴现净额给受益人（出口商）；⑥开证行向申请人（进口商）提示单据；⑦申请人（进口商）到期付款；⑧开证行到期支付票据全额给贴现行；⑨贴现行到期收回贴现款项。

（一）票据贴现的特点

1. 流动性大

贴现后票据所载权益属于银行，银行背书后可随时转让给其他银行或中央银行要求再贴现。

2. 票据贴现的无因性

在国际贸易中，各国均承认票据是不要因的证券。票据一经开立具有独立的权利、义务关系。远期票据一经承兑，双方当事人的权利、义务完全以票据记载的文义为准，票据的受让人无须调查出票和转让的原因。只要票据记载合格，受让人就能够取得票据所在利益。

3. 付款期限不得更改

票据上已载明兑现日期，债务人不能要求转期；否则，票据所有关系人的作用将因之而丧失。

4. 贴现利息于垫款前扣除

贴现费用包括承兑费、印花税和贴现息三种，均应在垫款前扣除。

（二）票据贴现的种类

1. 商业承兑汇票的贴现

商业承兑汇票贴现是由出口商签发经进口商签名承兑的汇票贴现。由于此类汇票由主债务人及进口商承兑，依靠的只是商业信用，银行一般不接受此类申请。

2. 银行承兑汇票的贴现

由于汇票上已经加具了承兑行的保付签字，因此银行信用介入其中，对已承兑汇票的到期付款承担担保责任，因此贴现行一般愿意做此类汇票的贴现。

（三）票据贴现需注意的问题

（1）票据的信誉。经银行承兑的票据高于商业承兑汇票。

（2）票据的风险。信用证项下出具的远期汇票风险低于托收项下的远期汇票。

（3）各国票据依法有异同。

（4）票据本身的质量。票据上如有保证人加具保证，可使票据信誉大增；但有其他记载，如"不可流通""仅付某人"的抬头或背书等会使票据质量下降。

（5）票据的流通性。票据贴现是银行资产，商业银行在经营中要考虑资产的流动性，即变现能力。票据贴现在商业银行的资产中是流通性很强的业务，但也要具体问题具体分析，因为票据的流通性并不一样，也许都是汇票，但由于内容有别，会受到不同的限制。

四、出口信用保险融资

出口信用保险融资是指短期出口信用保险项下的融资，出口商在出口信用保险机构担保短期出口信用保险的前提下，在货物出运后，将赔款的有关权益转让给银行，银行对投保出口信用保险的出口业务提供押汇，信保融资的范围一般是付款交单、承兑交单以及信用证结算方式的出口合同。

1. 出口信保融资的适用范围

（1）附带汇票的跟单及不可撤销信用证项下出口业务。

（2）汇票的出票人为中国境内注册的、有出口经营权的企业。

（3）出口商信誉良好，且具备相应的履约能力。

（4）汇票付款期限原则上不超过1年。

（5）汇票项下有关货物从中国大陆出口。

2. 出口信保融资的功能与特点

（1）规避风险

通过银行投保出口票据险，出口商可规避付款人（进口商或开证行）的商业风险和进口国的政治风险，且无须承担自行投保的诸多烦琐手续。

（2）融资便利

通过投保出口票据保险，出口商可直接在银行获得资金融通，不必占用工商客户授信额度，更无须提供抵押担保。

3. 出口信保融资的程序

（1）需要融资的出口企业在接到外贸订单后，同时向中国出口信用保险公司（简称中国信保）申请买方信用限额和向银行申请信保项下出口押汇额度。

（2）银行对出口企业进行贷前调查，并根据调查结果及中国信保给予的买方信用限额确定融资额度。

（3）出口企业、中国信保、银行三家签署《赔款转让协议》，将保单项下赔款转让给银行。

（4）出口企业在向买方发货后向中国信保申报投保，在获得信保确认后将获得中国信保保障的应收账款转让给银行而获得融资。应收账款转让可以是有追索权或无追索权的。

五、出口发票融资

出口商业发票融资业务是指出口商采用赊销（O/A）、承兑交单（D/A）等信用方式向进口商销售货物后，出口商将现在或将来的基于其与客户（进口商）订立的货物销售合同所产生的应收账款转让给银行，由银行提供有追索权短期融资的一种金融服务。

1. 出口发票融资的特点

（1）银行在货物出运后向出口商提供的融资。

（2）一般用于对采用汇出汇款方式结算的出口贸易提供融资。

（3）融资金额一般不超过发票金额的80%。

（4）商业发票上应注明该发票项下货款已让渡给我行。

（5）我行对出口商保留追索权。

（6）便于出口商拓展国际市场，增加贸易机会。

2. 出口发票融资的业务流程

（1）出口商与银行签订《出口商业发票融资业务协议书》。

（2）出口商将出口单据提交到银行办理寄单索汇，并提交《出口商业发票融资业务申请书》。

（3）银行缮制寄单面函，随同商业单据寄给进口商索汇，并将融资款支付给出口商。

（4）收到进口商支付的款项后，银行直接扣收用于归还融资款，余额（如有）部分入客户账，并出具出口收汇核销专用联和办理涉外收入申报。

3. 融资币种、期限及利率

（1）融资货币为发票币种或人民币。

（2）融资的期限为出口应收账款的实际放款期限，一般不超过 90 天，特殊情况下不超过 180 天。

（3）融资利率比照浙商银行同期本外币流动资金贷款利率标准执行。

六、福费廷

福费廷是指银行无追索权地买入因商品、服务或资产交易产生的未到期债权。通常该债权已由金融机构承兑／承付／保付。银行福费廷业务可接受的债权形式包括：信用证、汇票、本票、有付款保函／备用信用证担保的债权、投保出口信用险的债权、IFC（国际金融公司）等国际组织担保的债权及其他可接受的债权工具。福费廷业务在无须占用客户授信额度的情况下，为客户提供固定利率的无追索权买断，有效满足客户规避风险，增加现金流，改善财务报表，获得提前核销退税等多方面综合需求。

七、出口保理

出口保理是指出口商将其现在或将来的，基于其与进口商订立的货物销售合同项下产生的账款转让给银行，由银行为出口商提供贸易融资、销售分户账户管理，并由进口保理商为其提供应收账款的催收、信用风险控制与坏账担保等服务。

八、仓单质押担保融资

仓单是指仓储公司签发给存储人或货物所有权人的、记载仓储货物所有权的、唯一合法的物权凭证，仓单持有人随时可以凭仓单直接向仓储方提取仓储货物。

仓单质押担保信贷指出口商以其自有或第三方持有的仓单作为质押物向银行申请融资业务。

1. 仓单质押的条件

（1）必须是出质人拥有完全所有权货物的仓单，且记载内容完整。

（2）出具仓单的仓储方原则上必须是银行认可的、具有一定资质的专业仓储公司。

2. 仓单质押项下的货物必须具备的条件

（1）所有权明确。

（2）无形损耗小，不易变质，易于长期保管。

（3）市场价格稳定，波动小，不易过时。

（4）适应用途广，易变现。

（5）规格明确，便于计量。

（6）产品合格并符合国家有关标准。

九、出口退税额度融资

出口退税融资指出口商凭银行给予的出口退税贷款额度，向银行申请办理总额不超过出口应退税余额的外汇贸易融资。

1. 出口退税融资的条件

（1）进口商应获得银行核定的出口退税账户托管货款额度。

（2）贸易合同确定以信用证方式进行结算，需要获取减免保证金开证额度。

（3）在外汇融资成本低于人民币退税货款融资成本的情况下，申请各种外汇融资。

2. 出口退税额度融资步骤

（1）取得出口退税贷款额度。

（2）办理货物出口。

（3）办理出口收汇后的核销和出口税收缴款。

（4）提交贸易授信融资申请单据和出口退税贷款放款申请资料。

（5）审查、核定授信融资比例，根据约定条件为客户办理贸易融资授信业务。

（6）贸易融资到期付款，以出口退税资金或自有资金偿付银行融资。

十、企业合理使用出口贸易融资的方式

在出口贸易中，企业经常会遇到资金周转困难，信用、国家、汇率、利率风险较大的情况，因此可以通过出口贸易融资产品进行融资，各种产品有它不同的功效，可根据企业的实际情况进行选择。

（一）福费廷与出口卖方信贷相结合

出口卖方信贷、福费廷结合融资模式是：用出口卖方信贷来解决出口企业前期生产所需的资金，当出口企业发货以后，将全套债权凭证通过福费廷方式卖断给银行，融资款项用于偿还银行提供的出口卖方信贷。

与单一的出口卖方信贷相比，这种综合融资形式使得出口商既能提前使用卖方信贷，又能提前偿还卖方信贷，既减轻了企业的债务负担，又加速了银行信贷资金周转。银行在出口商合同签订之后生产过程开始之时，就向出口商陆续发放卖方信贷，在完成交货任务之后，将全套出口福费廷单据卖断给银行，融通资金，归还银行提供的贷款。

与单一的福费廷相比，降低了进出口双方的风险，进口方免去了各类风险，将风险转嫁给代理机构。出口企业获得持续不断的大量资金能够集中更多的精力投入到产品生产中去，加快生产速度，提高生产效率。

这种复合式的出口信贷融资形式，一方面，企业应收账款负担得到减轻，在出口企业的资产负债表中，来自境外的应收账款在资产比例中缩小。另一方面，出口企业在把全套出口福费廷单据卖断给商业银行以后，便不受汇率变动以及债务人资信情况变化的影响。

（二）保付代理与福费廷相结合

保付代理与福费廷相结合融资模式是付款期较长交易金额出口商的选择。

与单独使用福费廷相比，保付代理对出口商提供客户资信调查、销售账户管理服务，从财务管理方面降低经营成本。优势就在贸易合同订立前就开始控制风险，贸易后账务管理与企业脱离，提供融资又提供劳务，拓宽了企业的业务范围，适用于以赊销为主的非信用证项下的小批量、小金额、期限短的贸易结算，它所解决的是出口以消费品为主信誉良好但资金环节薄弱的企业融资问题。

与单独使用保付代理相比，福费廷业务必须事先经过进口商同意才能得到进口地银行的担保，转让的票据也必须事先经进口商承兑，遵循的是进口商法律责任确定条件下的票据流通逻辑，进口地的担保行是后于进口商付款，但不论出于何种原因发生进口商拒付时都必须先承担付款责任进出口商之间的贸易纠纷，不影响债权转让的独立性。因此对出口企业来说综合业务比保付代理业务有更强的保证性。

这种结合融资方式，在保证产品质量的情况下，及时把交付使用后的风险转嫁出去，节省了出口企业办理各种手续带来的相关费用开支。在利用外资为国内出口企业进行融资同时拓宽了融资领域，我国的票据流通运作受票据法的约束和保障，银行业务风险相对较低，它可以使资金的流动性、盈利性、安全性达到最优状态，优化了我国金融机构资产的结构。

（三）打包放款与出口押汇相结合

打包放款与出口押汇相结合融资模式是用打包放款来解决中小出口商前期生产所需的资金投入生产，在货物装船起运离港之后使用出口押汇来取得待收账款。

在此过程中先期出口商只有一个规定了生产规格和交付日期的信用证正本，缺少投入生产所必需的流动资金，没有其他可以作为银行抵押的依据，当取得信用证面额 80% 的发货前放款资金来组织生产产品，既节约了生产时间，提高了效率，也免去了因利率浮动带来的无形损失，当货物起锚离港时出口商已经获得了全部的出口单据，再将全部代表物权的单据交给银行获得出口押汇，将银行垫付的资金支付银行打包放款的款项。

同单一的出口打包放款相比，这种综合融资形式使得出口商既能及时使用打包放款，又能在信用证付款之前偿还打包放款，减轻了企业的债务负担，同时加速了银行信贷资金周转。银行在出口商生产过程开始之前，就向出口商发放打包放款，在出口方完成交货任务之后，出口商将全套出口押汇单据交给银行，融通资金，归还银行提供的打包放款。

与单一的出口押汇相比，从业务期限方面来看，二者具有衔接性，放款业务到期时也是押汇业务的开始时间；第二笔放款业务可以和第一笔押汇业务同时进行而且互不干扰。

在解决了生产环节的资金不足的前提下，节省了因筹集生产资金造成的延误生产带来的成本费用，保证产品及时外运出口。

这种复合式的出口贸易融资形式，一方面，减少了企业资金不足而进行普通贷款带来的负担。另一方面，出口商在把全套出口押汇单据交给银行以取得用于偿还打包放款的资金后，便不受收汇不着的制约，只需防备进口商拒绝支付票款的风险。由于进口商开出的是不可撤销的信用证，出口押汇的风险也随之消失，避免了来自于两种业务的双重风险。

第三节 | 进口贸易融资

进口企业在国际贸易中经常会出现由于缺乏资金无法付款提货或预付金不足等情况，影响贸易的顺利开展。因此，如何利用国际结算融资方式解决资金问题，促进进出口贸易的进行成为进口企业关注的话题。进口贸易融资业务流程如图 10-5 所示。

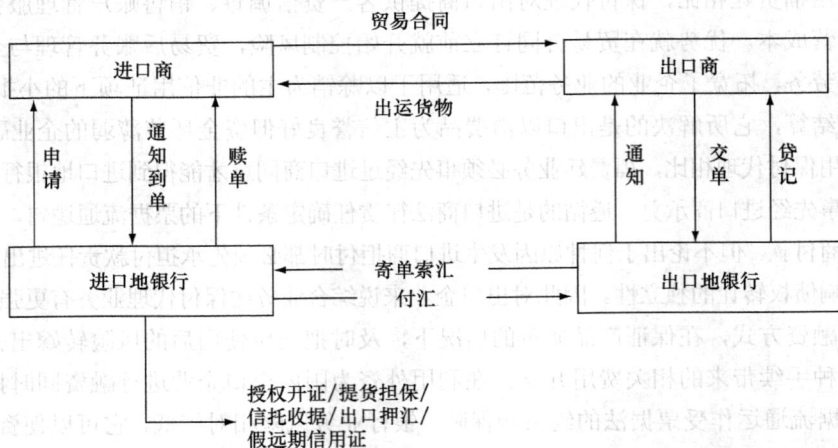

图 10-5　进口贸易融资业务流程

一、授权开证

1. 授权开证的定义

授权开证是指客户未将足额（含信用证允许浮动部分）信用证备付款项存入商业银行保证金账户的情况下，商业银行根据客户的资信情况，为客户核定授信开证额度，在额度内为客户办理进口信用证业务的一种短期融资方式。

2. 授权开证的适用范围

具有进口业务经营资格，业务情况及收付汇情况良好、资信可靠、具备一定的经济实力，能够提供银行接受的可靠担保、抵押、质押，并向银行申请办理授信开证业务的企业。

3. 授权开证的功能

（1）加快资金周转。在信用证国际结算方式下，企业缺少足够周转资金开立信用证时，采用授信开证，可以得到银行的资金融通顺利开出信用证进口货物，加快流动资金周转。

（2）增加贸易机会。减少对流动资金的占压，用于其他方面的投资或交易，从而增加企业贸易机会，扩大市场份额。

4. 授权开证的优势

（1）改善谈判地位。开立信用证相当于为出口企业提供了商业信用以外的有条件付款承诺，增强了企业信用，企业可据此争取到比较合理的货物价位。

（2）货物有所保证。变商业信用为银行信用，银行的介入可以使贸易本身更有保证，通过单据和条款，有效控制货权、装期以及货物质量。

（3）减少资金占用。对于使用授信开证的进口商来讲，在开证后到付款前可减少自有资金的占用。

5. 采用授信开证的情况

（1）进出口双方希望对彼此的行为进行一定的约束以提升贸易的可信度，增强贸易的顺畅性。

（2）进口商品处于卖方市场，且出口商坚持使用信用证方式进行结算。

（3）进出口双方流动资金不充裕，有使用贸易融资的打算。

二、进口押汇

进口押汇是指在企业经营进口业务过程中，商业银行应企业客户的申请，以企业进口项下的货物作为抵押，为临时资金周转不便的企业提供融资并对外支付，由企业在一定期限内偿还商业银行垫款以及由此产生的利息、费用等的一种短期贸易融资方式。

1. 进口押汇的适用范围

有进出口经营权、在商业银行开有人民币或外币结算账户的进口企业。

2. 进口押汇的功能

为客户提供短期的贸易融资，解决企业客户资金周转不便的困难。

3. 进口押汇的优势

（1）减少资金占压。在办理进口开证、进口代收后继续叙做进口押汇，等于完全利用银行的信用和资金进行商品进口和国内销售，不占压任何资金即可完成贸易、赚取利润。

（2）把握市场先机。当企业无法立即付款赎单时，进口押汇可以使其在不支付货款的条件下取得物权单据、完成提货和转卖，从而抢占市场先机。

（3）优化资金管理。在到期付款时遇到更好的投资机会，且该投资的预期收益率高于贸易融资的利息成本，使用进口押汇，既可保证商品的正常购买、转售，又可同时赚取投资收益，实现资金使用效率的最大化。

4. 采用进口押汇的情况

（1）流动资金不足，无法按时付款赎单，且进口商品处于上升行情；

（2）有其他投资机会，且该投资的预期收益率高于押汇利率。

5. 进口押汇业务流程图

进口押汇业务流程如图 10-6 所示。

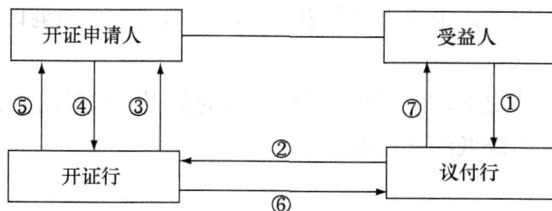

图 10-6　进口押汇业务流程

说明：①受益人发货后向出口地银行交单议付；②议付行向开证行寄单索汇；③开证行审单后向开证申请人提交单据；④开证申请人向开证行申请办理进口押汇，开证行严格审查开证申请人的客户条件，经审批签订押汇合同；⑤开证行押汇放单；⑥开证行向议付行付汇；⑦议付行向受益人付款。

三、假远期信用证融资

假远期是开证行开立的规定汇票为远期，但开证／付款行即期付款，且贴现费用由开证申请人负担，是一种灵活的贸易融资方式。

1. 假远期适用范围

经国家有关部门批准，有权经营对外业务和债务偿还能力，且有融资需求，持有商业银行开立并承兑的进口远期信用证的企业。

2. 假远期功能

加快资金周转，增加贸易机会，减少对流动资金的占压，用于其他方面的投资或交易，从而增加企业贸易机会，扩大市场份额。

3. 假远期优势

（1）代付行承担风险较小。

（2）加快了资金周转速度。

（3）可以增加进口商当期的现金流入量，从而改善财务状况，提高融资能力。

4. 假远期信用证与远期信用证的区别

（1）开证基础不同。假远期信用证是以即期付款的贸易合同为基础；而远期信用证是以远期付款的贸易合同为基础。

（2）信用证的条款不同。假远期信用证中有"假远期"条款；而远期信用证中只有利息由谁负担条款。

（3）利息的负担者不同。假远期信用证的贴现利息由进口商负担；而远期信用证的贴现利息由出口商负担。

（4）收汇时间不同。假远期信用证的受益人能即期收汇；而远期信用证要待汇票到期才能收汇。

四、提货担保

提货担保是指在进口货物先于货物单据到达的情况下，银行应进口公司的申请，向船公司或其代理提供经银行加签的提货担保书用于提货，保证有关货运单据收到后，及时补交正本提单换回有关担保书，并由申请人保证承担由此而产生的一切责任和费用额的一种短期融资方式。

1. 提货担保适用范围

商业银行开立的进口信用证，未达提单代表货权，目的港为中国港口。

2. 提货担保功能

在货物先于提单抵港的情况下，客户可以利用银行的信用提取货物，节约滞港费用和仓储费用，及时销售货物回笼货款，从而降低经营成本。

3. 提货担保优势

（1）把握市场先机。在货物早于提单到达的情况下，只有银行出具的加签提货担保才能提前办理提货，把握市场先机。

（2）减少资金占压。在未支付进口货款的情况下就可利用银行担保先行提货、报关、销售和取得销售收入，在整个贸易过程中都不必占用自有资金，有利于缓解资金周转困难。

（3）改善现金流量。在提货担保业务中，进口贸易的现金流向是"先流入、再流出"，增加净现金流入量，提高其偿债能力。

4. 采用提货担保的情况

货物早于提单到达，且进口商品市场处于上升行情。

提货担保业务流程如图 10-7 所示。

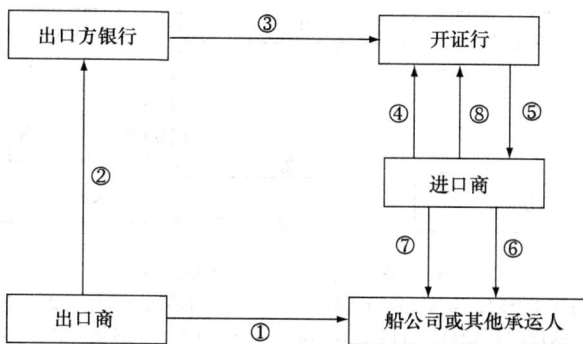

图 10-7　提货担保业务流程

说明：①出口商收到并审核信用证后已通过船公司（或其他承运人）发货；②出口商向出口地银行交单议付；③货物先抵达进口地，出口商交单晚于货物到达；④进口商向开证行提出办理提货担保申请；⑤开证银行经过审查，向进口商出据提货担保；⑥进口商凭提货担保向船公司（或其他承运人）提货；⑦进口商凭后到达的正本提单换回提货担保；⑧进口商将提货担保交回银行，办理付款赎单。

五、信托收据

信托收据（trust receipt，T/R）是指在远期付款交单（D/P 远期）的托收业务中，当货物、单据到达目的地，而付款期限未到时，进口商为尽早提货向代收行借出单据而出具的书面凭证。信托收据是指银行与借款人之间订立的协议，根据协议，银行将扣作抵押的货物交给借款人，但保留货物所有权，直至借款人向银行还款为止的一种信用借据。信托收据实际上是将货物抵押给银行的确认书，目的是让客户在付款前先行提货进行加工销售或专卖，在约定的一段期限后，客户收回贷款归还银行垫款。

1. 信托收据的特点

（1）根据信托收据的性质，银行在法律上应享有以下权利：当借款人发生破产倒闭或清盘时，所有信托收据下的货物，均不在其债权人可分配资产的范围之内，这些货物的所有权仍归银行所有。只有这样，银行抵押贷款才有保障。

（2）信托收据的抬头人必须做成银行的抬头人。银行往往凭进口商签署的、以银行为抬头人的信托收据办理货物开仓，授权贷款，将货物转交给借款的进口商。

（3）在申请人出售货物后贷款尚未付清的情况下，银行有权向卖方直接收取贷款。

（4）银行将直接参与生产经营活动。信托收据方式下进口商、生产加工商、承运人及仓储经营者或代理人与银行关系密切，若有关当事人资信欠佳，银行所承担的风险很大。

由于信托收据的目的是让客户在付款前先行提货进行加工销售或转卖，因此，应该给予客户一定的时间以收回贷款归还银行垫款。根据客户的业务性质和实际需求，这一期限可从半个月至几个月不等，但不超过半年。

在使用信托收据的情况下，银行仅凭一纸收据将物权单据交给借款人，并授权其处理货物。尽管从理论上讲，客户处于受托人地位，货物所有权仍属银行所有，但实际上银行已经很难控制货物。

如客户资信欠佳，银行所承担的业务风险还是很大的。如果客户将物权单据抵押给第三者，或货物经加工后已改变形态或失去标识，或将货物运往第三国进行加工或专卖，在这些情况下，银行收回货物的机会微乎其微。因此，银行应对信托收据给予更严格的审查，要特别注重进口商的资信问题。

2. 信托收据的业务流程

信托收据的业务流程如图 10-8 所示。

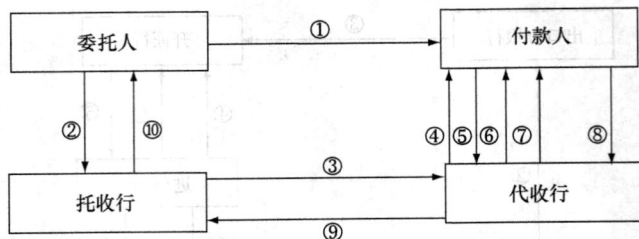

图 10-8　信托收据的业务流程

说明：①委托人与付款人签订买卖合同，付款方式为见票后付款交单，并将货物装船；②委托人将跟单汇票寄往托收行；③托收行将跟单汇票与托收指示寄往代收行；④代收行向付款人提示汇票并要求承兑；⑤付款人承兑汇票，并开出信托收据交与代收行；⑥代收行交单；⑦代收行于到期日向付款人提示汇票和信托收据要求付款；⑧付款人向代收行付款；⑨代收行向托收行汇交收妥得贷款；⑩托收行贷记委托人账户收妥金额。

六、凭银行保函提货

担保提货是指在进口贸易结算中，货物到达目的地而单据未到时，进口商在征得运输公司（承运人）的同意后，凭银行保证书提货的方式。这也是进口商向银行融资的一种方式，担保提货业务适用于跟单托收和信用证结算方式。

进口商向银行申请担保提货时，应向银行提交担保提货申请书，申请书的主要内容包括：货物名称、唛头、船名、发货人、装运地点及日期、合同号、金额、保证条款、进口商签字盖章等。其中，进口商向银行的保证条款是必不可少的内容。进口商一般应保证以下内容：不以任何理由拒付或延付货款；单据到达后立即承兑／付款，以单据向运输公司换回提货担保书并退还给银行；承担银行因出具提货担保书而遭受的任何损失。

此外，进口商还须向银行提供轮船公司发出的货到通知书、商业发票、进口合同副本。在接到担保提货的申请后，银行应在审查申请书及有关文件资料，并按实际货价收取全额保证金后，开具担保提货保证书，以免发生进口商提货后不付款或拖延付款，使银行处于被动的局面。

本章小结

- 贸易融资，是指银行对进口商或出口商提供的与进出口贸易结算相关的短期融资或信用便利。境外贸易融资业务，是指在办理进口开证业务时，利用国外代理行提供的融资额度和融资条件，延长信用证项下付款期限的融资方式。
- 出口贸易融资包含打包放款、出口信用证押汇、出口托收押汇、出口信用保险融资、出口发票融资、福费廷。

- 进口贸易融资包含授信开证、进口押汇、提货担保、外汇保函、远期承兑汇票回购（回购型福费廷业务）、进口代收押汇、假远期信用证融资（远期汇票即期付款信用证）。

- 授信开证，是指银行为客户在授信额度内减免保证金对外开立信用证。

- 提货担保适用于商业银行开立的进口信用证，未达提单代表货权，目的港为中国港口。

- 信托收据，是指银行与借款人之间订立的协议，根据协议，银行将扣作抵押的货物交给借款人，但保留货物所有权，直至借款人向银行还款为止的一种信用借据。

- 打包放款是出口商银行为采用信用证方式结算的出口业务提供的以信用证正本为抵押的融资贷款。

- 信托收据是指在远期付款交单（D/P 远期）的托收业务中，当货物、单据到达目的地，而付款期限未到时，进口商为尽早提货而向代收行借出单据而出具的书面凭证。

- 进口押汇是指在企业经营进口业务过程中，商业银行应企业客户的申请，以企业进口项下的货物作为抵押，为临时资金周转不便的企业提供融资并对外支付，由企业在一定期限内偿还商业银行垫款以及由此产生的利息、费用等的一种短期贸易融资方式。

- 出口押汇是指出口商将代表货权的提单及其他单据抵押给银行，并从银行得到扣除押汇利息及费用后的有追索权的垫款的方式，或者指银行有追索权地向出口商购买跟单汇票或全套货权单据的行为。

- 提货担保是指在进口货物先于货物单据到达的情况下，银行应进口公司的申请，向船公司或其代理提供经银行加签的提货担保书用于提货，保证有关货运单据收到后，及时补交正本提单换回有关担保书，并由申请人保证承担由此而产生的一切责任和费用的一种短期融资方式。

基本概念

贸易融资概述　出口贸易融资　进口贸易融资　打包放款　进出口押汇　信托收据　进口代收押汇
远期承兑汇票回购　提货担保

复习思考题

1. 简述国际贸易融资的特点。
2. 说明出口贸易融资的方式。
3. 说明进口贸易融资的方式。

拓展阅读

案例 10-1　银行出具提货担保的风险

案例介绍：

2003年11月1日，中国香港某银行根据其客户A公司的指示开立一张金额为20 000美元的信用证，货物允许分批装运。2003年11月20日，申请人向开证行说明货物由受益人分两批装船，第一批货物已经抵达香港，要求开证行出具提取这第一批货物的提货担保。并附上相应的金额为10 000美元的赔款保证。由于申请人在开证行有40 000美元的信用额度，所以该行签发了一张给船公司的提货担保，允许申请人提货。一星期后，第一批货物的单据尚未收到，申请人又要求提取第二批货物的提货担保。由于申请人的信用额度并未突破，因此开证行开出了第二份提货担保。几天后，开证行获悉它的客户A公司倒闭了，董事们不知去向。之后开证行收到了国外寄来的单据，但金额是20 000美元。显然信用证下只有这一批货物，根本没有第二批。一个月以后，凭开证行担保而被提走第二批货物的船公司，声称开证行侵占了价值为20 000美元的货物。原来A公司少报了第一批货物的金额，再冒领了不是它的第二批货物。

案例分析：

在国际贸易中银行出具提货担保给客户提货是常有的事，尤其是在近洋贸易中更为常见，因为货物常常先于提单抵达目的地。银行通常要对船公司保证赔偿因没有提单而提货所产生的一切损失及费用。如果客户骗取提货担保，冒领货物，提供担保的银行很可能遭受很大的损失。

启示：

防范这类诈骗的有效措施有以下几种。（1）开证行在开证时就在信用证中明确规定货物的唛头，在提货担保上打出货物唛头，并加注信用证号码。这样开证申请人就只能提取信用证中所规定的货物，而不能冒领别人的货物了；（2）开证行可以通过议付行获得货物的详情资料，了解单据是否已被议付，是否真的有这批货物，以避免受骗；（3）开证行应该要求开证申请人提供绝对付款的书面保证和保证金，以防届时开证申请人以单证不符为由达到提取货物后不付款的目的；（4）开证行可以要求进口商在他的赔偿担保或信托收据中说明承担无限责任，而不是像上述案例中只有10 000美元，必要时考虑要求进口商提供抵押品或由信誉良好的第三方提供无限责任担保。

案例10-2 托收款无法收回案

案例介绍：

2000年12月10日，某市A公司与德国B公司签订了一份出口地毯的合同，合同总价值为50 000美元，收货人为B公司，付款条件为D/A30天。2000年12月20日，A公司按照合同的要求备齐货物发运。在取得空运提单和原产地证之后，A公司会同已缮制好的汇票、发票、单据一起交到该市C银行。因A公司近期资金紧张，随即以此单向C银行申请办理押汇。C银行考虑虽然托收风险大，但A公司资信状况良好，与本行有良好的合作关系，无不良记录，就为A公司办理了出口押汇，押汇金额为50 000美元，押汇期限为50天，到期日为2001年2月9日。同日C银行将此款项转到A公司账户，随后A公司便支用了该笔款项。2001年1月12日，C银行收到国外提示行电传，声称客户已经承兑，并取走了该套单据。到期日为2001年2月8日，但是到期日之后，却迟迟未见该笔款项划转过来。经A公司与C银行协商，由A公司与买方联系，买方声称已将该笔款项转到银行。2001年3月25日，C银行发电至代收行查询，代收行未有任何答复。此时，A公司再与B公司联系，B公司一直没有回电。到2001年9月，突然来电声称自己破产，已无偿还能力。至此，该笔托收款已无收回的可能。C银行随即向A公司追讨，但A公司一直寻找借口，拖欠不还。C银行见A公司无归还的诚意，就将A公司告上法庭，要求A公司清偿所欠的银行债务。在本案例中，托收款无法收回的损失最终应由谁承担？C银行承担了哪一方的信用风险？C银行和出口商共同承担着怎样的欺诈风险？这些风险应如何妥善管理？

案例分析：

这是一个信用风险与欺诈风险同时存在的例子。在案例事实中，不难看出存在着欺诈的情况。在2001年1月，C银行收到国外提示行电传，声称B公司已经承兑，并取走了该套单据。到期日为2001年2月8日。但是到期日之后，却迟迟未见该笔款项划转过来。A公司与B公司联系，B公司声称已将该笔款项转到银行。2001年3月25日，C银行发电至代收行查询，代收行未有任何答复。直到半年以后的2001年9日，B公司才突然来电声称自己破产，已无偿还能力。B公司与代收行的言行前后严重矛盾。最后的结果是B公司没有支付货款，但取走了单据，作为取走单据的自然结果，B公司也取走了货物。A公司与C银行落得款货两空的境地。

作为以商业信用为基础的结算方式，在托收中，进口商的信用风险由出口商承担，也就是说，托收款无法收回的损失最终应由出口商A公司承担。我们说过，同样是托收，D/A的风险高于D/P，因为D/A进口商只需承兑即可拿到单据，出口商在进口商最终付款前仍然承担着信用风险。本案正是一个典型的例子，出口商应尽量避免运用D/A方式结算。即使要用，也需要十分谨慎，要对进口方有充分的了解，防止信用风险和欺诈风险。

C银行以出口押汇方式向A公司提供了贸易融资。在出口押汇业务中，银行在押汇时保留着对出口商的追索权。在此意义上，银行承担出口商的信用风险。我们说过，信用风险是指债务人偿还债务的能力和意愿。在本案中，虽然C银行试图行使对A公司的追索权，但显然A公司没有偿还其债务的意愿。这就是C银行将其告上法庭的原因。从风险管理的角度，C银行可以更谨慎并做出更敏捷的反应。2001年3月C银行发电至代收行查询，代收行未有任何答复。此时银行就应该向A公司追索货款，而不是等到9月B公司来电声称破产时才行使追索权。在这里C银行浪费了半年的时间，使该笔信贷的变数大大增加。虽然C银行可以将A公司告上法庭，但诉讼耗费人力物力，且最后也不一定能收回货款。如果C银行能早做反应，这些情况则大有可能避免。

启示：

为了避免出现类似的风险，出口商应尽量避免运用D/A方式结算。即使要用，也需要十分谨慎，要对进口方有充分的了解，防止信用风险和欺诈风险。从银行的角度，应始终清醒地分析情况，并在适当的时候做出谨慎而又敏捷的处理。

第十一章 国际结算方式的综合运用

【教学目的和要求】

- 掌握国际结算方式选择的影响因素
- 了解不同国际结算方式的综合运用
- 全面认识国际结算方式

【案例导读】

我国某农产品生产企业欲开拓国际市场，进入B国，但B国市场农产品竞争比较激烈。该农产品生产企业正在和B国的C公司洽谈第一笔交易。试分析，该企业采取何种支付方式，既有利于减少风险又有利于开拓市场？

第一节 国际结算方式的分类和比较

在货物买卖中，买方的主要义务是支付货物价款。买方支付价款，可能使用货币，也可能使用支票、汇票等票据，而在国际货物买卖中，情况就显得特别复杂，因为国际货物买卖支付方式的选择直接关系着买卖双方的最终利益。因此，为了尽可能地避开风险，实现自己的利益，国际贸易结算方式的选择也就成了重中之重。

国际贸易的结算方式既有以商业信用为基础的，也有以银行信用为基础的。每种结算方式各有利弊，因此，应综合考虑贸易背景、贸易对象选择合适的结算方式。

一、国际结算方式的分类

根据信用基础，国际结算可以分为以商业信用为基础的结算方式（汇款、托收）和以银行信用为基础的结算方式（信用证、保函、保理），也可以根据结算方式的地位和功能划分为基本结算方式和派生结算方式。

1. 基础结算方式

基础结算方式是指在贸易双方直接在合同中订明采用的结算方式，它是最基本、最重要，可以单独使用的结算方式。基本结算方式包括汇款、托收和信用证，其中汇款和托收是派生结算方式的基础。

2. 派生结算方式

派生结算方式是以某种基本结算方式为基础，并且包含某种基本结算方式，而派生出来的结算方式。派生结算方式主要包括银行保函、备用信用证、保理、包买票据业务等。

确切地说，派生结算方式都是综合结算方式，如包买票据业务以托收为基础，增加了包买商无追索权融资服务；银行保函和备用信用证以汇款和托收为基础，增加了银行担保服务；保理在汇款中的赊销或托收的承兑交单基础上，增加了保理商的综合服务。

二、三种基本结算方式的比较

（一）汇款结算方式

汇款是最简单的国际贸易结算方式。采用汇款方式结算货款时，卖方将货物直接交付给买方，由买方通过银行将货款汇交给卖方。货运单据由卖方自行寄送买方，除以汇票方式汇付外，银行不处理票据。汇款方式主要用于定金、货款尾数，以及佣金、费用等的支付，大宗交易使用分期付款或延期付款办法时，其货款支付也常采用汇款方式。

在进出口贸易使用汇付方式结算货款的过程中，银行只提供服务而不提供信用，因此，使用汇付方式完全取决于买卖双方中的一方对另一方的信任，并在此基础上向对方提供信用和进行资金融通。据此，汇付实属商业信用性质。由于商业信用不如银行信用可靠，提供信用的一方所承担的风险很大。

（二）托收结算方式

托收是委托人向银行提交凭以收款的金融票据或商业单据向付款人收取款项的结算方式。托收的一个重要特点是银行的地位严格限于作为代理人，银行对款项能否支付不承担任何义务或责任。因此从信用性质上说，托收属于商业信用而不是银行信用，委托人能否收回款项全靠付款人的信用，卖方的风险较大。相对于汇款结算，托收的风险有所降低。在跟单托收时，由于是交单或承兑付款，对于出口商来说，就不会像货到付款要冒"财物两空"的风险。而对进口商来说，托收比预付货款更为安全。但托收手续费比汇款手续费略高些，且进出口双方资金负担不平衡，承担的风险也不平衡，是一种相对不利于出口商的结算方式。

在激烈的市场竞争情况下，只要出口商对进口商的资信、经营作风、进口地商业习惯、海关外汇管制等进行充分调查，采用托收结算有利于扩大出口，增加商品的竞争能力。

（三）信用证结算方式

信用证是银行应进口商的要求和指示，向出口商开立的承诺在规定期限凭规定的单据付款的书面保证文件。信用证结算方式以银行信用代替商业信用，解决了进出口商之间缺乏了解和信任的问题，为遵守规则的买卖双方提供了资金融通的便利和付款结汇的安全保障，是各国公认的最稳妥的结算方式。所有这些都促进了国际贸易的发展，也反映了银行对国际贸易领域的介入和影响在不断加深。但是信用证也不是一种无懈可击的支付方式，也不可能完全避免结汇风险，由于其重单据不重实质的特点，往往为不法外商提供了可乘之机，因此必须注意对信用证项下风险的防范。

综上所述，如果从收汇安全性高低来看，从高到低依次为：预付货款、信用证、付款交单、承兑交单、货到付款。如果从占用资金方面来看，从高到低依次是：货到付款、承兑交单、付款交单、信用证、预付货款。如果从手续繁简和银行费用方面，从繁到简、从高到低依次为：信用证、托收、汇付。三种结算方式的比较具体如表 11-1、表 11-2 所示。

表 11-1   三种结算方式的风险比较

结算方式		买方风险	卖方风险
汇款	预付货款	卖方不交货 卖方不按时交货 货物与合同规定不符	买方不按时汇款
	赊账交易	卖方不按合同规定交货	买方不收货 买方收货后不付款 买方拖延付款 买方找借口要求降价
跟单托收	付款交单	卖方不交货 卖方不按时交货 单据与合同规定不符 收到的货物与单据不符	买方不付款赎单 买方要求降价后才付款赎单 进口国政治、经济局势恶化 远期 D/P 有被代收行改按 D/A 处理，导致财货两失
	承兑交单	卖方不交货 卖方不按时交货 收到的货物与单据不符	买方不承兑 买方要求降价后才承兑、收货 买方承兑或收货后不付款 买方承兑或收货后要求降价才付款
跟单信用证		付押金后，开证行倒闭 卖方伪造单据 收到的货物与单据不符	买方不开证或不按期开证 开证行失去偿付能力 收到的是规定有卖方无法做到或不能接受的条款；规定生效条件，但买方迟迟不予创造此项条件等含有软条款的信用证 开证行、开证人对单据无理挑剔借口拒付伪造信用证

表 11-2   三种结算方式的资金占用、费用负担、手续繁简的比较

结算方式		手续	银行收费	买卖双方的资金占用	买方风险	卖方风险
汇款	预付货款	简单	最小	不平衡	最大	最小
	赊账交易	简单	最小	不平衡	最小	最大
跟单托收	付款交单	稍繁	稍大	不平衡	较小	较大
	承兑交单	较繁	稍大	不平衡	极小	极大
跟单信用证		最繁	最大	较平衡	稍大	较小

第二节 影响国际结算方式选择的因素

　　不同的国际贸易结算方式有各自不同的利弊优劣，出口企业应从安全收汇、占用资金、手续繁简和银行费用等方面综合分析。出口企业在选择国际贸易结算方式时，除了要考虑结算方式本身特点，还要考虑结算方式之外诸如出口产品特点、市场供求状况、贸易对象资信、运输方式、交易金额、汇率波动、国家政策等因素，力求选择最合适恰当的结算方式。

一、市场行情

市场行情对贸易双方的谈判能力有很大的影响力。如果是卖方市场，商品供不应求，行情看涨，卖方就有较强的谈判能力。其谈判能力不仅表现在价格、交货期限等方面，出口商可以提高价格，选择对自己有利的结算方式，如预付货款、信用证等。当今国际市场属于买方市场，费用低廉、简洁方便的结算方式受到进口方的青睐，出口方为达成交易、占据国际市场，也要接受风险较大的商业信用支付方式。但出口商也可选择一些自己付费的附属性结算方式，如出口保理来防范风险。

二、客户信用

在国际货物买卖中，客户的信用是合同能否顺利履行的关键。因此，要在出口业务中做到安全收汇，在进口业务中做到安全用汇，就必须事先做好对国外客户的信用调查，以便有针对性地选用一定的支付方式。对于信用状况不佳或者不十分了解的客户，应选择风险较小的支付方式。例如，在出口业务中，一般可采用跟单信用证方式，争取采用汇付方式下的预付货款支付方式当然更好。若与信用等级高的客户交易，交易风险较小，则可选择手续比较简单、费用较少的方式，例如，在出口业务中可以采用付款交单的托收方式等。至于承兑交单，应仅限于本企业联号或分支机构，或者确有把握的个别对象，一般客户应从严掌握，原则上不能采用。

三、交易规模

从理论上讲，大额交易意味着较大的风险，买卖双方都希望能够安全地收货和及时收汇，可以选择费用较高、安全性较大的结算方式支付货款；如果是小额交易，费用高的结算方式成本太高，则以汇付或托收为宜。所以，根据交易规模理性地选择适合的结算方式，可以节约费用、降低成本，并且有针对性地规避风险。

四、国别风险

世界上每个国家和地区的发展程度不同，各国的政治、经济风险也不同。我国银行界把非洲、中东及东南亚地区定位为高风险地区，对于这些地区的贸易应该从严掌握；对政府管制严格的地区，我国出口企业应选择信用证为主的付款方式，或获得安全性较高地区机构的担保，以保证安全收汇。

五、贸易术语

国际货物买卖合同中采用不同的贸易术语，它所表明的交货方式与适用的运输方式是不同的。而在实际业务中，也不是每一种交货方式和运输方式都能适用于任何一种结算方式。例如，在使用CIF、CFR 等属于象征性交货方式的交易时，卖方交货与买方收货不在同时发生，转移货物所有权是以单据为媒介，就可以选择跟单信用证方式；在买方信用较好时，也可以采用跟单托收的方式收取货款。但在使用 EXW 等属于实际交货方式术语的交易中，由于是卖方或通过承运人向买方直接交货，卖方无法通过单据控制物权，因此一般不能使用托收。因为如果通过银行向进口方收取货款，其实质是货到付款，即属于赊销交易，卖方承担的风险极大。即使是以 FOB、FCA 条件达成的买卖合同，虽然在实际业务中也可凭运输单据，例如凭提单和多式联合运输单据交货付款，但这种合同的运输由买方安排，由卖方将货物装上指定的运输工具，或交给买方指定的承运人，卖方或接受委托的银行很难控制货物，所以也不宜采用托收方式。

六、运输单据

若货物通过海上运输，则出口人装运货物后得到的运输单据为海运提单，而提单是货物所有权的凭证，是凭以在目的港向船公司或承运人提取货物的凭证，所以，在交付给进口人前，出口人尚能控制货物，故可适用于信用证和托收方式结算货款。若货物通过航空、铁路或邮政运输时，则出口人装运货物后得到的运输单据为航空运单、铁路运单或邮包收据，这些都不是货物所有权凭证。因此，在这些情况下都不宜采用托收方式。

第三节 国际结算方式的综合运用

在国际贸易中每笔交易通常只采用一种支付方式，但根据不同的国家和地区、不同的客商、不同的市场状态和不同货源国的情况，为了把商品打入国际市场，可采用灵活的、多样的支付方式综合运用，加强竞争，便于成交，旨在按时安全收汇，加速资金周转，争取较高的经济效益。

一、基本结算方式的综合使用

1. 汇付与信用证综合使用

综合使用汇付和信用证，主要是货款利用信用证结算，而定金或余款使用汇付支付。一般情况下，定金会很快支付给出口商，这也是大额交易中出口商向进口商提出的条件。这样做，在备货时，可以避免出口商承担的资金负担过重。当货物超出允许范围、数量大幅增减时，需要开取信用证，之后再根据装运清单支付货款。货物抵达目的地后，检查人员核实货物，同时检验货物质量，确保货物无误后利用汇付支付余款。

2. 汇付与托收综合使用

在货物贸易的买方市场中，综合使用汇付和托收的情况非常普遍。采用这种方法时，出口商为了降低商品托收中的收汇风险，会对进口商提出要求：在发货前，需要先支付一定比例的押金或者预付款给出口商。收到押金或者预付款后，出口商就会发出货物，剩下的货款则会通过银行托收完成。当进口商拒付托收款项时，出口商有权将预收款项作为货物运输中产生的运费、利息等损失的补偿。汇付和托收的综合使用提高了货款支付效率，并且手续费合理，大大降低了交易成本。

3. 托收与信用证综合使用

由于托收支付具有减少进口商成本的特点，而信用证支付可以降低托收支付中的风险，所以，进口商更倾向于这种支付方式。部分货款采用信用证支付，部分余额货款采用跟单托收结算。一般的做法，在信用证中应规定出口商须签发两张汇票，一张汇票是依信用证项下部分，货款凭光票付款，另一张汇票须附全部规定的单据，按即期或远期托收。应在合同中列明相应条款，以便明确。例如：货款 50% 在信用证项下支付，余额 50% 见票付款交单，全套货运单据应附在托收部分项下，于到期时全数付清发票金额后方可交单。一半托收支付，一半信用证支付，既可以减少手续费，又可以降低收款风险。为了进一步降低风险，规定开证行开取信用证时要在收到托收款项的前提下进行，即 D/P 方式。

采用不可撤销信用证与跟单托收相结合的支付方式，其优点是：对进口商来讲，可减少开证保证金，用少数的资金可做大于投资几倍的贸易额，有利于资金的周转，而且可节约银行费用。对出口商来讲，使用信用证部分托收，虽然托收部分承担一定的风险，但以信用证做保证，这是一种保全的办法。除此之外，还有保全措施，即全部货运单据须附在托收汇票项下，开证银行或付款银行收到单据与汇票时，把住关口，进口商须全部付清货款后才可得到提单。这样，可防止进口商于信用证项下部分货款付款后就取走提单。

二、基本结算方式与派生结算方式的综合使用

1. 出口保函与预付货款的结合

国际贸易货款结算若采用了预付货款，对出口商来说最为有利，但进口商风险较大，为了减少预付货款结算的风险，进口商可以要求出口商提供银行保函，当出口商不按期交货、交货不符或拒退预付款时，担保行则给予进口商保函规定金额内的赔偿。

2. 进口保函与货到付款（或赊销）的结合

在买方市场的情况下，出口商为了扩大贸易，吸引客户，一般也会接受货到付款的结算方式。同时出口商为了防范风险，可以要求进口商提供银行保函，保证进口商在提货后的规定时间内按合同付款，若发生进口商拒付，担保行则负责保函规定额度以内的结算或赔偿。

3. 备用信用证与跟单托收相结合

采用备用信用证与跟单托收相结合的支付方式，是为了跟单托收项下的货款一旦遭到进口商拒付时，可利用备用信用证的功能追回货款。为此，在备用信用证中须载明包含以下主要内容的条款。

凭即期付款交单与备用信用证相结合为付款方式，在备用信用证中应列明以卖方为受益人，并列明金额及相关业务编号，若付款人到期拒付，受益人有权凭本信用证签发汇票和出具付款人拒付证明书，依该备用信用证收回货款。

采用这种支付方式的特点是跟单托收被拒付时，出票人可凭备用信用证所列的条款，予以追偿。

4. 不同支付方式与分期付款、延期付款相结合

在国际贸易中，进出口商双方经谈判，对大型设备、成套机械及大型交通工具的成交可采用上述支付方式。这种特定的贸易方式其特点是契约货物金额大、制造生产周期长、检验手段复杂、交

货条件严格及产品质量保证期较长等，可采用两种不同的支付方式。

（1）进出口商双方对开保函与分期付款相结合。进口商依契约规定开具银行保函，而依生产进度分期交付货款。进口商为了保障本身的利益，防止出口商延迟交货，或产品质量与契约不符，或因故违约等，故亦要求出口商提供保函。

（2）预付定金与延期付款相结合。依契约由进口商提交一定数额的定金，并依契约规定延期付款。延期付款的金额系在交货后若干年付款，亦称赊购支付方式。但进口商必须支付延期付款期间的利息。

在实务中，除采用上述相结合的办法作为支付方式外，还有一些其他的方式可以运用，例如采用部分现汇、部分托收或部分金额采用信用证作为支付方式等。

本章小结

- 根据信用基础，国际结算可以分为以商业信用为基础的结算方式（汇款、托收）和以银行信用为基础的结算方式（信用证、保函、保理），也可以根据结算方式的地位和功能划分为基本结算方式和派生结算方式。

- 基础结算方式是指在贸易双方直接在合同中订明采用的结算方式，它是最基本、最重要，可以单独使用的结算方式。基本结算方式包括汇款、托收和信用证，其中汇款和托收是派生结算方式的基础。

- 派生结算方式是以某种基本结算方式为基础，并且包含某种基本结算方式，而派生出来的结算方式，主要包括银行保函、备用信用证、保理、包买票据业务等。

- 在三种基本结算方式中，从收汇安全性高低来看，从高到低依次为：预付货款、信用证、付款交单、承兑交单、货到付款。如果从占用资金方面来看，从高到低依次是：货到付款、承兑交单、付款交单、信用证、预付货款。如果从手续繁简和银行费用方面，从繁到简、从高到低依次为：信用证、托收、汇付。

- 市场行情、客户信用、交易规模、国别风险等是影响国际结算方式选择的因素。

基本概念

基本结算方式　派生结算方式

复习思考题

1. 比较汇款、托收和信用证。
2. 分析影响国际结算方式选择的因素。
3. 在现今国际市场中，作为进口方或出口方，应选择何种结算方式？

拓展阅读

案例 11-1 押汇抑或包买

案例介绍：

某年12月10日，某市A公司与德国B公司签订了一份出口地毯的合同，合同总价值为USD31 346.86，装运港为中国郑州，目的地为德国法兰克福，收货人为B公司，付款条件为D/P30天。12月20日，A公司按照合同的要求备齐货物，从郑州港空运至德国法兰克福。在取得空运提单和FORM A产地证之后，A公司会同已缮制好的汇票、发票、单据一起交到该市C银行。因A公司近期资金紧张，随即以此单向C银行申请办理押汇。C银行考虑虽然托收风险大，但A公司资信状况良好，与本行有良好的合作关系，无不良记录，就为A公司办理了出口押汇，押汇金额为USD31 346.86，押汇期限为50天，到期日为次年2月9日，押汇利率为7.437 5%。同日C银行将此笔款项转到A公司账户，随后A公司便支用了该笔款项。次年1月12日，C银行收到国外提示行电传，声称客户已经承兑，并取走了该套单据，到期日为2月8日。但是，在到期日之后，却迟迟未见该笔款项划转过来。经A公司与C银行协商，由A公司与买方联系，但买方声称已将该笔款项转到银行。3月25日，C银行发电至提示行查询，提示行未有任何答复。此时，A公司再与B公司联系，B公司一直没有回电，到9月突然来电声称自己破产，已无偿还能力。至此，该笔托收已无收回的可能。C银行随即向A公司追讨，但A公司一直寻找借口，拖欠不还。C银行见A公司无归还的诚意，就将A公司告上法庭，要求A公司履行义务，清偿所欠的银行债务。

在法庭上，A公司则认为自己不具有清偿该笔贷款的义务。理由是自己已将全套单据在C银行办理了质押，自己已经将全套单据卖给了银行，既然银行买了全套单据，那么银行应该对这套单据负责，自己虽然可以协助银行追讨欠款，但并无代为付款的义务。

问题：

A公司的说法是否正确呢？A公司是否负有归还此笔贷款的义务呢？

案例分析：

显然，A公司的说法是不正确的。A公司的管理人员显然是把出口押汇与包买票据混淆了。那么什么是出口押汇，什么是包买票据呢？二者的区别有哪些方面呢？

出口押汇是指出口方银行根据出口商提供的跟单信用证及全套单据，审核无误后，扣除押汇利息，按当月该外汇指定银行挂牌折成人民币，扣除押汇利息后将资金余额划给出口商的一种融资方式。出口押汇一般为信用证项下办理，但对于有些信用等级高、资信状况良好、内部管理严格、经济效益好的企业也可办理托收项下的出口押汇。包买票据是指出口商所在地银行买进远期票据，扣除利息，付出现款的一种业务，也有人按照FORFAITING的译音称之为"福费廷"。

在这两种业务中，出口商都是通过单据或票据的买卖，及时获得资金，加速了资金周转。但出口押汇与保买票据有很大的区别。

1. 在出口押汇业务中，如果单据被拒付，则办理押汇的银行（NEGOTIATING BANK）可以对出票人（DRAWER）行使追索权，要求出票人（DRAWER）偿付；而办理包买票据业务的银行则不能对出票人（DRAWER）行使追索权，出口商在办理这种业务时是一种卖断行为，票据遭到拒付与出口商无关，出口商将票据拒付的风险完全转移给银行。

2. 在出口押汇业务中使用的单据为信用证或托收项下的单据，在一般的国际贸易中使用；包买票据业务中使用的票据是与大型成套设备相关的票据。它可以包括数张等值的期票（或汇票），每张票据的间隔时间一般为6个月。

3. 出口押汇中使用的单据除汇票外，还有提单、装箱单、保险单等其他信用证或合同要求的一些单据，银行在向出口商购买这些单据时，主要是货权的转移，故汇票本身并不需担保或承兑；办理包买票据一般只有汇票或本票，这种票据必须由第一流的银行担保。

4. 出口押汇手续较简单，一般只收取贷款利息；而办理包买票据业务收费比一般的贴现业务的费用高，除按当时市场利率收取利息外还收取下列费用：（1）管理费，一次性支付；（2）承担费；（3）出口商未能履行或撤销合同，致使包买票据业务不能实现，办理该业务的银行要收取一定的罚款。

针对此项案情，法院经过调查取证，认为A公司办理的是出口押汇业务，而非包买票据，故C银行对A公司有追索权，A公司负有偿还此笔贷款的义务，最后裁定A公司败诉。

案例 11-2　怎样结合不同的结算方式，既少付开证押金，又保证收汇安全？

案例介绍：

甲国的A公司出口机电设备给乙国的B公司。由于货款金额大，B公司在申请开证时，银行要求其支付较高的押金。B公司的流动资金比较紧张，支付该数量的押金比较困难。B公司转而与A公司商量采用托收的结算方法，但A公司基于收汇安全的考虑，认为全额托收不可接受。请分析在这种情况下，可以怎样结合不同的结算方式，既可以使B公司少付押金，又可以保证A公司的收汇安全？作为B公司的开证行，应该在信用证中怎样注明？在出口合同中，又应怎样反映？

案例分析：

本案可以采用信用证与托收相结合的方式，即部分信用证、部分收托的一种结算方式。进口商可开立交易总额若干成的不可撤销信用证。其余若干或用付款交单方式由出口人另开立汇票，通过银行向进口商收取。通常的做法是：信用证规定受益人（出口商）开立两张汇票，属于信用证部分货款，凭光票付款，全套货运单据，则附在托收部分汇票项目下，按即期或远期付款托收。

在实践中，为防止开证银行未收妥全部货款前，即将货运单据交给进口商，要求信用证必须注明"在全部付清发票金额后方可交单"的条款，如下：

Payment by irrevocable letter of credit to reach the sellers ×× days before the month of shipment stipulating that the remaining ××%against ××% of the invoice value available against clean draft while the draft on D/P sight basis. The full set of shipping documents shall accompany the collection draft and, shall only be released after full payment of the invoice value. If the buyers fail to pay the full invoice value, the shipping documents shall be held by the issuing bank at the seller's disposal.

在出口合同中，也应规定相应的支付条款，以明确进口商的责任。

启示：

这种做法，对进口商来说，可减少开证金额，少付开证押金，少垫资金；对出口商来说，因有部分信用证的保证，且信用证规定货运单据跟随托收汇票，开证银行须待全部货款付清后，才能向进口商交单，所以，收汇比较安全。

案例 11-3　一种较为平衡的结算方式

案例介绍：

甲国的A公司出口机电设备给乙国的B公司。A公司为了收汇安全，希望B公司预付货款，而B公司为了保证能收到货物，希望采用托收的结算方式。双方需要寻找一种较为平衡的结算方式。考虑到信用证结算费用较高，他们不打算使用信用证结算方式。请分析在这种情况下，可以怎样结合不同的结算方式？

案例分析：

本案可以采用托收与汇款相结合的结算方式。A公司为了收汇更有保障，为了加速资金周转，可以在要求进口商在货物发运前，使用汇款方式，预付一定金额的定金（down payment）作为保证，或一定比例的货款，在货物发运后，当出口商委托银行办理跟单托收时，在托收全部货款中，将预付的款项扣除，如托收金额被拒付，出口商可将货物运回，以预收的定金或货款抵偿运费、利息等一切损失。关于定金或预付货款规定多少，可视不同客户的资信和不同商品的具体情况确定。

启示：

托收方式，是一种对进口商较为有利的结算方式，汇款（尤其是预付货款）方式，是一种对出口商较为有利的结算方式。两种方式的结合，往往使进出口商的利弊悬殊缩小或接近。

第十二章 国际非贸易结算

【教学目的和要求】
- 掌握国际非贸易结算的内容
- 熟悉信用卡使用方法及几种主要的国际信用卡
- 了解旅行支票和旅行信用证
- 了解外币兑换业务和侨汇业务

【案例导读】

某年某月某日，某客户去上海A银行查询1 000美元的个人汇入款。据客户告知是通过上海A银行的总行在纽约的账户行美洲银行汇划的。但是上海A银行查询记录未发现该笔汇款。经多次查询美洲银行方知纽约美洲银行将该笔汇款误入该银行××省分行的分账户，最终由该省分行以异地联行划付方式汇至上海该行从而解付给收款人，前后共延误60天。对于银行来说，非贸易汇款是非贸易结算业务中非常重要的一个内容，银行应如何避免该类事件的发生？

第一节 国际非贸易结算的内容

一、国际非贸易结算的含义和内容

国际非贸易结算（international non-trade settlement）又称无形贸易结算，是以货币结算国际间进出口贸易货款以外的各项外汇收支，主要由国际交往的各方相互提供劳务服务引起的，不涉及商品的进出口。国际非贸易结算是国际结算的重要组成部分。随着我国经济国际化程度不断加深，各种无形贸易结算增长速度也非常迅速。

非贸易结算内容包括贸易交往中的各项从属费用，如运输、保险、银行手续费等，以及其他与贸易无关的属于劳务性质的非实物收支，例如出国旅游费用、侨民汇款、外币收兑、国外投资和贷款的利润、利息收益、驻外使领馆和其他机构企业的经费、专利权收入、馈赠等。

根据国际惯例和我国的传统分类方法，非贸易结算的范围包括以下几个方面。

（1）海外私人汇款。海外私人汇款主要指华侨、港澳同胞、中国血统外籍人、外国人汇入或携带或邮寄，包括电汇、信汇、票汇入境的外币票据。

（2）铁路运输收支。铁路收入是指我国铁路运输（货运、客运）的国际营业收入，以及广州九龙线上的铁路运输收入。铁路支出是指我国列车办理国际联运的外汇支出、铁路员工的外汇借支等。

（3）海运收支。海运收入是指我国自有船只办理对外运输业务的客货运费和出售物料等的外汇收入。海运支出是指租赁船只所支付的租金、修理费，船只在外国港口所支出的使用费，船方购买食品、物料、燃料等所支出的外汇。

（4）航空运输收支。航空运输收入是指国际航空运输的营业收入（包括运费、杂费）以及国内航空公司向国外航空公司结算的业务收入（包括提供外国飞机各项地面服务收入、手续费收入）。航空运输支出是指国内航空公司向国外航空公司、企业结算的业务与服务费用，以及对旅客和托运人的外汇赔款等支出。

（5）邮电服务收支。邮电服务收支是指邮电部门的外汇收支，包括国际邮政、电信业务结算收支，国际通信卫星组织的红利收入，国内邮电业务的外汇收入。

（6）保险服务收支。保险服务收入是指保险公司进行保险业务的外汇收入，包括保费、分保费、佣金，以及海外分支机构上缴的利润和经费等。保险服务支出是指保险公司经营各项业务的外汇支出，包括应付的保险佣金、保险赔款等。

（7）银行业务收支。银行业务收入是指我国银行经营各项业务的外汇收入，包括手续费、邮电费、利息，以及海外分支机构上缴的利润和经费等。银行业务支出是指银行经办有关业务的外汇支出，包括对外应支付的手续费、邮电费，以及对外借款应支付的利息等。

（8）图片、影片、邮票收支。收入指出口图书影片、邮票等的外汇收入。支出指进口图书、期刊及科技文献、资料，以及进口国外影片、电视片等的外汇支出。

（9）外轮代理与服务收支。它是指外国轮船在我国港口所支付的一切外汇费用（包括外轮停泊、分水装卸、港监、海事处理等）。我国外轮供应公司对远洋货轮、外国轮船及海员供应物资和提供服务的外汇收入，以及国外海员在港口银行兑换外币收入。

（10）外币兑换收支。它是指我国边境和内地银行收兑入境旅客的外币、现钞、旅行支票、旅行信用证和汇票等汇兑收入。

（11）兑换国内居民外汇。它是指兑换国内居民，包括归侨、侨眷、港澳同胞家属委托银行在海外收取遗产、出售房地产、取得股票红利、调回国外存款、利息等外汇收入。

（12）旅游业收支。它是指我国各类旅行社和其他旅游经营部门服务业务收入的外汇。

（13）私人用汇支出。它是指国内公民个人因私用汇的外汇支出。包括批给我国居民及外国侨民的旅杂费、退休金、退职金、赡养费，移民出入境汇款，外商、侨商企业红利及资产汇出，各国驻我国的使领馆在我国收入的签证费、认证费的汇出和其他一切私人外汇支出。

（14）机关、企业、事业团体经费外汇支出。

（15）驻外企业汇回款项收入。

（16）外资企业汇入经费收入。

（17）外国使馆团体费用收入。

（18）其他外汇收支。

二、国际非贸易结算的特点

与国际贸易结算相比，国际非贸易结算的特点如下。

（1）以提供劳务服务为基础，不涉及商品进出口。

（2）范围广泛，内容庞杂，项目繁多，金额较低。

（3）结算方式多样、灵活。非贸易外汇的收支主要是通过外汇汇款、外币兑换、旅行支票、旅行信用证、信用卡、买汇和光票托收等方式进行结算的。

第二节 | 信用卡

一、信用卡的含义和分类

信用卡（credit card）是发卡机构向消费者提供短期消费信贷而发放的一种信用凭证。它是货币基本职能即流通手段的延伸与发展，是消费信用的一种形式。

信用卡起源于美国的 1915 年，美国的一些百货公司和饭店，为了吸引消费者，拓展业务，增加销售金额，就开始发行信用卡。直至 20 世纪 60 年代，信用卡取得了更广泛的使用，不仅在其发源地美国蓬勃发展，甚至在英国、日本、加拿大以及西欧各国盛行起来，成为一种普遍采用的支付方式，成为世界各国盛行的一种可以替代现金的消费支付工具。大到买房置地、旅游购物，小到公用电话、公共汽车，都普遍采用信用卡结算，备受广大商户和消费者的欢迎。

我国是在 1981 年由中国银行首次将信用卡这一新型的结算方式引入国内，之后国内其他银行便也开始纷纷发行自己的信用卡，从而信用卡业务开始在我国迅速的发展。目前国际上通用的标准信用卡是一种特殊塑料制成的卡片，又称塑料货币。一般卡片长 85.725mm、宽 53.975mm、厚 0.762mm，卡正面上印有信用卡名、持卡人姓名、信用卡号码、发行日期、有效日期、发卡人等内容，背面有持卡人的预留签字、磁条和银行（发卡人）的简答声明等。

信用卡的种类众多，可按照不同的标准将其分类。

（一）按发行机构分类

1. 银行发行的信用卡

随着科学技术的发展和电子计算机在银行业的广泛使用，银行信用卡的使用范围迅速扩大，不仅减少了现钞的流通，而且使银行的业务突破了时间和空间的限制，起到了根本变化。银行发行的比较通用的信用卡主要有四种。

（1）购物卡。购物卡的持卡人在向银行组织的商店和服务行业（特约商户）购买商品或服务时，凭卡签具账单支付，然后由特约商户凭账单向银行收取货款或劳务费用。银行通常是在月底凭证向持卡人结账。持卡人若在规定时间内偿还贷款，无须支付利息。超过规定期限的，则要支付利息。

（2）记账卡。记账卡是银行业电脑化发展的产物。它可以通过银行在大的商业中心、旅游服务中心设置的电脑终端特制的自动柜台机上进行自动转账和支取部分现金。记账卡是购物时可以用于记账和转账的信用卡。

（3）提现卡。提现卡是购物时用于付款、转账并可以在发行银行的所有分支机构或设有自动柜台的地方随时提取现金的信用卡。发卡银行及其所属分支机构、联营银行向提现卡持有者提供透支现金的方便。发卡银行通常要规定信用卡的透支限额。

（4）支票卡。支票卡是指信用卡的持有人凭卡签发支票支款的信用卡。支票卡一般都规定了使用期限与最高金额，在限额内，银行保证支付，如果超过限额则可以拒付。支票卡实际上也是一种持卡人可以向银行透支的形式，银行与客户商定信贷限额以后，客户就能超过其存款余额取得贷款，即通过签发支票的方式支款。

2. 商业机构发行的零售信用卡

零售信用卡也称商业信用卡，该种卡由零售百货公司、石油公司等单位发行，持卡人凭卡在指定的商店购物或在汽油站加油等，定期结账。该种信用卡的发行数量很大，但零售信用卡的利率一般高于银行信用卡，且流通区域受到了很大限制，适用范围较窄。

3. 服务业发行的旅游娱乐卡

旅游娱乐卡由航空公司、旅游公司等发行，用于购买火车票、飞机票、船票以及用餐、住宿、娱乐等。如美国的运通卡和大莱卡就属于此类信用卡。

（二）根据发卡对象分类

1. 个人卡

个人卡是面向个人包括居住在城镇的工人、干部、教师、科技工作者、个体经济户，以及其他成年的、有稳定收入的居民发行的信用卡。

2. 公司卡

公司卡是向企业、事业单位、团体、部队、学校等发行的信用卡，其使用对象为单位。

（三）根据是否给予持卡人授信额度分类

1. 贷记卡

贷记卡（credit card）允许持卡人在给予的信用额度内先消费，后还款。

2. 借记卡

借记卡（debit card）的持卡人只能先存款，后消费，没有信用额度。目前国内银行发行的人民币卡属于借记卡。

（四）根据发卡技术分类

信用卡按发卡技术可以分为磁卡和 IC 卡（integrated circuit card，集成电路卡）。

1. 磁卡

磁卡（magnetic card）一种卡片状的磁性记录介质，利用磁性载体记录字符与数字信息，用来标识身份或其他用途。磁条中记录账号和密码等基本信息，而实际款项存储在有网络连接的银行计算机硬盘上。用户提取或存入的款项在不同的银行账户之间进行资金往来。用户消费的款项由银行和商户之间进行结转和清算。这种磁卡在使用时需要访问主机账户，因此只能在联机处理时间使用，其速度和稳定性取决于通信线路的质量，在网络达不到要求的场所则无法使用。

2. IC 卡

IC 卡是继磁卡之后出现的又一种新型信息工具。IC 卡在有些国家和地区也称智能卡（smart card）、智慧卡（intelligent card）、微电路卡（microcircuit card）或微芯片卡等。它将一个微电子芯片嵌入符合 ISO7816 标准的卡基中，做成卡片形式。它已经被十分广泛地应用于包括金融、交通、社保等很多领域。

自 2015 年 1 月 1 日起，央行规定，在经济发达地区和重点合作行业领域，商业银行发行的、以人民币为结算账户的银行卡应为金融 IC 卡，纯磁条卡有效期到期后均需换为金融 IC 卡。磁条卡的停发，意味着银行卡"芯"时代的开始，我国银行卡产业发展进入新纪元。

目前，全国近 400 家商业银行中，有 285 家银行已经发行了金融 IC 卡。从银行卡发行 50 多亿的总量看来，尽管 20 亿的金融 IC 卡占比还不足 40%，但其安全作用逐渐显现。数据显示，2014 年度我国银行卡总欺诈率为 2.03BP（BP 为万分之一），信用卡欺诈损失率为 0.12BP，均处于全球各国最低水平。

此外，根据信用卡的流通范围不同，信用卡可以分为国家卡和地区卡；根据持卡人所处的地位不同，信用卡可以划分为主卡和附属卡；根据持卡人的信誉、地位等资信情况不同，信用卡可以划分为普通卡和金卡等。

二、信用卡的特点

作为一种新型的金融产品，信用卡主要具有以下特点。

（1）安全性。信用卡代替现金执行货币的主要职能，避免了携带大量现金的潜在风险及资金闲置。此外，信用卡本身被设计了多处防伪标志，持卡人取现时必须出示其身份证和相应的密码。若信用卡遗失，即可向发卡行申请挂失。

（2）便利性。持卡人可利用信用卡进行储蓄、提现、转账结算及直接消费等。尤其是信用卡的先消费后付款，很受欢迎。

（3）快捷性。信用卡的使用手续简便、清算及时，且用计算机直接辨认真伪，因而比传统的结算方式更能节约时间，提高结算服务的效率。

（4）通用性。我国商业银行发售的各类信用卡，其持卡人除在全国各地的银行分支机构存取款外，一部分也可以在国外银行机构进行兑换。

三、信用卡的功能

信用卡的功能是由发卡机构根据社会需要和内部经营能力赋予的，因此各发行机构所发行的信用卡其功能各不相同。但作为信用卡，其基本功能主要有以下几项。

1. 转账结算

转账结算也是信用卡的主要功能。发行机构为了方便持卡人的使用，与一些特约机构建立了联系，包括商店、宾馆、旅游场所和服务机构，持卡人到特约的商店购物或取得服务时，可凭信用卡支付，代替现金结算。

2. 支取现金

利用信用卡还可以支取现金，这可理解为信用卡的辅助功能。虽然发行机构联系了一些特约机构，但仍不能保证持卡人凭卡办理所有的支付，有些情况下还必须使用现金。以信用卡支取现金在国外有时要受到限制，在我国，取现的比重还比较大。

3. 提供信贷

对于持卡人，允许其在一定的限额内进行透支，这是发卡机构向客户提供信贷的一种形式，因此信用卡具有消费信贷的功能。尤其是目前国际上流通使用的"贷记卡"，即使信用卡账户上无存款，也可先行消费，更能体现提供信贷的这种功能。对透支的款项，银行要收取比同期贷款利率高一些的利息。

作为发展最快、普及面很广的信用卡业务，不仅方便了持卡人，也使银行获得了收益。其主要的优点有以下几项。

（1）发卡机构可扩大盈利水平。办理信用卡既可获得一定比例的手续费，又可增加利息收入。当持卡人拖欠还款时，时间越长，利息越多，还有特约机构付给的回扣费。

（2）方便持卡人的购买。持卡人不必携带现金，凭卡即可购买，方便、安全，而且发卡机构还提供一段免息期，相当于无息借款（账单发生 3～25 天）。

（3）对特约机构例如商店等来说，虽要付给发卡机构一定的回扣，但可以及时向发卡机构收回款项（一般在次日回收），减少了风险，加速了资金周转，而且能扩大销售，增加盈利。

（4）对代办行来说，可与发卡机构分成特约机构付给的回扣费和手续费，还可无偿使用发卡机构的备用金。

四、信用卡的运作程序

信用卡的运作过程比较简单，包括 3 个步骤。

（一）申领信用卡

信用卡的发卡机构只对有固定收入的人发卡，由于申领人一般不需要在银行开立存款账户或预交保证金，或提供抵押品，因此发卡行必须对申领人进行资信调查。其调查主要是依据客户的申请，申领人申请领卡时，首先填写申请书，详细注明本人的姓名、地址、职业、家庭、教育、经济收入、个人财产、资金往来和担保人姓名、地址、经济收入等。经银行对其财产、收入、职业等核实，客户具备银行要求的条件时，发卡银行就批准立卡，并决定卡种、有效期及消费信贷额度等，同时收取一定年费和手续费，收费率各银行不尽相同，也有免收费用的。领卡时，申领人应当着银行工作人员的面在信用卡背后预留签字，以便特约商户或代办行办理业务时核对，双方由此建立了信用关系。

（二）购物及取款

目前，持卡人在购物及取款时，在国际上较流行的两种做法如下。

（1）持卡人到指定的商店或银行购货或支取现金时，只要出示信用卡并在签购单上签名即可。

（2）持卡人要另开一张私人支票，信用卡对这种私人支票起保兑的作用。

不管哪一种支付方式，有关的商店和银行都要：

① 核对此卡是否已逾期失效；

② 查对发卡机构印发的已注销的信用卡号码单，看此卡是否在单内，如果单内有此号码，则没收此信用卡，将其寄交给发卡机构；

③ 如查核无误，应把信用卡正面的号码和持卡人的姓名等，用压印机压印在签购单上或私人支票的背面，以便发卡机构在结算时核销。

（三）结算

商店和银行在每天营业终了时，把签购单汇总后寄回发卡机构，凭此划收所代付款项。信用卡结算流程如图 12-1 所示。

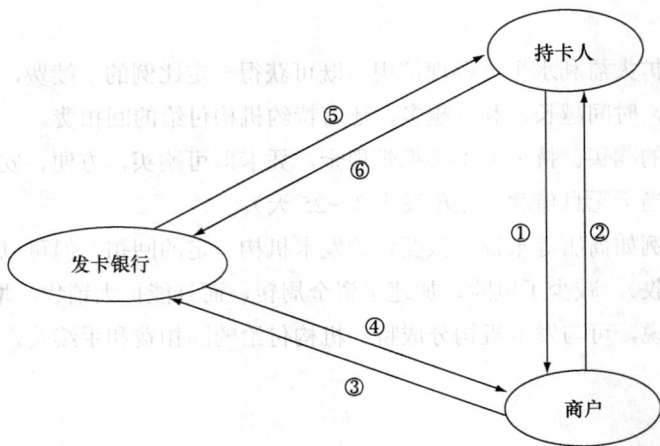

图 12-1　信用卡结算流程

说明：①持卡人用卡购物或消费并在签购单上签字。②商户向持卡人提供商务或劳务。③商户向发卡银行提交签购单。④发卡银行向商户付款。⑤发卡银行向持卡人发付款通知。⑥持卡人向发卡银行归还贷款。

五、国际信用卡组织

（一）威士国际组织

威士国际组织（VISA international service association）又译为维萨、维信、汇财卡，是一个由全球 21 000 多家金融机构会员所组成的非股份、非营利性国际银行卡组织，也是目前世界上最大的信用卡和旅行支票组织。威士国际组织的前身是 1900 年成立的美洲银行信用卡公司。1974 年，美洲银行信用卡公司与西方国家的一些商业银行合作，成立了国际信用卡服务公司，并于 1977 年正式改为威士（VISA）国际组织，成为全球性的信用卡联合组织。

VISA 国际组织本身并不直接发卡，而是由 VISA 国际组织的会员银行发行。其中，摩根大通银行是全球最大的 VISA 卡发行银行。

威士国际组织的总部设在美国的洛杉矶市，总处理中心在洛杉矶的卫星城——圣曼托（St. Manto）。为便于各地区制定适合本地区情况的市场发展战略，威士国际组织将全球划分为五大业务区，即美国区、加拿大区、亚太区、拉美区、欧洲中东和非洲区。VISA 国际组织的亚太区业务以新加坡为总部，旗下有 700 多家金融机构。

VISA 是世界十大最高价值品牌之一，也是数一数二的金融服务品牌。过去 30 多年，VISA 凭借会员、商户、持卡人的努力、投资和信任，已经成为全球支付品牌中，最为人熟识的独立品牌，不但拥有最多持卡人，也是最获广泛使用和最具消费者忠诚度的支付品牌。该组织现代化的授权系统（BASE Ⅰ）和清算系统（BASE Ⅱ）有力地支持了维萨卡全球的发展。VISA 是全球最负盛名的支付品牌之一，VISA 全球电子支付网络"VISANet"是世界上覆盖面最广、功能最强和最先进的消费支付处理系统。

VISA 于 1993 年和 1996 年分别在北京和上海成立代表处。目前，中国大陆几乎所有的商业银行都发行 VISA 卡。

（二）万事达国际组织

万事达国际组织（master card international）是服务于金融机构（商业银行、储蓄银行、储蓄和放贷协会、存款互助会）的非营利性全球会员协会，公司的宗旨是为会员提供全球最佳支付系统和金融服务。前身为银行卡协会（interbankcard association）的组织。目前已发展成为仅次于维萨国际组织的世界第二大信用卡国际组织。

万事达国际组织的管理总部设在美国纽约市，总处理中心设在圣路易斯市。万事达国家组织将全球氛围与维萨国际组织大致相同的五大区开展全球业务。万事达国际组织于 1988 年进入中国，中国主要商业银行都是其会员。

（三）美国运通公司

美国运通公司（american express card）是美国目前最大的跨国财务公司，该公司的业务主要包括旅游服务、国际银行服务、投资服务、信托财务咨询服务及保险服务五大部分。

美国运通公司的信用卡业务开始于 20 世纪 50 年代。从 1958 年起，美国运通公司先后向客户发行了普通卡、运通卡、公司信用卡、运通白金卡等。

美国运通卡（aerican express card）持卡人通常是社会上地位和收入较高的中上层人士，该卡分为绿卡、金卡和白金卡三种。运通卡与维萨卡、万事达卡性质不同，维萨卡和万事达卡属于银行卡，运通卡属于旅游娱乐卡（travel and entertainment card），适合消费者外出旅游之用。美国运通公司在全球的持卡人数量虽然远远少于维萨卡与万事达卡的持卡人，但其在全球信用卡的交易额中却占有很大比例，运通卡持卡人的人均年用卡消费额高于维萨卡或万事达卡持卡人的人均年用卡消费额。

美国运通公司经过多年的发展，已经成为全球最大的一家独立经营信用卡业务的公司，其总部设在美国纽约市，总处理中心设在盐湖城。美国运通已在 94 个国家与 85 家银行成立了环球网络服务（GNS）联盟，其伙伴银行为客户发行可在美国运通环球商户网络使用的信用卡。GNS 联盟已推出超过 350 种信用卡产品。

（四）大莱信用卡公司

1950 年春，美国纽约商人麦克纳马拉与施耐德投资 1 万美元，成立了大莱俱乐部（diners club），即大莱信用卡公司的前身，此后很多人开始使用俱乐部发行的信用卡。随着公司的经营范围扩大到全球，公司也更名为大莱国际信用卡公司（diners club international）。1982 年，美国花旗银行收购了大莱信用卡公司的大部分股票，大莱信用卡公司成为花旗银行的控股公司。公司总部设在美国芝加哥市。

大莱信用卡公司经过 40 多年的发展，已成为世界上最大的信用卡公司之一。大莱卡（diners club card）分为地区卡和国际卡两种，国际卡上印有"International"的字样。

（五）JCB 信用卡公司

JCB 信用卡公司是成立于 1961 年的唯一源自日本的国际信用卡品牌，是目前日本最大的信用卡公司，也是全球五大信用卡公司之一。该公司有日本几十家商业银行筹资，并以日本著名的三和银行为主要后盾。

2005 年 JCB 信用卡在中国发行，JCB 目前与中国十家银行合作发行了多种信用卡产品。分别为中国银行、上海银行、光大银行、招商银行、上海浦东发展银行、中国民生银行、平安银行、建设银行、工商银行、中信银行。

第三节 旅行支票和旅行信用证

一、旅行支票

（一）旅行支票的概念

1. 旅行支票的含义

旅行支票（traveller's cheque）在金融学上称为"近似货币"，是大银行或旅行社为旅游者备付旅途费用而开发的一种定额支付工具。它是一种银行汇款凭证，具有兑取方便、携带安全等优点，深受旅行者欢迎。

旅行支票一般有固定的面额，如美元旅行支票有 1 000 美元、500 美元、100 美元、50 美元、20 美元、10 美元等面额，为便于支取，其面额通常较小。

旅行支票由美国运通公司首创，该公司在 1891 年发明了一种购票人自己证明身份的美元旅行支票，以后又逐渐发行了英镑、加拿大元、瑞士法郎、法国法郎、日元等 5 种货币的旅行支票。第二次世界大战后，随着旅游事业的发展，旅行支票逐渐被其他银行采用推广。由于具有方便、安全的优点，它很快成为国际旅游者常用的支付凭证之一。

按照货币的不同，旅行支票分为外币旅行支票和人民币旅行支票。中国银行可以收兑的外币旅行支票只限于中国银行与发行旅行支票的银行外币代兑，并备有旅行支票样本以供核验的旅行支票。

2. 旅行支票与支票的区别

旅行支票是一种用于特殊目的的定额支票，两者均是见票即付，但从旅行支票的付款人就是该票的签发人来看，它又带有本票性质。除此以外，两者之间还有如表 12-1 所示的几个主要不同点。

表 12-1　　　　　　　　　　　支票和旅行支票的比较

	支票	旅行支票
付款条件	出票人签字和预留样本一致	初签与复签一致
签发人	由银行、商号、个人开立	由银行和旅行社开立
金额	金额不是固定的	金额固定
付款地	列有付款地和付款名称	不列明付款地和付款名称
期限	期限短	期限长（有时不注明期限）
是否扣息	兑付时不扣息	兑付时要扣息

（二）旅行支票的出售及挂失

1. 旅行支票的出售

发行旅行支票的银行或旅行社，除自己（包括其分支机构）发售旅行支票外，还可委托国内外的代理行发售。

旅客购买旅行支票时，只要填写申请书，注明要买哪家银行发行的旅行支票、什么币种及面额和张数即可。若用本币购买，按当天外汇牌价的卖出价折算，另收手续费，代售行代售旅行支票，应立即从发行银行划收。

按照旅行支票的基本规定，购买者应在代收银行的柜台，在每张旅行支票的初签栏签名，以便在兑付时与复签栏的签名核对，这是对旅行支票采取的安全措施。

2. 旅行支票的挂失

旅行支票遗失或被盗窃，可向银行挂失，说明丢失的时间、地点、支票的金额、号码和数量，以及是否已按规定在购买时做了初签，有没有复签。各发行银行对于挂失后的旅行支票的退款或补发新旅行支票的规定各有不同。旅行支票，一般是自出售之日起 1 年内有效，但现在由于银行间业务竞争激烈，许多银行已不对旅行支票规定有效期。

（三）外币旅行支票的兑付

目前我国可以接受的外币旅行支票有十多种，兑付时的基本做法和要求如下。

（1）检查旅行支票的真伪。要熟悉旅行支票票样，遇到有疑问的旅行支票，应检查原票样，以鉴别其真伪。收兑银行有发行旅行支票银行的名单，凡在名单之内的支票，可予收兑；不在名单之内者，应做托收处理。

（2）检查护照。证明持票人的身份，并验对旅行支票的签名是否与护照一致。

（3）验证复签与初签是否相符。若复签走样，应再请其背书一次，若持票人交来已复签的支票，应请持票人在支票上背书，以便核对是否与正面的初签、复签相符。若接待单位送来已复签的支票，应请该单位证明持票人身份、姓名、护照号码等。若交来的支票，既无初签，也无复签，不能确定持票人是否为支票原主，一般不予收兑。

（4）兑付与转让。没有抬头人（pay to the order of）或者已经证明不可转让（non negotiable）的旅行支票不能用以直接支付费用或转让给服务企业，只能由持票人向银行兑付票款。有抬头人的旅行支票，如受让人是我国的服务企业，例如 Pay to the order of Bejing Hotel，可以收兑，也可寄国外托收。如是个人之间的转让，一般应予婉拒，如遇特殊情况，应在请示业务主管研究后另定。

（5）逾期托收。对于超过有效期限的旅行支票不能收兑，只能办理托收。

（6）填写兑付申请。兑付时，请客户填写购买外钞申请书，一式两份，注明旅行支票的行名、号码和面额。

（7）填写兑换水单。填制兑换水单一式两联，抬头人姓名要按护照上的全名写清楚，并注明护照号码。

（8）旅行支票不得盖上任何印章

（9）收取贴息。收兑旅行支票时，按面额扣收 7.5‰的贴息，即按当天外汇牌价的买入价折算，减去贴息部分。

（10）收回垫款。银行兑付后，将旅行支票寄发行银行，收妥后以票款外汇归垫。

二、旅行信用证

旅行信用证（traveler's letter of credit）是银行为了方便旅行者在国外各地支取旅费、杂费而开出的信用证，它准许持证人（受益人）在一定金额和有效期内，在该证开证行指定的分支机构或代理行支取款项。

（一）旅行信用证的特点

1. 非贸易性。旅行信用证只供旅游者使用，不跟任何单据，不能用于贸易结算，只能用于旅游业做非贸易活动。

2．申请人即是受益人。在旅行信用证的关系人中，申请人为旅游者，当他在国外旅行并从当地银行一次或分次支取款项时，每次支取金额由旅行者自定，故而又为受益人。这种支领款的方式类似于汇款方式。

3．从属于银行信用。与其他信用证一样，旅行信用证是基于银行信用的。旅游者申请开证，开证行受托开证，但开证行一经开出此种信用证，就确切地承担了付款责任，该信用证就成为一种具有法律效力的支付凭证。因此，旅行信用证让旅客信赖。

4．旅行信用证不能转让，只可由受益人使用。

（二）旅行信用证的开立与兑付

1．旅行信用证的开立

旅行信用证是一种没有物资保证的光票信用证，故银行一般须在申请人开立信用证时收足押金。旅游者将款项交付银行，并在信用证或单独的印鉴卡上当面签字，预留印鉴。当申请人已确定好旅游目的地时，开证行据此开证后，将旅行信用证的副本及申请人的签名样本寄旅游目的地的联行或代理行，以供支款时核对之用；如申请人事先没有确定目的地，银行开证后由持证人凭其后附的世界各主要地区兑付点名称，可到其中任何一地点兑现。

2．旅行信用证的兑付

旅行信用证的受益人持证到该证指定的兑付行进行兑付时，兑付行应按如下程序操作。

（1）审核。应审查旅行信用证的各项内容，如指定的兑付行是否为本行、有无涂改、信用证上的签字与签字样本相符与否、信用证的有效期与兑付的足够金额。

（2）填单。经审核确认可以兑付时，由受益人在柜台当面填写取款收据一式两联。第一联是正收条，随报单寄开证行；第二联是副收条，由兑付行做借方传票附件备查。

（3）兑付。兑付行将支款日期、金额及本次支付后的余额、行名在信用证上背书并加盖兑付行行章，收取贴息 7.5‰后，将信用证及应付外汇折成等值人民币一并交还持证人；同时将收据或汇票寄开证行索偿，由开证行偿还垫款。旅行信用证的支取金额一般不得超过信用证金额；如超过，作为透支加收罚息。

（4）注销。如果信用证金额已全部用完，在最后一次付款后，在信用证上加盖"用完"或"注销"戳记，不再退回持证人，而是将其连同取款收据或汇票一并寄开证行注销原证。

第四节　外币兑换和侨汇

一、外币现钞兑换

（一）外币现钞兑换的含义

外币是外国货币的简称。一个国家除本国货币外，将所有其他国家的货币统称为外币。

外币兑换的狭义概念专指外币现钞的兑换；广义概念上，不仅包括外钞兑换，还包括收兑外币旅行信用证、旅行支票、信用卡及买入外币票据等项业务。按国家公布的牌价将外币兑换成人民币，或将人民币按规定兑换成外币的业务，统称外币兑换。

外币现钞兑换包括兑入外币现钞和兑出外币现钞。兑入外币现钞是指外汇银行以一定的价格以人民币（本币）向客户买进外币现钞；兑出外币现钞是指外汇银行以一定价格将外币现钞卖给客户，收入人民币。银行兑入外汇现钞使用买入汇价；兑出外汇现钞使用卖出汇价。

（二）我国外币现钞兑换的种类

随着我国国际交往的不断扩大，外汇银行的外币兑换业务，包括外币现钞兑换业务也随之不断增长，可兑换的外币种类越来越多。到目前为止，我国外汇银行收兑的外币有美元、英镑、日元、加拿大元、香港元、新加坡元、澳大利亚元、澳元以及欧元等。

（三）我国兑换外钞的基本过程

1. 兑入外币

凡属于国家外汇管理局"外汇收兑牌价表"内所列的各种外国货币均可办理收兑。

兑入外币，必须坚持"先收后付"的原则。当顾客拿来外币要求兑换时，首先是鉴别外币的真伪和是否现行有效的货币，避免把已经停止使用的废币或伪造的假钞收进来。若经过验证确属伪币，应予没收，并将有关情况向上级报告，以通报全行注意。经过鉴别，却为合格的外币，即可按当日现钞买入牌价填制兑换水单和内部传票，经复核无误后交出纳员，点收外币和支付人民币。

外币兑换需要填制兑换水单，水单一式四联。第一联为兑入外币水单，由兑入人加盖业务公章交给持兑人收执；第二联为外汇买卖科目外币贷方传票；第三联为外汇买卖科目借方传票；第四联为外汇买卖统计卡。

2. 兑出外币

兑出外币，一般对已签证出境的外国人和批准出国的中国人办理。兑出外币时，必须根据外汇管理部门在"非贸易外汇申请书"上批准的金额办理。兑换汇率使用卖出价。兑换后应收回原兑换水单，做出兑出外币的原始凭证存档备查。最后还应在顾客的海关申报单或回乡介绍信的银行外币登记栏中说明，以便出境时海关检验放行。

兑出外币要填制兑出外汇兑换水单一式四联，第一联为兑出外币水单，由兑出行盖章后交申请人收执；第二联为外汇买卖科目人民币贷方传票；第三联为外汇买卖科目借方传票；第四联为外汇买卖统计卡。

二、侨汇

（一）侨汇的含义和作用

侨汇即海外私人汇款，是指居住在国外的华侨、中国血统外籍人、港澳台同胞从事劳动和各种职业所得，从国外或港澳台地区寄回来用以赡养国内家属的汇款。侨汇是我国非贸易外汇的主要来源之一。

我国政府长期坚持便利侨汇、服务侨胞和保护侨汇利益的政策，认为侨汇是侨眷、归侨的合法收入，永远归个人所有，并由本人支配使用，其所有权和使用权应得到保护，任何个人或团体不得向侨眷强迫借贷，不得积压侨汇，不得以任何借口变相侵犯侨汇。银行在解付侨汇业务中坚持"谁款谁收，存款自愿，取款自由"的原则，不得擅自没收、扣押、延付和冻结侨汇。解付时应仔细审查各类证件，以防假冒，保证安全、便利、迅速，杜绝侨汇工作中的错、乱、压、慢等现象。为了更有效地使用侨汇，国家鼓励侨胞侨眷在自愿的原则下将侨汇投入生产、修建房屋和兴办公益事业等项目中。

由于侨汇的特殊性和积极作用，侨汇工作具有较强的政策性和业务原则要求。

（二）侨汇解付手续

1. 侨汇的解付

按汇款方式的不同，侨汇分为信汇、电汇、票汇和约期汇款等。信汇、电汇、票汇与贸易结算中相应汇款基本相同。

约期汇款，是指华侨和港澳台同胞与汇出行约定，在一定时期，例如每月一次或两个月一次，汇给国内侨眷一定金额的汇款。由汇出行根据约定按期自动将华侨存款中的固定金额汇出。汇款时由汇出行寄出凭证，通知国内解付行按日期填制汇款收条，解付给收款人。

此外还可以旅行信用证和旅行支票汇入侨汇。

按使用货币的不同，侨汇分为原币汇款和人民币汇款两种。

原币汇款即以原来的外币为单位的汇款。解付行应按解付日外汇牌价的买入价折成人民币解付。

人民币汇款即以人民币为单位的汇款，解付行按照委解的人民币解付。

2. 侨汇收条的处理

信汇、电汇全套汇款收条一般都有正收条、副收条、汇款证明书和汇款通知书一式四联。

正收条（original receipt）应在解讫侨汇后，及时寄还汇出行，等候汇款人领取，以清手续。华侨一向重视正收条，有"见条如见亲人"之说，香港、新加坡联行汇入侨汇，应立即寄还正收条，一般应于第二天寄出。正收条要有收款人签章、现金付讫章和解付日期章。

副收条（duplicate receipt）是解付侨汇后，银行留存的主要凭证。副收条上要有收款人签章、现金付讫章和解付日期章，并做收款人证件号码的详细记录。如果个别汇款需盖公章，应盖在副收条上，以备日后查考。

汇款证明书是在解付侨汇时，交给收款人持有的一联，凭以查对收款金额，或凭以参加华侨储蓄存款。

汇款通知书有收款人的详细地址，以便通知收款人取款，它是解付侨汇的依据。

3. 侨汇的查询

（1）因收款人姓名有误、地址不详等原因，解付行无法解付侨汇时，应及时向汇出行查询；非直接通汇行，应通过转汇行向国外汇出行进行查询。

（2）电报密押不符，或报单签单有误时，应该向汇出行或转汇行查询，查复后解付。

（3）侨汇总清单及其附件发生差错时的处理方法如下。

总清单与附件不符的处理。总清单与附件（指信汇委托书等）笔数、金额不符，但总清单及附件上签章无误，应立即以信函或电报方式向国外汇出行查询。为避免侨汇积压，仍可按正常手续解付，对所附各笔侨汇的委托书应逐笔抄列清单，并连同总清单及有关附件交专人保管。解讫后以"暂付款项"过渡，等汇出行查复后再按应有手续转入"汇入汇款"并转销"暂付款项"科目。

解付行委托有误的处理。侨汇总清单以本解付行为抬头行，但其中误有委托其他解付行的侨汇，误附的各笔侨汇按转汇方式处理。

总清单及附件误寄的处理。总清单及附件均应寄送其他通汇行而误寄本行的，应迅速转寄有关行。

4. 侨汇的退汇

侨汇的退汇应该慎重处理。

（1）收款人退汇。收款人拒收汇款要求退汇，汇入行应查清拒收原因，分清情况，恰当处理，必要时与汇出行联系，不得随便办理退汇。

（2）汇款人退汇。对于已经汇入的侨汇，如汇出行应汇款人的要求办理退汇，汇出行应来函、来电或以退汇通知书通知汇入行办理退汇，汇入行接到通知后，查明该笔汇款确未解付，即可办理退汇。

退汇时，汇入行应填制特种转账传票一式两联，一联连同加盖"退汇"戳记的正本收条侨汇证明书、通知书、汇出行的退汇申请书及联行划收报单一起寄清算行；一联代传票或与汇出行寄来的退汇查复书一起做传票附件。

（3）国内持票人退汇。国内持票人申请退汇，需经外汇管理部门审核批准，在取得邮寄外币票据出国证明书后，才能向邮局办理汇票邮寄国外手续，以便由汇款人持汇票向汇出行办理退汇。

本章小结

- 国际非贸易结算（international non-trade settlement）又称无形贸易结算，是以货币结算国际间进出口贸易货款以外的各项外汇收支，主要由国际交往的各方相互提供劳务服务引起的，不涉及商品的进出口。

- 非贸易结算的范围包括：海外私人汇款；铁路运输收支；海运收支；航空运输收支；邮电服务收支；保险服务收支；银行业务收支；图片、影片、邮票收支；外轮代理与服务收支；外币兑换收支；兑换国内居民外汇；旅游业收支；私人用汇支出；机关、企业、事业团体经费外汇支出；驻外企业汇回款项收入；外资企业汇入经费收入；外国使馆团体费用收入；其他外汇收支共18个方面。

- 信用卡（credit card）是发卡机构向消费者提供短期消费信贷而发放的一种信用凭证。它是货币基本职能即流通手段的延伸与发展，是消费信用的一种形式。

- 信用卡的运作过程包括申领信用卡、购物及取款和结算。

- 国际信用卡组织主要包括威士国际组织、万事达国际组织、美国运通公司、大莱信用卡公司和 JCB 信用卡公司。

- 旅行支票（traveller's cheque）在金融学上被称为"近似货币"，是大银行或旅行社为旅游者备付旅途费用而开发的一种定额支付工具。

- 旅行信用证（traveler's letter of credit）是银行为了方便旅行者在国外各地支取旅费、杂费而开出的信用证，它准许持证人（受益人）在一定金额和有效期内，在该证开证行指定的分支机构或代理行支取款项。

- 外币兑换的狭义概念专指外币现钞的兑换；广义概念上，不仅包括外钞兑换，还包括收兑外币旅行信用证、旅行支票、信用卡及买入外币票据等项业务。按国家公布的牌价将外币兑换成人民币，或将人民币按规定兑换成外币的业务，统称外币兑换。

- 侨汇即海外私人汇款，是指居住在国外的华侨、中国血统外籍人、港澳台同胞从事劳动和各种职业所得、从国外或港澳台地区寄回来用以赡养国内家属的汇款。

基本概念

非贸易结算　信用卡　贷记卡　旅行支票　旅行信用证　侨汇

复习思考题

1. 试述国际非贸易结算的内容。
2. 试述国际非贸易结算的特征是什么。
3. 试述信用卡的分类是什么。
4. 试述信用卡的含义及特点是什么。
5. 试述信用卡的运作流程。
6. 试述主要的信用卡组织。
7. 试述支票与旅行支票的区别。
8. 试述外币兑换的基本流程。

拓展阅读

案例 12-1　伪造旅行支票诈骗案

案例介绍：

2000年12月25日，A市甲公司财务人员到乙银行A分行营业部要求兑付9张每张价值1 000美元的由美国丙公司发行的旅行支票。该银行业务人员审核后发现，这些旅行支票与运通公司的票样相比，支票的印刷粗糙，估计是彩色复印机所制；票面金额、徽标等没有凹凸感；复签底线也非由小字母组成，而是一条直线，估计是复印机无法分辨原票样的细微字母；票面在紫光灯光下泛白色，没有水印。经仔细查询审核，该行确认这些旅行支票为伪造票据，予以没收。

经查，这些伪造的旅行支票是丁公司出具给甲公司抵债用的，甲公司准备兑付后还贷款。

案例分析：

本案例是利用伪造旅行支票进行诈骗的。从该案的发生可以看出，境外不法分子常常利用内地银行外汇票据业务经验少的弱点，进行诈骗。所以银行业务人员要加强对外汇票据业务的学习，掌握外汇票据的识别技术，辨真伪、明是非。同时要有高度的责任感和认真的态度，谨慎细致地处理每一笔业务，不能有半点马虎。最后要向企业宣传外汇票据知识，使企业能够掌握一般的外汇票据鉴别技术。企业遇有难以识别的外汇票据要通过银行进行查询，以免误收假票据而遭受损失。

案例 12-2　信用卡透支纠纷案

案例介绍：

原告：中国农业银行某县支行

被告：某县百货公司

××××年5月13日，某县百货公司委派其出纳员持公司企业法人营业执照、法定代表人身份证明及本单位财务室出具的担保书，在中国农业银行当地县支行办理了持卡人为该公司经理的中国农业银行金穗信用卡（单位卡）一份。××××年5月14日，被告将其所有的大厦在县房地产交易部门办理抵押监证仲裁登记手续，评估价值为204.48万元，仲裁意见为最高限额担保贷款143万元。××××年9月9日，被告以该房产设定抵押，向原告担保贷款75万元。次年1月17日，被告以外出购货为由，向原告申请金穗卡超限额透支20万元，透支期限三个月，并以其上述房产做抵押担保。原告经审查后，遂与被告签订金穗信用卡超限额透支合同，并于同年1月23日将该合同约定款额20万元划入被告持卡人的存款账户，供被告支取。此后因被告未履行还款义务，酿成诉讼。原告向县人民法院起诉，要求被告偿还该20万元透支本息。

被告汝南县百货公司答辩称：原告所诉属实。但因经济困难，请求延期还款。

县人民法院经审理认为：原、被告之间的法律关系基于金穗卡超限额透支合同而产生。原、被告签订此合同时，意思表示真实，合同内容不违背国家相关法律、法规及《中国农业银行金穗卡使用章程》的规定，其从合同中的抵押物已办理了抵押物登记手续，故原、被告所签订的金穗卡超限额透支合同及其从合同均为有效合同，应依法予以保护。被告没有按照合同约定的期限清偿透支款，且经原告多次追要仍不履行还款义务，是引起本案纠纷的主要原因，对此，被告应承担相应的违约责任。原告要求被告偿还透支款本息的诉讼请求，理由正当，应予支持，判决如下：

被告于判决生效后10日内偿还原告信用卡透支款20万元及相应利息。逾期不能清偿，变卖被告抵押物，原告对变价款享有优先受偿权。

案例分析：

信用卡是我国银行系统经批准发行的、为资信可靠的单位和个人消费、购物及存取款提供服务的信用凭证。其功能在于持卡人外出旅行、购物时便于携带，在急需时允许善意透支，但透支的款额不能超过一定的数量，且要求持卡人必须在透支后及时将透支款存入其存款账户，并按规定支付利息。每种信用卡对允许透支的数额都做了必要的限制性规定，且要求持卡人支付的利息都相当高，有时甚至高于银行利息的几倍、十几倍。其目的一是防止恶意透支，损害发卡银行利益；二是持卡人在急需时持卡透支后，督促使其及时归还透支款本息。本案中，法院判决：被告于判决生效后10日内偿还原告信用卡透支款20万元及相应利息；逾期不能清偿，变卖被告抵押物，原告对变价款享有优先受偿权。该判决公正合理，有力地保护了当事人的合法利益。

启示：

信用卡是目前发展非常迅速的一种信用凭证，它一方面为银行提供了新的盈利增长点，另一方面也给持卡人带来了便利。但是，信用卡业务也面临着一定的风险。本案中涉及的信用卡是单位信用卡，透支额度更高。因此，银行在发行单位信用卡和规定透支额度时，必须充分了解该单位的经营状况、信誉状况和抵押情况等，有效控制风险。对于用卡单位而言，必须合理利用信用卡的透支额度，及时还款，以免造成额外的利息负担，甚至被起诉。

参 考 文 献

[1] 顾宏远. 跟单信用证与国际惯例——UCP 500 详解. 杭州：杭州大学出版社，1994.

[2] 李晓洁，徐曙娜等. 国际贸易结算. 上海：上海财经大学出版社，2003.

[3] 梅清豪. 外贸信用证实务. 上海：东方出版中心，1997.

[4] 苏宗祥. 国际结算. 北京：中国金融出版社，2004.

[5] 王立军. 国际贸易结算与贸易融资. 北京：中国金融出版社，1995.

[6] 张东祥，高小红. 国际结算. 武汉：武汉大学出版社，2004.

[7] 张燕玲. 国际结算业务. 北京：中国金融出版社，1994.

[8] 赵晓晨. 国际贸易惯例与案例. 天津：天津科技翻译出版公司，1993.

[9] 中国建设银行. 国际结算案例分析. 北京：中国金融出版社，1999.

[10] 庄乐梅. 国际结算实务精要. 北京：中国纺织出版社，2004.

[11] 张东祥. 国际结算. 北京：首都经济贸易大学出版社，2005.

[12] 姜学军. 国际结算. 大连：东北财经大学出版社，2000.

[13] 程祖伟，韩玉军. 北京：中国人民大学出版社，2002.

[14] 李元旭，吴国新. 国际贸易单证实务. 北京：清华大学出版社，2004.

[15] 沈锦旭，徐秀琼等. 国际支付与结算（英汉对照）. 上海：上海外语教育出版社，1996.

[16] 肖云南，王益平. 国际支付与结算（英语）. 北京：清华大学出版社，2004.

[17] 蒋琴儿，秦定. 国际结算——理论实务案例. 北京：清华大学出版社，2011.

[18] 苏宗祥，徐捷. 国际结算. 第五版. 北京：中国金融出版社，2010.

[19] 邵新力. 国际结算. 北京：机械工业出版社，2012.

[20] 李秀茹. 国际结算. 北京：清华大学出版社，2015.

[21] 蒋勇. 国际结算基本方式的适用及其影响因素分析. 黑龙江对外经贸，2008（12）.

[22] 夏彩云，陈洁茹. 浅议国际贸易结算方式的综合使用. 科技与创新，2015（20）.

[23] 胡勇. 国际保理业务与相关业务的对比分析. 合肥学院学报（社会科学版），2012（5）.

[24] 梁小尹，王永正. 论保理与福费廷融资机制的异同. 遵义师范学院学报，2012（12）.

[25] 蒋琴儿. 国际结算：理论·实务·案例（双语教材）. 第二版. 北京：清华大学出版社，2012.

[26] 庞红. 国际结算. 第四版. 北京：中国人民大学出版社，2012.

[27] 张东祥. 国际结算. 第四版. 北京：首都经济贸易大学出版社，2015.

[28] 高洁，罗立彬. 国际结算. 第二版. 北京：中国人民大学出版社，2012.